Prunkvolles Zarenreich

Eine Dynastie blickt nach Westen

1613 – 1917

Ausstellung des Museums für Angewandte Kunst Köln
mit Leihgaben des Staatlichen Historischen Museums Moskau

Ausstellungsorte:

Köln, Museum für Angewandte Kunst
24. August – 8. Dezember 1996

Rosenheim, Ausstellungszentrum Lokschuppen
20. Dezember 1996 – 19. Mai 1997

Gotha, Schloßmuseum, Schloß Friedenstein
31. Mai – 28. September 1997

Die Ausstellung steht unter der Schirmherrschaft
des Ministerpräsidenten von Nordrhein-Westfalen
Dr. h. c. Johannes Rau

und

des Bayerischen Ministerpräsidenten
Dr. Edmund Stoiber

Die Ausstellung wurde in Köln gefördert von

STADT
SPARKASSE
KÖLN

STIFTUNG
KUNST UND KULTUR
DES LANDES NRW

HERMÈS
PARIS

VEGLA
Kompetenz in Glas

OVERSTOLZENGESELLSCHAFT,
KÖLN, GEGR. 1888 E.V.

in Rosenheim

Gefördert von der

Dresdner Bank

Prunkvolles Zarenreich

Eine Dynastie blickt nach Westen

1613 – 1917

Herausgegeben von
Gisela Reineking von Bock
Museum für Angewandte Kunst Köln 1996

SCHUFFELEN

Auf dem Umschlag: Katharina II.,
Detail von Kat.-Nr. 73

Impressum

Redaktion
Gisela Reineking von Bock
Beate Müller

Übersetzung aus dem Russischen
Kristin Diewitz

Fotografen
Rheinisches Bildarchiv:
Helmut Buchen
Marion Mennicken
außer
den Vorlagen für die Grafiken der Zarenporträts
sowie die Abbildung auf den Seiten 49, 65, 91, 117, 257, 258, 262, 263,
die das Staatliche Historische Museum Moskau
zur Verfügung stellte.

Die Abbildungen auf den Seiten 84, 89, 98, 101 und 115
wurden den Bänden Hrsg. Lew Kopelew: West-östliche Spiegelungen,
Reihe A und B, München 1985 ff, entnommen.

Lektorat
Arbeitskreis des MAK
Swetlana Pusenkova
Heinz S. Wiegand

Umschlag, Stammbaum
Ros Nagy-Roden

Layout
Heinz S. Wiegand

Gesamtherstellung
Druck und Verlag Schuffelen, Pulheim/Köln

2. Auflage 1997

ISBN 3-929769-27-1

Ausstellung

Vorstand der Ausstellungsorganisation
  Kathinka Dittrich van Weringh
  Brigitte Tietzel
  Alexander Schkurko

Idee und Konzept
  Gisela Reineking von Bock
  in Zusammenarbeit mit den Kollegen
  des Staatl. Historischen Museums
  Moskau.

Gesamtleitung
  Gisela Reineking von Bock
  Tamara Igumnova

Assistenz
  Beate Müller

Veranstalter
  Stadt Köln
  Rosenheim:
  Veranstaltungs- + Kongreß GmbH
  Gotha:
  Gothaer Kultur

Leitung in Rosenheim
  Heinz-Werner Bleyl
  Peter Miesbeck

Leitung in Gotha
  Klaus Roewer
  Bernd Schäfer
  Uta Wallenstein

Plakat, Faltblatt
  Ros Nagy-Roden

Graphische Gestaltung
  Ros Nagy-Roden
  Helmut Malzkorn

Datenbearbeitung
  K. Meerov
  K. Poluektov
  N. Lukaschova
  K. Pavlova

Konservatorische Bearbeitung

Malerei
  V. M. Schipilov
  A. I. Sidorov
  A. A. Sidorov
  K. B. Beljaninov
  S. A. Novikov

Graphik
  E. G. Perova
  T. A. Zabelina
  O. O. Dolganova
  L. A. Voronina
  T. N. Jutanova

Filmmaterial
  N. M. Garbar

Textilien
  M. A. Kuznecova
  N. A. Stschastlivaja
  O. N. Sotskova
  Ju. V. Matveeva
  E. I. Gorgoleva

Holz
  E. Ju. Guseeva
  L. A. Kologrivova
  V. D. Pogodin
  A. V. Koslov
  A. G. Aksenov

Metall
  A. G. Rjabinkov
  R. M. Scheparev
  K. A. Kudrjavcev
  E. E. Bonet

Waffen
  E. A. Wodzinskaja
  A. A. Konovalov

Keramik
  E. A. Samojlova
  N. V. Nikolaeva
  V. A. Schestak

Papier
  N. A. Babenkova
  T. V. Avdusina

Fotodokumentation
  V. Rodi
  V. Alexeev
  A. Sorokin

Öffentlichkeitsarbeit
  Karin Bolenius, Köln
  Anke Koch, Köln
  Alexandra Birklein, Rosenheim
  Kerstin Ullrich, Gotha
  Daniela Verheyleweghen, Gotha

Katalog

Wissenschaftliches Sekretariat
  Gisela Reineking von Bock
  Tamara Igumnova
  Beate Müller

Autoren

Malerei und Druckgraphik
  Ljudmilla Rudneva - L. R.
  Natalja Perevezenceva - N. P.
  Natalja Skornjakova - N. S.

Textilien
  L. Efimova - L. E.
  N. Suetova - N. S.
  T. Aleschina - T. A.
  S. Samonin - S. S.
  O. Gordeeva - O. G.
  Anna Gorjatscheva - A. G.

Möbel, Holz, Lackmalereien
  Olga Strugova - O. S.
  Natalja Kologrivova - N. K.
  Natalja Gontscharova - N. G.
  Marija Sarkisova - M. S.

Edelmetall
  Nadeshda Troepolskaja - N. T.
  Galina Smorodinova - G. S.

Metall
  L. Dementeva - L. D.

Glasperlenstickerei
  O. Molchanova - O. M.

Porzellan
  Marianna Bubtschikova - M. B.

Orden
  S. Levin - S. L.

Urkunden
  A. Afanasev - A. A.
  F. Petrov - F. P.

Photographie
  I. Semakova - I. S.
  Tatjana Saburova - T. S.

Waffen
  Irina Paltusova - I. P.

Lew Kopelew
Hans von Rimscha

Museum für Angewandte Kunst Köln
  Hans-J. Burbaum
  Beate Müller
  Gisela Reineking von Bock

Russische Namen und Begriffe sind zum einfachen Verständnis oft phonetisch umgeschrieben. Grundsätzlich aber gilt die wissenschaftliche Transkription der kyrillischen in lateinische Buchstaben:

Kyrillischer Buchstabe	Transkription	Aussprache etwa, wie	
А	a	a	in kann
Б	b	b	in backen
В	v	v	in Vase
Г	g	g	in Garten
Д	d	d	in Dank
Е	e	je	in jetzt
Е	ë	jo	in Joch
Ж	ž	j	in Journal
З	z	s	in Rose
И	i	i	in Minute
Й	j	i	in Mai
К	k	k	in Kreide
Л	l	l	in Liebe
М	m	m	in Mann
Н	n	n	in Norden
О	o	o	in Sonne
П	p	p	in Paul
Р	r		Zungen-R in Rat
С	s	s	in daß, Rast
Т	t	t	in Titel, Tor
У	u	u	in und, Futter
Ф	f	f	in Fahrt
Х	ch	ch	in ach, Krach
Ц	c	z	in zu, Zar
Ч	č	tsch	in deutsch
Ш	š	sch	in Schule
Щ	šč	schtsch	
Ъ	–		ohne eigenen Lautwert (vorhergehender Konsonant hart)
Ы	y	y	in Gymnasium
Ь	'		ohne eigenen Lautwert (vorhergehender Konsonant erweicht)
Э	ė	e	in Ähre, Erbe
Ю	ju	ju	in Jugend
Я	ja	ja	in Ja, Jakob

Inhaltsverzeichnis

Brigitte Tietzel
Direktorin des Museums für
Angewandte Kunst Köln

Vorwort

Ausstellungen wie diese brauchen eine lange Vorlaufzeit. Die ersten Überlegungen hierzu fanden schon 1993 statt. In drei Jahren entstehen, entwickeln, verändern sich Konzepte.

Die gewaltigen politischen Umwälzungen unserer jüngsten Vergangenheit haben es möglich gemacht, daß wir nach Osten blicken können, voller Neugierde und Offenheit. Wir haben nicht nur in den ganz unglaublich umfangreichen Sammlungen des Staatlichen Historischen Museums Moskaus Schätze gefunden, deren Existenz wir nicht erahnen konnten und deren Qualität uns das Staunen lehrte, sondern wir sind dort auf Kollegen gestoßen, die unsere Wünsche und Ideen als Seelenverwandte aufgriffen und mithalfen, sie zu verwirklichen.

So ist eine Gemeinschaftsarbeit entstanden. Den Rahmen bilden die 300 Jahre, in denen eine einzige Dynastie, die Romanovs, über ein unendlich weites und vielfältiges Reich geherrscht hat. Weder eine solche Zeitspanne noch ein solches Land können in einer Ausstellung umfassend gewürdigt werden.

Eine Ausstellung ist immer die Konzentration auf bestimmte Aspekte. Wir sind ein Kunstmuseum, unser Gebiet ist die angewandte Kunst. Deswegen war es unser Anliegen, unserem Publikum die großartigen Leistungen des russischen Kunstgewerbes vorzuführen. Wir sind uns bewußt, daß unsere Sicht nur eine von vielen möglichen Ausstellungen hervorgebracht hat – aber das Ergebnis scheint uns recht zu geben.

Lew Kopelew schreibt in seinem kritisch-distanzierten Beitrag zu diesem Katalog, man müsse heute erst wieder beweisen, daß Rußland zu Europa gehöre und daß Europa ohne Rußland undenkbar sei. Hierfür führt er unsere Ausstellung an. Ich glaube, er hat uns mißverstanden: wir müssen und wollen hier nichts beweisen, wir erinnern uns daran. Und diese Erinnerungen sind in dieser Form noch nicht sehr lange wieder möglich. Wir haben die erste Gelegenheit dazu ergriffen.

Im Mai 1989, noch vor den großen Umwälzungen, stand eine Deutsche allein in der Moskauer U-Bahn und wußte nicht mehr weiter. Sie sprach kein Wort Russisch. In der Hand hielt sie einen Zettel mit dem Namen der Station, zu der sie wollte. Sie sprach eine Frau auf Deutsch an und bat diese, zu helfen. Die Frau antwortete auf Russisch und wies der Ratlosen den Weg. Wie kann so etwas geschehen? Es gibt etwas, so denke ich, daß allen Menschen gemeinsam ist, so unterschiedlich sie auch immer sein mögen und das ein solches Verstehen möglich macht. Darüber hinaus aber müssen wir versuchen, mehr vom anderen zu lernen, damit wir ihm wirklich näher kommen können. Hierzu kann unsere Ausstellung einen Beitrag leisten. Sie zeigt im übrigen, daß unsere Völker gegeneinander immer offen waren. Die Zusammenarbeit mit den Moskauer Kollegen hat bewiesen, daß wir es immer noch sind.

Ich danke dem Generaldirektor des Staatlichen Historischen Museums Moskau, Herrn Alexander Schkurko, für seine freundliche Bereitschaft, diese Ausstellung zu fördern, sowie seiner Stellvertreterin, Frau Tamara Igumnova, für die großartige Hilfe und Unterstützung, die sie den deutschen Kollegen in Moskau gegeben hat. Ich danke gleichermaßen all den zahlreichen Wissenschaftlern und Restauratoren in Moskau, die uns in jeder Weise entgegengekommen sind.

In die Vorbereitungen dieser riesigen Aufgabe hier in Köln sind natürlich alle Mitarbeiter des Museums für Angewandte Kunst mit einbezogen worden, denen mein tief empfundener Dank gilt. An dieser Stelle namentlich danken möchte ich Frau Dr. Beate Müller, die der Initiatorin der Ausstellung über weite Strecken zur Seite gestanden hat, und deren Mitarbeit vor allem bei den Vorbereitungen in Moskau sowie bei den Arbeiten am Katalog von großem Wert waren.

Ganz besonderer Dank gilt Frau Professor Dr. Gisela Reineking von Bock, in deren Händen das sehr verantwortungsvolle Projekt gelegen hat. Sie hat große Initiative, sehr viel Mut und eine nicht nachlassende Energie bewiesen. Ihre russischen Sprachkenntnisse haben ihr bei allem geholfen. Geleitet worden ist sie von ihrer Liebe zum russischen Land und zum russischen Menschen.

Den bedeutendsten Anteil an der Finanzierung dieser Ausstellung verdankt das Museum für Angewandte Kunst der Stadtsparkasse Köln. Wir danken dem Vorstandsvorsitzenden der Stadtsparkasse, Herrn Gustav Adolf Schröder, für sein Engagement. Wir können nicht genug zum Ausdruck bringen, was diese Unterstützung, die auch eine moralische war, für uns bedeutet hat.

Die Stiftung Kunst und Kultur in Nordrhein-Westfalen hat ebenfalls einen großen finanziellen Beitrag zur Entstehung der Ausstellung geleistet. In dankbarer Freude erkennen wir, daß hierdurch der langen Freundschaft zwischen den Partnerländern Rußland und Nordrhein-Westfalen Rechnung getragen wird.

Großen Dank schulden wir auch den Firmen Hermès, Paris, und der VEGLA Vereinigte Glaswerke GmbH für ihre größere finanzielle Hilfe, die uns sehr geholfen hat.

Darüber hinaus danken wir zahlreichen Unternehmungen und Institutionen, durch die wir finanzielle Unterstützung in kleinerem Umfang erfahren haben, wofür wir ebenfalls dankbar unsere Anerkennung ausdrücken möchten.

Allen, die in der einen oder anderen Form an dieser Ausstellung mitgewirkt haben, sei von Herzen gedankt. Sie alle haben Teil an dem Versuch, durch solche Begegnung von Ost und West Gegensätze und Unterschiede zu überbrücken, nicht sie aufzulösen.

Möge unser Publikum, wie wir selbst, mit Staunen nach Osten blicken.

Moskau, der Rote Platz mit dem Staatlichen Historischen Museum.   Foto: Wim Cox

Vorwort

Alexander I. Schkurko
Generaldirektor des Staatlichen
Historischen Museums Moskau,
16. April 1996

Meine Damen und Herren,

das Staatliche Historische Museum ist eines der ältesten Nationalmuseen in Rußland. Es wurde 1883 gegründet und entwickelte sich in der Folgezeit zum größten kulturellen Zentrum, das historische Kostbarkeiten erforscht und bewahrt. Die Sammlungen des Museums sind so groß und vielseitig, daß sie die Kultur Rußlands von den Anfängen an und in großer Vielfalt belegen. Sie umfassen archäologische und mittelalterliche Objekte wie auch Arbeiten der späteren Epochen bis hin zum zeitgenössischen Kunsthandwerk.

In den letzten Jahren verändert sich im Zusammenhang mit den großen gesellschaftlichen und kulturellen Umwälzungen in unserem Land grundlegend auch die Einstellung zur historischen Vergangenheit. Es wächst das Verständnis für die Rolle, die die Dynastie der Romanovs, die Aristokratie und die herrschenden Klassen bei der Entwicklung der nationalen Kultur, ihrer geistigen Basis und der künstlerischen Ausdruckskraft des russischen Volkes gespielt haben.

Das Staatliche Historische Museum nutzt mit Vergnügen die Möglichkeit, in dieser Ausstellung des Museums für Angewandte Kunst in Köln die besonders repräsentativen und beachtenswerten Schätze seiner Sammlungen zeigen zu können.

Zusammen mit den deutschen Kollegen wurden die Exponate ausgewählt, die den hohen Stand der russischen angewandten Kunst dokumentieren. Sie belegen auch ihren hohen Wert zur Bildung von Lebensgewohnheiten und das Bedürfnis nach Kunst, das einem nicht zu kleinen Kreis der russischen geistigen Elite eigen war und ist. Die notwendig hohen Ansprüche dieser Gesellschaft hatten einen großen Einfluß auf das geistige Leben des Landes und setzten künstlerische Prioritäten, die seit dem 18. Jahrhundert sowohl durch die europäische Wertschätzung als auch durch die allgemeine Orientierung im persönlichen wie im gesellschaftlichen Verständnis für diesen Wandel am Anfang einer neuen Zeit von Bedeutung gewesen sind.

Uns ist es besonders wichtig und angenehm, daß diese Ausstellung gerade in Deutschland stattfindet, in dem Land, das mit Rußland durch alte historische und dynastische Beziehungen verbunden ist, die durch Handel, Wirtschaft, kulturelle Verbindungen und nicht zuletzt durch viele persönliche und künstlerische Kontakte belebt wurden.

Wir hoffen, daß die Ausstellung die Aufmerksamkeit des anspruchsvollen deutschen Publikums findet und daß sie die weitere Zusammenarbeit der Museen unserer Länder fördern wird.

Lew Kopelew

Russische Kunst in drei Jahrhunderten

Geschwister wählt man nicht, die hat man eben, ob sie einem gefallen oder nicht.

Die Schicksale Deutschlands und Rußlands sind seit Jahrhunderten unlösbar miteinander verbunden, sowohl im Guten wie im Bösen. Es gab heftige Streitigkeiten, sogar Kriege, die grausamsten in diesem Jahrhundert, das bald zu Ende geht. Daraus entstanden auf beiden Seiten Vorurteile und Minderwertigkeitskomplexe; manche davon bleiben relevant: einerseits die Vorstellungen von Rußland als einer asiatischen, barbarischen, europafeindlichen, aggressiven Macht, andererseits die Zerrbilder fleißiger, kaltherziger, alles berechnender, sentimentaler, aber grausamer Deutscher. In Krisenzeiten können solche verzerrten Fremdenbilder zu bedrohlichen Feindbildern werden, so wie es vor fünfzig Jahren war.

Eine der entscheidenden Ursachen dieser lebensgefährlichen Vorurteile sind die vor wenigen Jahrhunderten entstandenen und immer noch wuchernden Vorstellungen einer angeblichen Einheit von Staaten und Nationen, Vorstellungen, die leider auch von manchen ernsten Historikern und Publizisten vertreten werden. Goethe und Schiller wußten, daß dies nicht zutrifft. Schiller schrieb:

„Deutsches Reich und deutsche Nation sind zweierlei Dinge. Die Majestät des Deutschen ruhte nie auf dem Haupt s. Fürsten. [...] die deutsche Würde [...] ist eine sittliche Größe, sie wohnt in der Kultur u: im Character der Nation, der von ihren politischen Schicksalen unabhängig ist. [...] indem das politische Reich wankt, hat sich das Geistige immer fester und vollkommener gebildet.“

Die gleichen Gedanken – die historische Wahrheit, die auch heute noch viele Menschen, selbst in hochzivilisierten Ländern, nicht erkannt haben – verdichtete Goethe in einem der „Zahmen Xenien“ (1801):

„Deutschland? Aber wo liegt es? Ich weiß das Land nicht zu finden. Wo das gelehrte beginnt, hört das politische auf.“

Das gilt auch für Rußland. Fürsten und Zaren, ihre Höflinge, Würdenträger, Heerführer und Gendarmen waren eine geschlossene Welt, dagegen gehörte das eigentliche Volk – Bauern, Bürger, Arbeiter und Gelehrte, Wissenschaftler, Künstler, darunter auch Meister der Volkskunst – zu einer ganz anderen Welt. Die Menschen dieser Welten unterschieden sich grundsätzlich; sie sprachen verschiedene Sprachen, lebten anders, kleideten sich anders.

Im Zeitalter der Aufklärung und noch im 19. Jahrhundert gab es in Deutschland und in Rußland einzelne Potentaten, die manchmal ganz großzügig Wissenschaftler und Künstler unterstützten, wie etwa Peter der Große, der von Leibniz freundschaftlich beraten wurde, Herzog Karl August – Gönner der Weimarer Klassiker, Katharina II., die mit Voltaire und Diderot korrespondierte, und Zar Alexander I., der sich in der Jugend sogar einen Republikaner nannte.

Doch das eigentliche geistige Leben der Völker – Dichtung und Kunst – entwickelte sich unabhängig von staatspolitischen Gewalten, so in unterschiedlichen deutschen und italienischen Ländern wie im zerstückelten Polen oder in einheitlichen Nationalstaaten und Vielvölkerreichen wie Rußland, Frankreich, England.

Heute versuchen gelegentlich Politiker und Intellektuelle, Rußland aus Europa – aus der europäischen Geschichte und der europäischen Gegenwart – zu verdrängen. Die überheblichen „Westler" meinen, daß die Europäisierung Rußlands, die durch Peter den Großen begann und durch seine deutschstämmigen Enkel und Urenkel fortgesetzt wurde, eine Erlösung aus asiatischer Finsternis und Barbarei bedeutete. Dagegen behaupten nationalistisch gestimmte Russen, all das Westlertum verursache nichts als Verderbnis, seelenlosen Materialismus und eine immer weitere Abspaltung der Intelligenzija vom Volk.

Diese beiden scheinbar entgegengesetzten, aber inhaltlich übereinstimmenden Auffassungen („Rußland ist nicht Europa") widersprechen der Wirklichkeit. Vor etwa dreihundert Jahren, als Peter der Große den ersten Freundschaftspakt mit dem Kurfürsten von Brandenburg geschlossen hatte – und später, als das russische Imperium im Bündnis mit Sachsen und Österreich den Siebenjährigen Krieg gegen Preußen führte, zweifelte niemand im Westen, daß das Russische Reich eine europäische Großmacht sei. Und 1812/14, nach dem Brand von Moskau und der vernichtenden Niederlage der Grande Armée Napoleons, als die russischen Truppen durch deutsche Länder kämpfend bis Paris zogen, begrüßten deutsche Patrioten die Russen als Befreier, als Waffenbrüder.

Nun aber muß man beweisen, daß Rußland zu Europa gehört und daß Europa ohne Rußland undenkbar ist. Davon zeugt auch die Ausstellung „Prunkvolles Zarenreich".

Völker lernen voneinander. Es gibt keine in sich geschlossenen mononationalen Kulturen; alle europäischen Nationen zehren von der Erbschaft der antiken griechischen, römischen, vorderasiatischen – biblischen und islamischen – Kulturen. In unserem Jahrtausend treten als führende „Kulturträger" zuerst italienische und spanische Dichter und Künstler hervor, später französische und englische, seit dem 18. Jahrhundert, seit dem Zeitalter von Kant und Goethe, Schiller und Hegel, wurden es Deutsche, mit Dostojewskij und Tolstoj, Wladimir Solowjew und Nikolaj Berdjajew wird der russische Anteil an der europäischen Kultur auch global bedeutsam.

Politische und wirtschaftliche Verbindungen zwischen Rußland und den deutschen Ländern Preußen, Sachsen, Württemberg, Baden, Holstein u. a. entwickelten sich meistens friedlich, ebenso schienen sich die Beziehungen mit dem Kaiserreich zu entwickeln.

Es gab wohl Krisen, Konfrontationen, politische Streitigkeiten und sogar kriegerische Auseinandersetzungen. Aber dabei wurden die Verbindungen zwischen Literaten und Philosophen, zwischen aufgeklärten Russen und aufgeklärten Deutschen – denen in Deutschland und denen, die in Rußland lebten – niemals zerstört: Sie erweiterten und festigten sich unabhängig von staatspolitischen Widersprüchen und Querelen. Selbstverständlich entstanden gelegentlich Mißverständnisse, Mißtrauen, Rivalitäten, doch ein Auseinandergehen, eine Trennung waren unmöglich geworden.

Trotz aller Schwankungen und Risse in den Beziehungen zwischen Staaten und Regierungen, trotz heftiger politischer und wirtschaftlicher Widersprüche und letztlich trotz zweier vernichtender Weltkriege und eines vierzigjährigen Kalten Krieges blieben die geistigen russisch-deutschen Verbindungen fruchtbar für beide Seiten.

An den Kunstwerken, die in dieser Ausstellung gezeigt werden, kann man erkennen, daß es ebenso westliche – besonders französische, aber auch deutsche – wie auch östliche: tatarische, kaukasische, mittelasiatische Einflüsse waren, die in russischer Kunst fruchtbar wurden. Doch maßgeblich bestimmend ist das Eigenständige, eben das Russische, das übrigens auch in der harmonischen Aufnahme und Aneignung des „Fremden" zum Ausdruck kommt, so wie das Französische in deutscher und russischer Kunst in Puschkins und in Heines Lyrik und in der Malerei deutscher und russischer Impressionisten.

Zur Ausstellung

Gisela Reineking von Bock

Wir leben in einer Zeit geistiger und politischer Veränderungen. Grenzen haben sich geöffnet und Menschen können einander begegnen, die im Umgang miteinander noch unerfahren sind. Neue Orientierungen sind gefragt und Erinnerungen an Vergessenes. Zu diesem Zweck möchte diese Ausstellung mit Objekten des gesellschaftlichen Umgangs und Lebens deutlich machen, wie stark sich Rußland seit dem 17. Jahrhundert in die Gemeinschaft der europäischen Länder eingebunden hatte und bis zum beginnenden 20. Jahrhundert ein selbstverständlicher Teil von ihr geworden war.

Wie jede andere Nation hat Rußland in dieser Zeit sein Wesen bewahrt und die Wurzeln seiner Tradition nicht vergessen. Im 19. Jahrhundert erlebte dann im Zuge der europäischen Romantik und der nationalen Begeisterung auch sein russischer, slawischer, eigenständiger Stil mit seinen byzantinischen und vorderorientalischen Elementen seine Wiederauferstehung. Gleichzeitig mit Werken internationaler Stilprägung entstanden Arbeiten, die nur in Rußland und sonst nirgendwo heimisch sein können. Die Ausstellung möchte auf diese Stilvielfalt aufmerksam machen, die vom Besucher nicht als Zwiespältigkeit, sondern als Bereicherung der Ausdrucksmöglichkeiten eines Volkes in einem weiträumigen Land erkannt zu werden verdient.

Unsere Bewunderung gilt der Fähigkeit der russischen Künstler, fremde Einflüsse zu verarbeiten, d. h. fremde Techniken zu erlernen, sich auch künstlerische Stilrichtungen anzueignen und doch alles zu einem eigenständigen Kunstwerk zu gestalten.

Natürlich soll diese Ausstellung auch auf die zahlreichen Beziehungen zur westeuropäischen Kunst und in diesem Zusammenhang ganz besonders auf den kulturellen Austausch mit Deutschland hinweisen. Hierdurch möge die freundschaftliche Begegnung beider Länder erneuert und gefördert werden, um sich der alten Bande zu erinnern und Gemeinsamkeiten wieder entdecken zu können. Der Reiz des Fremden mag uns seinen Charme entfalten und die Kostbarkeiten einer anderen Kultur sollen unsere Achtung vermehren.

Keine Worte, keine Theorien können vermutlich ein lebendigeres Zeugnis ablegen als gerade Gebrauchsartikel, wie sie in der Ausstellung zu sehen sind, die sich Menschen gegenseitig schenkten und aus Achtung zueinander aufgehoben haben. Gerade sie machen durch ihre Herkunft oder durch ihre Entstehungsgeschichte deutlich, daß die kulturellen Verbindungen zwischen dem russischen Zarenreich und den deutschen Fürstentümern nicht durch zufällige Begegnungen zustande kamen, sondern einem politischen und wirtschaftlichen Programm ensprachen, das von beiden Seiten bewußt gefördert wurde. Aber ohne die Unterstützung durch die geistige Elite von Wissenschaftlern und Künstlern und ohne die vielen Mitläufer, die durch die unterschiedlichsten Kontakte ihr privates

Glück zu finden glaubten, sowie ohne die Arbeit der Kunsthandwerker, die in Rußland meist leibeigen gewesen sind, hätte sich diese Entwicklung nicht durchsetzen können.

Kulturelle Kontakte Rußlands gab es jedoch zu vielen Ländern. Sehr stark waren sie zu Holland und England im 17. Jahrhundert, aus Italien kamen die meisten Baumeister nach Moskau und St. Petersburg, und im 19. Jahrhundert war die Goldschmiedekunst deutlich von Frankreich geprägt. Kontinuierlich aber sind außer Kaufleuten, Militärs, Wissenschaftlern und Diplomaten auch Künstler und Kunsthandwerker aus Deutschland nach Rußland gezogen. Viele sind dort sogar seßhaft geworden. Ihre freundschaftlichen Beziehungen und die vielen dynastischen Verbindungen haben ebenso russische Edelleute, Kaufleute, Wissenschaftler und Künstler in umgekehrter Richtung nach Deutschland geführt.

Die deutsch-russischen Beziehungen haben eine lange Geschichte. Beide Nationen sind sich sehr oft freundschaftlich begegnet, haben Bündnisse geschlossen, Familienbande geknüpft, geistigen Austausch gepflegt und Handel miteinander getrieben. Wie stark diese Bindungen und Beziehungen im 17., 18. und 19. Jahrhundert gewesen sind, wird durch diese Ausstellung sichtbar.

Daß Rußland zu Europa gehört, ist heute kaum noch eine Frage. Aber jahrhundertelang war die alte Rus' und dann Moskovien ein Land in der Ferne. Trotz ihrer christlichen Religion war bei ihnen alles fremd und ungewohnt, denn wie die Rus' so stand auch Moskovien nicht in der Tradition der Latinitas, sondern unter starkem byzantinischem Einfluß. Dann kam die Herrschaft der Mongolen, die als Goldene Horde für 250 Jahre Rußland ihren Stempel aufgedrückt hat.

Doch trotz der Tatarenbedrohung im eigenen Land hatte Rußland mit Moskau ein neues Machtzentrum geschaffen. Selbstbewußt kann es daher darauf verweisen, daß es im 15. Jahrhundert stark genug war, eine eigene Kultur zu entfalten. Durch seine schwierige Randposition in Europa bedingt, warf Rußland das Tatarenjoch aus eigener Kraft ab und verstand sich immer als Verteidiger Europas gegen die außereuropäischen Völker und Kulturen im Süden und im Osten. Die Aufgabe der Verteidigung als „antemurale Christianitatis" (Hecker) hatte Rußland bewußt auf sich genommen. Aus dieser Position gewann es seine Eigenarten, aber auch seinen Stolz. Durch seine wissenschaftlich gewordene Geschichtsschreibung im 19. Jahrhundert hat sich dieses Selbstbewußtsein damals sehr verstärkt, und diese Tatsache ist bis heute nicht vergessen.

Schon immer war Rußland an Kontakten mit den europäischen Ländern interessiert. Doch auch umgekehrt suchten die Habsburger seit dem beginnenden 16. Jahrhundert die Russen für eine gemeinsame Abwehr der osmanischen Gefahr zu gewinnen, was jedoch erst im ausgehenden 17. Jahrhundert gelang.

Die intensive Abgrenzung zum lateinischen Westen war ein Leitgedanke der moskauer Zarenideologie. Bewußt pflegte man die byzantinische Tra-

Wappen des russischen Zaren im 17. Jh. Die drei Kronen über dem doppelköpfigen Adler stehen für die Herrschaft über Moskau und die „Tatarischen Königreiche Astrachan und Casan" (Kaza'n). Das Schild über dem Adler zeigt den hl. Andreas den Drachen tötend. „Solchen Adler" ... hat Ivan IV. ... „aus Ehrgeitz in dem er aus dem Geblüte der Römischen Kayser zu seyn / sich rühmete / erst eingeführet." Holzschnitt aus A. Olearius: „Muscowitische vnd Persische Reyse".

dition und den griechisch-orthodoxen Ritus im Gegensatz zum römischkatholischen. Der Zar verstand sich als Selbstherrscher, der, über jeglichem Gesetz und auch über der Kirche stehend, jedem Menschen wie jedem Objekt seinen Platz und Rang zuwies.

Die ersten vielfältigen Kontakte mit Deutschen ergaben sich stellvertretend für Westeuropäer im heutigen Baltikum. Hier trennte der Ordensstaat Livland (auf dem heutigen Gebiet von Estland und Lettland) als deutsche Exklave Balten, Polen und Russen wie ein Puffer und schuf eine Barriere zwischen den baltischen und slawischen Völkern. Die im Baltikum lebenden Deutschen in und um Riga und Dorpat pflegten seit dem 13. Jahrhundert enge nachbarliche Kontakte mit Rußland, die, durch Kriegshandlungen mitunter getrübt, meist auf friedlichem Handel beruhten. Die Hanse unterstützte diese Entwicklung im Schutz der deutschbaltischen Ritterschaften, die im 16. Jahrhundert aus dem Deutschen Orden hervorgegangen waren. Auf den gesicherten Handelswegen gab es gleichzeitig auch einen regen Kulturaustausch über die Ostsee, der über diesen natürlichen Verbindungsweg bis zur Oktoberrevolution von 1917 nicht unterbrochen worden ist. Seit der Gründung von St. Petersburg durch Peter d. Gr. hatte sich der Verkehrsstrom in den Westen auf diesem Weg wesentlich verstärkt.

Meist haben die Deutschen Rußland als ein Land empfunden, das vollkommen anders war als das eigene, das sie aber schon wegen seiner großen Ausdehnung sehr interessiert hat. Die berühmte Reisebeschreibung von Adam Olearius, die 1656 erschien, hat im deutschen Sprachraum bis 1689 sieben Auflagen erreicht. Groß war die Popularität dieser „Ausführlichen Beschreibung der kundbaren Reyss nach Moscow und Persien". Moskovien wird dort als sehr fremd wirkend beschrieben, genauso wie es Georg Horn 1669 im Vergleich mit allen Königreichen und Republiken tat: „Die Russen dürften sich keine Bildung aneignen, zur Bewahrung der einheitlichen Staatsreligion sei es untersagt, Glaubensfragen zu erörtern, und Auslandsreisen würden bei Lebensstrafe verboten, weil der Herrscher nicht wolle, daß seine Untertanen frembder Völcker Sitten an sich nehmen sollen / dahero halten sie auch ihr Rußland gleichsam vor ein Paradiß."

Dieser Glaube an die Gestaltung eines Paradieses auf Erden und das bessere Land unter den Nachbarn zu sein, hielt sich bis in unser Jahrhundert. Auch die Kommunisten wollten diesen Traum verwirklichen und haben deshalb so viele Anhänger gefunden. Bei allen wirtschaftlichen Schwierigkeiten der Gegenwart läßt auch heute die Hoffnung auf dieses Ideal viele Intellektuelle nicht mutlos werden. Es steckt eine große Kraft in diesem Traum, die dem russischen Volk Stolz und Würde gibt.

Die Ausstellung umfaßt die Zeit der Dynastie der Romanovs, 1613–1917. Dies sind 3 Jahrhunderte, in denen sich die gegenseitige Einstellung zueinander auf beiden Seiten vielfältig geändert hat und in den verschiedenen sozialen Schichten starke Unterschiede aufweist.

Am Anfang dieser Zeitspanne dominierten noch auf beiden Seiten die Volksmeinungen, nach denen jede Seite sich für gut und die andere als das ihr Unbekannte für unheimlich, gefahrvoll und gar schlecht ansah. Nur die Russen waren „rechtgläubige Christen" und im Westen herrschte für sie der Teufel. Man glaubte, daß die Katholiken z. B. in Litauen Menschenopfer kannten und Katzen, Igel, Mäuse und anderen Unrat fräßen. Es war die hartnäckige Verschlossenheit der russischen Kirche allem Fremden gegenüber, die diese Meinung konstant vertrat. Aber gerade diese russische Kirche hatte auch die geistige Kraft, das kulturelle Erbe trotz der Überlagerung durch die „Goldene Horde" zu bewahren. Ihr wird das Verdienst zugesprochen, das Erstarken der eigenen Nation möglich gemacht zu haben. Für die Kirche lag die Gefahr damals im herrschaftssüchtigen Westen, wo die Ketzer der Christenheit lebten, von denen man bei einer ehelichen Verbindung bis ins 20. Jahrhundert die Konvertierung zum russisch-orthodoxen Glauben verlangte.

Peter I. war nicht der erste russische Fürst, der nach Westen blickte, sondern der erste, der sich über alle Bedenken der Kirche und der Bojaren hinwegsetzte und aus politischer und wirtschaftlicher Überzeugung die Öffnung nach Westen befohlen hat. Er tat dies, um seinem Land eine Expansion zu ermöglichen, die im Süden durch die starken Türken zum Stillstand gekommen war.

Der Westen nahm die angebotenen Kontakte gerne an, denn die eigene politische und religiöse Zersplitterung ließ ihn im Osten einen starken

Bündnispartner vermuten. Sehr eindrucksvoll sind die zahlreichen dynastischen Verbindungen, die im 18. Jahrhundert zustande kamen, und bei denen die Glaubensbarrieren keine unbezwingbaren Hürden bedeuteten. Gleichzeitig entwickelte sich durch sie ein reger Kulturaustausch. Seitdem die Hauptstadt nicht mehr Moskau war, sondern St. Petersburg am finnischen Meerbusen, war die Reise dorthin von Deutschland aus bequem und ohne Sprachschwierigkeiten zu bewältigen. Entweder erreichte man Petersburg direkt auf dem Seeweg, oder man konnte den Landweg bevorzugen und über Ostpreußen und das Baltikum mit Livland auf deutschsprechendem Territorium reisen, wobei man die Sprachgrenze erst kurz vor St. Petersburg überschritt. Man reiste gerne nach St. Petersburg, weil das höfische Leben dort viel luxuriöser und ereignisreicher war als an den mittelgroßen deutschen Fürstenhöfen.

Das Ende dieses offenen und frohen Kulturaustauschs brachte die Französische Revolution, vor deren Einfluß auf das Leben in Rußland sich die Zaren fürchteten und deswegen den geistigen Austausch mit dem Westen fortan erschwerten. Der Einmarsch Napoleons in Rußland und sein Vordringen bis nach Moskau, das die Krönungsstadt geblieben war, weckte ein patriotisches Selbstbewußtsein, das alle Bevölkerungsschichten bewegte. Der Brand von Moskau bildete sicher eine Zäsur, die den Nationalstolz beflügelt hat, und der unrühmliche Rückzug Napoleons förderte den Glauben an die Stärke der eigenen Nation.

Mit Stolz besann man sich in der Kunst auf typisch russische Elemente. Das russische Landleben fand Eingang in die Themenwahl. Der Adel erinnerte sich an seine Selbstverpflichtung, das Leben auf den Gütern zu kultivieren. Jagdmotive bereicherten die Perlenstickereien (Kat.-Nr. 375 u. a.), und Turgenev (1818–1883) beschreibt in seinen „Aufzeichnungen eines Jägers", 1847, die Naturfreuden eines Adligen auf dem Land. Hier wurden Schulen gebaut und Werkstätten eingerichtet, von denen einige internationalen Ruhm erlangen sollten (Kat.-Nr. 380, 381). Karamzin begann die russische Geschichte zu schreiben und lieferte das wissenschaftliche Fundament für die nationale Rückbesinnung. Der Hof befahl 1834, sich zu Hoffesten russisch zu kleiden. Neben den Westlern gab es jetzt die Slawophilen, die zur Pflege der eigenen Tradition aufriefen. Ausgerechnet die Firma des deutschen Bronzegießers Schmidt fand in Moskau mit Repliken berühmter Nationaldenkmäler großen Anklang (Kat.-Nr. 453–458). Das Pendel der Entwicklung im 18. Jahrhundert schlug jetzt im 19. Jahrhundert zurück, und die Schere zwischen dem anhaltenden Wunsch, sich mit Westeuropa auf eine gemeinsame Stufe zu stellen oder sich verstärkt auf die eigene Tradition zu besinnen, was die Slawophilen begrüßten, sollte sich immer weiter öffnen. Die Kunst des 19. Jahrhunderts ist durch diese beiden Richtungen bestimmt. Mit der Bauernbefreiung (1861) verband sich die Verherrlichung des russischen Volkes.

Der Adel stellte nun in der 2. Jahrhunderthälfte Bauernhütten oder tanzende Bauernpaare (Kat.-Nr. 440–445, 452) aus vergoldetem Silber in seinen Räumen auf, doch am Ende des Jahrhunderts wurden seine

Prunkgefäße wieder wie im 17. Jahrhundert als Kovsch, Bratina u. a. gearbeitet. Daneben aber schmückte man sich mit einer Taschenuhr, auf der das neueste technische Wunderwerk, ein Auto mit Brillantenlampen vor der Kühlerhaube (Kat.-Nr. 439), abgebildet ist. Die Vielfalt der Themen in der russischen Kunst und im Kunsthandwerk war am Anfang des 20. Jahrhunderts unbegrenzt. Die unterschiedlichen Grundeinstellungen in der Gesellschaft haben dies möglich gemacht.

So zeigen die drei Jahrhunderte, die in der Ausstellung vorgestellt werden, das ihnen eigene Gesicht, das die überwältigende Vielfalt der immer neuen Verhaltensweisen in der russischen Kunst den westeuropäischen Nachbarn gegenüber sehr deutlich ausdrückt. Rußland hat sich zur Zeit der Romanovs mit Erfolg in den Kreis der europäischen Länder eingereiht und seine eigenständige künstlerische Entwicklung gleichwertig neben die der anderen Länder gestellt.

Gisela Reineking von Bock

Die Zaren
Die Romanovs 1613 – 1917

Michail Fedorovič Romanov (Michail Fjodorovitsch)

Zar: 1613–1645

1596 geboren als Sohn von Fjodor Nikititsch (später Mönch Filaret) und dessen Frau Xenia (später Nonne Marfa). 1613 zum Zaren gewählt und gekrönt. Dadurch Ende der „Zeit der Wirren". 1. Ehe mit Marija Dolgorukaja – kinderlos, sie starb nach dem 1. Ehejahr. 2. Ehe mit Evdoksija Strežneva (Eudoxia Streshnjeva) – 10 Kinder, 4 überleben das Kindesalter. 1645 in Moskau gestorben.

Michail konnte in seiner Jugend nicht damit rechnen, Zar über Rußland zu werden. Boris Godunov hatte seinen Vater verbannt und als Mönch Filaret in ein Kloster geschickt. Nach dem Autoritätsverfall von Godunov und dem Versuch der Polen, den Moskauer Staat zu beherrschen, versuchten die Bojaren trotz der polititschen Unruhen, die Macht zu erlangen. Sie wählten Michail Fedorovič aus der alten, aber nicht sehr vermögenden Bojarenfamilie nur zum Zaren, weil er damals mit 17 Jahren „jung und noch nicht zu Verstand gekommen war." – „Er wird uns angenehm sein" sagten sie. Michail übernahm das zerrüttete Reich aus Pflichtbewußtsein. Niemand ahnte, daß er mit diesem Schritt eine neue Dynastie begründete. Das Land war zu diesem Zeitpunkt verwüstet. Vor seinem Einzug in Moskau mußte der zerstörte Kreml aufgebaut werden. Die leeren Staatskassen wurden durch Anleihen bei den reichen Stroganovs (Kaufleuten aus Novgorod) aufgefüllt. Beschlüsse für die Staatsführung fällte der junge Zar nach Beratung mit der Bojaren-Duma (Versammlung der Bojaren) und oft auch mit dem Klerus.

In Rußland befanden sich in dieser Zeit schwedische Heere, die als Verbündete gegen Polen ins Land geholt worden waren und nicht freiwillig abzogen. Ja, die Schweden hatten 1611 sogar gehofft, daß ein schwedischer Prinz zum russischen Zaren gewählt werden könnte. Sie erkannten Michail als Herrscher und als Zaren nur an, nachdem Rußland zugunsten Schwedens auf die Ostseeküste mit Livland verzichtet und den Schweden Handelsprivilegien eingeräumt hatte. Die Habsburger und die Osmanen hingegen bekamen für die Anerkennung des Zaren kostbare Zobelfelle geschenkt.

1619 konnte Michails Vater Filaret endlich aus polnischer Gefangenschaft (1611–1619 auf der Marienburg) nach Moskau zurückkehren und nahm neben dem damals 23jährigen Zaren Einfluß auf die Politik. Nach seines Vaters Tod aber regierte Michail nach den Worten des Chronisten „sanft und gut".

Trotz seiner Bindung an die Tradition suchte Michail internationale Kontakte und versuchte, seine Tochter Irina mit dem dänischen Prinzen Wal-

MICHAEL FEDEROWITS,
Czar ou Grand Duc de Moscovie.

Katalog-Nr. 2 ▶

demar zu verheiraten. Die Hochzeit scheiterte an den unterschiedlichen Religionen der Brautleute. Der protestantische Bräutigam, der zur Hochzeit nach Moskau gekommen war, wurde dort festgehalten und durfte erst nach dem Tod von Zar Michail in seine Heimat zurückkehren. Der Umgang mit Ausländern war ungewohnt und machte noch Schwierigkeiten, man war ausschließlich auf die eigene Lebensführung fixiert.

Dennoch unterstützte man bewußt auch Handelsbeziehungen, die westliche Länder zu Moskovien suchten. So wurde die Gesandtschaft aus Schleswig, die Olearius dokumentiert hat, aufwendig, wenn auch zurückhaltend, aufgenommen. Durch ihn erfahren wir auch, daß für den Zaren als Thron damals „ein prächtiger Stuhl" in Arbeit war, der aus 800 Pfund Silber und 3000 eingeschmolzenen Golddukaten für insgesamt 25000 Taler in Arbeit war, „und drei Jahre ist von Deutschen und Russen, deren bester Meister Esais Zinckgräff, ein Nürnberger, war, daran gearbeitet worden".[1] An anderer Stelle bewundert er die Metallgießereien in der Nähe des Kreml an der Neglina, wo auch die großen Glocken entstanden. „Es hat bisher einen wohlerfahrenen Meister, namens Hans Falcken aus Nürnberg, gehabt, von welchem etliche Russen nur vom Zusehen das Gießen ziemlich gelernt haben."[2]

Aleksej Michailovič (Alexei Michailovitsch)

Zar: 1645–1676

1629 geboren als Sohn von Zar Michail Fedorovič und der Evdoksija Strežneva. 1645 Proklamation zum Zaren. 1. Ehe 1648 mit Marija Miloslavskaja, die ihm 16 Kinder schenkte. 2. Ehe 1671 mit Natal'ja Naryškina, mit der er den Sohn Peter (später Peter I.) hatte. 1676 in Moskau gestorben.

Aleksej war erst 16 Jahre alt, als er die Nachfolge seines Vaters antrat. Im Unterschied zu diesem wurde er weltoffen erzogen, lernte Altgriechisch und etwas Polnisch. Durch seine Regierung erreichte er die Stabilisierung seines Landes und galt als sanft und mild. Er war eng befreundet mit A. L. Ordin-Naščokin (Naschtschokin), dem Leiter des Außenamtes, und mit B. J. Morozov, seinem Erzieher. Beide bauten die Kontakte zu Westeuropa aus und machten den jungen Aleksej und seinen Bruder Ivan schon als Kinder mit westlichen Annehmlichkeiten vertraut. So wurden ihnen z. B. deutsche Kleider genäht und ein Schaukelpferd aus Deutschland zum Spielen gegeben. Morozov hatte eine führende Stellung im Staat, verwaltete fünf wichtige Staatsämter und ist in dieser Funktion für die drückenden Steuerlasten der Bevölkerung verantwortlich, die 1648 zu einem großen Moskauer Aufstand führten. Bei diesen Unruhen wurde Moskau verwüstet und die Staatskassen geleert. Der persönliche Schutz des Zaren wurde damals allein von ausländischen Offizieren übernommen, da die Palastgarde – die Strelizen – die dafür sorgen sollte, sich mit den Aufständischen solidarisiert hatte. Den unzufriedenen Adel konnte der Zar nach den Aufständen nur beruhigen, indem er die Schollenbindung der Bauern, d. h. die Leibeigenschaft, festschrieb und auf Drängen der russi-

1 Adam Olearius. Das erste Buch der neuen Persianischen Reisebeschreibung ... Das fünfte Kapitel – Wie wir in Muskow bewirtet wurden und von der ersten öffentlichen Audienz. In: Hrsg. Eberhard Meißner – Adam Olearius. Moskowitische und Persische Reise. Darmstadt o. J., S. 27.

2 Adam Olearius, ebendort (3. Buch, 1. Kapitel), S. 82.

ЦРЬ АЛѮҮЇ МИХАИЛОБИЧЬ И.В.

schen Kaufleute den Ausländern, denen viele Vergünstigungen eingeräumt worden waren, das Recht auf zollfreien Handel nahm. Nach einem
weiteren Aufstand im Pestjahr 1654 wurde den Ausländern die Gründung
einer eigenen Vorstadt, der „Nemeckaja Sloboda" (Deutsche Vorstadt)
am Rande Moskaus befohlen. Sie wurde die Keimzelle westeuropäischer
Kultur in Moskau.

Die Zeit war politisch instabil. 1662 kam es in Moskau zum „Kupfergeld-
Aufstand", der in der Sommer-Residenz des Zaren am Rande der Stadt,
in Kolomenskoje, blutig niedergeschlagen wurde. Und 1668/70 brachte
Stepan (Stenka) Razin mit seinen Donkosaken erneut politische Unruhen. Von der unteren Wolga aus versuchte dieser 1670 vergebens, mit
20 000 Mann nach Moskau vorzustoßen. Lieder machten „Stenka Razin"
bis in unsere Tage zum Volkshelden.

Rußland vergrößerte sich unter Zar Aleksej beachtlich. Seit 1654 ist er
der „Selbstherrscher von Groß- und Kleinrußland". Dazu kam ein Teil
der Ukraine und die Städte Smolensk, Polock, Minsk und Wilna, die alle
das deutsche Magdeburger Stadtrecht hatten, das ihnen gelassen wurde
und Rußland mit einem Teil der deutschen Rechtsprechung vertraut
machte. Transitzölle wurden im Land aufgehoben, der Handel dadurch
erleichtert und Rußland in den 60er Jahren an das europäische Postnetz
angeschlossen.

Die beginnende Westorientierung Rußlands wurde auffallend verstärkt,
nachdem Aleksej seine 2. Frau, Natal'ja Naryškina, die weltoffen erzogen
worden war, geheiratet hatte. Dies führte zur Gründung eines Theaters in
der Sommerresidenz Preobraženskoje, in dem der evangelische Pastor
Johann Gottfried Gregorius aus Merseburg 1672 die erste neunstün-
dige (!) Aufführung auf Deutsch mit einem Dolmetscher inszenierte, und
schon 1673 wurde hier als erstes Ballett „Orpheus und Euridike" von
Heinrich Schütz gegeben. Weitere Neuheiten nach westlichem Vorbild
betrafen bei Hof die Inneneinrichtung, wo von nun an Bilder und Spiegel
die Zimmer schmückten, sowie die Einführung der Polyphonie in die
Tafel- und Kirchenmusik.

Bei Hof erschienen immer mehr Ausländer. Der Zar ließ sich von „deutschen Musikern" zur Abendtafel vorspielen. Der Leiter des Gesandt-
schaftsprikases, A. L. Ordin-Naschtschokin, war ein Verfechter der Europäisierung und ein scharfer Kritiker überlebter Moskauer Zustände. Er
sprach Deutsch und Latein fließend und wurde von den Ausländern hoch
geschätzt. Er unterstützte die Gründung fremder Gesandtschaften in
Moskau: nach der englischen, 1623, gab es seit 1630 eine schwedische,
seit 1631 eine dänische und seit 1673 eine polnische.

Neben den zahlreichen Anregungen aus dem Westen kam es wegen inne-
rer Reformbewegungen zu Unruhen, die 1663/64 einen Kirchenstreit aus-
lösten, der zur Kirchenspaltung (Raskol) führte. Von nun an gab es die
offizielle Staatskirche mit dem Patriarchen Nikon und die „Altgläubigen"
– die „Raskolniki". Der Zar, um Ausgleich bemüht, ließ Orgeln, die nach
westlichem Vorbild in Kirchen aufgestellt waren, entfernen, verbot das

Tabakrauchen und degradierte die Adligen, die sich rasierten. Kein Russe durfte sich westlich kleiden, die Ausländer aber mußten sich in ihrer Kleidung zu erkennen geben. Das westliche Gedankengut hatte zu rasch Fuß gefaßt, dies sollte nun vorübergehend zurückgenommen werden.

Fedor Alekseevič (Fjodor Alexejevitsch)

Zar: 1676–1682

1661 als Sohn des Zaren Aleksej Michailovič und der Marija Miloslavskaja geboren. 1. Ehe 1680 mit Agaf'ja Gruševskaja, 2. Ehe 1682 mit Marfa Apraksina.

Zar Fedor war noch nicht 15 Jahre alt, als er den Thron bestieg, und ist schon mit 21 Jahren gestorben. Sein Lehrer Polckij unterrichtete ihn in Altgriechisch, Latein und Polnisch und machte ihn mit der westlichen Lebensweise vertraut. Er war der erste Zar, der sich westlich kleidete und frisierte. Von Kindheit an kränkelte er (wahrscheinlich an Skorbut) und mußte dennoch die Regierung übernehmen. Sein jüngerer Bruder Ivan (später Ivan V.) war vollkommen regierungsunfähig und der nächstfolgende Stiefbruder Peter (später Peter I.) war zwar sehr gesund, zur Zeit der Thronbesteigung von Fedor aber erst 4 Jahre alt.

Die Unerfahrenheit des jungen Zaren führte zu erbitterten Machtkämpfen zwischen den Familien der beiden Frauen seines Vaters, den Miloslavskijs und den Naryškins. Im Streit um die Anerkennung westlichen Gedankengutes waren ihre Standpunkte diametral entgegengesetzt.

Als die Miloslavskijs die Oberhand gewannen, wurden westeuropäische Einflüsse vorübergehend eingedämmt und das erst 1672 gegründete Hoftheater wurde schon 1676 wieder geschlossen. Die Vorliebe für westliche Luxusgüter war jedoch schon so groß, daß die Entwicklung zur Europäisierung nicht aufgehalten werden konnte. Mit allen seinen Modernisierungsversuchen bemühte sich der Zar, dem westlichen Absolutismus näher zu kommen. Die Gründung der ersten russischen Hochschule in Moskau zeigt ihn als Anhänger der Frühaufklärung. 1680 heiratet er als erster Zar eine Ausländerin – eine Polin. Sie kleidete sich westlich und durfte sich in der Öffentlichkeit zeigen, was für eine russische Dame bis dahin unschicklich war. Als Fedor starb, hatte er keinen Nachfolger.

Ivan V. und die Regentin Sof'ja (Sofia)

Zar und Regentin: 1682 - 1689/96

Ivan (Ioann) Alekseevič wurde 1666 als Sohn von Zar Aleksej Michailovič und von Marija Miloslavskaja geboren. Krönung 1682 zusammen mit Peter I. Seit 1684 Ehe mit Praskov'ja Saltykova. Von seinen 5 Kindern heirateten Ekaterina 1716 Karl-Leopold von Mecklenburg-Schwerin und Anna 1710 Herzog Friedrich-Wilhelm von Kurland; 1711–1730 war sie Herzogin von Kurland und 1730–1740 Imperatorin von Rußland. 1696 ist Ivan V. in Moskau gestorben.

Sof'ja Alekseevna, geboren 1657, war die ältere, 24jährige Schwester von Ivan V. sowie von Peter I. und seit 1682 Regentin für die beiden jungen, 16 und 10 Jahre alten Zaren. 1689 wurde sie vom heranwachsenden Peter I. abgesetzt und im gleichen Jahr als Nonne Susanna in das Neujungfrauen-Kloster bei Moskau verbannt, wo sie 1704 gestorben ist.

Zar Fedor hinterließ bei seinem Tod keine Kinder. Er hatte aber noch zwei lebende Brüder: Ivan von seiner Mutter und den Stiefbruder Peter aus der Familie Naryškin. Ivan war noch sehr jung, dazu Epileptiker,

Regentin Sof'ja
Schwester von Ivan V. und Stiefschwester
von Peter I.

schwachsinnig und fast blind. Peter war zwar gesund, kräftig und intelligent, zu diesem Zeitpunkt aber erst 10 Jahre alt. Beide waren daher regierungsunfähig. Aus diesem Grund kam es erneut, wie schon unter Zar Fedor, zum Machtkampf zwischen beiden Familien der Thronfolger. Für Ivan sollte seine Schwester Sofia und für Peter seine Mutter Natal'ja als Regentin eingesetzt werden. Ein sehr blutiger Aufstand der Strelizen (Palastgarde) führte zu der Forderung, beide Söhne gemeinsam zu krönen. So wurde für die ungewöhnliche Doppelherrschaft ein Doppelthron gebaut.

Sofia, die dank einer westlich orientierten Erziehung und durch das Vorbild ihrer polnischen Schwägerin sehr viel Selbstbewußtsein erworben hatte, gelang es jedoch, alleine die Regierung zu übernehmen, was für russische Frauen ursprünglich unmöglich und nicht schicklich war. Als Regentin rettete sie mit staatsmännischer Klugheit die Autokratie. Peter entfernte sich daraufhin mit seiner Mutter aus dem Kreml.

Sofia regierte 7 Jahre lang. In dieser Zeit stärkte sie den Adel, um die Bojaren zu schwächen. Für diesen Zweck wurde mit der Landvermessung begonnen und die Suche nach entlaufenen Bauern verstärkt. Auch wur-

Ioan Alexouuitz, et Pierre Alexouuitz
Freres Czars ou Grands Ducs de Moscouie.

Die Zarenbrüder Ivan V. und Peter I. während ihrer gemeinsamen Regierungszeit. Kupferstich von F. Iollain, Ende 17. Jh.

den Dienstgüter den Erbgütern gleichgestellt. In Glaubensfragen war man bei Hof tolerant, jedoch nicht im Streit mit den „Altgläubigen". Religionsgespräche waren damals zwischen „griechischen" (russischen) und „lateinischen" (westeuropäischen) Vertretern möglich. Die „lateinische" Ideologie hatte über die Ukraine und Weißrußland Eingang in das Moskauer Reich gefunden, und der Friede mit Polen schien die lateinischen Einflüsse zu stärken. Diese Entwicklung ließ den Patriarchen Joakim mißtrauisch werden. Als Sofia dann auch noch römisch-katholische Gottesdienste in der Ausländervorstadt zuließ, hatte sie die Gunst des Patriarchen verspielt. Es half ihr wenig, daß sie für Rußland als erstem europäischem Staat diplomatische und kommerzielle Beziehungen mit China erreichen konnte. Bei der sich verstärkenden Rivalität mit dem heranwachsenden Peter mußte sie ohne Unterstützung der Kirche unterliegen. Selbst die gefürchteten Strelizen stellten sich mehr und mehr auf die Seite Peters. Dies führte zu ihrem politischen Sturz, und im September 1689 wurde sie in das Neujungfrauen-Kloster verbannt. Aus ihrem persönlichen Besitz zeigt die Ausstellung eine Tischplatte, die wie ein Orientteppich dekoriert ist (Kat.-Nr. 35).

Peter I., der Große

Zar und Imperator: 1682/89–1725

Petr Alekseevič (Pjetr Aleksejevitsch – Peter) 1672 als Sohn von Zar Aleksej und von Natal'ja Naryškina geboren. 1682 Krönung zusammen mit seinem Halbbruder Ivan V. auf dem Doppelthron. Als Regentin fungierte seine Halbschwester Sofia, bis sie 1689 entmachtet wurde. 1. Ehe 1689 mit Evdoksija Lopuchina, die er 1698 ins Kloster Suzdal' verbannte. Mit ihr hatte er den Sohn Aleksej (1690–1718), der 1711 Charlotte Christine Sophie von Braunschweig-Wolfenbüttel, die Schwägerin Kaiser Karls VI., heiratete. Seit 1696 war Peter nach dem Tod von Ivan V. Alleinherrscher. 2. Ehe Peters 1712 mit Katharina, ehem. Martha Skavronskaja, die 1725–1727 als Katharina I. regierte. Mit ihr hatte er 8 Kinder. Ihre gemeinsame Tochter Anna, geb. 1708, heiratete 1725 Herzog Karl-Friedrich von Holstein-Gottorp, ihre 2. Tochter Elisabeth (1709–1761), wurde Kaiserin Elisabeth I.

Peter I. ist ein bedeutender Herrscher der europäischen Frühaufklärung. Er hat Rußland Westeuropa angenähert und durch die Gründung von St. Petersburg, 1703, einen direkten Zugang zur Ostsee und dadurch zu den westlichen Ländern geschaffen. St. Petersburg wurde die neue Hauptstadt von Rußland und das „Fenster nach Europa". Es entwickelte sich zu einer bedeutenden Hafenstadt. Der Charakter Peters war voller Widersprüche und ist umstritten, seine politische Durchsetzungskraft aber war bewundernswert. Durch den Sieg im Nordischen Krieg gegen die Schweden und im Süden gegen die Türken hat er Rußland zur europäischen Großmacht entwickelt.

Seine Jugend verbrachte er mit seiner Mutter vor Moskau im Dorf Preobraženskoje, wo er von seinem fünften Lebensjahr an Unterricht erhielt, jedoch nicht die besten Lehrer bekam. Aber in der unweit entfernten „Nemeckaja Sloboda" – der Ausländervorstadt („Deutsche Vorstadt" genannt) – lernte er den westlichen Lebensstil kennen. Hier fand er persönliche Freunde, wie den Schweizer Lefort, und feierte rauschende Feste. Politische Interessen entwickelten sich hier noch nicht. Der Sturz von Sofia wurde mehr von seiner Mutter als von ihm betrieben.

Am Anfang seiner Regierungszeit mußte er sich gegen die konservativen Ansichten der Moskauer Bojaren, die auch von der Familie seiner 1. Frau vertreten wurden, mühsam durchsetzten. Unterstützt wurde er dabei durch die politische Vorarbeit seiner Vorgängerin, der Stiefschwester Sofia, die ihre Umgebung schon mit westlichem Gedankengut vertraut gemacht hatte.

Um sein Wissen über die westliche Kultur zu vertiefen, unternahm Peter als erstes russisches Staatsoberhaupt 1697–1698 eine große Auslandsreise und begab sich inkognito mit einer Begleitung von 250 bis 270 Mann auf die „Große Ambassade" nach Livland, Deutschland, Holland und England. Alles, was er auf dieser Reise gesehen und erlebt hatte, prägte sein künftiges Denken und Handeln. Als einen wichtigen Grund der Reise nannte er „die Festigung alter Freundschaften und die Liebe für die der ganzen Christenheit gemeinsame Angelegenheit zur Schwächung der Feinde des Kreuzes ..." (der Osmanen), denn Rußland befand sich seit 1686 mit Polen, dem Heiligen Römischen Reich und Venedig als „Heilige Liga" im Krieg gegen die Türken. Nun suchte er bewußt christliche Ver-

Katalog-Nr. 6 ▶

32

bündete gegen den Islam. Gleichzeitig knüpfte Peter I. Beziehungen zu Staatsoberhäuptern, Wissenschaftlern und Technikern und beschäftigte sich mit der Nautik und dem Schiffsbau. Darüber hinaus schickte er 67 junge Adlige auf deren Kosten zum Studium nach Holland, Dänemark und Italien. Er erkannte viele Vorteile in der westlichen Lebensart und ordnete heimgekehrt an, daß sich alle russischen Leute außer den Priestern, Fuhrleuten und Bauern westlich kleiden und die Männer die Bärte rasieren sollten. Das, was gerade 25 Jahre zuvor verboten worden war, machte er nun zur Pflicht. Auch die Zeitrechnung paßte er Westeuropa an und ließ seit 1700 das Jahr wie dort nicht im September sondern im Januar beginnen. Gegen die Kirche konnte er aber den westlichen Julianischen Kalender nicht durchsetzen und mußte aus Rücksicht auf Ehrentage verschiedener Heiliger den Gregorianischen Kalender beibehalten. Wegen kleiner Unterschiede in der Jahreslänge ergaben sich hierdurch Verschiebungen in der Tageszählung, die im 20. Jahrhundert eine Differenz von 14 Tagen ausmacht.

Peter I. erkannte die politische Notwendigkeit der direkten und schnellen Verkehrsverbindung zu Westeuropa. Noch war diese nur auf dem Umweg um Skandinavien über Archangelsk am Eismeer gegeben. Der dringende Wunsch nach einem Zugang zur Ostsee führte daher zum Nordischen Krieg mit Schweden (König Karl XII.), 1700–1721, in dessen Verlauf St. Petersburg gegründet wurde. Peters entscheidender Sieg war die Schlacht bei Poltava 1709. Der Frieden von Nystad aber, 1721, brachte Peter I. den größten politischen Erfolg: Rußland wurde hierdurch die Führungsmacht im osteuropäischen Raum und damit als politische Macht in Europa anerkannt. Der Zar wurde von da an in seinem eigenen Land „Peter der Große, Vater des Vaterlandes, Allrussischer Imperator" genannt. Nun fühlte er sich berechtigt, die internationalen Kontakte zu intensivieren. Dies war der Anfang zu dynastischen Verbindungen mit deutschen Fürstentümern, die bis in das 20. Jahrhundert hinein aufrecht erhalten wurden. Als erstes verheiratete er seine Nichte Katharina Ivanovna nach Mecklenburg, dann gab er seine Tochter Anna 1725 Herzog Karl Friedrich von Schleswig-Holstein-Gottorp zur Frau. Von nun an hatte Rußland ständige diplomatische Vertretungen in den wichtigsten Hauptstädten Europas und Asiens. Darüber hinaus nutzte er die landübergreifenden Verbindungen seiner Balten-Deutschen um Riga. Nachdem Schweden durch den Frieden von Nystadt gezwungen war, die Baltischen Länder (Livland und Lettland) an Rußland abzutreten, beließ ihnen Peter I. staatspolitisch geschickt ihre ehemalige Staatsordnung: Die Selbstverwaltung lag dort daher weiterhin in den Händen der deutschen Ritterschaften (die aus dem Deutschen Orden hervorgegangen waren) und die offizielle Verwaltungssprache blieb, wie seit der Gründung Rigas, 1204, Deutsch. Der deutsche Livländische Adel dankte ihm dies durch anhaltende Loyalität und durch die Bereitschaft, sich fortan in den russischen Staatsdienst integrieren zu lassen. In den folgenden Generationen dienten und wirkten viele Deutschbalten am russischen Hof, in der Armee und in den Ministerien. Sie waren auch an wissenschaftlichen Institutionen und im künstlerischen Bereich tätig. Begünstigt durch die enge Nachbarschaft von Livland zu St. Petersburg waren die Kontakte sehr rege. Nach der außenpolitischen Stabilisierung seines Landes leitete Peter der Große sein Reformwerk ein. Dieses bewirkte keinen gesellschaftlichen Umsturz, brachte aber tiefgreifende Veränderungen auf zahlreichen Gebieten des wirtschaftlichen, staatlichen und kulturellen Lebens. So gab Peter d. Gr. bewußt die von allen Russen hochgeschätzte Tradition auf, die Moskau als das 3. Rom in der Nachfolge des 1453 an den Islam verlorenen Byzanz (Konstantinopel) anerkannte, was durch die Verlegung der Residenz nach St. Petersburg sehr deutlich zum Ausdruck kam. Seine 1721 eingeführte Benennung Rußlands als „Imperium" und sein eigener neuer Titel „Imperator" sollte darüber hinaus allen deutlich machen, daß für ihn die historische Vergangenheit mehr auf weströmische Wurzeln als auf oströmische Traditionen zurückgeführt werden sollte.

Besondere Aufmerksamkeit schenkte Peter I. der Entwicklung von Kultur, Bildung und Wissenschaft. Kürzere Auslandsvisiten in den Jahren 1711 und 1712/13 führten ihn ausschließlich nach Deutschland und Böhmen, wo er mit Gottfried Wilhelm Leibniz zusammenkam. Immer wieder versuchte er, Gelehrte und Fachkräfte aus protestantischen Ländern für Rußland zu gewinnen. 1701 wurde in Moskau die erste Fremdsprachenschule eröffnet, die unter Leitung des livländischen Pastors Ernst Glück, dem ehemaligen Dienstherrn seiner späteren Frau Katharina, stand und 1703 in das 1. akademische Gymnasium Rußlands umgewandelt wurde. Er betrieb auch die Gründung der Petersburger Akademie der Wissenschaften, deren Eröffnung 1725 er jedoch nicht mehr erlebte.

Bei seinem Aufenthalt 1713 in Berlin zeigte ihm König Friedrich Wilhelm I. das erst 1711 vollendete Bernsteinzimmer, das in einem Eckraum des Berliner Schlosses eingebaut worden war. Diese Ausstattung wurde damals als 8. Weltwunder bezeichnet und gefiel Peter I. so sehr, daß König Friedrich Wilhelm I. es ihm zum Geschenk machte. Ein solcher Entschluß war sicher durch den Wunsch ausgelöst, das Bündnis mit Rußland gegen Schweden zu vertiefen. Aus dem gleichen Grund machte Peter I. dem Soldatenkönig ein Gegengeschenk von 55 „langen Kerls", die alle größer als 2 m waren. 1717 wurde die verpackte Wandvertäfelung des Bernsteinzimmers über Memel und Riga mit militärischer Begleitung nach St. Petersburg gebracht und zunächst eingelagert, da man wohl keinen geeigneten Raum zum Einbau fand. Erst Katharina II. hat dieses Geschenk genutzt.

Westeuropa sah in Peter I. eine überaus schillernde Person, einen autarken Selbstherrscher, der westliche Rationalität und orientalischen Despotismus in sich vereinte. Seine Aktivität in politischen sowie in alltäglichen Angelegenheiten ließ sich durch kein Protokoll einengen. Er half persönlich beim Löschen des großen Palastbrandes 1701, zündete selbst Feuerwerke, legte beim Schiffbau Hand an und schnitt den Bojaren die Bärte ab. Die Rigorosität, mit der er seine Zeitgenossen ohne Rücksicht auf Tradition und religiösen Gefühle in die neue Zeit stieß, hat nicht nur Bewunderung sondern auch Erschrecken und Widerstand hervorgerufen, wogegen er in seiner gesamten Regierungszeit anzukämpfen hatte.

Katharina I.

Imperatorin: 1725–1727

1684 in Livland in Kreuzberg (Krustpils) als Martha Skavronskaja geboren. Seit 1699 Hausmagd beim evangelischen Probst Ernst Glück. 1702 1. Ehe mit dem schwedischen Dragoner Kruse. 1703 Übersiedlung auf das Gut Menšikovs bei Moskau. Seit 1704 feste Beziehung zu Peter I. 1712 Heirat mit Peter I. Sie hatte mit ihm 8 Kinder. 1724 Kaiserkrönung, 1725 Proklamation zur Kaiserin. 1727 in St. Petersburg gestorben.

Als Peter I. starb, hatte er keinen Erben für den Zarenthron benannt, da seine Kinder und Enkel noch zu jung für dieses Amt waren. Von diesen lebten die 17jährige Anna – verlobt mit dem Herzog von Holstein-Gottorp, und die 16 Jahre alte Elisabeth. Sein Enkel Peter (Sohn von Aleksej) war erst 10 Jahre und dessen Schwester Natal'ja 11 Jahre alt. Seine Nichten, die Töchter von Ivan V., waren bereits verheiratet: Katharina mit dem Herzog von Mecklenburg-Schwerin und Anna mit dem Herzog von Kurland und Semallen. So wurde Peters Gemahlin Katharina, die im Jahr zuvor bereits gekrönt worden war, von dem ihr sehr nahe stehenden Menšikov noch am Todestag von Peter d. Gr. zur Kaiserin proklamiert. Als Herrscherin berief sie als höchstes Machtorgan den „Obersten Geheimen Rat" ein. Zu seinen 6 Mitgliedern zählten Fürst Menšikov, Graf P. A. Tolstoj, Graf F .K. Apraksin, Baron Heinrich Johann Ostermann (ehem. Pfarrerssohn aus Bochum) und Fürst D. M. Golicyn. Diese Personen übten praktisch die Regierung aus und führten die Außenpolitik Peters I. weiter. Der politisch geschickte Vizekanzler Ostermann konnte Österreich zum Beitritt des russisch-schwedischen Bündnisses bewegen. Katharina selbst war ungebildet und leugnete dies nicht. Sie führte einen aufwendigen Lebensstil mit ausgedehnten Trinkgelagen. Zu Lebzeiten von Peter I. war sie ihm gegenüber aufmerksam, liebevoll und wirkte ausgleichend auf sein Temperament.

Peter II.

Imperator: 1727–1730

Peter II. ist Enkel von Peter I. (d. Gr.) und Neffe des österreichischen Kaiser Karl VI. 1715 geboren als Sohn des 1718 verstorbenen Aleksej – Sohn von Peter I. und von Charlotte Christine Sophie von Braunschweig-Wolfenbüttel. 1730 plötzlich an den Pocken gestorben.

Bei seiner Thronbesteigung einen Tag nach dem Tode Katharinas I. war Peter II. noch keine 12 Jahre alt. In seiner kurzen Herrschaftszeit gab es wieder Machtkämpfe, die die Fürstenfamilie Dolgorukij gewann. Die Außenpolitik leitete weiterhin der Vizekanzler Heinrich Johann Ostermann (gen. Andrej Ivanovitsch) wie zu Katharinas I. Zeiten, und auch Menschikov behielt seinen Einfluß, bevor er im September 1727 gestürzt wurde und 1729 in sibirischer Verbannung starb. 1727 wurde der Hof wieder nach Moskau verlegt, was ohne Bedeutung blieb. 1728 erfolgte die Krönung Peters II. in Moskau. Die erste, die verstoßene Gemahlin Peters I. und Großmutter von Peter II., Evdoksija Lopuchina, wurde aus ihrer klösterlichen Haft ehrenvoll an den Hof zurückgeholt. Trotz der politischen Machtzunahme der Familie Dolgorukij blieb der Einfluß von Ostermann groß. Er baute die Allianz Petersburg–Wien weiter aus und verstand es, Rußland nicht in den Zwist des Herzogtums von Holstein-Gottorp mit Dänemark hineinziehen zu lassen.

Peter II. starb unerwartet. Mit seinem Tod erlosch die Dynastie der Romanovs in männlicher Linie.

ПЕТРЪ ВТОРЫИ

Императоръ и Самодержецъ всероссийский

Petrus II.

Russorum Imperator

Anna

Imperatorin: 1730–1740

Als Nichte Peters I. 1693 in Moskau geboren. Tochter von Ivan V. und der Praskov'ja Saltykova. 1710 Hochzeit mit Herzog Friedrich Wilhelm von Kurland (gest. 1711). Sie lebte bis 1730 als Witwe in Mitau/Kurland. 1730 Berufung auf den russischen Thron durch den „Obersten Geheimen Rat". Krönung in Moskau. 1732 kehrt der Hof nach St. Petersburg zurück. 1740 infolge eines Schlaganfalls gestorben. Sie war kinderlos.

Nach dem Tod von Peter II. entschied sich der Oberste Geheime Rat für die kurländische Herzogin Anna als Zarin, weil er glaubte, von ihr so viele Zugeständnisse verlangen zu können, daß seine Regierungsgewalt ungemindert bliebe. Anna aber war der Situation in Moskau gegenüber sehr mißtrauisch. Sie brachte daher den ihr ergebenen kurländischen Hofstaat nach Moskau mit und löste den Obersten Geheimen Rat auf. Die Macht der Dolgorukijs und der Golicyns war hierdurch gebrochen, es blieb jedoch ihre Angst vor einer Verschwörung. Ihr zur Seite standen ihre in Mitau (Kurland) erprobten Edelleute wie der ehem. Kammerjunker E. J. von Biron (Bühren), der 1737 die kurländische Herzogswürde erhielt, ferner der aus dem Oldenburgischen stammende B. Chr. von Münnich und Baron Ostermann aus Westfalen. Sie spielten eine ungewöhnlich einflußreiche Rolle, so daß Mißgunst und eine politische Gegenströmung aufkamen.

Anna kümmerte sich wenig um Regierungsgeschäfte. Sie zog ihr Vergnügen der ernsten Arbeit vor, und ihr Luxusbedürfnis nach dem Vorbild westlicher höfischer Lebensweise hat ihr viele moralische Vorwürfe eingetragen. Aber gerade durch die Pracht ihres Hofes und den Glanz ihrer Feste hat sie viel für die kulturelle Entwicklung ihres Landes getan, denn ihr Hof entwickelte sich zum kulturellen Mittelpunkt Rußlands. Sie holte italienische, deutsche und französische Opern-, Ballett- und Theaterensembles nach St. Petersburg und beeinflußte dadurch entscheidend die künstlerische, festliche Lebensform der russischen Gesellschaft. Seit der Gründung der Petersburger Akademie der Wissenschaften, 1725, wurden mit Hilfe vorzüglicher Arbeitsbedingungen und verlockender Aufgaben bedeutende Gelehrte nach Rußland verpflichtet. Außerordentliche Erfolge waren 1733–1743 die „Zweite Bering-Expedition" und „die Große Nordische Expedition" im Gebiet der sibirischen Eismeerküste und des Nordpazifiks. Mit der Gründung des Kadettenkorps nach preußischem Vorbild sowie nach dem Vorbild der Ritterakademien des 17. Jahrhunderts bekamen die jungen Edelleute eine exklusive Erziehung. Wie junge Adlige in Westeuropa lernten sie neben der militärischen Ausbildung Fremdsprachen, Reiten, Fechten, Tanzen und Musik.

Ivan VI.

Imperator: 1740–1741

Geboren 1740 als Sohn von Prinz Anton-Ulrich von Braunschweig-Bevern und der Anna Leopol'dovna – Prinzessin Elisabeth von Mecklenburg-Schwerin. Inthronisation 1740, Sturz 1741. Ermordung 1764.

Als Großneffe der Zarin Anna war Ivan VI. ein Babyzar, den ein tragisches Schicksal erwartete. Bei seiner Inthronisation war er erst 2 Monate alt und wurde nach einem Jahr vom Thron gestürzt. Die Regenten für ihn waren zuerst Herzog Biron, dann – nach dessen Verbannung – seine Mutter. Nach dem Staatsstreich 1741 wurde Ivan VI. mit seiner Familie ebenfalls verbannt und seit 1756 allein in der Festung Schlüsselburg gefangen gehalten. Bei einem angeblichen Befreiungsversuch wurde er dort 1764 von seinem Wärter ermordet.

Regentin Anna, Mutter von
Zar Ivan VI.

Anna
Prinzeßin von Mecklenb: verm: Prinz. v: Braunschweig
Erbin des Rusfischen Kaiserthums.

Elisabeth

Imperatorin: 1741–1761

1709 in Kolomenskoje als Tochter von Peter I. und der Katharina (Martha Skavronskaja) geboren. 1726 Verlobung mit Prinz Karl von Holstein, der vor der Hochzeit starb. Auch als Gemahlin von Ludwig XV. im Gespräch. 1741 Thronbesteigung durch Palastrevolution. 1742 Krönung in Moskau, 1761 in St. Petersburg kinderlos gestorben.

Elisabeth war vor ihrer Regierungsübernahme mehrfach bei der Thronfolge übergangen worden. Ihre Jugend verbrachte sie vom Kreml ferngehalten in den Zarendörfern Izmajlovo und Kolomenskoje bei Moskau (heute Stadtteile von Moskau). Als Regentin lebte sie vor allem in St. Petersburg, reiste jedoch sehr oft nach Moskau. Die Regierungsgeschäfte fesselten sie nicht sehr. Sie galt als Schönheit, die trotz eines kirchengebundenen Lebensstils ihren Vergnügungen sehr zugetan war. Als Kaiserin entwickelte sie ein exzessives Luxusbedürfnis. Sie liebte höfische Feste, Theater, Musik und die Jagd. Immer war sie dem Anlaß entsprechend angezogen. Hierfür soll sie eine Garderobe von 15 000 kostbaren Kleidern mit passenden Accessoires gehabt haben. Auf einer Reise nach Moskau hatte sie 4000 Kleider mitgenommen, die nach den Memoiren von Katharina II. beim Brand eines Holzpalastes vernichtet wurden.

Im Staat war ihre moralische und politische Autorität sehr stark, da sie als Tochter Peters I. bemüht war, seinem Beispiel zu folgen und seine Arbeit fortzusetzen. Weiten Teilen der Bevölkerung erleichterte sie dadurch die Anpassung an die petrinische Verwestlichung. Viele sahen in ihr einen Gegenpol zu ihren Vorgängern, deren Verwaltung und Westorientierung stark kritisiert worden waren. Von ihren Zeitgenossen wurde schlicht übersehen, daß sich seit Peter I. kein Kurswechsel vollzogen hatte und die Entwicklung geradlinig weiterging.

Ihre Regierungszeit war von einem auffallenden Wirtschaftswachstum geprägt. Die Lage der Bauern aber war bedrückend und führte zu Unruhen. Wesentliche Förderung erhielten die Bereiche der Kunst, der Wissenschaft und des Schul- und Bildungswesens. Architekten aus Italien und Frankreich errichteten Kirchen und Paläste, legten Gärten und Parks an. Der italienische Architekt Rastrelli baute in St. Petersburg neben vielen Palästen auch das Winterpalais, den Peterhof und Carskoje Selo. Man bewunderte die Exklusivität der neuen Residenz. 1757 gründete Elisabeth die Akademie der Künste, und an die Akademie der Wissenschaften, in der bisher nur Ausländer gewirkt hatten, wurden nun auch russische Mitarbeiter verpflichtet – allen voran Lomonosov, der einflußreiche Philosoph, Chemiker, Techniker und Poet, der Universalgelehrte, der 1736–1741 in Marburg und Freiberg studiert hatte. Elisabeth eröffnete 1755 die erste russische Universität in Moskau, an der die Vorlesungen zunächst nur in Latein und in Deutsch gehalten wurden, und ließ als Fundament der russischen Literatursprache die erste „Russische Grammatik" schreiben. Die russische Aristokratie nahm damals ganz den westlichen Lebensstil an. Im Unterschied zur Wissenschaft, wo Deutsch als Sprache vorherrschte, wurde in der Gesellschaft mehr und mehr französisch gesprochen.

Елисаветъ I. Императрица и Самодержица Всероссійская.

Elisabeth I. Russorum Imperatrix.

Peter III.

Imperator: 1761–1762

1728 in Kiel geboren als Enkel von Peter I. und Sohn von Karl Friedrich von Holstein-Gottorp und der russischen Großfürstin Anna Petrovna. Seit 1742 als Petr Fedorovič in St. Petersburg. 1745 Ehe mit Sophie Friederike Auguste von Anhalt-Zerbst. Kaiserproklamation im Dezember 1761, 1762 entmachtet, kurz darauf gestorben, wahrscheinlich ermordet.

Die unverheiratete Zarin Elisabeth hatte 1742 ihren erst 14 Jahre alten Neffen Herzog Karl Peter Ulrich von Holstein-Gottorp als ihren Nachfolger nach St. Petersburg geholt. Dieser war über seinen Vater Großneffe des schwedischen Königs Karl XII. und galt, früh verwaist, als Thronfolger für Schweden. In dieser Funktion wurde er im evangelisch-lutherischen Glauben erzogen. Als Erbe des russischen Throns aber wurde er in Rußland orthodox getauft, was in seinem jugendlichen Alter eine starre Protesthaltung gegenüber der neuen, von ihm nicht geachteten Umwelt ausgelöst hat. Eine mangelhafte Erziehung verstärkte sein ungeschicktes Auftreten. Mit 17 Jahren schon wurde er auf Vorschlag des preußischen Königs Friedrich II. mit der 16jährigen „Katharina", der späteren Kaiserin Katharina der Großen, Prinzessin von Anhalt-Zerbst, verheiratet. Die beiden jungen Partner waren sich anfangs zugetan, entfremdeten sich jedoch sehr bald. Während sich Katharina bewußt auf die künftige Aufgabe als Gemahlin des Herrschers von Rußland vorbereitete, konzentrierte sich Peter auf sein Herzogtum Holstein. Er war ein enthusiastischer Bewunderer Friedrichs II. von Preußen und versuchte, dessen militärische Ordnung und den preußischen Soldatendrill in Petersburg zu imitieren. Da Rußland während des 7jährigen Krieges mit Österreich und Frankreich gegen Preußen verbündet war, hatte die Petersburger Gesellschaft kein Verständnis für diese Haltung. Nach seiner Machtübernahme schloß Peter mit Preußen umgehend einen Waffenstillstand und dachte bei den Friedensverhandlungen nicht daran, aus der für Rußland vorteilhaften Situation irgendwelchen Nutzen zu ziehen. Ein Bündnis mit Friedrich II. wurde am Petersburger Hof mit Argwohn betrachtet.

Innenpolitisch versuchte Peter III. den Adel durch neue Gesetze für sich zu gewinnen und befreite ihn von der Pflicht des Staatsdienstes. Trotzdem gewann er dadurch keine Freunde.

Im Frühjahr 1762 verschärfte sich die Stimmung gegen ihn. Katharina war gerade schwanger, aber in seiner unverhüllten Feindseligkeit ihr gegenüber drohte er, sich scheiden zu lassen, und sie, nach dem Vorbild der Zaren im 17. Jahrhundert, in ein Kloster zu verbannen. Zu dieser mißlichen Stimmung kam die Angst der Garde, zum Vorteil des Herzogtums Holstein gegen Dänemark in den Krieg ziehen zu müssen. Da die Garde, die auf Katharinas Seite stand, von den ebenfalls mit Katharina befreundeten Brüdern Orlov befehligt wurde, kam es im Juni 1762 zum Sturz von Peter III. und einige Tage später zu seinem frühen Tod.

Katalog-Nr. 72 ▶

Katalog-Nr. 73 ► # Katharina II., die Große (Ekaterina II.)

Imperatorin: 1762–1796

1729 in Stettin geboren als Sophie Friederike Auguste von Anhalt-Zerbst, Tochter von Fürst Christian August von Zerbst-Dornburg und der Johanna Elisabeth von Holstein-Gottorp. Seit 1744 in St. Petersburg als Ekaterina Alekseevna. Ehe 1745 mit Karl Peter Ulrich von Holstein-Gottorp (Peter III.), Sohn Paul (Paul I.) 1754 geboren. Gestorben 1796 in Carskoje Selo.

Katharina II. hat mehr als 30 Jahre lang das russische Reich beherrscht. Durch den Sturz ihres Gemahls Peter III. war sie, unterstützt von den Garderegimentern mit den Brüdern Orlov an der Spitze, ungewöhnlich und schnell auf den Thron gekommen. Bis zu ihrem 14. Lebensjahr wuchs sie in Stettin auf, kam auf Empfehlung von König Friedrich II. von Preußen als künftige Gemahlin von Peter III. nach Petersburg und hat sich dort ganz auf ihre neue Aufgabe als Herrscherin über Rußland eingestellt. Sie lernte eifrig Russisch und hat später sogar ihre persönlichen Tagesnotizen auf Russisch geschrieben.[3] Auch in der Kleidung versuchte sie sich, dem russischen Ideal anzupassen, und war grundsätzlich bemüht, ihrem Land keine fremde Herrscherin zu sein. Sie betrachtete sich als „Mutter des Volkes" und umgab sich nur mit russischen Günstlingen und Würdenträgern. Als Kaiserin trat sie bewußt russisch-national auf, und das nicht nur vordergründig, sondern auch praktisch, zielbewußt in ihrer Außen- und Innenpolitik. Schriftstücke aus dem deutschsprechenden Baltikum beantwortete sie nur russisch. Sie sprach am liebsten französisch, doch in Gesellschaften bevorzugte sie das Russische, bei dem man ihr den französisch-deutschen Akzent anmerkte. Aus den gleichen Gründen ließ sie auch Ehrengeschenke in der traditionellen russischen Form ausführen (Kat.-Nr. 93), was der allgemeinen Westorientierung widersprach.

In ihrer Regierungszeit vergrößerte sich Rußland sehr. Es kamen hinzu die südliche Ukraine, die Krim, Teile Polens als Folge der Teilungen dieses Landes und die Nordküste des Schwarzen Meeres. Durch einen verstärkten Straßenbau wurde das Netz wirtschaftlich lebensfähiger Städte dichter. Katharina sorgte auch für eine regelmäßige Besiedlung des Landes. Dem russischen Adel erlaubte sie, Leibeigene im menschenleeren Süden Rußlands anzusiedeln, und als Landesmutter holte sie viele Deutsche ins Land, die sich u. a. an der mittleren Wolga niederließen (1764).

So streng sie sich selbst zur Annahme des russischen Wesens zwang, so wenig verlangte sie eine Russifizierung fremder Bevölkerungsgruppen. Hier gab es keine Konvertierung, keine Pflicht zur Annahme der russischen Sprache oder der kulturellen Normen. Diese Politik der Toleranz wurde damals als weitsichtig, aufgeklärt und äußerst liberal angesehen.

Nachdem sie 1767–1768 die Gesetzgebende Kommission aus 450 Vertretern aller Stände einberufen hatte, um sie über Reformen verhandeln zu lassen, wurde dort auch ihre gewaltsame Thronbesteigung nachträglich legitimiert und ihr zugleich der Titel „die Große" angetragen.

3 Original im Besitz des Staatl. Historischen Museums in Moskau.

Die Grafen Aleksej Grigorevitsch und Grigorij Grigorevitsch Orlov; ca. 1770, Jean Louis de Veilly.
Staatl. Historisches Museum Moskau.

Katharina II. war eine Kaiserin, die sich auf mehreren Reisen ihr Land angesehen hat, um es kennenzulernen. Ihr Günstling Potemkin korrigierte die menschenleeren Landschaften, indem er kulissenartige Dörfer und Weiler aufstellen und festlich gekleidete Volksgruppen an den Flußufern tanzen ließ. Dies führte zum Begriff der „Potemkinschen Dörfer". Nach der Einverleibung der Krim, 1783, jedoch hat gerade er sich intensiv für die Neubesiedlung südrussischer Gebiete eingesetzt.

Einen Förderer, Verbündeten und indirekten Freund hatte Katharina II. in Friedrich II. von Preußen. Nachdem er sie als Gemahlin für Peter III. vorgeschlagen hatte, behielt er lebenslang ein lebhaftes Interesse an ihrer Entwicklung. Geheiminformationen (Kat.-Nr. 263) wurden damals nicht nur zwischen Berlin und St. Petersburg ausgetauscht. Selbst Nebensächlichkeiten waren interessant, um politische Entwicklungen zu erahnen. So erfuhr Friedrich II. viele Details vom Petersburger Hof. Er war voll Bewunderung, wie sich Katharina zu einer Selbstherrscherin entwickelte und warb beharrlich und unermüdlich um ihre Gunst. Für ihn wandelte sich diese kleine deutsche Prinzessin zu einer von Größenwahn besessenen, eroberungslustigen, russischen Zarin, die sich restlos mit der Macht und dem Ruhm ihres großen Reiches identifizierte. Aber auch den russischen Menschen muß Friedrich II. 1773 Lob zollen: „Andere barbarische Völker haben sich im Laufe der Jahrhunderte allmählich verfeinert, aber wir haben kein Beispiel einer Umgestaltung, die mit solcher Schnelligkeit sich vollzogen hätte, wie die in Rußland."[4]

Katharina II. nahm äußerst interessiert und aktiv am kulturellen Leben ihres Hofes in St. Petersburg teil, dem sie einen glänzenden, international bewunderten Rahmen und eine luxuriöse Selbstdarstellung zu geben vermochte. Sie las alle wichtigen Werke und korrespondierte mit Voltaire, Diderot, Rousseau, d'Alembert, Grimm u. a. Sie schrieb – außer ihren Memoiren – Essays und satirische Erzählungen, veröffentlichte Zeitschriften und unterstützte die historische Forschung. Sie verbesserte das Lehrprogramm des Kadettencorps, gründete das „Smol'nyj Institut" – den Prototyp für Mädcheninternate im 19. Jahrhundert – und war intensiv bemüht, das Schulwesen im Land zu verbessern. Ihre Freundin, die Fürstin E. R. Daschkova, gründete die Russische Akademie, und dort wurde das Wörterbuch der russischen Sprache veröffentlicht, das noch zu Puschkins Zeit benutzt wurde. Ihre ständig wachsende Kunstsammlung in der Ermitage animierte den Adel, ihr mit eigenen Sammlungen nachzueifern. Ehrenurkunden ließ sie als wahre Kunstwerke gestalten und scheute Geld und Mühe nicht, um ihren Freunden auch auf diese Weise eine Freude zu machen (Kat.-Nr. 263–266). Da sie sich als Großfürstin zu Elisabeths Zeiten in den schlecht und nur sehr spärlich möblierten Palästen sehr unwohl gefühlt hatte,[5] versuchte sie, nicht nur Möbel sondern auch Ebenisten aus Frankreich und Deutschland nach St. Petersburg zu holen. So hat David Roentgen aus Neuwied vorübergehend versucht, hier eine Niederlassung zu gründen, und wenn dies auch nicht anhaltend geglückt ist, so haben seine Schreiner doch offensichtlich die Kunst des Intarsierens an russische Handwerker weitergegeben (Kat.-Nr. 89).

4 Lew Kopelew: „Unser natürlichster Verbündeter" – Friedrich der Große über Rußland. In: Russen und Rußland aus deutscher Sicht. 18. Jahrhundert: Aufklärung. München 1987, S. 291.

5 Katharina II.: Memoiren. Bd. 1, München 1987, S. 156: „Ende September zogen wir wieder in das Winterpalais. Bei Hofe herrschte damals ein solcher Mangel an Möbeln, daß dieselben Spiegel, Betten, Stühle, Tische und Kommoden, die wir im Winterpalais benutzten, auch nach dem Sommerpalais und weiter nach Peterhof mitgenommen wurden und uns sogar bis nach Moskau folgten. Auf dem Transport wurde vieles zerschlagen und zerbrochen, und in diesem mangelhaften Zustand gab man uns dann die Sachen, so daß wir Mühe hatten, sie zu benutzen."

Katharinas besondere Liebe galt dem Porzellan. Aus diesem Grund ließ Friedrich II. ein großes Tafelgeschirr mit einem prunkvollen Tafelaufsatz für sie fertigen, das nach seiner Ankunft sofort im Winterpalais ausgestellt worden ist. Die Geschirrteile hiervon ließ sie für ihre Ordensservice kopieren, was die russischen Porzellanmanufakturen zu einem Leistungswettbewerb mit den deutschen Manufakturen in Berlin und auch in Meißen angetrieben hat (Kat.-Nr. 200–216).

Ihr Ruf als interessierte Partnerin bei der Verwirklichung vieler neuer Ideen verbreitete sich so, daß selbst ein Casanova bis nach St. Petersburg reiste, um dort sein Glück unter ihrer Obhut zu versuchen. Doch hat wohl sein Charme nicht ausgereicht, Katharina II. zu beeindrucken.

Katalog-Nr. 77 ▶ **Paul I.**

Imperator: 1796–1801

1754 geboren als Sohn von Peter III. und Katharina II. 1. Ehe 1773 mit Augustine Wilhelmine Luise von Hessen-Darmstadt, in Rußland Natal'ja Alekseevna genannt. 2. Ehe 1776 mit Sophie-Dorothea, Prinzessin von Württemberg-Mömpelgard – in Rußland Marija Fedorovna genannt (1759–1828). Unter den 10 Kindern aus der 2. Ehe sind: Alexander I., Kaiser 1801–1825, und Nikolaus I., Kaiser 1825–1855. 1801 wurde Paul I. ermordet.

Paul I. ist eine der umstrittensten Figuren der russischen Geschichte. Schon in seiner Geburtsstunde wurde er von seinen Eltern getrennt und wuchs unter Fremden auf, die ihn gegen seine Mutter einnahmen. Vermutlich ist dies die Erklärung für sein zwiespältiges Wesen und seine große Zuneigung zu seiner zweiten Frau. Historiographen bezeichnen seine Herrschaft als von „willkürlicher Laune und Gewalt" bestimmt und nennen seine Regierungszeit die „allerbürokratischste Epoche". Paul erhielt eine ausgezeichnete Erziehung im Sinne der Aufklärung und wird von seinen Lehrern als klug und scharfsinnig, aber auch voll Ungeduld und Launenhaftigkeit beschrieben. Auf einer mehr als ein Jahr dauernden Reise nach Österreich, Italien, Frankreich, den Niederlanden, in die Schweiz und nach Stuttgart und Berlin lernte er Friedrich den Großen persönlich kennen und schätzen. Danach wurde er ein Verfechter der preußenfreundlichen Politik und organisierte Heer und Staat nach preussischem Vorbild.

Einen Einfluß des Gedankengutes der Französischen Revolution fürchtete er ebenso wie seine Mutter. So erklärt sich als Gegenmaßnahme seine verstärkte Zensur, mit der er in das Leben seiner Untertanen eingriff: Der Verkehr mit dem Ausland wurde unterbrochen. Alle privaten Druckereien wurden geschlossen, die Einfuhr ausländischer Bücher, Musikalien und Gemälde untersagt, Studenten wurden aus dem Ausland zurückgerufen und die Benutzung der Worte „Nation", „Republik", „Konstitution" u. ä. untersagt. Er reglementierte den Tagesablauf der Städter und ließ viele geheimdienstlich überwachen. Als Bollwerk gegen die französische Republik fand er Interesse am katholischen Johanniter-, dem Malteserorden, der ihn 1797 zum Großmeister wählte und ihm die Leitung der Ordensgeschäfte übertrug. In dieser Funktion kam es wegen der schwierigen Verteidigung der Insel Malta gegen Napoleon zum Bruch mit England, mit dem Rußland zuvor verbündet war. Dies bedeutete eine empfindliche Einbuße für den ehemals nach England gehenden Getreideexport. Dessen Einnahmen waren gerade damals für den Adel so besonders wichtig, weil dieser nun erstmals hohe Steuern an den Staat zu zahlen hatte. All dies in Verbindung mit seiner plötzlichen und kaum erklärbaren Pro-Napoleon-Politik ließ eine Verschwörung unter der Petersburger Nobilität aufkommen, der sich kaum jemand entzog. 1801 wurde Zar Paul in einer Palastrevolte ermordet. St. Petersburg befand sich anschließend in einem Freudentaumel.

Katalog-Nr. 292 ▶
Nikolaus I.

Alexander I.

Imperator: 1801–1825

1777 als Sohn von Paul I. und der Marija Federovna (Sophie Dorothea von Württemberg-Mömpelgard) geboren. Kaiserproklamation und Krönung 1801. Heirat 1793 mit Louise Maria Augusta von Baden-Baden (in Rußland: Elizaveta Alekseevna). Sie hatten zwei Kinder, die früh gestorben sind.

Alexander I. regierte Rußland im Zeitalter Napoleons und galt nach dessen Niederlage als der „Retter Europas". Seine Regierungszeit fällt mit dem Höhepunkt der politischen Anerkennung Rußlands in Europa zusammen und ist sicher auf den Einfluß seiner Persönlichkeit zurückzuführen. Er stoppte mit dem Feldherrn Kutuzov den Napoleonischen Eroberungszug, in dem nach der Schlacht bei Borodino und dem folgenden Einzug der Franzosen in die russische Hauptstadt der berühmte Brand von Moskau, 1812, einen historischen Wendepunkt darstellt. Alexander nahm am Wiener Kongreß persönlich teil und glaubte, mit der „Heiligen Allianz", 1815, als Bündnis von Rußland, Preußen und Österreich einen beständigen Frieden in Europa geschaffen zu haben. (Freundschaftsvertrag mit Preußen, Kat.-Nr. 269.)

Er konnte scheinbar sich Widersprechendes in seiner Person vereinen. So begeisterte er sich für die Aufklärung und ihre Ziele, beharrte aber gleichzeitig auf der traditionellen Herrschaftsform der Autokratie. In der Außenpolitik verfolgte er gesamteuropäische Ideale und trieb doch den russischen Expansionismus voran.

Am Jahrhundertbeginn vereinte Rußland ethnisch sehr unterschiedliche Völker. „Moskauer" Russen waren nur die Hälfte der Bevölkerung. Das Reich war ein Agrarland, und nur 4% der Bevölkerung lebte in den Städten. Es gab zwei Großstädte: St. Petersburg und Moskau mit je ca. 300 000 Einwohnern. Alle anderen Städte waren daneben mittelmäßig. 2% der Bevölkerung gehörte zum Adel, weitere 2% zum Klerus und dem Kaufmannsstand, d. h. der aufstrebenden städtischen Mittelschicht. Von den Bauern waren die Hälfte Leibeigene, die andere Hälfte Staats- und Kronbauern. Sie waren der Teil der Bevölkerung, der mit seinen Leistungen seine Herren, den staatlichen Fiskus, die Armee und die Kirche zu unterhalten hatte, und der die Hauptlast für die Staatsausgaben trug.

Ausländer, besonders Deutsche, Franzosen und Briten, spielten in Administration, Militär, Forschung und Bildung keine geringe Rolle. Auch zahlreiche Künstler kamen ins Land, da sie hier in den Hauptstädten mit guten Aufträgen rechneten. Der Außenhandel lief fast vollständig über die Ostsee und nur geringfügig über das Schwarze Meer.

Die sich weiter entwickelnde kulturelle Anpassung an den internationalen Standard im Bereich von Kunst und Literatur blieb auf die gebildeten Schichten beschränkt. Der wohlhabende Adel, der seit Peter III. von jeder Dienstpflicht im Staat befreit war, hatte ein breites Bildungsangebot im Land, er konnte aber zusätzlich sein Wissen auch auf ausgedehnten Auslandsreisen erweitern und seine kulturelle Freiheit überall genießen. Wer

aber in den höheren Staatsdienst eintreten wollte, mußte, selbst wenn er adlig war, ein Universitätsstudium erfolgreich abgeschlossen haben. Hierfür gab es neben der Universität in Moskau neue Universitäten in Wilna, Dorpat, Char'kov, Kazan' und seit 1819 in St. Petersburg. Das Dienstprivileg für den Adel war aufgehoben, das Bildungsprivileg aber ebenfalls. Der Zugang zur Bildung und zu Staatsämtern war „Gebildeten", nicht nur dem Adel offen.

Die anfangs bejubelte ideologische Freizügigkeit gegenüber Schriftstellern, akademischen Lehrern und bildenden Künstlern wurde in der zweiten Regierungshälfte von Alexander leider aufgehoben. Die Zensur bedrängte den russischen literarischen Markt. Zu deren Opfern zählte zeitweilig sogar A. S. Puschkin (1799–1837). Die einschränkenden Maßnahmen einer Zensur wirkten sich gerade in dem Zeitpunkt aus, als besonders viele intelligente Adlige nicht nur auf Reisen, sondern auch in den napoleonischen Feldzügen mit den Ideen und den gesellschaftlichen Verhältnissen des Westens bekannt geworden waren. Ihr Protest artikulierte sich nur sehr verhalten, er fand auch noch kein politisches Programm. Aber am Tage des unerwarteten Todes von Alexander, am 14. Dezember 1825, wagten junge Offiziere den sogen. „Dekrabisten-Aufstand". Mit seiner Niederschlagung endete für Jahrzehnte die Hoffnung auf eine weitere beachtenswerte Modernisierung des russischen Reiches.

Nikolaus I.

Imperator: 1825–1855

Bruder von Alexander I. Geboren 1796 als Sohn von Kaiser Paul I. und der Marija Fedorovna (Sophie Dorothea von Württemberg-Mömpelgard). 1817 Heirat mit Friederike Louise Charlotte Wilhelmine von Preußen (in Rußland Aleksandra Fedorovna). 1825 Thronbesteigung, 1826 Krönung. Unter den sieben Kindern ist Alexander II., Imperator 1855–1881.

Die Regierung von Nikolaus I. ruhte nach den Worten seines Informationsministers Uvarov auf drei Säulen: der Orthodoxie, der Autokratie und dem Patriotismus. Er sah die in den Händen des Zaren liegende Macht eng mit Gott verbunden: „In der christlichen Welt stellt die Autokratie die höchste Ebene von Macht dar, sie ist das letzte Bindeglied zwischen der Macht des Menschen und der Macht Gottes."[6] Dies spiegelt das übertrieben selbstbewußte Denken einer politisch scheinbar ruhigen Zeit. Rußland wurde von keinem europäischen Land bedroht. Es war in seinen Ausmaßen gewaltig und umfaßte 60 Millionen Menschen wie angeblich „eine einzige Familie." Obwohl Rußland im Anfang des 19. Jahrhunderts ein Vielvölkerstaat geworden war, wurde von der Regierung immer nur der hohe Wert des russischen Volkes betont. Von Natur aus seien die Russen besser und vortrefflicher als andere Völker. Rußland und Europa gehörten für Nikolaus I. nicht mehr zusammen, sondern waren zwei getrennte Einheiten, wovon Europa böse und Rußland gut war. So liest man 1841: „Auch wenn wir durch unsere Kontakte mit dem Westen

6   V. A. Schukovskij – Dichter und Lehrer der Zarin und ihrer Söhne, nach W. Bruce Lincoln: Nicholas I, Emporer and Autocrat of All the Russias. London 1978, deutsche Übersetzung – Nikolaus I. von Rußland, 1796–1855. München 1981, S. 323.

Николай Первый.

Императоръ и Самодержецъ Всероссійскій.

einige unvermeidliche Fehler machten, haben wir doch ... Gefühle in voller Reinheit bewahren können ... Es gibt ... kein anderes Land in Europa, das sich einer so harmonischen Existenz wie unser eigenes Vaterland rühmen kann."[7]

Ein solcher Patriotismus entsprach der Aufbruchstimmung der europäischen Nationalbewegung in allen Ländern. Es war die Reaktion gegen Napoleons Herrschaftsansprüche. In Rußland wurde er durch den Stolz auf dessen Niederlage in Moskau, seine anschließende Vertreibung aus der Heimat und die Teilnahme am europäischen Siegeszug bis nach Paris auf eigene Weise überbetont. Dies führte zur Verherrlichung des russischen Volkes, d. h. der Bauern, wie es bisher unbekannt gewesen war. Seit der Mitte des 19. Jahrhunderts fanden Bauernthemen daher Eingang in die Bildende Kunst, und am Zarenhof wurde 1834 beschlossen, sich zu festlichen Anlässen nur in russischen Gewändern zu zeigen.[8]

Diese Ideologie wurde von den „Slavophilen" unterstützt, die in der russischen Vergangenheit verläßlichere Wege als in der westeuropäischen, politisch unruhigen Gegenwart zu finden glaubten. Durch sie wurde der konservative Nationalismus mit seinen traditionellen Werten zu einer nationalen Tugend erhoben. Als Gegensatz hierzu gab es die „Westler", die das Programm von Peter I. – die Annäherung an Westeuropa – weiterhin verfolgten. Doch die Trennungslinie zwischen beiden Gruppen war noch nicht sehr ausgeprägt.

Trotz der offiziellen Bewunderung des Landlebens aus der Sicht der Großstädter ging es aber den Bauern wirtschaftlich besonders schlecht. Zahlreiche Unruhen wurden nicht zur Kenntnis genommen und das Prinzip der Leibeigenschaft durch keine Reform verändert.

Die Thronbesteigung von Nikolaus I. hatte unter einem ungünstigen Stern gestanden, da er als 3. Sohn von Kaiser Paul I. nie damit gerechnet hatte, die Regierung zu übernehmen. Obwohl sein älterer Bruder Konstantin in einem Geheimvertrag auf die Thronfolge verzichtet hatte, leistete ihm Nikolaus nach der Todesnachricht von Alexander I. den Treueeid. In dieser für Rußland unklaren Situation des sogen. „Großmutstreits" brach der Dekabristenaufstand aus. Nikolaus mußte ihn blutig niederschlagen und anschließend die Teilnehmer verurteilen. Hinrichtungen folgten und Verbannungen vieler junger Männer aus den ersten Adelsfamilien nach Sibirien. Sie schufen eine Atmosphäre der Unsicherheit, die die Regierungszeit von Nikolaus überdauerte. Nikolaus seinerseits befürchtete weitere Unruhen und gründete die „Dritte Abteilung Seiner Majestät höchsteigenen Kanzlei", um „alle Vorgänge im Reich und alle verdächtigen und schädlichen Personen" sowie die Ausländer zu überwachen. Diese Kanzlei riß einen tiefen Graben zwischen dem Kaiser und der Gesellschaft. Verschärft wurde die Entwicklung durch eine Bürokratie, für die Nikolaus nach seinen Tagebuchaufzeichnungen „nicht kluge, sondern gehorsame Leute" suchte.[9] Die Hofgesellschaft aber verhielt sich ihm gegenüber beständig loyal, weshalb er viele Konflikte nicht wahrnahm.

7 S. P. Schevyrev, Professor an der Moskauer Universität in der Zeitschrift „Moskovitianin", 1841, S. 292, nach W. Bruce Lincoln a. a. O., S. 319.

8 Es wurden eigene Hofkleider zu diesem Zweck entwickelt, s. Kat. Nr. 459, 460.

9 Nikolaus Katzer: Nikolaus I. In: Hrsg. Hans-Joachim Torke. Die russischen Zaren, 1547–1917. München 1995, S. 305.

Die Zeit von Nikolaus galt trotzdem als ruhig und stabil. In ihr wuchs stetig die Zahl der Gymnasien und ihrer Schüler, und das „alte" Moskau wurde durch seine lebendige Universität zum Zentrum fortschrittlichen Denkens, während das westliche St. Petersburg im Militärischen erstarrte. Die Literatur kam zur Blüte, und die Musik gewann nationale Eigenständigkeit. Mit dem ersten Eisenbahnbau vergrößerte Nikolaus die Mobilität der Menschen, zuerst (1837) zwischen Petersburg und Carskoje Selo (23 km), dann ab 1851 zwischen Petersburg und Moskau. In „Anna Karenina" wird beschrieben, wie die Familien nun in beiden Städten präsent sein konnten.

Nikolaus I. erschöpfte sich während seiner Regierungszeit im bloßen Bewahren des überkommenen Erbes und in der Pflege seines Traumbildes von der traditionellen Autokratie. Aus diesem Grund half sein sonst disziplinierter Fleiß und seine unermüdliche Schaffenskraft dem Land nur wenig. Der Abstand zwischen Glanz und Elend vergrößerte sich, und der wirtschaftliche wie industrielle Zustand Rußlands fiel im Vergleich mit Westeuropa zurück. Rußland wurde deswegen an seinem Lebensende zu einem rückständigen Land.

Alexander II.

Imperator: 1855–1881

1818 geboren als Sohn von Zar Nikolaus I. und von Aleksandra Fedorovna (Friederike Louise Charlotte Wilhelmine von Preußen). 1843 Heirat mit Maximiliane Wilhelmine Auguste Sophie Marie von Hessen-Darmstadt (in Rußland Marija Aleksandrovna) s. Kat.-Nr. 270, 271. Kaiserproklamation 1855, Krönung 1856 (Kat.-Nr. 272). Unter den 8 Kindern ist Alexander III., Imperator 1881–1894. 1880 zweite morganatische Heirat mit Ekaterina Michajlovna Dolgorukaja (Fürstin Jur'evskaja), mit der er 3 Kinder hat. 1881 ermordet.

Alexander war ein Zar, der aus dem rückständigen Rußland ein modernes Reich machen wollte, das der zeitgenössischen Entwicklungsstufe der anderen europäischen Länder gleichkam. Sofort nach seiner Inthronisation begann er mit dramatischen Veränderungen, die das gesamte Regierungs-, Verwaltungs-, Verteidigungs- und Bildungssystem umfaßten. Es war ein unblutiger Umbruch, den er von oben einleitete, und trotzdem wurde er das Opfer eines revolutionären Anschlags. Dieser war tragischerweise durch seine liberalen Verbesserungen erst möglich geworden. Die Voraussetzungen zur radikalen Opposition bildeten offensichtlich die Reformen selbst, die nicht nur enthusiastisch begrüßt wurden, sondern auch eine tiefe Verunsicherung, wachsende Orientierungslosigkeit und soziale Angst bei allen Bevölkerungsschichten hervorriefen.

Im Zentrum der Reformen stand die Abschaffung der Leibeigenschaft – die Bauernbefreiung, 1861. Von Zeitgenossen erhielt er dafür den Ehrentitel „Zar-Befreier" (Car' osvoboditel'). Dies war der krasseste Bruch mit der Vergangenheit: der herkömmlichen Staatsordnung, der bisherigen Gesellschaftsordnung, den Verdienstregelungen, den Besitzverhältnissen für den Adel und die Bauern, den Verwaltungsstrukturen und der Rechtsprechung. Keiner von Alexanders Vorgängern hatte diesen Schritt

Alexander II ▶ gewagt, weil er einer Revolution gleichkam. Diese Reform, durch die viele Arbeitskräfte frei wurden, war die Voraussetzung für eine Industrialisierung und Kommerzialisierung des Landes. Es entstanden neue Gesellschaftsklassen wie eine Mittelschicht, die es noch nicht gab, und bei allen individuellen Initiativen konnte die Rolle des Staates im Leben der einzelnen Bürger reduziert werden. Nach einer Studienreise seines Beraters Rostovcev durch Deutschland war klar, daß die Bauern nur mit Land befreit werden konnten, um ihnen eine Existenzgrundlage zu sichern. Der Gutsherr verlor daher nicht nur die Polizei- und Rechtsgewalt über seine Bauern, sondern auch Land. Er bekam aber Gelegenheit, sich in der Bezirks- und Gouvernementsverwaltung mehr zu engagieren als bisher. Als Ergebnis der Bauernbefreiung besaßen die Staats-, Kron- und Gutsbauern im europäischen Rußland 1864 zwei Drittel des Ackerlandes, und bis 1916 waren es sogar 85 %.[10]

Der nächste, unabdingbare Schritt war eine Reihe von Reformen im Jahr 1864. Dazu gehörten die Dezentralisierung der Staatsführung und eine Neuordnung der ländlichen Selbstverwaltung. Auch gab es neue Strukturen im Erziehungsbereich. Der Staat kümmerte sich um das dörfliche Schulwesen, und ab 1874 gab es ein Volksschulgesetz. Gymnasien und Universitäten standen nun allen Ständen offen, und die Autonomie der Universitäten wurde ausgebaut. Es gab höhere Ausbildungsstätten für Mädchen. Frauen durften an Gymnasien unterrichten und Arztpraxen leiten. Ja, die russischen Frauen bekamen so viele Rechte, daß sie um 1900 in den akademischen Berufen häufiger tätig waren als Frauen in Deutschland oder in anderen europäischen Ländern.[11]

Aus der erstarkenden Schicht der akademischen Jugend bildete sich die gesellschaftskritische Gruppe der „Intelligencia", die sich in vielen Variationen gegenseitig aufbauten und ablösten, und bis zum revolutionären Auftreten von Lenin aktiv blieben. Die Intelligencia ist eine für Rußland typische Erscheinung der unzufriedenen akademischen Mittelschicht. Ein früher Aufruf von 1858 „An die junge Generation" sprach davon, daß die Monarchie sich überlebt habe, und daher die einzigen realen Kräfte im Land die Intelligencia und die Bauern seien. 1866 mißglückte dann das erste Attentat auf den Zaren, 1880 zerstörte eine Bombe einen Flügel des Winterpalais, und 1881 wurde der Zar auf offener Straße durch zwei Handgranaten getötet.

10 Heinz-Dietrich Löwe: Alexander II. In: Hrsg. Hans-Joachim Torke: Die russischen Zaren, 1547–1917. München 1995, S. 322.

11 ebendort S. 326.

Alexander III.

Imperator: 1881–1894

1845 geboren als Sohn von Alexander II. und der Marija Aleksandrovna (Maximiliane Wilhelmine Auguste Sophie Marie von Hessen-Darmstadt). 1866 Heirat mit Marie Sophie Frederike Dagmar von Dänemark (in Rußland Marija Fedorovna). Unter den 6 Kindern ist das erste der spätere Zar Nikolaus II., 1894–1917.

Alexander III. hat die Notwendigkeit der großen Reformen seines Vaters Alexander II. nicht verstanden, denn als zweitgeborener Sohn war er durch seine Erziehung nicht auf die Aufgaben eines Thronfolgers vorbereitet worden und konnte das Problem der politischen Verflechtungen nicht erkennen. In einem Manifest erklärte er daher am Anfang seiner Regierung, daß er die uneingeschränkte Autokratie als Regierungsform bewahren wolle. Durch die Ermordung seines Vaters aber tief erschreckt, versuchte er das schädliche Tun der Revolutionäre dadurch abzufangen, daß er die Reformen seines Vaters eindämmte. Die Protestbewegung hatte jedoch durch den Mord am Zaren in der öffentlichen Meinung sofort an Sympathie verloren, aber niemand wußte, wie stark die Opposition wirklich war.

Mit der Einberufung einer Volksversammlung, des „Zemskij sobor", wollte er das ehemals mythisch-mystische Bündnis von Zar und dem einfachen Volk wiederherstellen. Dies kam den Wünschen der Slavophilen sehr entgegen, die immer mehr an Einfluß gewannen. Infolge reaktionärer Anweisungen verschwand 1884 die Universitätsautonomie, die Zahl der Gymnasiasten und Studenten wurde gesenkt und das Studium blieb Adligen vorbehalten. Das „Kutscherzirkular" befand, daß gebildete Kinder von Kutschern, Köchen u. a. die natürliche Gesellschaftsordnung anzweifelten und daher vom Besuch höherer Bildungsstätten besser ausgeschlossen würden. Solche Gegenreaktionen fanden jedoch keine Unterstützung und der „Zemskij sobor" begann sich zu politisieren und zur Opposition zu entwickeln.

Die Finanzpolitik hatte Alexander III. eng an Deutschland gebunden, da dort viele Kredite zur Entwicklung der Industrie aufgenommen worden waren. 1887 kam es zu einem deutsch-russischen Rückversicherungsvertrag und 1894 zu einem deutsch-russischen Handelsvertrag. Deutschland war der wichtigste Handelspartner Rußlands, aber gleichzeitig traten 1892 und 1893 französisch-russische Militärkonventionen in Kraft.[12] Diese bedeuteten ein politisches Bündnis, das sich im ersten Weltkrieg bewähren sollte. Hinzu kam, daß die Zarin Dänin war und die Deutschen traditionsgemäß nicht liebte, was die generationenalte politische Freundschaft mit Deutschland abkühlte.

Ungeachtet dieser politischen Vorbehalte am Petersburger Zarenhof entwickelte sich in Moskau im Kreis der vermutlich stark anwachsenden deutschen Kolonie ein reges Gesellschaftsleben. Mit Sängerfesten und Sängerwettstreiten von Chören pflegte man bewußt heimische Bräuche, druckte Programme dafür (Kat.-Nr. 277) und vergaß auch nicht, regelmäßig ein Fest zum Geburtstag von Kaiser Wilhelm I. auszurichten (Kat.-

12 Heinz-Dietrich Löwe: Alexander III. In: Hrsg. Hans-Joachim Torke: Die russischen Zaren, 1547–1917. München 1995, S. 352.

ГОСУДАРЬ ИМПЕРАТОРЪ АЛЕКСАНДРЪ III.

Katalog-Nr. 413 ▶ Nr. 275, 276). Andererseits gab man sich große Mühe, Regierungsvertreter der gastrechtgebenden Stadt Moskau durch kostbar gestaltete Gratulationsschreiben an ihren Ehrentagen zu würdigen (Kat.-Nr. 273, 279). Fast 3 kg schwer ist der Silbereinband für solch eine Gratulation, und 10 Jahre später wird ein Glückwunschschreiben in einem vergoldeten Bronzezylinder überreicht, der mit Dekorationen so überladen ist, wie es selbst bei dem ausgeprägten Schmuckbedürfnis der Zeit nicht zu überbieten war.

Nikolaus II.

Imperator: 1894–1917

1868 geboren als Sohn von Alexander III. und der Marija Fedorovna (Marie Sophie Frederike Dagmar von Dänemark). 1894 Kaiserproklamation, kurz davor Heirat mit Aleksandra Fedorovna (Alice Viktoria Helene Louise Beatrice von Hessen-Darmstadt). Sie haben die Kinder Ol'ga, Tat'jana, Marija, Anastasija, Aleksej. Die Familie wurde am 16./17. Juli 1918 erschossen.

Nikolaus II. ist eine der tragischsten Gestalten unter den europäischen Monarchen der Neuzeit. Das Ende der Monarchie in Rußland war eng mit seiner Person verbunden. Die Krone des Selbstherrschers war ihm eine Bürde, aber er trug sie im Bewußtsein, einen göttlichen Auftrag zu erfüllen. Er war intelligent, wenn auch keine starke Persönlichkeit. Wichtig war ihm das Familienleben, das glücklich und harmonisch vielen ein Vorbild gewesen ist. Eine schwere Belastung war die Bluterkrankheit des einzigen Sohnes Aleksej, geboren 1904, die angeblich nur der über scheinbare Heilkräfte verfügende sibirische Bauer Rasputin eindämmen konnte.

In der Gesellschaft schien damals der Gegensatz zwischen den „zwei Seelen in der russischen Brust" immer deutlicher geworden zu sein. So sehr man einerseits die selbstverständlich gewordene Anbindung an Westeuropa in vieler Hinsicht nutzte, so sehr versuchte man stolz als Slawophile die eigene Tradition und die scheinbar große Macht des Vielvölkerstaates im Kontrast zur westeuropäischen Kultur herauszustellen.

Goldschmiedearbeiten, die man um sich hatte, ahmten Formen und Techniken alter Gefäße nach (Kat.-Nr. 449), und auf den zahlreichen Maskenbällen liebte man Kostüme in der Art der entferntesten Volksstämme. Man sammelte auch Porzellanfiguren, die die vielen ethnischen Volksgruppen belegen (Kat.-Nr. 253–258), und pflegte doch gleichzeitig seine Gesundheit in deutschen Badeorten oder das kulturelle Leben in Paris.

An diesem widerspruchsvollen, unruhigen Gesellschaftsleben fanden Nikolaus II. und die Zarin Alexandra Fedorovna kein Vergnügen. Auf ihre Weise versuchten sie sich mit einem bürgerlichen Leben dem Stil der Zeit anzupassen. Zahlreich sind die Familienfotos (Kat.-Nr. 467–480) und auch die selbstgezeichneten Menükarten (Kat.-Nr. 284) sprechen von aufmerksamen Gewohnheiten im Familienkreis. Das Tagebuch der Zarin und das Vokabelheft zu ihrer griechisch-orthodoxen Taufe (Kat.-Nr. 281,

Nikolaus II. mit seinem Sohn
Katalog-Nr. 468 ▶

282) belegen den Ernst bei der Erfüllung der Pflichten, die aber nicht mehr das gesamte Leben bestimmt haben.

Rußland ging es im ausgehenden 19. Jahrhundert gut. Das Land erlebte mit ungeheurem Tempo eine Industrialisierung, die in einzelnen Gebieten stark konzentriert war. Hierdurch vollzog sich ein Wandel in der sozialen Struktur. Aus heterogenen Elementen entstand eine Großbourgeoisie und parallel dazu ein klassenbewußtes Arbeiterproletariat. Auch die Mittelschicht nahm zu, in die sich die bisher sozial unabhängige Intelligencia einband. Die sozialen Gegensätze aber führten zu innenpolitischen Spannungen, die durch Mißernten verschärft wurden. Militärische Mißerfolge im Krieg mit Japan, Teuerung und eine mangelhafte Versorgung der Großstädte mit Lebensmitteln führten zur Revolution von 1905, in der der Aufstand auf dem Panzerkreuzer „Potjomkin" eine Episode war. Mit der Unterzeichnung des Manifestes von 1905 gab der Kaiser viele Rechte ab. Die Macht ging an die gesetzgebende Reichsduma. 1906–1911 versuchte Ministerpräsident P. A. Stolypin die monarchisch-nationalistische Staatsführung zu retten. Der Ausbruch des 1. Weltkrieges 1914 beschleunigte aber die Entwicklung zur Revolution.

Im März 1917 dankte Nikolaus II. ab. Im September wurde die Republik ausgerufen. Die Provisorische Regierung nahm Nikolaus und seine Familie sofort unter Hausarrest. Später brachte man die kaiserliche Familie nach Tobolsk und 1918 von dort nach Ekaterinburg, wo sie in der Nacht zum 17. Juli 1918 auf Befehl aus Moskau, für den Lenin die Verantwortung trägt, erschossen wurde.

Olga Strugova

Möbel vom Ende des 17. bis zum Anfang des 20. Jahrhunderts

Der Charakter des russischen Interieurs im 17. Jahrhundert hat sich nur geringfügig seit dem frühen Mittelalter verändert. Berichte von Zeitzeugen und andere Dokumente vermitteln uns heute die Kenntnisse über die Innenausstattung der Häuser jener Zeit, da sich nur wenige Möbelstücke aus der zweiten Hälfte des 17. Jahrhunderts erhalten haben. Viele dieser Quellen wurden Anfang des 20. Jahrhunderts in dem mehrbändigen Werk „Das häusliche Leben der Zaren und Zarinnen" von I. E. Zabelin veröffentlicht.

Die Innenausstattung eines traditionellen russischen Holzhauses bestand, neben einigen beweglichen Möbeln, vor allem aus eingebauten Möbelstücken, so wie es auch in den Häusern der Landbevölkerung noch in den folgenden Jahrhunderten Tradition blieb.

Zum eingebauten Mobiliar zählten an erster Stelle die Bänke, die in die Holzwände eingelassen waren und als Sitzbank, aber auch, etwas verbreitert, als Schlafstelle dienten. Das Geschirr verwahrte man in niedrigen Geschirrschränken, die mitunter ebenfalls eingebaut waren und so einen Teil der Innenarchitektur bildeten.

Zum beweglichen Mobiliar gehörten Tische, Stühle und auch Bänke, deren Besonderheit darin bestand, daß man die Lehne umklappen konnte und sich die Sitzfläche dadurch beidseitig nutzen ließ. In der Konstruktion dieser Bänke läßt sich eine Verwandtschaft zur mittelalterlichen Kaminbank in Westeuropa erkennen. Kleidung und Gebrauchsgegenstände wurden in Truhen und Kästen unterschiedlicher Form und Bestimmung aufbewahrt.

Die Gestaltung der altrussischen Möbel war geprägt durch das Holz und den reichen Dekor, der geschnitzt oder gemalt wurde. Die Prunkmöbel des hohen Adels wurden in der Rüstkammer des Moskauer Kreml in Auftrag gegeben und gefertigt, da sich dort unter den besten Meistern des russischen Reiches auch hervorragende Tischler, Drechsler, Vergolder und Maler befanden.

Schon im 17. Jahrhundert begann die gebildete russische Aristokratie, die traditionellen Möbel durch weiteres Mobiliar zu ergänzen, das aus Westeuropa eingeführt wurde. So gelangten Uhren, Spiegel und Klavichorde als in Rußland unbekannte Einrichtungsgegenstände nach Rußland und fügten sich als exotische Gegenstände in das ansonsten russisch geprägte Interieur.

Charakteristisch für die Wirkung altrussischer Räume ist der reiche textile Schmuck. Nicht nur die Wände erhielten textile Bespannungen, sondern Bänke, Türen, Fensterläden und auch die Fußböden. Die Räume konnten mit an Kupferringen drapierten Vorhängen unterteilt werden. Besonders

Katalog-Nr. 38
Kleine Truhe (Teremok) mit Metallbeschlägen. Groß-Ustjug, 1720–1730

beliebt waren englische Wollstoffe, die in verschiedenen Farbschattierungen von Rot, Blau bis Grün gefärbt waren. Der Jahreszeit entsprechend wurde diese textile Ausstattung variiert, so daß man seine
Räumlichkeiten im Sommer eher kühl, im Winter aber mit einer üppigen
Stoffauskleidung warm und behaglich einrichten konnte.

Festräume erhielten einen besonders prächtigen Raumschmuck. Geprägtes
und bemaltes Leder, Taft, Samt, Teppiche oder Goldspitzen gaben
diesen Sälen ein prunkvolles und luxuriöses Aussehen.

Mit dem Beginn des 18. Jahrhunderts versuchte Peter I. durch seine Reformen zur Modernisierung Rußlands die Lebensweise der Bevölkerung zu verändern. Der große russische Dichter A. S. Puschkin bezeichnete diese von Peter I. initiierte „Revolution von oben" mit den Worten: „Rußland betrat Europa wie ein vom Stapel laufendes Schiff – unter dem Hämmern der Äxte und dem Donnern der Kanonen".

Äußerlich wurden diese Veränderungen besonders in der Kleidung und Ausstattung der Wohnungen sichtbar. Durch die Öffnung Rußlands zum Westen wurden die westeuropäischen Stile und Möbelformen zum Leitbild der russischen Möbelkunst.

Mit St. Petersburg schuf der Zar eine Stadt nach westeuropäischem Vorbild. Durch den Bau zahlreicher neuer Paläste und Häuser in St. Petersburg und in Moskau wurde auch eine immer größer werdende Zahl neuer Einrichtungsgegenstände benötigt, die viele Möbeltischler aus Westeuropa nach Rußland lockte.

Die Bedeutung der westlichen Möbelkunst zeigte sich zunächst darin, daß die westeuropäischen Möbel durch russische Meister nachgearbeitet wurden, die sich dadurch auch mit neuen Techniken, wie dem Furnieren oder Polieren, vertraut machten. Besonders viele Anregungen wurden dabei aus England und Holland übernommen.

Die Innenausstattung der 1. Hälfte des 18. Jahrhunderts bestand in vielen Fällen sowohl aus westeuropäischen als auch aus traditionell russischen Möbeln, so daß das Mobiliar ein eigenwilliges Nebeneinander verschiedener Formen, Stile und Techniken darstellte. Neben den neuen westlichen Intarsienmöbeln wurde in Fortsetzung alter Traditionen die typisch russische Form der Möbelbemalung weitergeführt.

Die bemalten Möbel der ersten Hälfte des 18. Jahrhunderts spielten als Raumschmuck eine ähnliche Rolle wie die Gemälde eines westeuropäischen Interieurs. Sie zeichneten sich in Rußland durch eine große Vielfalt an Sujets und Techniken aus. Häufig waren traditionelle Pflanzen- und Blütenornamente zu finden. Eine besondere Form der Malerei war die Imitation der Maserung verschiedener Holzarten, die einem Trompel'oeil-Effekt gleichkommt. Die Möbelmalerei zeigte auf der anderen Seite Ähnlichkeiten mit der Malerei von Hintergründen der Ikonen, die meist Landschaftsdarstellungen waren (Kat.-Nr. 86).

Im letzten Viertel des 18. Jahrhunderts entwickelte sich die Form des Gutshofes als Wirtschaftszentrum, der über mehrere Jahrzehnte Bestand hatte. Voraussetzung für diese Entwicklung war der Erlaß Katharinas II. über die Sonderrechte des Adels, der die Aristokratie endgültig von ihrer Wehrpflicht entband und ihnen ihre Forderung nach einem Monopol auf den Besitz besiedelten Landes bewilligte.

Die Bedeutung dieser Neuerung wird durch die Beschreibung eines der gebildetsten Vertreter des Adels jener Zeit, A. T. Bolotov, treffend wiedergegeben. Da „jubelte der Adel vor Freude", so schilderte Bolotov die Reaktion der Aristokratie auf den Erlaß der Zarin. Die Adligen begannen

Katalog-Nr. 86
Bemalte Türfüllung eines Aufsatzschrankes. Rußland, 1. H. 18. Jh.

nun, ihre vernachlässigten heimischen Güter in wirtschaftlich profitable Unternehmen umzustrukturieren.

Seit dieser Zeit wurde die traditionelle Form des russischen Interieurs nur noch in den Wohnungen des Volkes beibehalten. Der Ausbau der Gutshöfe zu eigenständigen Wirtschaftsunternehmen wurde als Signal des Aufbruchs in eine neue Zeit verstanden. Die altrussische Lebensweise galt nun als veraltet. So nahm man leichten Herzens Abschied vom herkömmlichen Wohnstil, wie Bolotov in seinen Schilderungen beschreibt, als er 1762 auf sein Landgut zurückkehrt: „(...) ich räumte meine Hütte soweit es möglich war auf; befahl, alle altmodischen Bänke und Wandbretter herauszubrechen; weißelte Decke, Wände und Ofen; trug den alten langen und höchst einfachen Eichentisch heraus, suchte einen anderen, zusammenklappbaren und besseren und zum Sitzen schaffte ich es, ein Kanapee und ein Dutzend Stühle zu polstern und zu beziehen".

Die Gutshöfe, die oftmals weit entfernt von den Hauptstädten lagen, entwickelten sich zu kleinen, abgeschlossenen Welten, in denen alles, was zum Leben notwendig war, hergestellt wurde. Eine wesentliche Rolle spielten dabei auch die Kunst und das Kunsthandwerk. Die leibeigenen Bauern und Bäuerinnen befaßten sich nicht nur mit landwirtschaftlichen Arbeiten, sondern wurden, je nach ihren Fähigkeiten, auch künstlerisch ausgebildet und gefördert. Aus ihrer Mitte gingen bedeutende Architekten, Künstler, Stickerinnen und Spitzenklöpplerinnen hervor. Viele reiche Gutsbesitzer ließen ihre Leibeigenen auch in den darstellenden Künsten und der Musik ausbilden. So gelangte das Leibeigenentheater des Grafen Scheremetev auf seinem Gut „Ostankino" bei Moskau zu großer Berühmtheit. Die Hinwendung zu Kunst, Theater, den Wissenschaften und zur wirtschaftlichen Neuorganisation der Gutshöfe bestimmte die Regierungszeit der Zarin Katharina II., die Zeit der Aufklärung.

Der Klassizismus in Rußland brachte Symmetrie und Strenge in die Gestaltung der Palastbauten und feudalen Residenzen. Dies spiegelte sich sowohl im Äußeren der neuen Gebäude als auch in der Ausstattung und der Raumfolge wider. Die Paläste hatten eine Flucht festlicher Gemächer, die von den Wohnräumen getrennt war. Die Anzahl der Gemächer einer solchen Zimmerflucht war abhängig vom Wohlstand des Besitzers. Der Bau zumindest eines Festsaals und mehrerer Empfangsräume galt als obligatorisch.

Die große Nachfrage nach Mobiliar im klassizistischen Stil zog bedeutende, vor allem deutsche Ebenisten nach Rußland, darunter in St. Petersburg David Roentgen, Heinrich Gambs, Christian Meyer und A. Tur und in Moskau A. Pik. In ihren Werkstätten entstanden Luxusmöbel, die in ihrer Gestaltung den klassizistischen Stil Ende des 18. und Anfang des 19. Jahrhunderts repräsentieren.

Neben den Möbeln ausländischer Kunsttischler entstanden auf den Gutshöfen ebenfalls Möbel von hoher Qualität, die häufig von leibeigenen Meistern geschaffen wurden. Aufgrund ihres unfreien Status sind ihre Namen zum großen Teil unbekannt geblieben. Eine der wenigen Aus-

Katalog-Nr. 88
„Bohnenförmige" Kommode mit Intarsien. Rußland, 2. H. 18. Jh.

nahmen bildet der Tischlermeister M. J. Veretennikov, der als Leibeigener im Dienst des Gutsbesitzers A. B. Saltykov stand. Veretennikov hat neben einem Paar signierter Spieltische (Kat.-Nr. 89) viele Intarsienmöbel geschaffen, die zum Ende des 18. Jahrhunderts nicht nur das Interieur der Häuser von A. B. Saltykov, sondern auch die Paläste und Schlösser des Zaren in St. Petersburg und der Umgebung schmückten.

Von der hohen Qualität der Möbel von russischen Kunsttischlern zeugen die Worte der französischen Malerin Vigée-Lebrun, die nach ihrem Besuch im Moskauer Haus von A. Bezborodko niederschrieb: „Als ich bei ihm war, zeigte er mir sein Haus, in dem einige Gemächer mit Möbeln ausgestattet waren, die in Paris bei einem bekannten Möbelhändler gekauft waren. Der größte Teil der Möbel in seinem Haus war jedoch von seinen eigenen Bauern getischlert und zwar so, daß man sie auf gar keine Weise von den Pariser Möbeln unterscheiden konnte".

Die in großer Anzahl von leibeigenen Kunsttischlern geschaffenen Möbel und Interieurs des russischen Klassizismus und des Empire führten zur Entstehung einer neuen Tradition russischer Möbelkunst, die die Epoche des ausgehenden 18. Jahrhunderts bis zum ersten Viertel des 19. Jahrhunderts zur Blütezeit der Geschichte der russischen Möbelkunst werden ließ. Im Gegensatz zu den strengeren, mehr architektonischen Formen der westeuropäischen Möbel mit reichem Bronzedekor, war für das russische Mobiliar eine stärkere Plastizität und „Weichheit" der Formen kennzeichnend. Bronzedetails wurden häufig durch Holzschnitzereien ersetzt, die – vergoldet oder getönt – alte patinierte Bronze nachahmten.

Der französische Schriftsteller Stendhal, der Moskau am Vorabend des Brandes von 1812 besuchte, beschreibt in einem Brief den luxuriösen Lebensstil des russischen Adels auf dem Höhepunkt der russischen Möbelkunst:

„Moskau (…) hatte fünfhundert oder sogar achthundert Paläste, deren Schönheit alles übertrifft, was Paris kennt. Alles war auf das höchste Wohlleben ausgelegt. Die großartige und elegante Verzierung der Häuser, die frischen Farben, beste englische Möbel in den Räumen, elegante Spiegel, wundervolle Betten, Diwane in den unterschiedlichsten Formen (…)." Der Schriftsteller irrte allerdings, als er die russischen Möbel für englische hielt.

Nach der Abschaffung der Leibeigenschaft 1861 kam es zu einem starken Wachstum der Industriestädte. Typisch wurde es nun, in Mietshäusern oder bürgerlichen Einfamilienhäusern zu wohnen. Die stark erhöhte Nachfrage nach Einrichtungsstücken führte zur Massenproduktion von Möbeln in Fabriken. Die überwiegende Mehrzahl der Fabrikware wurde nach westeuropäischen Vorbildern gestaltet.

In der Abwendung von der uniformen Massenproduktion entwickelte sich um die Jahrhundertwende der russische Jugendstil, der sich an die Formen des Jugendstils in Frankreich, Schottland, Deutschland und Österreich anlehnte. Eine der frühesten und eigenwilligsten Varianten des russischen

Jugendstils war jedoch seine national-romantische Ausrichtung als Russischer Stil, der sich im Rückgriff auf die altrussische Volkskunst der eigenen kulturellen Wurzeln besann. Die Entwicklung des Russischen Stils durchlief mehrere Stadien, vom Historismus des 19. Jahrhunderts bis zur Stilisierung im Jugendstil.

Unter den Künstlern, die in der Möbelkunst Rußlands in der Wende zum 20. Jahrhundert eine bedeutende Rolle gespielt haben, finden sich die Namen vieler berühmter Maler wie M. Vrubel, K. Korovin, S. Maljutin, die Gebrüder V. und A. Vasnecov. Ihre Möbel zeigen eine individuelle Gestaltung. Die dabei einfließenden stilistischen Rückgriffe reichen von der Tradition der russischen Holzschnitzkunst, den bäuerlichen Stickereien, bis hin zur altrussischen Architektur des 12.–17. Jahrhunderts, aber auch zu den Phantasien heidnisch-archaischer Thematik.

Mit der Emanzipation des russischen Kunsthandwerks stieg das Interesse des Westens an dieser neuen Stilart russischer Kunst. Die Begeisterung für die nun entstandenen Dinge im Russischen Stil nahmen besonders nach den Ausstellungen von 1900 und 1904 in Paris zu. Hier konnten zahlreiche Verträge mit großen Handelsfirmen in Deutschland, Frankreich, Österreich, Belgien, Holland, Dänemark und Amerika über die Lieferung von Kunstobjekten im Russischen Stil abgeschlossen werden. In dieser Zeit begann man im Westen, die nationale Besonderheit und die Eigenständigkeit der russischen Kunst zu verstehen.

Nadeshda Troepolskaja

Edelmetall[1]
Schmuck und Juwelen

Gegenstände aus Gold und Silber waren in Rußland seit jeher nicht nur als Schmuck, sondern auch als Symbole der Macht und des Reichtums hochgeschätzt. So führten Kirchenurkunden und Verträge russischer Fürsten und Zaren genaue Listen über wertvolle Erbstücke aus Gold, wie Goldeinfassungen von Ikonen (Oklad), Goldkreuze und -ketten, Schöpfkellen, Becher, Gürtel und Juwelen.

Im 17. Jahrhundert erreichte die Entwicklung der russischen Gold- und Silberschmiedekunst ihren Höhepunkt. Bereits in der Mitte des 16. Jahrhunderts wurde die Rüstkammer im Moskauer Kreml gegründet, in der die besten Meister der verschiedenen Kunstzentren Rußlands arbeiteten. Je nach Technik der Metallverarbeitung waren die Künstler Spezialisten für Ziselieren, Emaillieren, Gravieren u. a. Die Meister der Rüstkammer erhielten ihre Aufträge vom Zarenhof und vom Hochadel. Ihre Arbeit prägte die nationalen Besonderheiten, den Charakter und die Traditionen der russischen Goldschmiedekunst.

Schmuck war im alten Rußland meist untrennbar mit der Kleidung verbunden. Im 16. und 17. Jahrhundert trugen sowohl die Frauen als auch die Männer lange Festgewänder mit weiten Säumen und langen Ärmeln. Diese Kleidung lebte nicht nur von den kostbaren Stoffen, sondern vor allem von der Pracht der angesteckten oder aufgenähten Schmuckstücke.

In der zweiten Hälfte des 17. Jahrhunderts schmückte man Prachtgewänder mit sogenannter „Spitzen" (durchbrochenen Gewandschließen, Brakteakten u. ä.), die am Kragen, den Ärmelkanten, dem Saum oder an den Kopfbedeckungen angebracht wurden. Es handelte sich dabei um Bänder aus kleinen durchbrochenen, rechteckigen oder quadratischen Gold- und Silberplättchen, die mit Email und Edelsteinen verziert waren. Brakteakten verschönerten sowohl die weltliche als auch die sakrale Kleidung.

Im letzten Viertel des 17. Jahrhunderts fanden Brakteakten besonders bei Hofe starke Verbreitung. Nun handelte es sich aber nicht mehr nur um eingeführte Ware wie die Goldspitzen, die von Konstantinopel nach Moskau gelangten, sondern auch um „Spitzen", die in den künstlerischen Werkstätten des Moskauer Kreml hergestellt wurden.

Unerläßlicher Schmuck der altrussischen Kleidung waren Gold- und Silberknöpfe, die in beachtlicher Zahl erhalten sind. Im 16. und 17. Jahrhundert gab es Schmuckknöpfe in unterschiedlichen Formen, Größen und Verzierungen. Silberknöpfe wurden nicht nur am Zarenhof, von den Bojaren und dem Adel getragen, sondern auch von wohlhabenden Kaufleuten und Bauern. Die Ausstellung zeigt hauptsächlich Knöpfe, die auf Pelzmäntel aufgenäht wurden. Diese Knöpfe waren manchmal so

1   Sehr behilflich bei der Vorbereitung des Katalogs waren die Mitarbeiter der Informatikabteilung des Staatlichen Historischen Museums: N. N. Slavyanov, O. V. Grafutina, N. G. Lukashova und K. E. Poluektov.

groß wie Hühnereier und erfüllten rein dekorative Zwecke. Der Wert dieser Knöpfe überstieg nicht selten den Wert des ganzen Pelzes.

Einen bedeutenden Platz unter den altrussischen Schmuckstücken nehmen die Ohrringe ein. Sie wurden in so großer Zahl hergestellt, daß es im 16. und 17. Jahrhundert unter den Silberschmieden Meister gab, die sich allein auf das Anfertigen von Ohrringen spezialisiert hatten. In der alten Rus' schmückten sich Frauen wie Männer mit Ohrringen, mit dem einzigen Unterschied, daß die Männer nur einen Ohrring trugen. Nicht jeder Ohrschmuck wurde an den Ohren getragen. Er konnte auch an den Kopfschmuck gehängt werden. Dies war eine Eigenart bei Frauen im 16. und 17. Jahrhundert. Sie trugen gern lange Perlenschnüre oder mit Perlen geschmückte Bänder, die bis auf die Schultern fielen – die „Rjasy".

Eine wichtige Rolle spielten Fingerringe, die ebenso beliebt waren wie Ohrringe. Ringe mit einer Platte und mit Edelsteinen wurden „Persten" (Fingerring mit Steinen) genannt. In höfischen Kreisen war es Sitte, solche Ringe zur Taufe, Hochzeit oder zum Namenstag zu verschenken. Neben ihrer Funktion als Schmuckstück dienten sie häufig auch als Siegel. Erst mit der Wende zum 19. Jahrhundert wurden diese Siegelringe durch Tischsiegel und an Ketten hängende Siegel abgelöst.

Die zu Beginn des 18. Jahrhunderts unter Peter I. durchgeführte Modernisierung des wirtschaftlichen, politischen und kulturellen Lebens hinterließ in der angewandten Kunst, wie auch in anderen kulturellen Bereichen, ihre Spuren und bestimmte den neuen Charakter und die Gestaltungsaufgaben der Goldschmiede. Die Reformen Peters des Großen berührten fast alle Lebensbereiche der russischen Gesellschaft. An Stelle der strengen Lebensform der alten russischen Familie, in der die Frauen in den Frauengemächern von der Welt abgeschirmt lebten, war es nun möglich, daß Frauen auch Vergnügungsveranstaltungen und Bälle besuchten, auf denen sich Frauen und Männer ungehindert begegnen konnten.

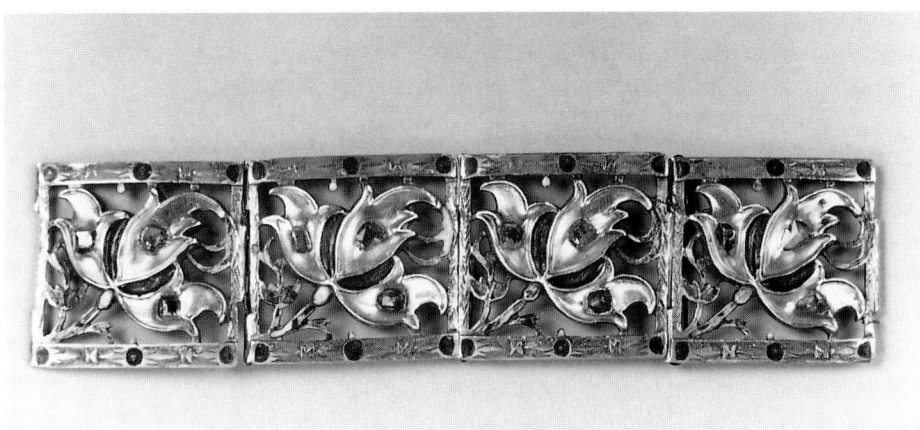

Katalog-Nr. 40
Solche Gewandschließen oder „Spitzen" waren Kleiderschmuck für Prunkgewänder. Moskau, 2. H. 17. Jh.

Mit Einführung der Kleidung nach westeuropäischem Vorbild im Jahre 1700 und den damit verbundenen tiefgreifenden Veränderungen in der traditionellen russischen Kleidung wandelte sich auch der Schmuck. Anstelle der Halsketten aus Münzen und bunten Perlen (Monisto), der „Spitzen" und der Rjasy kamen nun Broschen, Haarnadeln, Armbänder und Halsketten in Mode. In der zweiten Hälfte des 18. Jahrhunderts wurden silberne Gürtel, Kleider- und Schuhspangen zu beliebten Accessoires. Allerdings gehörten Ohrringe und Fingerringe weiterhin zu den verbreitetsten und begehrtesten Schmuckstücken.

Besonders beliebt waren schneeweiße Orient- oder Flußperlen in Kombination mit Rubinen, Almandinen und anderen roten Steinen. Außer den farbigen Edelsteinen und den Perlen nimmt mit Beginn der zweiten Hälfte des 18. Jahrhunderts der Diamant in all seinen Formen und Fassungen eine zentrale Stellung in der Goldschmiedekunst ein.

Die Möglichkeit, die gemugelten Edelsteine durch Schleifen weiter zu veredeln und vor allem durch den Brillantschliff den eher matten Glanz der Diamanten zum Funkeln und Strahlen zu bringen, wurde 1725 durch die Einrichtung der ersten Steinschleiferei auf Anweisung Peters I. in Peterhof ermöglicht. Ihr folgten 1774 die Edelsteinschleiferei in Ekaterinburg im Ural und schließlich 1786 die Steinschleiferei von Kol'van im Altaijgebirge.

Mit der Öffnung zum Westen änderte sich die russische Lebenskultur im 18. Jahrhundert. Sehr anschaulich wird diese Veränderung durch die große Gruppe der Goldschmiedearbeiten westeuropäischer Herkunft, die in der Ausstellung gezeigt werden. Im Verlauf des 18. Jahrhunderts zog der Zarenhof eine Vielzahl von Gold- und Silberschmieden unterschiedlicher Nationalität nach St. Petersburg, die mit den russischen Goldschmieden in einen fruchtbaren schöpferischen Wettbewerb traten. Die ausländischen Goldschmiede hatten eigene Werkstätten, Lehrlinge und Gesellen. Sie führten in erster Linie Aufträge des Hofes und der Aristokratie aus. Nicht zuletzt die Arbeit der westlichen Goldschmiede brachte die russische Juwelierkunst im 18. Jahrhundert zur Blüte.

Die von Prunk und Eleganz geprägte Epoche fand ihren Ausdruck in einer Vielzahl immer neuer Luxusgegenstände aus kostbarsten Materialien, die der Mode entsprechend variiert wurden. Man liebte Perlen, Edelsteine, Perlmutt mit aufgelegtem Goldornament, geschnitzte Genrebilder auf Muschelschalen und Steinen.

Flakons für Parfums und Riechsalze wurden als kleine Kostbarkeiten gearbeitet. Man füllte sie mit Trockenparfum, duftenden Wurzeln und Ölen. Um die Duftstoffe zu schützen, hatten die Flakons zwei Deckel. Der obere Deckel schloß das Gefäß dicht zu. Der Innendeckel war durchbrochen, um den Duft ausströmen zu lassen.

Im 18. Jahrhundert wurde das Schnupfen von Tabak nicht nur bei Männern, sondern auch bei Frauen zur großen Mode. Russische Juweliere folgten den ausländischen Goldschmieden und fertigten Tabakdosen und

Katalog-Nr. 103
Châtelaine mit Nadeletui, Fingerhut und Schere. Italien, 2. H. 18. Jh.

Kästchen aus den unterschiedlichsten Materialien wie Gold, Silber, Edelsteinen, Knochen, Horn, Schildpatt und Holz. Diese Tabakdosen hatten nicht nur die Funktion eines Behältnisses für Schnupftabak, sondern waren durch ihre aufwendige Gestaltung und die kostbaren Materialien auch dekorative Accessoires.

Sehr beliebt waren kleine kostbare Necessaires und andere unentbehrliche Gegenstände, die je nach Funktion mit verschiedenem Zubehör ausgestattet waren. Die Necessaires wurden mit Scheren, Nagelfeilen, Pinzetten, Ohrlöffelchen, Zahnstocher, Bürstchen für die Brauen und den Bart, oder Nadeln zum Einziehen von Bändern gefüllt, die in Miniaturgröße auf engstem Raum und doch übersichtlich untergebracht wurden. Châtelaines oder Uhrenketten wurden an den Gürtel gehängt. Carnets waren Notizbüchlein, die bei der Luxusausführung aus kleinen flachen Futteralen mit Täfelchen aus Bein und einem goldenen Bleistift bestanden.

Die Zeit des Klassizismus und die Begeisterung für die Antike Ende des 18. Jahrhunderts und Anfang des 19. Jahrhunderts war eine eher schmuckarme Periode. Zu jener Zeit waren unterschiedlich breite Armbänder, lange birnenförmige Ohrringe und Haarschmuck in Form von Weizenähren beliebt. Die entblößten weiblichen Schultern und der Hals blieben schmucklos. Die großen Kämme aus Horn, Schildpatt, Gold und Silber, die die hochgesteckten Haare hielten, wurden mit Edelsteinen, Kameen und Mosaiken verziert.

Eine dominierende Modeerscheinung des beginnenden 19. Jahrhunderts war die Vorliebe für geschnittene Steine, die Gemmen, die nach dem ägyptischen Feldzug Napoleon Bonapartes (1798–1801) wiederentdeckt wurden und ihren Siegeszug durch viele Länder Europas und schließlich auch durch Rußland antraten. Die von vielen Juwelieren der Hauptstadt gefertigten und aus dem Ausland eingeführten Kameen schmückten Diademe, Kämme, Nadeln, Spangen und Broschen. Aus Kameen und Brillanten besteht die in Frankreich gefertigte Parure (Kat.-Nr. 322). Alle Glieder dieser Schmuckgarnitur sind auseinanderzunehmen und zu neuen Schmuckstücken zusammenzusetzen.

Die Goldschmiedekunst des beginnenden 19. Jahrhunderts führte die Traditionen des 18. Jahrhunderts fort. Der wirtschaftliche Aufschwung des internationalen Handels, die Revolutionswirren, die Zunahme des Reichtums der Oberschicht, aber auch die Verelendung des Volkes, all dies spiegelte sich in der Kleider- und Schmuckmode der nachfolgenden Zeit wider.

Ausländische Meister wurden zunehmend durch russische Goldschmiede verdrängt. Die Nachfrage nach Schmuck und kunstgewerblichen Gegenständen konnte nun durch die Arbeit der einheimischen Hersteller gedeckt werden.

Die Schmuckgestaltung des 19. Jahrhunderts war außerordentlich vielfältig. Man schmückte sich mit Diademen, Kämmen, Haarnadeln, Fer-

Katalog-Nr. 322
Haarnadel und Anhänger einer Parure mit Kameen. Frankreich, Anfang 19. Jh.

Katalog-Nr. 421
Goldmanschette im „russischen Stil".
Rußland, 1860–1870

ronnièren (Stirnreifen), Colliers, Ohrringen, Perlenketten, Broschen, Armbändern und Ringen. Die weibliche Kleidung übernahm endgültig die führende Rolle in der Mode. Im Gegensatz zum 18. Jahrhundert war die Kleidung des Mannes nicht mehr modisch abwechslungsreich, sondern zeichnete sich in erster Linie durch die Qualität der Stoffe und das leuchtende Weiß der Wäsche aus. Von nun an galt es als geschmacklos, wenn ein Mann durch farbenfrohe Kleidung und Schmuck auffiel. Die Frau des 19. Jahrhunderts dagegen repräsentierte nach außen den Wohlstand und die gesellschaftliche Stellung ihres Mannes und wurde zum Symbol seines geschäftlichen Erfolges.

Im 19. Jahrhundert wählte man seine Schmuckstücke dem Anlaß entsprechend. Bei festlichen Anlässen trug man mit Edelsteinen verzierten Schmuck wie Haarkämme, Ohrringe, Perlenketten, Colliers, Armbänder, Ringe und Spangen. Für Besuche und kleine Empfänge schmückte man sich mit Ohrringen, Broschen, Armbändern und Ringen. Aber auch im Alltag trug man Schmuckstücke wie Broschen mit florentinischen Mosaiken, Ohrringe mit Halbedelsteinen und andere weniger wertvolle Stücke.

Mit dem Vaterländischen Krieg und dem Sieg über Napoleon im Jahre 1812 entstand eine patriotische Bewegung. Die europäische Mode bekam national-russische Akzente. Man trug nun modische Kleidung in russischer Manier nach Art der Volkstrachten. Mit dieser Rückkehr zur russischen Kleidung wurde auch der Perlenschmuck wieder populär. Kombinationen von Perlen mit Brillanten und anderen Edelsteinen, besonders Rubinen, verkörpern die volkstümliche Schmuckmode jener Zeit. Beispiele dieses neuen Stils sind die paarweise zu tragenden, durchbrochenen Armbänder, die die weiten Ärmel der Hemden nach russischem Schnitt zusammenhielten, und das Armband in Form einer Manschette (Kat.-Nr. 421).

Die Goldschmiedekunst der zweiten Hälfte des 19. Jahrhunderts ist durch eine Verflechtung von Modeströmungen und Stilen gekennzeichnet. Die Suche nach neuen Wegen in dieser Epoche des Umbruchs wird zum Hauptthema der schöpferischen Arbeit der Goldschmiede.

In der Mitte des 19. Jahrhunderts wurde das Bürgertum zu einer mächtigen Gesellschaftsgruppe in Rußland. Sie entwickelte einen eigenen Geschmack und eigene Normen der Ästhetik, ohne sich an der Aristokratie als einer höheren Autorität zu orientieren.

In den sechziger Jahren des 19. Jahrhunderts triumphierte in Rußland der sogenannte Russische Stil, der als Wiedergeburt russischer Traditionen eine Begeisterung für die Volkskunst und die Natur weckte. In der Juwelierkunst führt dieser Stil zu einer naturalistischen Darstellung von Blüten, Blättern, Ähren oder auch bizarren Insekten. Es entstanden Broschen, Anhänger, Ohrringe und Anstecknadeln in Form von Schmetterlingen, Heuschrecken, Käfern, Bienen, Fliegen, aber auch Vögeln, die als Schmuckstücke mit kostbaren Steinen besetzt in ihrem geheimnisvollen Schimmer und ihrem Leuchten den romantischen Zeitgeist widerspiegelten.

Der Jugendstil Ende des 19. Jahrhunderts[2] entwickelte sich in Rußland mit dem Anspruch ästhetischer Vollkommenheit unter Einfluß der japanischen Kunst und auch der skandinavischen Volkskunst. Der russische Jugendstil, „russkij modern", vereinte Elemente der einzelnen Stile und schuf daraus neue, einzigartige und ungewöhnliche Formen und Dekors. Charakteristisch ist die naturalistische Wiedergabe von pflanzlichen Motiven, wie Wasserlilien, Binsen und Iris, die sich auf langen, zarten Stengeln wiegen, und Motiven der Fauna, wie Vögel mit schlanken biegsamen Hälsen, Schwäne, Kraniche, die in ihrem Aussehen die enge Verwandtschaft mit japanischen Vorbildern verdeutlichen.

Große Meisterschaft beim Anfertigen von modischem Schmuck entwickelten die großen russischen Firmen Carl Fabergé, K. Bolin, F. Kechli und A. Tillander. Fabergé hat als erster russischer Juwelier in großem Maße Halbedelsteine verwandt, die in Sibirien und im Ural im 19. Jahrhunderts gewonnen wurden. Er fertigte Schmuck aus Nephrit, Amethyst, Lapislazuli, Topas, Bergkristall, Kalzedon, Quarz und verschiedenen Achaten, aber auch aus Edelsteinen wie Diamanten, Smaragde, Rubinen und Saphiren.

Die meisterhafte Kunst russischer Juweliermeister fand auf internationalen und russischen Ausstellungen in zahlreichen Auszeichnungen mit Gold- und Silbermedaillen ihre Bestätigung.

Katalog-Nr. 434
Aquamarin-Brosche. St. Petersburg, Carl Fabergé, 1908–1917

2 Große Unterstützung bei der Vorbereitung der Ausstellung zur Zeit des Endes des 19. Jh. – Anfang 20. Jh. wurde von der ältesten wissenschaftlichen Mitarbeiterin der Abteilung Kostbare Metalle des Staatlichen Historischen Museums, Smorodinova G. G., geleistet.

Luiza Efimova

Altrussische Stickerei
aus Gold und Seide

Ein Höhepunkt der altrussischen Stickerei ist die Goldstickerei. Diese gehört zu den ältesten Zweigen des russischen Kunsthandwerks. Sie kam nach der Christianisierung im 10. Jahrhundert auf und entwickelte sich in den folgenden Jahrhunderten zu einer Blüte, die bedeutende Kunstwerke entstehen ließ.

Goldstickereien schmückten in großer Vielfalt prachtvolle Vorhänge, Decken, Fahnen und gestickte Ikonen in den Kirchen. Auch an kostbaren Meßgewändern und an der Kleidung der Zaren, Fürsten und Bojaren waren sie zu bewundern. Die Zeitgenossen waren von den prächtigen, reich gestickten Brokatstoffen, die mit bunten Steinen, Perlen, kleinen Pailletten und Brakteaten (металлические дробницы) angereichert waren, sehr beeindruckt. Der Glanz und das Leuchten des Goldes, das Schimmern der Perlenschnüre und Edelsteine im flackernden Licht der Kerzen und Öllampen führten in den Kirchen und bei Hof zu einer überaus emotionsgeladenen Atmosphäre und verliehen dadurch den einzelnen Gegenständen ihre starke Wirkung. Mit Goldstickerei schmückte man außer sakraler und profaner Kleidung auch Innenräume, Haushaltsgegenstände, Zeremonientücher, Umlegeschals, Zaumzeug für Pferde u. a. m.

Im alten Rußland war die Stickerei eine ausschließlich weibliche Beschäftigung. In jedem Haus der Bojaren und in den Zarenpalästen gab es dafür sogenannte „helle Räume" – die „svetlicy" (светлицы) – Werkstätten, deren Leitung die Hausherrin innehatte, die aber auch selbst gestickt hat. Mit Goldstickerei befaßte man sich ebenfalls in den Klöstern. Das Leben der Frauen und Nonnen war überall abgekapselt und einsiedlerisch. Die einzige Möglichkeit, schöpferisch tätig zu sein, war für sie ihr virtuoses Spinnen, Weben und Sticken.

Ende des 16. und im 17. Jahrhundert wurden auch Bildstickereien mit Gold- und Silberlahn (um eine Seidenseele gesponnenes Gold und Silber) hergestellt. Die Bildstickerei, eine Art „Malerei mit der Nadel", wurde hauptsächlich für sakrales Gerät verwendet. So entstanden Epitaphia (Karfreitags-Tücher), Ikonentücher (Pokrovcy), Patenen (Tücher zum Abdecken der Abendmahlskelche) u. a. Sie zeigen Darstellungen von Heiligen, Evangelisten und biblische Szenen. An deren Entstehung waren in der Regel mehrere Künstler beteiligt. Die „Znamenschtschiki" (знаменщики) fertigten die Zeichnung der Komposition und der Hauptdarstellung. Diese waren in der Regel Ikonenmaler. Ornamente hingegen wurden von sogenannten „Künstlern für Pflanzenornamente" – den „Travniki" (травники) angelegt, und als dritte Berufsgruppe wurde der „Slovopisec" (Wortschreiber) herangezogen, der die Konturen der Worte für die Texte zeichnete. Als Schriftborten eingestickt wurden sowohl

Katalog-Nr. 16
Ikonentuch „Sosima und Savvatij", 2. H. 17. Jh.

Katalog-Nr. 23
Schulterteil eines Phelon, Moskau, 16. Jh.,
gestickt nach dem Vorbild eines italienischen Granatapfelsamtes, 2. Hälfte 15. Jh.

Gebete als auch die Themen der Szenen und die Namen der dargestellten
Personen. Ebenso wurden Angaben zur Stiftung an das jeweilige Kloster
gemacht. Die Aufgabe der jeweiligen Stickerin war es, das Material, die
Farbe der Garne und die Art der Stickerei auszuwählen und festzulegen.
So war die Bildstickerei eine Gemeinschaftsarbeit, deren augenschein-
liche Qualität aber allein von der Arbeit der Stickerin abhing. Auffallend
ist die hohe Qualität der Flächenornamente, deren variationsreiche Ausführung die hoch entwickelte Meisterschaft dieses Kunsthandwerks
belegt.

Mit der Bildstickerei hatte die Kunst der russischen Stickerei ihren Höhepunkt erreicht. Auf vielen Werken sind in den Inschriften die Namen
derer erhalten, die sie in Auftrag gaben, und sogar die Werkstätten sind
genannt, die sie geschaffen haben. Dies ist ungewöhnlich, denn in der
Regel blieben auch in Rußland, wie überall, die Arbeiten der Kunsthandwerker anonym.

Gisela Reineking von Bock

Die Kleidung in Rußland zur Zeit der Romanovs

An der russischen Kleidung des 17., 18. und 19. Jahrhunderts sind die politische Gesinnung und das ideologische Konzept einer Epoche besser zu erkennen als in anderen Ländern Europas. Im 17. Jahrhundert stand der traditionsgebundenen Kleidung im byzantinischen Stil, die der Zar und die Bojaren getragen haben, die zunächst ungewohnte, „westeuropäische" Mode gegenüber.

Dabei darf nicht übersehen werden, daß die Heiligen und Großfürsten, die als Wandmalereien die Wände der großen mittelalterlichen Kirchen in Moskau und Suzdal' schmücken, ausschließlich Gewänder tragen, wie sie in Westeuropa im 11. und 12. Jahrhundert und auch im 14. Jahrhundert (s. Manesse HS) üblich waren. War unsere Mode im 11. und 12. Jahrhundert noch stark von Byzanz geprägt, was die Verwandtschaft mit der russischen Kleidung erklärt, so hatte die Mode des 14. Jahrhunderts so viele individuelle westeuropäische Züge, daß ihr Auftreten in der russischen Kirchenbemalung überrascht und nur durch die sehr frühen Kontakte zu Westeuropa zu erklären ist. Der auffallende Wechsel von westeuropäischer Mode zur byzantinischen Kleidung mag sich im 15. Jahrhundert zur Zeit Ivans III. vollzogen haben und hängt vermutlich mit dessen Hochzeit, 1472, mit der byzantinischen Prinzessin Sophia zusammen. Damals übernahm Rußland den doppelköpfigen Adler als Staatswappen von Byzanz und betrachtete es zugleich als seine Pflicht, sich für das geistige Erbe des zerstörten Byzanz einzusetzen. Rußland verstand sich von da an als den einzigen wirklich christlichen, „rechtgläubigen" Staat in der damals bekannten Welt und sah in Moskau das 3. Rom. Warum sollte diese neue Grundhaltung nicht in der regierenden Oberschicht auch das bewußte Tragen von byzantinischen Gewändern ausgelöst haben? Die langen geschoppten Ärmel der Damengewänder z. B., die sich in der Volkstracht von Zentralrußland bis in das späte 18. Jahrhundert hielten, sind byzantinischen Ursprungs.

Auf den Porträts des 16. und 17. Jahrhunderts wirken die Zaren wie die byzantinischen Kaiser. Die Gewänder sind nicht genau zu erkennen, doch sie gleichen den Sakkos (Kat.-Nr. 19), die auch noch Zar Peter I. getragen hat und die von der Taille ausgehend zipfelige oder angeschnittene gerade Flügelärmel haben. Seit der Mitte des 17. Jahrhunderts werden sie im Schnitt dem Körper angepaßt.[1] Das Festgewand des Zaren ist der „Platno", der als Übergewand getragen wurde. Nie fehlt beim Zaren wie beim byzantinischen Kaiser der runde Schulterkragen – „Barmy" genannt, der eine Auszeichnung von Würdenträgern gewesen ist und nicht nur reich mit Gold, sondern auch mit Perlen und Edelsteinen bestickt sein konnte. Alle diese Gewänder wurden in den Werkstätten des Kreml genäht, wo man stets die besten Handwerker des Landes versammelt hatte. Das Brustkreuz, die „Panagia", die eine persönliche Reliquie des Zaren barg,

1 Ausstellungskatalog: „Schätze aus dem Kreml. Peter der Große in Westeuropa", Überseemuseum Bremen, Bremen – München 1991, Kat. Nr. 6, S. 82. Dort wird auch der Nachweis erbracht, daß die Sakkos (im Katalog „Leibkaftan" genannt) seit 1626 in den Inventaren der Zaren belegt sind.

durfte unter den Barmy nicht fehlen. Auch die Kleidung der Bojaren mit ihren weiten, ungegürteten Mänteln und Röcken scheint die byzantinische Tradition aufzugreifen.

Für diese Gepflogenheiten der Gewänder gab es zunächst keine Regeln und keine Gesetze. Da sich aber Rußland im 17. Jahrhundert erneut mehr und mehr Westeuropa annäherte und einige Avantgardisten mitunter westeuropäische Kleidung erprobten, blieb es von Seiten der Kirche nicht unumstritten, daß sich Moskau von der byzantinischen Tradition der alten Rus' löste. Das notwendige Bekenntnis, die Wurzeln der Geschichte entweder mit Ost- oder mit West-Rom verbinden zu wollen, mußte auch in der Kleidung der oberen Stände seinen Ausdruck finden. Die Großfürsten haben hierbei die Entscheidung der Kleiderwahl nicht dem Zufall überlassen und haben auch die Einmischung des Klerus, so bald wie möglich, ausgeschaltet. Als autarker Selbstherrscher konnte der Zar bestimmen, was in Moskovien zu tragen war und konnte damit erklären, wo gegenwärtig die Ideale gesehen wurden, oder auch nur andeuten, daß man sich wenigstens im Erscheinungsbild neuen Bündnispartnern angleichen wolle.

Als dritte Gewandgruppe neben der byzantinischen und der europäischen gab es die Volkstracht, die von der einfachen Bevölkerung und der Kaufmannsschicht ausging und sich nach einzelnen Landschaften unterschied. Verschiedene Standpunkte zur Wahl der westeuropäischen oder dieser russischen Kleidung wurden besonders im 18. und 19. Jahrhundert diskutiert.

Parallel zur Übernahme der europäischen Mode erreichte gerade das „russische Kleid" im 18. und in der 1. Hälfte des 19. Jahrhunderts einen prunkvollen Höhepunkt und ein ungewöhnlich beeindruckendes Aussehen. Es ist auffallend, daß in den drei Jahrhunderten der Herrschaft der Romanovs wechselnde Kleiderverordnungen das Hin-und-Her alltäglicher Lebensgewohnheiten der Menschen deutlich zum Ausdruck bringen und auch die Konflikte erkennen lassen, in denen sich mitunter ein jeder befand.

Besonders stark und widersprüchlich wurden Kleiderfragen im 17. Jahrhundert diskutiert. In dieser Tatsache spiegelt sich der geistige Zwiespalt wider, der die russische Gesellschaft damals belastet hat. Als in der Zeit der „Smuta" – der Wirren – die ungeliebten Polen die Macht in Moskau zu übernehmen versuchten, hatten sie natürlich auch die westeuropäische Kleidung nach Moskau gebracht und sich in ihr porträtieren lassen. Es ist kein Wunder, daß der nationale Stolz den Russen verbot, diese Gewänder schön zu finden. Mit der Vertreibung der Polen und der Wahl eines Zaren aus den eigenen Reihen, 1613, setzte sich daher ohne Diskussion die seit dem 16. Jahrhundert beliebte, traditionelle russisch-byzantinische Kleidung bei Hof weiterhin durch. Die Zaren trugen selbstbewußt ihre kaselähnlichen Mäntel mit byzantinischem Kragenbesatz und wirkten mit ihrer Panagia (Brustkreuz) eher als Priester denn als profane Herrscher. Gemälde und Originalgewänder der Ausstellung zeigen, daß solche Klei-

Adam Olearius – Bildnis des Autors der „Muscowitischen vnd Persischen Reyse" in diesem Buch, 1656

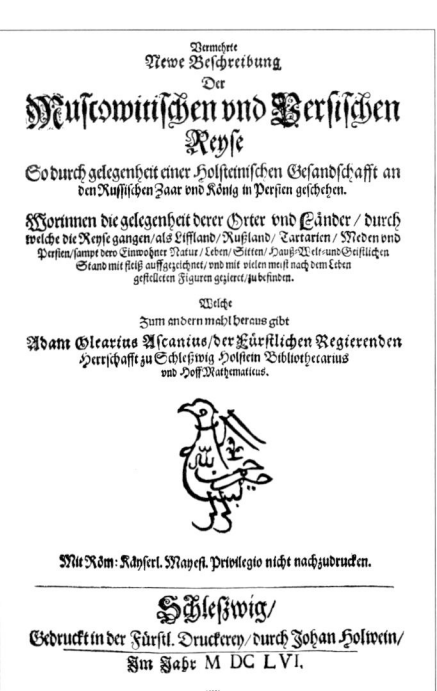

Gesandschaft des Großfürsten aus Moskau auf dem Reichstag zu Regensburg, 18. Juli 1626, in Prunkgewändern, mit gebündelten Fellen als Geschenk an den deutschen Kaiser.

dungsstücke überaus prunkvoll und respektheischend waren. (Kat.-Nr. 1, 2, 18, 19)

Gleichzeitig trugen der Adel, die Kaufleute und das Volk Moskoviens andere Gewänder, die Adam Olearius 1656 sehr anschaulich beschrieb: *„Die Männer seynd in gemein / grosse / dicke vnd starcke Leute / von Haut vnd natürlicher Farbe den anderen Europeern gleich. Sie halten viel von grossen Bärten vnd dicken Bäuchen / vnd welche damit begabet / seynd bey jhnen vor andern in grossem Ansehen. … Die Kleidung der Männer gleicht fast der der Griechen; ihre Hemden sind weit, aber kurz … Ihre Hosen sind weit, welche sie an einem Bande schieben und nach Gefallen weiter und enger machen können. Über Hemd und Hose tragen sie Röcke gleich unsern Futterhemden, nur daß sie lang bis auf die Knie, daß die Ärmel länger und von den Händen in etliche Falten gestrichen werden; sie haben hinten am Halse einen Kragen, eine Viertelelle lang und breit, welcher unten von Sammet, bei den Fürnehmsten gemeiniglich von Goldstoff, so über den andern Röcken hervorgeht und am Nacken aufwärts steht. Diesen Rock nennen sie Kaftan. Über diesem Kaftan tragen etliche einen anderen Rock, der bis auf und unter die Waden reicht; er wird Feres genannt. … Der Feres wird mit Baumwolle gefüttert. Über diesen haben sie lange Röcke, so ihnen bis auf die Füße gehen; selbige ziehen sie über die anderen an, wenn sie ausgehen wollen. Diese sind gemeiniglich von violenblauem, tannenbraunem oder dunkelstahlgrünem Tuche, auch wohl von buntem Damast, Atlas und Goldstoff.*

Von dieser letzten Art sind alle Röcke, so in des Großfürsten Schatz liegen und bei öffentlichen Audienzen den Beisitzern und als Staatszierde anwesenden Männern herausgeliehen werden. Diese äußeren Röcke haben hinten auf den Schultern breite Kragen, sind vorne herunter und an den Seitenschlitzen mit goldenen, auch wohl mit perlenbestickten Litzen, an welchen lange Quasten hängen, geziert; die Ärmel daran sind fast so lang wie die Röcke, aber gar eng, welche sie auf den Armen in viele Falten zusammenstreifen, daß kaum die Hände hervorreichen; … Sie tragen alle auf den Köpfen Mützen; die Knese oder Fürsten, Bojaren oder Reichsräte, wenn sie in öffentlicher Versammlung begriffen, haben von schwarzen Füchsen und Zobeln Mützen, fast eine Elle hoch, sonst aber von Sammet nach unserer Art und mit schwarzen Füchsen oder Zobeln gefüttert und verbrämt, kehren aber nicht viel Rauchwerk heraus; auf beiden Seiten sind sie auch mit goldenen oder Perlenlitzen besetzt. Die gewöhnlichen Bürger aber tragen des Sommers Schapken oder Mützen von weißem Filz und des Winters von Tuch und mit gewöhnlichem Rauchwerk gefüttert."[2]

Zeitgenössische Abbildungen geben hiervon einen sehr lebendigen Eindruck und machen den großen Unterschied zur westeuropäischen Mode deutlich. Für die kostbaren, oft gestickten Stoffe, sind die Exponate dieser Ausstellung (Kat.-Nr. 23, 25) ein handgreiflicher Beleg. Gewandschließen, die auf den Holzschnitten immer als Querriegel zu erkennen sind, gab es auch in Form von durchbrochenen Goldschmiedearbeiten, die man damals „Spitzen" nannte (Kat.-Nr. 39–41).

Olearius beschreibt auch die russischen Frauen und ihre Gewänder: „*Die Weibes Personen seynd mittelmässiger Grösse / in gemein wolgestalt / zart von Gesichte vnd Gliedern / aber in den Städten schmincken sie sich alle / auch so grob vnd mercklich / daß es ein Ansehen hat / als wenn einer mit einer Hand voll Mehl über das Gesicht gefahren / vnd mit einem Pinsel die Backen roth gemahlet hätte / Sie färben auch die Augenbrauen vnd*

2 Adam Olearius: Vermehrte Moscowitische vnd Persianische Reisebeschreibung … im Jahr 1656, Das dritte Buch, das dritte Kapitel.

85

Wimpern schwartz / bißweilen braun. ... Die Weiber Röcke sind gleich denen der Männer, jedoch die Überröcke etwas weiter, von selbiger Tracht; der Reichen ihre vorn herunter mit Posamenten und andern goldenen Schnüren verbrämt; etliche werden mit Litzen und Quasten, etliche mit gar großen silbernen und zinnenen Knöpfen geziert und zugemacht. Die Ärmel sind oben am Leib aufgelöst, daß sie die Arme durchstecken und die Ärmel hängen lassen können. Sie tragen aber keine Kaftane ... Ihre Hemdsärmel sind an die sechs, acht, zehn und, wenn sie von reinem Kattun, noch mehr Ellen lang, aber eng, welche sie beim Anziehen in kleine Falten schieben. Sie tragen auf den Köpfen weite und breite Mützen, von Goldstoff, Atlas oder Damast, mit goldenen Borten besetzt; auch etliche mit Gold und Perlen bestickt und mit Biberfell verbrämt ... Die erwachsenen Jungfern tragen große Fuchsmützen."[3]

Die russische Kleidung der Frauen ist im 17. Jahrhundert durch Abbildungen nur spärlich belegt, da sie sehr zurückgezogen lebten und für Fremde kaum zu sehen waren. Das Porträt von der Mutter Peters I. zeigt sehr genau, wie stark die langen Hemdärmel auf dem Arm gerafft waren. Und immer wieder wird von Reisenden beschrieben, daß die Gewänder äußerst prunkvoll mit Perlen und Edelsteinen bestickt gewesen seien.

Die prächtigsten Gewänder dieser Art haben aber nicht den Bojaren persönlich gehört, sondern dem Zaren (Großfürsten), der seine Höflinge für Staatsempfänge aus seiner Kleiderkammer im Kreml damit ausgestattet hat. Olearius erzählt 1635: *„Umb 9 Uhr kamen die Pristaffen (Abgeordneten) wieder in jhrern gewöhnlichen Kleider / und liessen jhre newe Röcke und hohen Mützen / so sie aus der Großfürstlichen Kleider Kammer genommen / hinter sich hertragen / legten dieselben in der Gesandten Vorgemach an / und putzen sich in Gegenwart unser auffs beste."*[4] Gleichwohl machte damals auch die Holsteinische Gesandtschaft in ihrer westeuropäischen Kleidung und mit ihren Geschenken einen pompösen Eindruck, der nicht zu der Vorstellung paßte, die man in Moskau von einem deutschen Fürsten hatte, denn *"... wie unser Ordnung in Einzuge den Russen so wol gefallen / und Sie sich verwundert hatten / daß in Teutschland so vornehme Kneesen oder Fürsten / welche so eine ansehnliche Gesandtschafft außrüsten könnten."*[5] Damals machten Kleider nicht nur Leute, sondern in einem beachtlichen Maß auch Politik.

Ein Problem war im beginnenden 17. Jahrhundert die Kleidung der Ausländer in Moskau, die hier als Kaufleute und Diplomaten lebten. Sie wollten in ihren eigenen westeuropäischen, polnisch wirkenden Gewändern sicher keinen unangenehmen Eindruck machen, und weil die russische Kleidung dem Klima viel besser angepaßt war als ihre heimatliche Mode, zogen sie sich russisch an. Dieser Brauch hatte Tradition, den schon Sigismund Freiherr von Herberstein von seiner Reise als Gesandter im 16. Jahrhundert beschreibt.

Die Tatsache, daß die in Moskovien lebenden „Deutschen" (Ausländer) im 17. Jahrhundert russische Kleidung trugen, mag die russische Bevölkerung, wenn sie darüber nicht schimpfte,[6] zunächst als Würdigung ihrer

3 Adam Olearius, ebendort, Das dritte Buch, das dritte Kapitel.

4 Uwe Liszkowski: Adam Olearius' Beschreibung des Moskauer Reiches. In: Lew Kopelew: West-östliche Spiegelungen, Reihe A, Bd. 1, Russen und Rußland aus deutscher Sicht, 9.–17. Jahrhundert, München 1988, S. 250, 251.

5 Adam Olearius: Vermehrte Newe Beschreibung Der Muscowitischen und Persischen Reyse ... Schleswig 1656 (Fotomechanischer Nachdruck, hrsg. von Dieter Lohmeier, Tübingen 1978) S. 30.

6 ebendort: Olearius, 5. Kapitel: „Es haben auch vor diesem die Deutschen / Holländer / Frantzosen vnd anderer LandsLeute / ... jhre / der Russen art Kleidungen vnd Trachten sich gebrauchet / auch gebrauchen müssen / damit sie nicht von frevelhafften Bösewichten geschimpfet vnd gefähret wurden."

KREMELIN Das Schloß in Muscau

Sitten verstanden haben. Doch als die Fremden, die nicht rechtgläubig und in der Regel nicht einmal römisch-katholisch sondern Protestanten waren, sich 1652 bei einer Prozession in Moskau, der sie beiwohnten, vor den Ikonen weder verneigten noch bekreuzigten, beschwerte sich der Patriarch, der sich als Hüter der russischen Sitten und Moral verstand, daß es ungerecht wäre, *„unwürdigen Ausländern auf diese Weise einen Segen zu erteilen, der nicht für sie bestimmt ist"*. Deshalb verlangte er, daß die Ausländer sich durch ihre eigene Kleidung zu erkennen geben sollten, und daß man ihnen das Tragen russischer Kleidung verbiete. Jeder Fremde, der diesem Erlaß zuwiderhandelte, solle von den „strel'cy" (стрельцы – Palastgarde) nackt ausgezogen und ins Gefängnis geworfen werden.[7] Damit die Ausländer darüber hinaus die Harmonie der Moskauer Bevölkerung nicht störten, sollten sie außerdem in einer eigenen Vorstadt – der „Nemeckaja Sloboda" (Deutsche Vorstadt) – zusammenleben. Die Macht der Kirche war noch sehr stark, und der damals sehr junge Zar Aleksej war erst der zweite Romanov auf dem Thron und wagte daher nicht, der Kirche zu widersprechen. Offiziell waren daher die Ausländer und natürlich ihre Kleidung sehr wenig geschätzt. Ja, die Fremden mochte man so wenig, daß sich der Zar die Hände wusch, nachdem ausländische Delegationen diese auf seinen Wunsch hin geküßt hatten.

Trotzdem gab es immer wieder „Leute, die an den ausländischen Gewohnheiten Gefallen fanden und die sogar französische und deutsche Kleidung

Kremelin, das Schloß in Muscau
aus A. Olearius, „Muscowitischen vnd Persischen Reyse"
Auf dem Roten Platz: Rechts verneigen sich die Russen in Richtung des Patriarchen und der Ikonen während einer Prozession; links stehen die westeuropäisch gekleideten „Deutschen", denen der Patriarch keinen Segen spendet, und beobachten das Ereignis.

7   Olearius, 5. Kapitel, zitiert nach Samuel H. Baron: Die Ursprünge der Nemeckaja sloboda. In: Lew Kopelew: West-östliche Spiegelungen, Reihe B, Band 1: Deutsche und Deutschland aus russischer Sicht. 11.–17. Jahrhundert. München 1988, S. 234.

8   Tamara Korschunova: Das Kostüm in Rußland, 18. bis Anfang 20. Jh.. Ermitage, Leningrad, 1979, S. 4.

trugen."[8] Zu ihnen zählte z. B. der Bojar Nikita Ivanovitsch Romanov – ein Vetter des Zaren Michail. Er liebte nicht nur deutsche Musik, sondern trug gerne französische oder polnische Kleidung, aber nur auf dem Land und auf der Jagd. Im Jahr 1653 jedoch bekam er den Befehl, diese zu vernichten.[9] Deutsche (d. h. ausländische) Kleidung diente dem jugendlichen Zar Aleksej und seinem Bruder Ivan als Spielkleidung, die 1635 und 1637 nachweislich für sie genäht wurden.[10] Sie bekamen dazu auch noch ein Schaukelpferd aus Deutschland und eine Rüstung des deutschen Handwerkmeisters Peter Schalt. Auch noch 1667 haben sich russische Diplomaten nach dem Abschluß des russisch-polnischen Waffenstillstandes von Andrusovo äußerlich dem Westen angeglichen: Die schweren „moßkowitischen Röcke" wurden gegen „teutsche" Kleidung und Perükken vertauscht. Darüber hinaus bemühten sie sich, ihre Missionen des öfteren in der Sprache des Gastlandes abzuwickeln. So konnten die deutschen Zeitungen berichten, daß ein „zarischer" Gesandter dem Kurfürsten von Brandenburg *„sein Anbringen in Hoch-Teutscher Sprache, so gut als ein gebohrener Teutscher gethan"* habe.[11] Dies alles war aber bloße Politik. Offiziell galt für alle Russen damals noch weiterhin das byzantinische oder das russische Gewand.

Mit einer Verordnung von 1675 wurde die russische Kleidung dann wieder auch allen Ausländern befohlen. Zar Aleksej untersagte damals nicht nur den Russen, sondern ebenso allen Ausländern in der Rus', deutsche oder andere Gewohnheiten zu übernehmen. *„Wer sich unterstehe, das Haar zu schneiden und Kleider nach ausländischer Mode zu tragen oder wessen Leute in solcher Kleidung erschienen, der wird beim Großfürsten in Ungnade fallen und aus den oberen Diensträngen in untere versetzt."*[12]

Nur 25 Jahre später war alles umgekehrt. Im Januar 1700 befahl Peter I. reformentschlossen seinen Untertanen zunächst nur in Moskau, sich ungarisch anzuziehen. Dies war der erste Reformversuch, da ungarische

Straßenszene zur Zeit Peter I.
Passanten in traditioneller russischer Kleidung werden festgenommen und gezwungen, ihre Kleidung abzulegen. Zeitgenössische holländische Gravüre.

9 Tamara Korschunova: Das Kostüm in Rußland, 18. bis Anfang 20. Jh.. Ermitage, Leningrad, 1979, S. 4.

10 ebendort.

11 Martin Welke: Deutsche Zeitungsberichte über den Moskauer Staat im 17. Jahrhundert. In: Lew Kopelew: West-östliche Spiegelungen, Reihe A, Bd. 1, Russen und Rußland aus deutscher Sicht. 9.–17. Jahrhundert. München 1985, S. 284.

12 Tamara Korschunova: Das Kostüm in Rußland, s. Anmerkung 7, S. 4.

Gewänder der alten russischen Tracht ähnlich waren. Doch schon im August des gleichen Jahres verfügte er mit einem strengeren Ukas, daß alle Dienstränge mit Ausnahme der Geistlichkeit, der Fuhrleute und Bauern fortan ungarische und deutsche Kleidung, nicht aber russische zu tragen hätten. Nachdem bereits 1698 die Barttracht verboten worden war, wird 1700 erneut betont, daß Männer sich rasieren und die Haare schneiden müssen. Er selbst soll persönlich einigen Bojaren den Bart gestutzt haben. Ein Jahr später heißt es differenzierter, daß die Männer ein sächsisches oder französisches Obergewand anzulegen hätten und darunter Jacke, Hose, Stiefel und daß sie die Mütze nach deutscher Art tragen sollten.[13] Auch die Damen hatten keine freie Kleiderwahl: Ehefrauen und Töchter hatten vom 1. Januar des Jahres 1701 an ungarische und deutsche Kleider zu tragen.[14] Da es noch keine Modejournale gab, wurden an den Stadttoren Modepuppen aufgehängt, deren Kleider dem Publikum und vor allem den Schneidern als Vorbild zu dienen hatten.

Dieses Vorgehen war klar und energisch formuliert und hatte daher Erfolg. Von nun an setzte sich in Rußland die europäische Mode durch. Zunächst zögernd befolgt, wurde sie sehr bald als Zeichen des Fortschritts und der flexiblen Gesinnung vom gesamten Adel mit Überzeugung aufgenommen. Am Moskauer Hof selbst war die westliche Kleidung schon vor 1700 nicht nur von Diplomaten getragen worden. Gefertigt wurden diese Gewänder nicht allein von den Schneidern in der Nemeckaja Sloboda, sondern auch im Zeltlagerhaus des Kreml. Auf der Darstellung einer Theateraufführung des „Verlorenen Sohnes" in Moskau, 1685, ist deutlich zu erkennen, daß sowohl die Schauspieler auf der Bühne als auch das Publikum im Parkett europäische Gewänder tragen (Abb.).[15] Offenbar ist auch Peter I. schon 1697–1698 auf seiner großen Europa-Ambassade mit seiner gesamten Begleitung in westlicher Kleidung unterwegs gewesen. Mit seinem kleinen Schnauzbart und den natürlichen, halblangen Kopfhaaren, wie er immer wieder porträtiert worden ist, muß er im Westen Europas, wo zu dieser Zeit bei Herren die großen Perücken in Mode waren, sehr fremdländisch oder wie ein Relikt aus der Mitte des 17. Jahrhunderts gewirkt haben. Eine deutsche Zeitung erwähnt das unkonventionelle Auftreten des „Moscowitischen Czaars" aber hauptsächlich, weil er ein „originaires teutsches Habit" trug und niederdeutschholländisch reden konnte.[16] In der Fremde aufzufallen, das hat Peter I. offensichtlich nicht gestört. Wichtig war ihm die Hinwendung zum Westen, und am Ende seiner Regierungszeit, 1725, hatte sich die europäische Mode so, wie er es sich wünschte, durchgesetzt.

Die einfache Stadtbevölkerung der großen und der kleinen Städte hat aber die gewohnte Volkstracht nie ganz aufgegeben. Ja, die Kaufmannschaft, die sich schon immer als eigene und selbstbewußte Gesellschaftsklasse verstand, scheint sich nun als Gegenpol zur Europäisierung der Mode ganz bewußt für die Pflege der einheimischen Kleidung eingesetzt zu haben. Es ist auffallend, daß gleichzeitig mit der Verbreitung der westeuropäischen Kleidung in den Hauptstädten gerade in den Provinzstädten und in deren Umgebung besonders schöne und betont kost-

Theateraufführung der Komödie vom „Verlorenen Sohn", 1685.
Schauspieler und Publikum sind westlich gekleidet. Holzschnitt, um 1685 (nach Hartmut Rüß: Moskauer „Westler" und „Dissidenten". In: Hrsg. D. Herrmann: Deutsche und Deutschland aus russischer Sicht. 11.–17. Jh. München 1988, S. 210. Hrsg. Lew Kopelew: West-östliche Spiegelungen, Reihe B, Band 1.

13 «Полное собрание законов Российской Империи» (Vollständige Gesetzessammlung des russischen Reiches), Petersburg 1830, Bd. 4, Nr. 1741, nach Eckhard Hübner: Peter der Große: Auch Deutschland lag im Westen. In Lew Kopelew: West-östliche Spiegelungen, Reihe B, Bd. 2, S. 85.

14 ebendort, S. 5 und 6.

15 nach: West-östliche Spiegelungen, München 1988, Reihe B, Band 1, S. 210.

16 Freytägiger Extraordinari Friedens- und Kriegs-Curier (Nürnberg), Sommer-Quartal 1697, Nr. 2, S. 5, nach Emmy Moepps: Die Stieff-„Relation" des Jahres 1706. In Hrsg. Mechthild Keller: Russen und Rußland aus deutscher Sicht. 18. Jahrhundert: Aufklärung. West-östliche Spiegelungen, Reihe A, Bd. 2, München 1987, S. 63.

Details von russischen Festtrachten.
Oben Katalog-Nr. 123, unten Katalog-Nr. 124

bare Trachtengewänder nachzuweisen sind. Wie Beispiele der Ausstellung zeigen, sind sie aus den gleichen wertvollen Stoffen gearbeitet wie die westeuropäischen höfischen Gewänder (Kat.-Nr.123–128). Blütenreiche, bunte, schwere Seidengewebe sind der französischen Lyoneser Seide nachempfunden und stehen diesen in der Qualität nicht nach. Die Verzierung mit Gold- und Silberspitzen ist hier mitunter noch aufwendiger als in den großen Hauptstädten Europas, und sie übertreffen in der Wirkung die modischen Kleider der Zarin Katharina II. bei weitem. Nun bestand der Kleiderluxus des Petersburger Hofes vor allem in der Vielzahl der Gewänder, in denen man sich bewundern ließ. Aus den Memoiren Katharinas erfahren wir, daß sie sich als Großfürstin auf einem höfischen Empfang allein an einem Abend in mindestens zwei und auf einem Ball in drei Prunkgewändern gezeigt hat.[17] Das verlangte die Etikette. Und wenn man ihr für ihr Aussehen in einem besonders schönen Kleid ein ehrliches Kompliment gemacht hatte, dann hat sie gerade dieses Kleid nie wieder angezogen, um bei einem zweiten Mal darin nicht weniger gut zu gefallen. Ein solcher Stolz setzt einen gut gefüllten Kleiderschrank voraus. Wieviele Roben Katharina II. besessen hat, wissen wir nicht. Ihre Vorgängerin Elisabeth soll bei ihrem Tod 15000 Roben gehabt haben, und darüber hinaus sind ihr auf einer Reise nach Moskau allein 4000 verbrannt.[18] Kaiserin Elisabeth brauchte soviel, da sie kein Kleid mehr als einmal angezogen haben soll und jeden Tag zwei Kleider oder mehr getragen hat.[19] Die Garderobe der Hofdamen ist vermutlich nicht so umfangreich, wenn auch ähnlich prunkvoll gewesen. Grundsätzlich hatte die führende Oberschicht den notwendigen wirtschaftlichen Hintergrund für einen so großen Kleideraufwand, da Rußland gerade im 18. Jahrhundert wirtschaftlich aufblühte, industriell führend war und z. B. zu den ersten Stahllieferanten Europas zählte.

Kleidergesetze waren in den westeuropäischen Ländern seit dem späten Mittelalter üblich und sollten den finanziellen Aufwand regeln, wobei auch an die wirtschaftliche Stabilisierung der Handwerksbetriebe gedacht worden ist. Gezielte merkantile Überlegungen und nicht etwa verspielte Freude an Schönem waren für Katharina II. daher auch der Anlaß, dem Hofadel einen gewissen Kleiderluxus vorzuschreiben. Wertvolle Arbeitsplätze sollten hierdurch geschaffen werden. Getragen von der Sorge um die einheimischen Seidenwebereien, die endlich aufgebaut worden waren, gebot sie ihren Damen und Herren, an großen Festtagen Moskauer Brokat und an den übrigen Tagen Seidenstoffe jeder Art zu tragen.[20] Auch der Putz der Kleider wurde reglementiert, damit möglichst viele Handwerkszweige ein Einkommen bekamen. Da sie mit solchen Anordnungen natürlich auch die Sympathie ihres russischen Volkes gewinnen wollte, bevorzugte sie nach ihrer Thronbesteigung im Unterschied zu ihrer Vorgängerin Elisabeth nicht das Gewand nach Pariser Mode, sondern das russische Nationalkostüm. Dies ist wiederholt durch Schriftquellen belegt. Man sagt, bei besonderen Anlässen wie einem Friedensvertrag, Neujahrsempfängen, Hochzeiten u.ä. *„kamen die Damen (Hofdamen) zu allen Empfängen in russischen Gewändern"*, die Katharina für den Hof eingeführt hatte. Es heißt auch, daß *„sie selbst keine anderen*

17 Katharina II. in ihren Memoiren. Hrsg. Erich Boehme, Frankfurt a.M. 1972, S. 239.

18 ebendort (Katharina II., Anm. 17), S. 267.

19 ebendort, S. 97.

20 Tamara Korschunova: Das Kostüm in Rußland, a.a.O. S. 11.

Festroben besaß".[21] An Festtagen der verschiedenen Garderegimenter aber trug sie eigens angefertigte Kleider, die in Farbe und Dekor zur Uniform des entsprechenden Regiments paßten (Kat.-Nr. 120). Solche Gewänder wirken, an den Luxusgewändern ihrer Zeit gemessen, sehr schlicht, was Absicht war, um den Staatshaushalt nicht durch zu teure Uniformen unnötig zu belasten.

Wie luxuriös hingegen sich der Kaufmannsstand kleidete und wie hübsch im besonderen Kaufmannsfamilien beim Spazierenfahren angezogen waren, erfahren wir in der Reisebeschreibung der Schwestern Wilmot aus dem Anfang des 19. Jahrhunderts:[22] *„Die Gattinnen der Kaufleute sind besonders prächtig anzusehen. Sie tragen einen Kopfputz aus Perlen, mit Gold und Silber bestickte Musselin-Schleier oder ebenso bestickte Seidenschleier; ihre Umhänge aus goldfarbener Seide sind mit den kostbarsten Pelzen gefüttert, und sie machen mit ihren rot und weiß geschminkten Gesichtern einen überaus ansehnlichen und entzückenden Eindruck."* Gerade weil diese Kaufleute der Verwestlichung ihres Landes feindselig gegenüberstanden, haben sie einen gesteigerten Wert auf ihr russisches Aussehen gelegt. Dies war so gepflegt und malerisch, daß sie in St. Petersburg und in Moskau an Empfängen und Bällen in den Palästen der kaiserlichen Familie zu deren Namenstagen teilnehmen durften. Es ist sogar überliefert, daß Zar Paul als Großfürst vor den Kaufleuten in der alten Tracht grundsätzlich den Hut gezogen haben soll.[23]

Im Hofleben von St. Petersburg gab es eigene Kleiderfreuden, die uns heute ungewöhnlich erscheinen. Katharina schreibt in ihren Memoiren, daß es schon unter Elisabeth interne Empfänge gab, die den Damen sehr, den Herren aber weniger gefielen. Es waren Bälle mit vertauschten Rollen, d. h. die Damen trugen dann Herrenkleidung und die Herren Damengewänder.[24] Solche Kostümierungen wurden sehr oft wiederholt und waren nicht an die Karnevalszeit gebunden. Den Herren gefiel der Tausch mit den für sie sehr unbequemen Röcken wenig, und auch das Dekolleté wird bei ihnen nicht besonders reizvoll ausgesehen haben. Die Damen aber trugen sehr gerne die Herrenkleidung, was damals durchaus nicht unschicklich war. Katharina die Große schreibt, daß gerade Kaiserin Elisabeth auf diesen Bällen möglichst oft als Herr angezogen ging, da sie auf diese Weise ihre schönen Beine zeigen konnte. Auch werden sich die Damen, von den Reifröcken befreit, in den leichten Justaucorps sehr wohlgefühlt haben. Von Katharina erfahren wir auch, daß sie, wie Elisabeth, möglichst nur im Herrenanzug zur Jagd geritten ist. Ihr Justaucorps mußte zu diesem Zweck aus empfindlicher Seide gearbeitet sein, die bei Regenwetter besonders gelitten hat. Nur dieser Umstand war zu tadeln, nicht der Kostümtausch, der im gesellschaftlichen Verwirrspiel des 18. Jahrhunderts offensichtlich alltäglich gewesen ist.

Widersprüchliche Kleiderverordnungen, wie sie im 17. Jahrhundert so oft nachzuweisen sind, gab es im 18. Jahrhundert nicht. Die gesamteuropäische Orientierung hatte sich durchgesetzt, und alle waren damit zufrieden. Erst im 19. Jahrhundert, in der Zeit der Romantik und der damit verbun-

Zarin Elisabeth I. als Reiterin im Herrenkostüm. Georg Christian Grooth, 1743, Öl auf Leinwand, 87,3 x 71,7 cm, Staatl. Historisches Museum, Moskau.

21 Tamara Korschunova: Das Kostüm in Rußland, a.a.O. S. 11.

22 Herausgeber Marchioness von Londonderry und H. M. Hyde: The Russian Journals of Martha and Catherine Wilmot. London 1934, zitiert von Isabel de Madariaga: Katharina die Große. Ein Zeitgemälde. Berlin 1993, S. 278.

23 Isabel de Madariaga: Katharina die Große. Ein Zeitgemälde. Berlin 1993, S. 281.

24 Katharina II. in ihren Memoiren. Hrsg. Erich Boehme, Frankfurt a.M. 1972, S. 93 und 234.

denen Rückbesinnung auf die alte Kultur, bekam die russische Nationaltracht wieder gesellschaftliches Gewicht. Nicht, daß die Damen sich nun trachtenmäßig angezogen hätten, sie fanden es aber für die Erziehung ihrer Kinder von Vorteil, wenn deren Ammen für volksnahe Empfindungen sorgten und, als wahre Russinnen gekleidet, die Babys in die Arme nahmen. Diese Ammen, die damals als Njanja möglichst bis zu ihrem Tode das Leben ihrer Zöglinge begleitet haben, sollten als Märchenerzählerin und Lehrmeisterin von Volks- und Kinderliedern das passende Aussehen haben. Den Beweis liefern mehrere Porträts, auf denen Kinder mit ihrer Amme dargestellt sind.

Der sentimentale Einsatz des Nationalkostüms wurde durch die sich verstärkenden Stimmen der Slawophilen unterstützt. Trotz des zunehmenden Patriotismus im 19. Jahrhundert konnte die allgemeine Kleidermode nicht mehr von der europäischen Entwicklung abgekoppelt werden. Der Petersburger Hof bemühte sich jedoch deutlich zu machen, daß in Rußland noch eigene Gesetze herrschten, und daß man hier vielleicht ausgeprägter als anderswo eine lokale Tradition hatte. Dies führte 1834 zu einer Kleidervorschrift, die für Hofempfänge Galaroben in russischem Stil vorschrieb. (Kat.-Nr. 459, 460). Sie behielt bis 1917 ihre Gültigkeit. Festgelegt waren der Schnitt, die Stoffart, die Farben und das Ornament der Stickereien. Es ist eine dreiteilige Robe (Oberteil, Rock, Schleppe), die wie ein vorne weit geöffnetes Kleid aus Samt wirkt, unter dem ein weißes, vorn durchgeknöpftes Atlaskleid zu sehen ist. Das Oberkleid hat, von der Taille ausgehend, eine lange Schleppe und in die Armkugeln sind lange Hängeärmel in Falten gelegt eingesetzt. Obwohl diese Ärmel den „Elefantenohrärmeln" der Mode von 1830–1832 entsprechen, sah man in ihnen den Rückgriff auf typische Ärmel der russischen Volkstracht. Die senkrechten Knopfleisten aber entsprachen genau dem Vorbild bestimmter Sarafane. Mit geringen Abweichungen paßten sich diese Gewänder der jeweiligen Mode an. Die Farbe des Samtes, die Ausstattung mit Gold- oder Silberstickerei und die Länge der Schleppe richteten sich bei diesen Roben nach dem Stand der Trägerin. Staatsdamen (Hofdamen) und Kammerfräulein (die „frejlin") trugen Grün mit Gold. Die Hofdamen der Zarin und der Großfürstinnen hatten dunkelblaue, rote und auch andersfarbige Kleider mit Gold- und Silberstickerei. Die Stickereien wiederum entsprachen dem Schmuck der Galauniformen der Hofbeamten. Damen aber, die keinen Hofrang besaßen, mußten bei Festempfängen im gleichen Modell erscheinen, das jedoch aus anderem Stoff gearbeitet und mit anderem Putz ausgestattet sein mußte. Die Kammerfräulein der Zarin waren zusätzlich durch eine hellblaue Schleife dicht unter der linken Schulter ausgezeichnet, an der die Initialen der Kaiserin aus Brillanten befestigt waren (Kat.-Nr. 471), die Hofdamen trugen stattdessen das Portrait der Zarin in brillantenbesetztem Rahmen[25] (Kat.-Nr. 67). Diese Erkennungsmerkmale sind am Petersburger Hof jedoch schon im 18. Jahrhundert bekannt. Die letzten Zarentöchter tragen diese Hofkleidung in Weiß. Ihre Fotos belegen, daß es für sie offensichtlich eine besondere Regelung gegeben hat. Obwohl die Vorschrift der russischen Gewänder angeblich zum Eindämmen des Luxus gedacht war, bestach die weibliche

25 Ausstellungskatalog in russischer Sprache: Nikolaj i Aleksandra. Gosudarstvennyj Ermitash. Sankt-Peterburg 1994, S. 43.

Hofkleidung durch ihre große Pracht. Das gesellschaftliche Bild wurde natürlich erst durch die Herrenbekleidung abgerundet, die wegen der dominierenden Uniformen mit ihren reichen Goldstickereien der oberen Würdenträger ein nicht weniger farbenfrohes Bild bot. Der unscheinbare grau-schwarze Herrenanzug des Westens hat auf St. Petersburger Hoffesten nicht dominiert.

Weitere Unterschiede in der Mode Rußlands im Verhältnis zum Westen sind nicht auffallend. Sie beschränken sich auf Details, die im Arbeitsmaterial zu suchen sind. So zeigt das Krinolinenkleid als Material für die reich mit Rosen dekorierten Volants (Kat.-Nr. 393) einen in Moskau gewebten Stoff, der die Ornamentierung dieses Modells erst möglich macht. Die Eleganz der Gewänder aus russischen Werkstätten war nicht geringer als die in Paris. Natürlich gab es, wie überall, Qualitätsunterschiede, aber die Gesellschaft am Zarenhof hatte alle finanziellen Möglichkeiten, für sich die besten Werkstätten mit großem Aufwand arbeiten zu lassen.

T. Aleschina

Modische Gewänder des 18. – 20. Jahrhunderts
im Staatlichen Historischen Museum Moskau

Das Museum besitzt ungefähr 10 000 Gewänder aus dem 18.–20. Jahrhundert, die von russischen Städtern getragen worden sind. Es sind Bekleidungsstücke von Damen, Herren und Kindern. Dazu zählen Oberbekleidung, Wäsche und unterschiedliche Accessoires, wie Kopfbedeckungen, Kämme, Spazierstöcke, Schirme, Fächer, Handschuhe, Schuhe und Taschen. Dies alles wurde im Laufe eines Jahrhunderts zusammengetragen. Dazu gehören Objekte bekannter Sammler, wie P. I. Schtschukin (П. И. Щукин) und A. P. Bachruschin (А. П. Бахрушин). Seit den 20er Jahren kamen Ankäufe, Expeditionsfunde und Stiftungen hinzu.

Zur städtischen Kleidung zählen Gewänder der hohen Aristokratie, des Landadels, der Kaufleute, des Klerus, der Beamten, der einfachen Bevölkerung und selbst der Fabrikarbeiter. Hier ist auch der Einfluß der russischen, traditionellen Tracht selbst an den Gewändern zu spüren, deren Vorbild die westeuropäische Mode gewesen ist. Solche Beispiele der Synthese von europäischer und russischer Kleidung sind das Besondere der Sammlung des Historischen Museums in Moskau, wodurch sie sich von den Kleidersammlungen der Ermitage und der Rüstkammer im Kreml unterscheidet. Der Grund liegt darin, daß die Bevölkerung Moskaus mehr als anderswo der russischen Tradition treu geblieben ist.

Aber nur an den qualitätvollen Beispielen läßt sich die Entwicklung der städtischen Kleidung wie auch ihre Beeinflussung durch die Kunst und die allgemeine Mode gut erkennen. Gerade an ihnen wird das Können der vielen Handwerker, die sie geschaffen haben, deutlich. Dazu gehören Weber, Schneider, Modistinnen, Stickerinnen, Spitzenklöpplerinnen, Weißnäherinnen, Schuhmacher u. a. Diese Kleidungsstücke des Zarenhauses, des russischen Adels und der russischen Bourgeoisie verdeutlichen den Geschmack und das handwerkliche Können derer, die sie geschaffen haben, deren Namen aber im Dunkeln geblieben sind.

Bei der Zusammenstellung der Exponate wurde darauf geachtet, daß Gewänder aufgenommen wurden, die bekannte Helden der russischen Literatur hätten getragen haben können. So könnten z. B. die Damenkleider aus leichten durchscheinenden Stoffen mit schönen Stickereien, die durch unbekannte leibeigene Künstlerinnen im 1. Drittels des 19. Jahrhunderts ausgeführt worden sind, sowohl von Natascha Rostova – Tolstojs Heldin in „Krieg und Frieden", als auch von Tatjana Larina, der umschwärmten Heldin in Puschkins „Eugen Onegin" getragen worden sein. Und der strenge Frack aus braunem Tuch mit dem breitkrempigen Zylinder „Bolivar" («боливар») aus Strohgeflecht könnte Bestandteil sowohl der Garderobe von A. S. Puschkin selbst, als auch seines Helden Eugen Onegin gewesen sein. Die leuchtend gemusterten Kleider mit den üppigen Röcken über Krinolinen hingegen könnten sehr effektvoll die stattlichen Moskauer Kaufmannsfrauen, die Heldinnen der Bühnenstücke von A. N. Ostrovskij geschmückt haben. Und die Heldinnen aus den Werken von Blok wie auch die Damen der Halbwelt (инфернальные женщины «серебряного века») des „silbernen Jahrhunderts" sind in der Mode des Jugendstils denkbar.

Die russische Hocharistokratie ist in der Ausstellung durch die Gewänder der Imperatoren Peter I., Peter II. und Katharina II. vertreten; sehr interessant ist die herrliche Abendtoilette aus weißem, gemustertem Atlas – „Dame", die in der Werkstatt einer bekannten Pariser Firma kreiert wurde und die nach der Überlieferung der russischen Zarin Maria Fedorovna, der Gattin des Zaren Alexander III., gehört hat.

Die Accessoires aus den kostbarsten Materialien sind alle von bester Qualität und haben ein hohes künstlerisches Niveau. So könnten z. B. die auf der Ausstellung gezeigten Fächer von Schülern oder Nachfahren bekannter französischer Rokoko-Künstler gefertigt worden sein. Speziell für die Bespannung von Schirmen wurden effektvolle, schwarze Spitzen in der Art der Chantillyspitzen hergestellt.

Die für die Ausstellung ausgewählten festlichen Damenschuhe stammen aus bekannten Werkstätten: von Dimitrij Carman in Moskau, von L. Nemchinskij in Warschau und von A. Naide in Wien.

Die gezeigten Ausstellungsstücke zeichnen sich durch Üppigkeit und Vielfalt der Formen aus, welche die stilistischen Besonderheiten der Epoche widerspiegeln. Sie haben ein hohes künstlerisches Niveau, was sie zu einer wertvollen Quelle der Forschung in ihren vielseitigen Erscheinungsformen macht.

Beate Müller

Im Auftrag der Zaren
Deutsche Künstler in Rußland

„Bau- und Maurermeister habe ich von Nöthen, weil ich ohne die Welt zusammen zu mauern ein ganzes Reich zu bemauern habe"[1], so beschreibt die Zarin Katharina die Große am 2. April 1782 in einem Brief an Baron Friedrich Melchior Freiherr von Grimm ihre umfangreichen Baupläne in St. Petersburg.

Ein Jahr später, am 20. Juli 1783, nimmt Grimm die Gelegenheit wahr, der Zarin einen Kunsttischler ganz besonderer Art für die Ausstattung ihrer neuen Räumlichkeiten zu empfehlen: „Gerade jetzt nimmt ein einzigartiger Mann den Weg nach Petersburg. Es ist Herr Roentgen, berühmter Herrnhuter und ohne Zweifel der erste Kunstschreiner-Mechaniker des Jahrhunderts. Welch eine Attraktion: Die bedeutendsten Köpfe ziehen sich gegenseitig an, und da Eure Majestät nicht nach Neuwied am Rhein gehen können, wird sich der große Roentgen nach Petersburg an der Newa begeben."[2]

Mit diesem Schreiben kündigt Grimm den Besuch David Roentgens an, einer der berühmtesten deutschen Kunsttischler des 18. Jahrhunderts. Die Antwort Katharinas II. ist, gemessen an den emphatischen Worten Grimms, eher kurz und bündig: „Der Herrnhuter Kunstschreiner-Mechaniker wird willkommen sein, da wir mehr denn je bauen."[3]

David Roentgen ist nur einer der vielen Künstler aus Westeuropa und besonders aus Deutschland, die im Auftrag des russischen Zarenhofes gearbeitet haben. Selten lassen sich heute die Umstände dieser Auftragsarbeiten zurückverfolgen, da sich in den meisten Fällen nur die Namen der Künstler und kaum Dokumente oder andere Hinweise überliefert haben. Ganz im Gegensatz dazu ist der Handel David Roentgens mit dem russischen Zarenhof so detailliert überliefert, daß es anhand dieses Beispiels gelingt, einen lebendigen Einblick in die Arbeit eines Künstlers zu erhalten, der im Auftrag der Zaren gearbeitet hat.[4] Als nahezu einmalige Konstellation stellt sich dabei dar, daß nicht nur die Geschäftsunterlagen aus den Werkstätten David Roentgens erhalten sind, sondern auch die Korrespondenz Katharinas II. mit dem deutschen Schriftsteller Baron von Grimm, der die Zarin aus Paris laufend über Kunst und Kultur in Westeuropa unterrichtete.[5] Dadurch, daß selbst die Reaktionen der Auftraggeberin überliefert sind, werden auch die Hintergründe dieser Geschichte deutlich.

Nachdem David Roentgen für den französischen und den preußischen Hof gearbeitet hatte, suchte er Ende des 18. Jahrhunderts nach neuen Auftraggebern für seine aufwendigen und kostbaren Möbel. Der große Reichtum wies den Zarenhof als möglichen Auftraggeber aus. Es ist sehr wahrscheinlich, daß Roentgen Baron von Grimm um eine Empfehlung

1 Zitat entnommen aus: Claus Scharf: Deutschlandbild und Deutschlandpolitik Katharinas II., in: Lew Kopelew: West-östliche Spiegelungen, München 1992, Deutsche und Deutschland aus russischer Sicht – 18. Jahrhundert. Reihe B, Bd. 2, S. 296.

2 Zitat entnommen aus: Josef Maria Greber: Abraham und David Roentgen, Möbel für Europa. Starnberg 1980, Bd. 1, S. 121.

3 ebendort S. 195.

4 siehe dazu die Quellenangaben in: Dietrich Fabian: Abraham und David Roentgen, Das noch aufgefundene Gesamtwerk ihrer Möbel- und Uhrenkunst in Verbindung mit der Uhrmacherfamilie Kinzing in Neuwied. Bad Neustadt 1996, S. 361–370.

5 1878 wird seine Korrespondenz mit Katharina veröffentlicht.

an seine Briefpartnerin Katharina II. gebeten hat, da Grimm Möbel des deutschen Ebenisten zu einem relativ günstigen Preis erhalten hatte und ihm daher einen Gefallen schuldig zu sein schien.[6]

Es spricht für das Selbstbewußtsein des Neuwieder Kunsttischlers und auch für sein Vertrauen in sein meisterliches Können, daß er die abenteuerliche und gefährliche Reise in die weit entfernte Stadt an der Newa antrat, ohne die Antwort der Zarin abzuwarten. Der Erfolg seiner Audienz bei Katharina II. war größer, als Roentgen vielleicht erwartet haben mag. Er konnte fast alle seine mitgeführten Möbelstücke verkaufen.

Besonders begeistert war die Zarin von einem Meisterstück, dem Apollo-Schreibtisch mit einer ausgefeilten Musik-Mechanik. Schon Grimm hatte diesen Sekretär als ein exorbitantes Möbel angekündigt, das Roentgen „ausdrücklich für diesen Zweck gemacht hat."[7] Roentgen verlangte für diesen Prunkschreibtisch die Summe von 20 000 Rubel. Die Begeisterung der Zarin läßt sich daran ermessen, daß sie, trotz des hohen Preises, Roentgen weitere 5000 Rubel und eine goldene Tabatière überreichte. Der Zeitgenosse Heinrich Friedrich Storch stellte 1794 die Vermutung an,[8] Katharina II. habe den Preis des Sekretärs nur als Entgelt für die Arbeitsleistung gedacht und daher das besondere Talent des Ebenisten mit einem zusätzlichen Obolus, immerhin einem Viertel des Kaufpreises, bedenken wollen.[9]

Bereits vier Monate nach seinem ersten Besuch reiste David Roentgen wiederum nach St. Petersburg. Dieses Mal kam er ohne Einladung, aber auch ohne seine Reise anzukündigen. Abermals gelang es ihm, am Zarenhof vorgelassen zu werden und Katharina II. zahlreiche der mitgebrachten Möbel zu verkaufen. Inzwischen gehörten nicht nur die Zarin, sondern auch die Großfürstin Marija Fedorovna, Gemahlin Pauls I., zu seinen Kunden, die die Möbel David Roentgens schon am Hof ihres Vaters in Baden-Baden bewundert hatte. Darüber hinaus hatte Roentgen nachweislich auch Verbindungen zu Fürst Golicyn und Graf Schuvalov.[10]

Die Geschäfte Roentgens liefen so erfolgreich, daß es scheint, als habe er zeitweilig den Sitz seiner Manufaktur an den russischen Hof verlegt. Mehr als einmal blieb er nicht nur für die Zeit des Verkaufs, sondern für mehrere Monate in St. Petersburg und wurde bei diesen Reisen von seiner Frau begleitet. 1787–1788 nahm er einen Gesellen mit nach Rußland, der die anstehenden Reparaturen an den fragilen Möbeln ausführte. Von St. Petersburg leitete er Aufträge zu seinen Werkstätten in Neuwied weiter, und so traf 1786 die vierte und mit 130 Einzelstücken größte Lieferung im fernen Rußland ein. Da über diese Aufträge nicht nur ein Vertrag mit dem Kabinett des Petersburger Hofes geschlossen wurde, sondern auch eine exakte Lieferliste erhalten ist, haben wir heute noch genaue Anhaltspunkte zur Identifikation der Stücke und Nachweise über die Preisgestaltung und die Lieferbedingungen in der damaligen Zeit. So mußte bei einer Gesamtsumme von 56 085 Rubel noch einmal ein Drittel des Preises für Zoll, Versicherung und Transport aufgeschlagen werden. Trotzdem hatte Roentgen hin und wieder Schwierigkeiten mit den Zollbe-

6 Greber, Anm. 2, S. 121.

7 ebendort.

8 Zitat von Heinrich Storch entnommen aus Fabian, Anm. 4, S. 375-376.

9 Noch anderthalb Jahrhunderte später ließ sich der Architekt Adolf Loos zu der bewundernden Bemerkung hinreißen, daß Roentgen „(...) der großen Katharina II. einen Schreibtisch für 20 000 Taler verkauft hatte, den sie so exorbitant billig fand, daß sie den Kaufpreis erhöhte (...)", Zitat entnommen aus: Hans Huth: Abraham und David Roentgen und ihre Neuwieder Möbelwerkstatt. München 1974, S. 3-4.

10 Huth, Anm. 9, S. 22.

David Roentgen im Kabinett des Zarenhofes, Schattenriß von J. F. Anthing.

11 Trotz seiner ausgezeichneten Geschäfte in Rußland ist Roentgen nicht sehr beliebt am russischen Hof. Aus Sicht seiner Stellung als Kunsthandwerker im Auftrag des Hofes der allmächtigen Zarin erscheint es ungewöhnlich, daß Roentgen als gläubiger Herrnhuter wiederholt versucht hat, die große Katharina und wohl auch andere Mitglieder des Zarenhofes mit seinen religiösen Ansichten zu bekehren. Bereits bei seinem Antrittsbesuch hat Roentgen, einem Brief Katharinas an Grimm gemäß, „(...) wohl auch Lust gehabt, in der Ermitage zu herrnhutisieren". Trotz der Begeisterung für seine faszinierenden Möbel wird der Eindruck Katharinas von Roentgen dadurch von Beginn an belastet. Da Roentgen wohl wußte, daß Katharina seine Bekehrungsversuche nicht schätzte, bat er 1785 den Grafen von Romancev aus Frankreich um ein Empfehlungsschreiben an den deutschen Grafen von Ostermann, Privatberater, Vizekanzler und Senator im Dienste Katharinas, um auf diese Weise die Gunst der Zarin zurück zu erlangen. Allerdings ist ungewiß, ob der Brief tatsächlich abgeschickt wurde. Nicht zuletzt aufgrund der Geschäfte mit dem Zarenhof gerät Roentgen in Konflikt mit seiner Glaubensüberzeugung. Geschäftstüchtigkeit ließ sich nicht mit den Glaubensvorschriften der Herrnhuter verbinden. Im Juni 1791 gelingt ihm die Wiederaufnahme in die Herrnhuter Gemeinde, die zur Bedingung für seine Rückkehr gefordert hatte, daß „er von seiner Verbindung mit dem russischen Hofe und überhaupt von der Neigung zu großen Unternehmungen frey sein (...)" sollte. Siehe dazu die Quellen in: Fabian, Anm. 4, S. 368.

12 Huth, Anm. 9, S. 24.

13 Tatjana Sokolova: Die Marketerie in Rußland, in: Helmut Flade: Intarsia, Europäische Einlegekunst aus 6 Jahrhunderten. München 1986, S. 294–326, hier S. 294.

hörden, und es ist bewundernswert, daß er sein kostbares Gut unversehrt über die unwegbaren und unsicheren Straßen ans Ziel gebracht hat.

Ein zeitgenössischer Schattenriß des deutschen Silhouetteurs Johann Friedrich Anthing, der 1784–1786 und ab 1791 in St. Petersburg gelebt hat, zeigt David Roentgen im Kabinett des Zarenhofes bei einer geschäftlichen Absprache. In der Bildmitte dieser Darstellung steht Roentgen, nach französischer Mode gekleidet, vor dem Geheimsekretär Strekalov als Leiter des Kabinetts, der ebenso höfisch gewandet ist wie der am Schreibtisch sitzende Kabinettjustitiar Stephan Fedorovitsch. Hinter dem Schreibtisch erscheint ein Werkmeister aus der Neuwieder Manufaktur in seiner rheinischen Schreinertracht. Von rechts bringt ein bärtiger Kosake mit langer gegürteter Tscherkeska und gespornten Stiefeln ein Tablett mit Gläsern.

Als David Roentgen Anfang 1790 Katharina II. erneut einen Schreibtisch anbot, lehnte sie ab. Durch diese Niederlage stark getroffen, kehrte Roentgen nach Neuwied zurück.[11] Es gibt Vermutungen darüber, daß David Roentgen kein Erfolg mehr am Zarenhof beschieden war, weil der damalige Hoflieferant Christian Meyer die Möbel Roentgens ausgezeichnet zu kopieren verstand und sie dem Zarenhof viel kostengünstiger anbieten konnte.[12] Christian Meyer (um 1750 bis nach 1800) war ein in Rußland geborener Künstler deutscher Abstammung, der möglicherweise auch für David Roentgen gearbeitet hat. Meyer unterrichtete von 1782 bis 1784 die beiden ältesten Enkel Katharinas II., die Großfürsten Alexander I. und Konstantin, im Schreinerhandwerk und war von 1780 bis 1800 Hoflieferant am russischen Hof, also auch während der Rußlandreisen Roentgens. Als ‚Epigone' des Neuwieder Ebenisten schien es ihm gelungen zu sein, seinen Konkurrenten Roentgen am Zarenhof zu verdrängen.

Inwieweit die Kunst des Intarsierens, in der Art der meisterhaften Ausführung durch David Roentgen, Anteil an der Ausbreitung dieser westeuropäischen Technik bei den russischen Tischlern hatte, läßt sich nur vermuten. Da diese Technik bereits im 17. Jahrhundert durch die Einfuhr ausländischer Möbel über Archangelsk in Rußland bekannt gewesen sein könnte, und es darüber hinaus möglicherweise schon Anfang des 18. Jahrhunderts intarsierte Möbel russischer Tischler gegeben hat,[13] haben die Möbel Roentgens eher eine verstärkende Wirkung gehabt. Sicher konnten sich die raffinierten Techniken und die Ästhetik der Möbelstücke Roentgens, die der Mehrheit der Petersburger Tischler nicht zugänglich waren, über die Rezeption durch den deutschstämmigen Ebenisten Christian Meyer oder später Heinrich Gambs in St. Petersburg verbreiten, da die leibeigenen, russischen Tischler von ihren Herren vorwiegend zu den ausländischen Kunsttischlern in die Lehre nach St. Petersburg und Moskau geschickt wurden.

Die Ausstellung zeigt einen Kartentisch mit Intarsien (Kat.-Nr. 89) von Matvej Jakovlevitsch Veretennikov von 1797, der als leibeigener Tischler des Grafen A. V. Saltykov in St. Petersburg seine Ausbildung erhalten hat.

Katalog-Nr. 89
Ausschnitt aus einem intarsierten Spieltisch von Matwej Jakovlevitsch Veretennikov, 1797.

Da sich aufgrund des unfreien Status der Leibeigenen höchst selten die Signaturen und Datierungen der Möbelstücke der russischen Tischler erhalten haben, ist es ein Glücksfall, daß dieser Spieltisch, ebenso wie sein Pendant, eine mit Brenntechnik ausgeführte Inschrift trägt, die einerseits das Entstehungsjahr 1797 und andererseits den Namen des Künstlers und des Auftraggebers nennt. Die sorgfältig ausgeführten Möbelstücke Veretennikovs bezeugen die noch lebendige Intarsienmode des ausgehenden 18. Jahrhunderts in Rußland, wie sie die Zarin und der Adel an den Meisterwerken David Roentgens zu schätzen gelernt hatten.

Schon lange vor dem Handel Roentgens mit Katharina II. standen Künstler aus aller Welt im Auftrag des Zarenhofes. Seit den Anfängen der Geschichte Rußlands haben die Großfürsten und Zaren immer wieder eine Öffnung zu fremden Kulturen gesucht. Den Chroniken zufolge wurden bereits Ende des 12. Jahrhunderts unter Andrej Bogoljubskij, dem Fürst von Novgorod, Künstler „aus allen Teilen der Erde"[14] angeworben.

Katalog-Nr. 89
Inschrift des Spieltisches mit Namensnennung von Veretennikov und dem Datum „1797" sowie dem Namen des Auftraggebers.

14 Tamara Talbot-Rice: Die Kunst Rußlands. Zürich 1965, S. 30.

Nachdem 1453 Konstantinopel von den Türken eingenommen und das byzantinische Reich endgültig besiegt wurde, regierte in Moskau Ivan III., der 1472 die Nichte des letzten Kaisers von Byzanz heiratete. Moskau sollte als das dritte Rom die Nachfolge Konstantinopels antreten, und damit wurde auch die byzantinische Kunst zum bestimmenden und einflußnehmenden Vorbild für die russische Kultur.

Ivan III. machte aber nicht nur den Einfluß aus Byzanz geltend, sondern versuchte gleichzeitig auch westliche Künstler nach Moskau zu ziehen. Dabei wurden diese Künstler hauptsächlich ihres fachlichen Könnens wegen nach Rußland berufen, wie die Baugeschichte der Mariä-Entschlafens-Kirche im Kreml verdeutlicht. Diese Kirche wurde 1472 von den russischen Baumeistern Krivcov und Myschkin gebaut. Jedoch zwei Jahre später stürzte sie bei einem Erdbeben aufgrund mangelhafter Bautechnik ein, so daß der Zar seinen Botschafter Semjon Tolbusin nach Italien schickte, um einen erfahrenen Architekten zu werben. Tolbusin kehrte mit dem Bologneser Baumeister Rodolfo Fioravanti nach Moskau zurück, dessen Ingenieurwissen und technische Fähigkeiten für seine Wahl ausschlaggebend gewesen sind.[15]

Die Anweisungen des Zaren Ivan III., die er bei der Suche nach Fachleuten, Handwerkern und Künstlern seinen Gesandten an die Hand gab, waren detailliert formuliert. Der Auftrag Ivans III. an seinen Gesandten Georg Trachaniot, in den Akten Jurij Grek, von 1486 enthält genaue Angaben über das Können und die Fähigkeiten, die die Meister zu erfüllen hatten: „Von dem, was davon übrigbleibt, soll er einen kunstfertigen Meister besorgen, der eine Stadtbefestigung anlegen, und einen weiteren, der mit Kanonen schießen kann, außerdem einen fähigen Baumeister, der Paläste zu bauen vermag, sowie einen geschickten Silberschmied, der sich auf die Anfertigung großer Gefäße und Pokale versteht und sie ziselieren und beschriften kann (…)."[16]

Diese Quelle zeigt weiterhin, daß die Gesandten autorisiert waren, mit den Künstlern über die Auftragskonditionen zu verhandeln: „Wenn Jurij diese Meister gefunden hat, soll er sie fragen, welche weiteren Fachkräfte sie dafür noch benötigen, die soll er auch mitnehmen. Auch soll Jurij vereinbaren, daß sie in die Dienste des Großfürsten treten und wieviel Lohn sie im Monat alles in allem brauchen."[17]

Mit Gründung der Rüstkammer unter Ivan dem Schrecklichen, die 1537 in der sog. „Kurzen Chronik" erstmals erwähnt wird, wurden die kunsthandwerklichen Werkstätten des Kreml, die die Aufträge des Zarenhofes ausführten, zum Kunstzentrum des Moskauer Staates. Unter der Leitung des Bojaren Bogda Matvejevitsch Chitrovo von 1655–1680 kamen die bedeutendsten russischen Meister nach Moskau, die der Rüstkammer durch die besondere Qualität ihrer Arbeiten zur kulturellen Blüte verhalfen. Aber auch ausländische Künstler sind bereits im 17. Jahrhundert in den Werkstätten des Kreml nachweisbar.[18] Der Zar selbst behielt sich die Qualitätskontrolle der entstandenen Kunstobjekte vor und entschied über den Verbleib der nach Moskau eingeladenen ausländischen Künstler.

15 M. Allenov, N. Dimitrijeva, O. Medevedkova: Russische Kunst. Freiburg, Basel, Wien 1992, S. 34–35.

16 Barbara Conrad-Lütt: Hochachtung und Mißtrauen, Aus den Berichten der Diplomaten des Moskauer Staates, in: Lew Kopelew: West-östliche Spiegelungen, München 1992, Deutsche und Deutschland aus russischer Sicht; 9.–17. Jahrhundert. Reihe B, Bd. 1, S. 149–178, hier S. 164.

17 ebendort.

18 V. B. Cubinskaja: Kultur und Kunst in Rußland am Vorabend der Petrinischen Reformen, in: Schätze aus dem Kreml, Peter der Große in Westeuropa. Bremen 1991, S. 46–59, hier S. 54.

Genügte ihr Können nicht seinen Ansprüchen, so schickte er sie in ihr Heimatland zurück.

In der Wende zum 18. Jahrhundert wurde mit Peter I. und seinen Plänen zur Modernisierung Rußlands die westeuropäische Kunst zum Vorbild für die russische Kultur. Der Zar wollte die, seiner Meinung nach, rückschrittliche Kultur Rußlands an die Entwicklung in Westeuropa anschließen und benötigte daher, mehr noch als seine Vorgänger, Künstler und Fachleute aus allen Ländern, die bei der „Europäisierung Rußlands"[19] mitarbeiten sollten.

Als Peter I. 1698 von der großen Ambassade zurückkehrte, hatte er nicht nur eine Fülle von Kontakten geschlossen, sondern, laut einer Inventarliste, die das mitgebrachte Material, aber auch die Zahl der rekrutierten Fachleute angibt, 626 Holländer und 57 Engländer angeworben,[20] die bereit waren, seine Idee eines neuen Staates verwirklichen zu helfen. Weiterhin sandte Peter I. wie schon seine Vorgänger Diplomaten und Vertraute als Agenten ins Ausland, um junge Talente anzuwerben.

1703 gründete Peter I. die Stadt St. Petersburg, die als Tor nach Europa seine Politik der Öffnung nach Westen manifestieren sollte. Nachdem das Sumpfgebiet unter schwierigsten Umständen in eine bebaubare Grundlage verwandelt worden war, berief der Zar Handwerker und Künstler, die eine Stadt nach westeuropäischem Vorbild, sein ‚Paradies', verwirklichen sollten. St. Petersburg wurde das neue kulturelle Zentrum des russischen Imperiums. Über 200 Jahre blieb der Zarenhof der Anziehungspunkt zahlreicher ausländischer Künstler. 1713 wurde der Bildhauer und Architekt Andreas Schlüter (um 1660–1714), der Hauptmeister des norddeutschen Barocks, durch den Minister und Generalfeldzeugmeister Jacob Bruce nach St. Petersburg geholt. Bis zu seinem Tod 1714 entwarf Schlüter die Innenausstattung des Sommerpalais sowie die Pläne für den zweiten Bau des Winterpalais und die ‚Kunstkammer', die später in die Entwürfe von Mattarnovi übernommen wurden.

Doch Peter der Große ließ nicht nur Architekten, sondern vor allem Maler und Zeichner nach St. Petersburg kommen, da sich auch die russische bildende Kunst dem westlichen Vorbild anpassen sollte. So wurde die Gattung des weltlichen Porträts in der russischen Kunst, der sogenannten Parsuna, nach dem lateinischen Wortsinn ‚persona', durch die abendländische Malerei entscheidend beeinflußt. Die Entstehung des profanen Porträts begann in Rußland mit den Bildnisdarstellungen auf Grabsteinen und den mittelalterlichen Stifterbildnissen, die mit der byzantinischen Tradition verwurzelt sind. Eine weitere Zwischenstufe bildeten die ikonenhaften Porträts der Zaren, wie z. B. das Porträt von Boris Godunov (Kat.-Nr. 1) oder das Porträt des Zaren Alexeij (Kat.-Nr. 2), bis sich mit dem Ende des 17. Jahrhunderts das Repräsentationsporträt entwickelte, das zum neuen Ausdruck des aristokratischen Lebensstils wurde.

Interessant ist, daß die nun entstandenen Zarenporträts nach dem neuen westlichen Vorbild den Rang einer Ikone zu tragen schienen. Ausgewählte Bildnisse wurden zum Kopieren autorisiert, so daß die Nachschöpfungen

Holzschnitt mit den Darstellungen zweier Berufe, die unter Zar Peter dem Großen in Rußland Bedeutung bekamen: Der Porträtmaler und der Friseur. „Brjusovskij"kalendar' 1709.

19 Günther Stökl: Russische Geschichte. Stuttgart 1962, S. 330.

20 A. K. Levykin: Rußland am Ende des 17. Jhs., in: Schätze aus dem Kreml, Peter der Große in Westeuropa. Bremen 1991, S. 37–44, hier S. 44.

nicht als minderwertige Zweitausfertigungen galten, sondern nach dem Willen der Zaren verbreitet wurden.[21]

Der erste Maler, der bereits 1643 nachweislich als Lehrer für europäische Malerei im Amt eines Hofmalers in Moskau gelehrt hatte, war Johann Peterson aus Narva.[22] Da mit Peter dem Großen und dem Einfluß durch Westeuropa der Bedarf an repräsentativen Bildnissen für den Zarenhof und den Adel wuchs, und es weder eine spezifische Ausbildung für profane Malerei noch entsprechende Ausbildungsstätten gab, sandte der Zar zahlreiche russische Künstler zum Studium ins Ausland oder holte ausländische Künstler als Lehrer nach St. Petersburg. 1711 ließ Peter I. eine Schule für Zeichenkunst, Kupferstich und Malerei in der Nähe der Waffenkanzlei gründen. Seine Pläne für eine „Akademie der Wissenschaft und der seltenen Künste" wurden jedoch erst nach seinem Tod 1725 durch seine Gemahlin Katharina I. verwirklicht. 1757 gründete die Zarin Elisabeth die „Akademie der schönen Künste" in St. Petersburg.

Die russischen Maler übernahmen aus der westeuropäischen Malerei nicht nur die Gattung des weltlichen Porträts, sondern auch ebenso Landschafts- sowie Historienbild, aber auch die Technik der Ölmalerei. Die Arbeit der ausländischen Maler und ihre teilweise enge Zusammenarbeit mit den russischen Künstlern hatten bedeutenden Anteil an der Annäherung zwischen russischer und westeuropäischer Kunst.

Die große Zahl der deutschen Maler, die im 18. und 19. Jahrhundert im Umfeld des Zarenhofes gearbeitet haben, waren nicht nur als Lehrer tätig. Der in Bacherach geborene Maler Gerhard von Kügelgen kam 1798 nach St. Petersburg in der Hoffnung, mit seiner Porträtmalerei eine große Geldsumme verdienen zu können. Im selben Jahr hatte er die Deutsch-Baltin Helene Zoege von Manteuffel kennengelernt, deren Vater eine Heirat mit Kügelgen von der Erfüllung der folgenden Bedingungen abhängig machte: Kügelgen mußte das Adelsprädikat seiner Familie am Wiener Hof erneuern lassen, seine Kinder sollten protestantisch erzogen werden, und er mußte eine Summe von 20 000 Rubel in die Ehe einbringen. Gerhard von Kügelgen gelang es, innerhalb eines Jahres die geforderte Summe durch Porträtaufträge zu erwirtschaften. Nach seiner Heirat lebte Kügelgen zusammen mit seiner Frau von 1800 bis 1803 in St. Petersburg und wurde 1818 Professor an der Kunstakademie in Dresden. Gerhard von Kügelgen war wie sein Zwillingsbruder, der Landschaftsmaler Karl von Kügelgen, zunächst am Hofe des Zaren Paul I. tätig und blieb auch unter Alexander I. Hofmaler.

Auch Carl Ludwig Christineck, dessen Porträt von Ivan Petrovič Mikulin von 1782 in der Ausstellung zu sehen ist (Kat.-Nr. 76), war in erster Linie als Porträtmaler des Hochadels in St. Petersburg erfolgreich. Er wurde 1732 oder 1733 in St. Petersburg geboren, verstarb dort 1792 oder 1794 und gehörte damit zur großen Zahl der in Rußland geborenen Künstler deutscher Abstammung. Christineck, der in Rußland unter dem Namen Login Zacharovič geführt wurde, war ein Schüler des deutschen Restaurator-Meisters und Konservators der Ermitage Lucas Conrad Pflanzelt. 1785

21 Schätze aus dem Kreml, Peter der Große in Westeuropa. Bremen 1991, S. 72.

22 Cubinskaja, Anm. 18, S. 57.

Katalog-Nr. 76
„Porträt des Ivan Petrovič Mikulin". Carl
Ludwig Christineck, 1792.

erhielt er von der Akademie der schönen Künste in St. Petersburg den
Titel des „Ausgezeichneten Malers".

Neben der Förderung der schönen Künste hatte Peter der Große in seinen späten Reformen die Organisation der Handwerkszünfte grundlegend neu geordnet. Bis in die zwanziger Jahre des 18. Jahrhunderts gab es
in Rußland noch keine amtlich anerkannten Handwerkszünfte, die ein
streng reglementiertes Ausbildungs- und Prüfungssystem überwacht hätten. Mit dem Ukas zum „Reglement des Obersten Magistrats" vom 16.
Januar 1721 und dem Ukas „Über die Zünfte" vom 27. April 1722 wurde
ein allgemeines, für alle Handwerker gültiges Zunftwesen nach deutschem

Vorbild eingeführt.[23] Die Geschichte der Gilde der Gold- und Silberschmiede in St. Petersburg macht den Einfluß des deutschen Zunftwesens deutlich.

Die in den ersten Jahren nach der Stadtgründung in St. Petersburg eingewanderten Goldschmiede kamen zum großen Teil aus Deutschland. Von der Zahl der Meister verschiedener Nationalitäten, die zwischen 1714 und 1800 in St. Petersburg nachweisbar sind, stammten 234 Meister aus Deutschland, 261 aus den skandinavischen Ländern, 44 aus Frankreich und einige wenige aus England, der Schweiz, Österreich und Italien. Aufgrund ihrer Tradition und vielleicht auch um eine nationale Vereinigung zu bilden, schlossen sich diese Meister bereits 1714 zu einer Zunft zusammen, ohne daß hierfür eine gesetzliche Grundlage bestand. Dieser Zunft der ausländischen Meister folgend, gründete sich 1722 die Gilde der russischen Goldschmiedezunft. Ausländische Meister, die die russische Nationalität annahmen, verließen die Ausländerzunft und wechselten in die russische Zunft. Im Jahre 1725 trug die ausländische Gilde folgende offizielle Bezeichnung in deutscher Amtssprache „Das Amt der löblichen Gold- und Silberarbeiter in Sanct Petersburg", und 1787 lautete die Bezeichnung „Ausländisches Amt der Gold-, Silber- und Galanterie-Arbeiter".

Besonders die im späten 18. Jahrhundert aufkommende Mode, Goldtabatièren zu verschenken, lockte zahlreiche Goldschmiedemeister nach St. Petersburg. Möglich, daß dies auch der Hintergrund für die Emigration des in Pasewalk in Pommern gebürtigen Goldschmieds Otto Samuel Keibel (1768–1809) gewesen ist, der 1797 nach St. Petersburg auswanderte. Kurz darauf wurde er in die Zunft der ausländischen Meister aufgenommen, der er 1807 und 1808 als Zunftältester vorstand. Er hatte bald eine große Werkstatt, in der zahlreiche Arbeiten für den Zarenhof und die kaiserlichen Schlösser gefertigt wurden. Die Ausstellung zeigt eine goldene Tabakdose Keibels (Kat.-Nr. 323), die auf ihrem Deckel das Porträt eines jungen Mannes zeigt, ein Aquarell des italienischen Miniaturisten Alexander Molinar. Nachfolger seiner Werkstatt wurde sein Sohn Johann Wilhelm Keibel, der zusammen mit seinem Vater nach Rußland emigrierte. Als Schüler seines Vaters stieg er 1808 zum Meister auf und war 1825 und 1826 Gehilfe des Zunftältesten und 1828 – wie sein Vater – Aldermann oder Zunftältester der ausländischen Goldschmiedezunft. Nach dem Tod seines Vaters leitete Johann Wilhelm Keibel die Werkstatt und übernahm in Fortführung der Familientradition die Stempelmarke seines Vaters, so daß sich die Arbeiten von Vater und Sohn Keibel in manchen Fällen nur auf Grund einer stilistischen Untersuchung zuordnen lassen. Eine typische Goldtabatière des jüngeren Keibel trägt das Porträt des Feldherrn und Gegners Napoleons, General Kutuzov (Kat.-Nr. 324). 1826 erhielt J. W. Keibel den Auftrag, die russische Zarenkrone für Zar Nikolaus I. zu überarbeiten. Von 1836 bis 1841 war Keibel durch das kaiserliche Ordenskapitel mit der Anfertigung von Ordenszeichen beauftragt. Auch nach dem Tod des jüngeren Keibel 1862 wurde die Werkstatt fortgeführt und bestand noch bis 1917. Damit macht die über hundert-

23 Alexander von Solodkoff: Russische Goldschmiedekunst 17.–19. Jahrhundert. München 1981, S. 12.

Katalog-Nr. 323
Tabatière mit dem Porträt eines jungen Mannes, St. Petersburg, Otto Samuel Keibel, Malerei: Alexander Molinari, um 1815.

jährige Werkstattgeschichte der Firma Keibel deutlich, daß sich besonders im 19. Jahrhundert immer mehr ausländische – und so auch deutsche – Künstler über einen langen Zeitraum am Zarenhof etablieren konnten. Durch die Tradition ihrer Unternehmen und ihre künstlerische Arbeit haben sie die Geschichte des russischen Kunsthandwerks wesentlich mitgestaltet und sind ein Teil von ihr geworden.

Ein weiteres Beispiel für ein solches Familienunternehmen ist die Werkstatt des Ebenisten Heinrich Gambs. Durch die Öffnung zum Westen und die Europäisierung Rußlands hatte sich im Verlauf des 18. Jahrhunderts ein enges Netz von Beziehungen zwischen Russen und Westeuropäern entwickelt, das dem kulturellen Austausch von Ost und West förderlich war. Besonders die Heiratspolitik und die dynastischen Verbindungen Deutschlands und Rußlands ließen ein immer dichteres Beziehungsgeflecht entstehen, durch das gerade deutsche Künstler an den Zarenhof gezogen wurden. So ging der Kunsttischler Heinrich Gambs, der 1765 in Durlach in Baden geboren wurde, 1790 nach St. Petersburg. Ein Brief vom 10. Juni 1807, den Elisabeth Alexejevna, die Gattin des Zaren Alexander I., an ihre Mutter geschrieben hat,[24] macht deutlich, daß Gambs auch am badischen Hof sehr bekannt gewesen war, so daß der Kunsttischler möglicherweise im Zusammenhang mit der Heirat der badischen Prinzessin mit dem russischen Thronfolger nach Rußland auswanderte.[25] Heinrich Gambs wurde 1795 auf seinen Wunsch nicht in der Tischler-, sondern der Kaufmannsgilde aufgenommen. Im gleichen Jahr gründete er zusammen mit dem vermögenden österreichischen Kaufmann Jonathan Ott eine Möbelmanufaktur in St. Petersburg und eröffnete später eigene Verkaufsräume am Newskij-Prospekt, in denen er, laut einer Petition an Katharina II., auch Möbel anderer in St. Petersburg lebender deutscher Kunsttischler verkaufen wollte. Nach der Großfürstin Marija Fedorovna, der Gemahlin Pauls I., wird Elisabeth Alexejevna zu einer wesentlichen Auftraggeberin für Gambs, dem es 1801 nach der Krönung des Zaren Alexander I. gelang, Christian Meyer in seinem Rang als wichtigsten Hofebenisten abzulösen. 1810 wurde Heinrich Gambs zum Hauptlieferanten des Kaiserlichen Kabinetts und erhielt den Titel eines Hofmechanikers.

1828 übergibt Gambs seine Werkstatt an seine ältesten Söhne, Peter Heinrichovitsch und Edward Ernst Heinrichovitsch, die die Manufaktur nach seinem Tod 1831 als „Ébéniste-Mécanicien de la Cour Gambs à St. Petersburg" mit Möbeln im russisch-historistischen Stil fortführten.

Die Öffnung zum Westen hat Rußland über Jahrhunderte zum Anziehungspunkt für westeuropäische und besonders deutsche Künstler gemacht. Das Beispiel des Ebenisten Gambs macht deutlich, daß sich viele Künstler dem russischen Geschmack angepaßt und durch die Verbindung mit der eigenen, westeuropäisch geprägten Tradition zu neuen künstlerischen Formulierungen gefunden hatten. So wurden deutsche Künstler wie Keibel und Gambs zu Wegbereitern der national geprägten Rückbesinnung auf die Wurzeln der russischen Kultur und haben durch ihre Werke Anteil an der Geschichte der russischen Kunst.

24 Iraida Bott: Gambs-Möbel für die Schlösser in Peterhof, in: Ein Jahrhundert, Möbel für den Fürstenhof, Karlsruhe, Mannheim, St. Petersburg, 1750–1850. Karlsruhe 1994, S. 73–76, hier S. 71, Anm. 2.

25 siehe hierzu die Angaben zu Anm. 2 aus: Iraida Bott, Gambs-Möbel für die Schlösser in Peterhof, S. 76, in: Ein Jahrhundert. Möbel für den Fürstenhof, Karlsruhe, Mannheim, St. Petersburg, 1750–1850, Karlsruhe 1994. Andererseits ist Heinrich Gambs auch als bedeutender Schüler Roentgens gesichert. Es wird angenommen, daß er in der 2. H. der 1780er Jahre als Geselle bei Roentgen tätig war. Vermutlich begleitete Gambs Roentgen auf seiner letzten Rußlandreise und ließ sich dann in St. Petersburg nieder, siehe hierzu Henriette Stuchtey: Die Familie Gambs, Ebenisten der Roentgen-Nachfolge in St. Petersburg, in: Weltkunst 1995, Heft 21, 65. Jg., S. 2956.

Katalog

17. Jahrhundert

17. Jahrhundert
Moskovien

Gisela Reineking von Bock

In Rußland vollzog sich erst im 17. Jahrhundert der Wandel vom Mittelalter zur Neuzeit. Dieses unruhige, stürmische Jahrhundert begann mit politischen Unruhen – der „Zeit der Wirren", d. h. der „Smuta", und der polnisch-litauischen Intervention. Nach den Nöten und Leiden, die das russische Volk durch Ivan den Schrecklichen durchzustehen hatte, sowie durch Boris Godunov und die folgenden Turbulenzen, in denen zwei falsche Dimitrijs und nach ihnen ein polnischer Prinz in Moskau zu herrschen versuchten, gab es im Kreml Palastrevolutionen und im Lande Krieg und Volksaufstände, während sich höfische Parteien bekämpften. Diese Zustände fanden ihr Ende, nachdem Michail Fedorovič Romanov von einer allgemeinen Volksversammlung, 1613, zum Zaren über Rußland gewählt worden war. Diese Wahl hatte zwar eine neue Dynastie begründet, doch blieben die Geschlechter der Bojaren im 17. Jahrhundert noch so stark, daß sie Einfluß auf die Landespolitik ausüben konnten.

Die soziale und politische Instabilität ging einher mit religiösen Konflikten. Es kam in der Jahrhundertmitte zu einer Kirchenspaltung, da die „Altgläubigen" den neuen liturgischen Reformen nicht folgen wollten. All dies erschütterte die traditionelle Denkweise der Rus', des ehemaligen, mittelalterlichen russischen Landes, und löste die alte patriarchali-

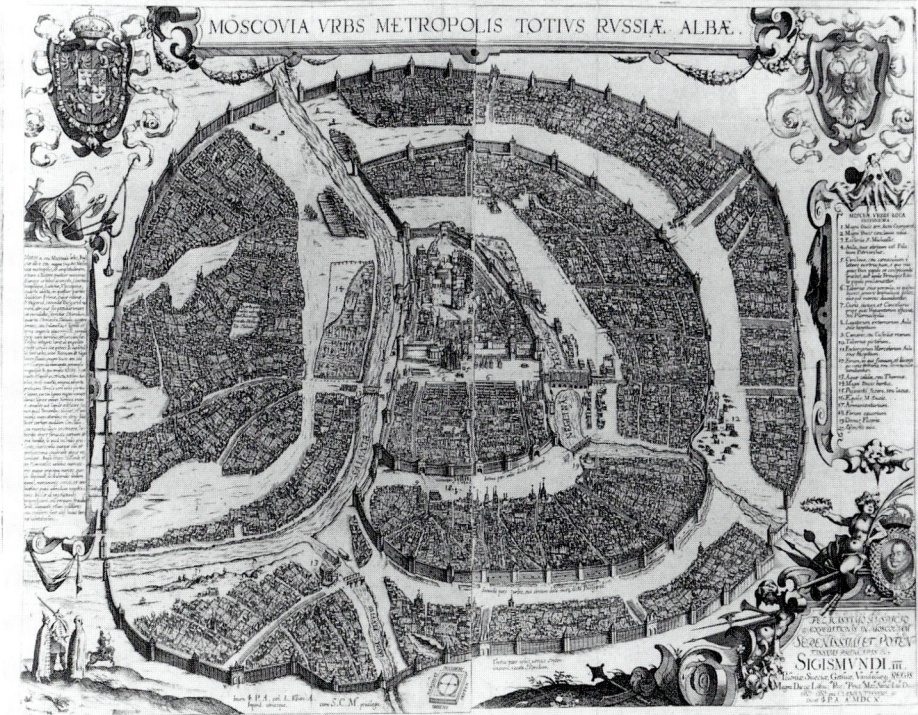

Katalog-Nr. 7
Stadtplan von Moskau.

Straßenansicht von Moskau mit Holzhäusern nach A. Olearius, „Muscowitischen vnd Persischen Reyse".

sche Ordnung auf. Rußland begann, sich vom byzantinischen Kulturkreis zu lösen, um sich westlichen Einflüssen zu öffnen. Das ist der Hauptkonflikt der Epoche. Die Unruhen machten die innenpolitische Erschütterung deutlich, die durch die starke Infiltration westlichen Gedankengutes entstanden war.

Es gab nun zwei entgegengesetzte Strömungen in Politik, Weltanschauung, Religion und Kunst: Die Traditionalisten und die Neuerer.

Die Traditionalisten einigte Trauer und Protest wegen des unaufhaltsamen Niedergangs der alten Rus'. Für sie galt die Regel der Stabilität: „Was auf uns gekommen ist, soll in Ewigkeit so bleiben." Durch aufopferndes Märtyrertum und selbstloses Leiden versuchten sie die Entwicklung aufzuhalten. Daneben gab es, ausgelöst durch sie, auch blutige Revolten. Die letzte war der Aufstand der Strelizen (Palastwache des Zaren) gegen Peter I., der sie in großer Zahl hinrichten ließ. In Deutschland hat Georg Horn 1669 die Grundhaltung der Konservativen treffend so beschrieben: Die Russen dürften sich keine Bildung aneignen, zur Bewahrung der einheitlichen Staatsreligion dürften sie keine Glaubensfragen erörtern, und Auslandsreisen würden bei Lebensstrafe verboten, weil der Herrscher nicht wolle, *„daß seine Unterthanen frembder Völcker Sitten an sich nehmen sollen / dahero halten sie auch ihr Rußland gleichsam vor ein Paradiß."*[1]

Die Neuerer dagegen entwickelten ein heiteres Lebensgefühl, das auf das Diesseits gerichtet war. Ihre Dynamik beflügelte die Reformen und ihre Ideale begannen eine Gesellschaft aufzubauen, die tätig, unternehmerisch und neuen Wissensquellen zugetan war. Führende Persönlichkeiten dieser Art waren u. a. der Vater Peters I. – Zar Aleksej Michailovič, die Familie, in der seine Mutter erzogen worden war, auch seine Stiefschwester Sofia und Ordin Naščokin, Leiter des Gesandtschaftsamtes, der die Außenpolitik regelte.

Diese und andere wichtige Persönlichkeiten gehörten dem Kreis um den Zarenhof – der Bojaren- und Fürstenaristokratie – sowie der höheren Staatsverwaltung und der Kaufmannschaft an. Sie waren die Förderer und Auftraggeber der neuen Kultur. Unter ihnen wuchs die fortschrittliche Überzeugung, daß die bisher stolz verteidigte Isolation Rußlands gegenüber Westeuropa aufgegeben werden müsse, um dem Land eine erfolgreiche Entwicklung zu sichern. Ein solches Denken blieb zunächst auf die geistigen und wirtschaftlichen Kulturzentren beschränkt. Nur dort wurden Kontakte zu den Ausländern gepflegt, wodurch die psychologischen Barrieren wie von selbst fielen.

Das Verhältnis zu den Fremden war im 17. Jahrhundert widersprüchlich und schwankend. Man duldete sie, sah in ihnen immer noch den Teufel und bewunderte sie schließlich auch. In der 1. Hälfte des 17. Jahrhunderts durften Ausländer in Moskau wohnen, wo sie wollten. Wenigstens an zwei Orten wurden protestantische Kirchen gebaut. Katholische Kirchen gab es nicht, da der Kontakt zu protestantischen Westeuropäern größer war als zu den Katholiken. Die Westler konnten damals komplikationslos mit

1   Georg Horn: Georgi Horni Orbis politicus oder Beschreibung Aller Kayserthumb / Königreiche und Republiken / so heute zu Tage in der Welt bekandt. Budissin (Bautzen) 1669, nach Martin Welke. Deutsche Zeitungsberichte über den Moskauer Staat im 17. Jahrhundert. In: Lew Kopelew: West-östliche Spiegelungen, Reihe A, Band 1, Russen und Rußland aus deutscher Sicht, 9.–17. Jahrhundert. München 1988, S. 269.

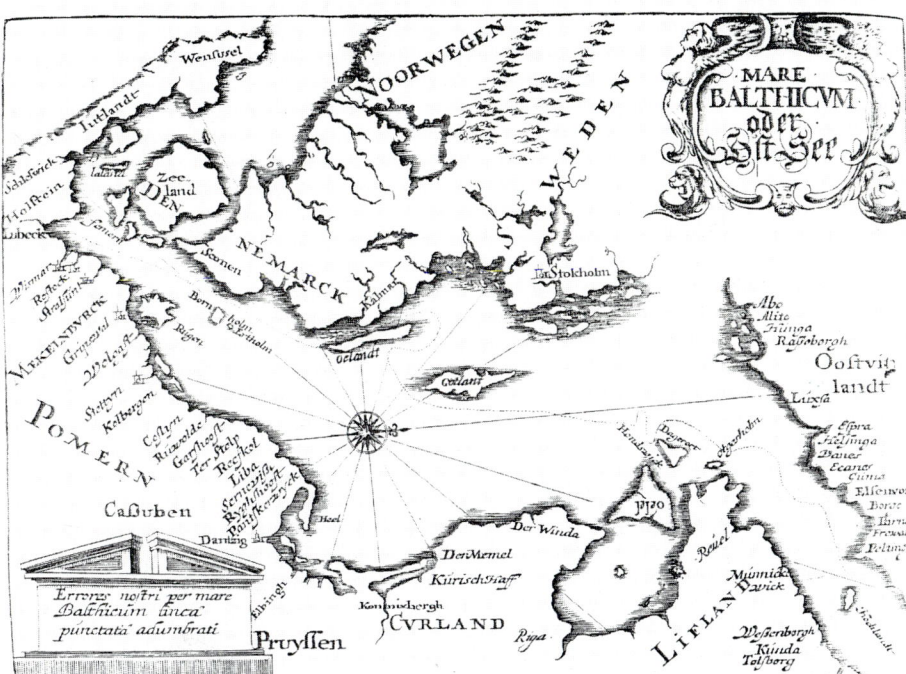

Karte der Ostsee, 17. Jh.

den Moskovitern verkehren. Aus praktischen Gründen bevorzugten sie die russische Kleidung und erlernten die russische Sprache. Viele hatten russische Hausangestellte, Handwerker und Lehrlinge.

Diese Anpassung war sehr willkommen. Und so hatten die Ausländer sogar mehrere Privilegien. Sie durften Alkohol trinken, Tabak rauchen, bekamen für ihre Leistungen mehr Geld und brauchten, wie der russische Adel, keine Grundstücksteuer zu zahlen. Ihre Zollabgaben waren niedriger oder entfielen ganz. Gleichzeitig verteuerten sie ihre Waren durch Handelsabsprachen, verkauften aber die Waren des Zaren und der Bojaren zu guten Preisen im Ausland. Sie brachten militärische Ausrüstung nach Rußland, warben Spezialkräfte an und führten politische Missionen aus. Dies alles machte sie bei der herrschenden Schicht beliebt, führte aber bei der einfachen russischen Bevölkerung zu Neid und Mißgunst, die vom Klerus, dem Hüter der einheimischen Kultur, geschürt wurden.

Die Macht der orthodoxen Kirche war im alten Rußland, in Moskovien, groß. Man betrachtete den orthodoxen Glauben als die einzige rechtmäßige christliche Religion. Wer nicht orthodox getauft war, galt als Ketzer. Aus diesem Grund vermieden die traditionsgebundenen Moskoviter noch im 17. Jahrhundert ängstlich jeden Kontakt mit den Fremden. Der Amtsschreiber G. K. Kotošichin (um 1630–1667) schreibt über das Rußland z. Zt. des Zaren Aleksej: „… Den Moskovitern ist es unter keinen Umständen erlaubt, sich ins Ausland zu begeben, es sei denn auf Befehl des Zaren. Und wenn jemand mutwillig verreisen sollte, so würde man seine Verwandten foltern, um zu erfahren, ob sie von seiner Absicht Kenntnis gehabt hätten".[2]

2 Wolfgang Busch: Berichte russischer Reisender. In: Hrsg. Dagmar Herrmann: Deutsche und Deutschland aus russischer Sicht – 18. Jahrhundert. Reihe B, Bd. 2, Lew Kopelew: West-östliche Spiegelungen, München 1992, S. 342.

Der Zar empfängt die Delegation aus Schleswig mit Adam Olearius. Die Gesandten stehen im Kreis der sitzenden Bojaren. Links hinten Wasserkanne mit Handtuch für den Zaren zum Händewaschen.

3 Friedrich v. Adelung: Kritisch-literärische Übersicht der Reisen in Russland bis 1700, deren Berichte bekannt sind. (Erstpublikation St. Petersburg, 1846), Nachdruck Amsterdam 1960, Bd. 2, S. 251.

Es gab Russen, die sich weigerten, Ausländern die Hand zu schütteln oder mit ihnen an einem Tisch zu sitzen. Nach Peter Petrejus (1615) und nach Olearius (1656) hat sich der Zar während eines Empfangs einer deutschen Gesandtschaft die Hände gewaschen, nachdem die Ausländer ihm diese geküßt hatten. Auf einer Darstellung dieses Empfangs ist die Wasserkanne mit dem Handtuch zum Händeabtrocknen nicht vergessen worden. Peter Petrejus beschreibt die Umgebung des Zaren bei dieser Szene bewundernd: *„So stehet auch nicht weit (von ihm) auff ein güldenen Stück ein güldenes Handbecken vnd Giesskanne, mit einem weissen Handtuche von golde vnd seiden ausgenähet, auff dem Hänichen der Giesskanne liegend. Denn so bald er einem Frembden, so nicht seiner Religion ist, die Hand gegeben hat, dünckt jhn, seine hand sey vnrein worden. Derowegen … wäschet er die Hand, so wird sie wieder rein."*[3]

Solche Berührungsängste begannen sich von der 2. Hälfte des 17. Jahrhunderts an aufzulösen. Es entwickelten sich in der Gesellschaft fruchtbare Kontakte bis hin zu persönlichen Freundschaften. Als Resultat sah man nun in der westlichen Kultur keine feindliche Macht mehr, und trotz der ständigen Warnung vor allem vor dem gottlosen Luthertum von Seiten der Kirche, wirkten die ideellen und materiellen Neuheiten aus dem Westen anziehend und faszinierend. Auf technischem Gebiet waren in Moskovien damals die Engländer und Holländer führend, in Kunst und Architektur die Italiener und Franzosen, und die Wissenschaft und Philosophie standen unter dem Einfluß deutscher Gelehrter.

Durch die Berührung mit dem Neuen begann sich in Rußland die gesamte gesellschaftliche Struktur zu ändern. Doch vor dem Jahrhundertende dominierten in der Oberschicht noch die alten Sitten und Gebräuche, nach denen das Leben der Geschlechter streng getrennt verlief. Während der Mann alle Interessen des Landes, der Stadt und der Familie nach außen und öffentlich vertrat, wirkte die Frau nur im häuslichen Kreis, ausgeschlossen von der Öffentlichkeit. Im „Terem", dem oberen zurückspringenden Etagenaufsatz bei großen Häusern, führte sie ihr Regiment unter Frauen. Hier wurden die Kinder betreut und die Arbeit in den Werkstätten, in den sogen. „hellen Räumen" – den „Svetlicy" (светлицы), in denen u. a. gesponnen, gewebt, genäht und gestickt wurde, beaufsichtigt. Kein Mann stieg in den Terem, es sei denn der Hausherr, der seine Frau besuchte. *„Den Frawen wird nicht gestattet, mit den Männern zugleich zu essen, entweder sie seyn allein, oder haben Gäste, sondern sie werden sonderlich in jhren Zimmern vnd Stuben, mit jhren Frawenzimmern gespeist, vnd darff keine Mannsperson hinein gehen, sondern allein die Knaben, so dahin auffzuwarten beschieden seyn."*[4] Gäste (es waren immer nur männliche Gäste) wurden nur in den unteren Etagen vom Hausherren und den erwachsenen Söhnen empfangen. Wurden die Gäste besonders ausgezeichnet, dann kam die Dame des Hauses vom Terem herunter und stellte sich im Empfangsraum in die Rote (die schöne) Ecke, wo wenigstens eine Ikone aufgestellt war. Der Gesandtschaftssekretär Adam Olearius aus Schleswig schreibt jedoch in seinem 5. Kapitel „Von der Russen Hausstand …", 1656,[5] *„Die größte Ehre ist, …, daß nach dem Mahle der Russe seine Frau, schön angetan, kommen läßt, daß sie dem Gaste eine Schale Branntwein zutrinke und auf ihrer Hand darreiche, auch bisweilen, so er dem Gaste recht wohl will, um ihren Mund von ihm küssen zu lassen."* In der Regel wurde die Dame des Hauses von den Gästen zurückhaltender gewürdigt, indem sich diese nur vor ihr verneigten. Geredet wurde miteinander nicht. Alles verlief diszipliniert und würdevoll. So wie sich die Geschlechter auch beim Tanz voneinander trennten, so nahm man in der Öffentlichkeit großen Abstand voneinander.

Gegen diese Distanzierung scheinen einige Frauen im ausgehenden 17. Jahrhundert rebelliert zu haben. Nachdem sich ihre Bildung durch westliche Sprachen und Literatur erweitert hatte, verstanden sie wohl nicht mehr den Vorteil ihrer Zurückhaltung. Zu solchen Avantgardisten zählen wir heute auch die Eltern von Peter I. Das Bild seiner Mutter Natal'ja Naryschkina (Kat.-Nr. 4) ist eines der ersten Porträts einer als Privatperson gemalten russischen Frau, das wir kennen. So ruhig und verschlos-

Katalog-Nr. 4
Mutter Peters des Großen – Natal'ja Naryschkina. Ende 17. Jh. - Anfang 18. Jh.

4 Friedrich v. Adelung: Kritisch-literärische Übersicht der Reisen in Russland bis 1700, deren Berichte bekannt sind. (Erstpublikation St. Petersburg, 1846), Nachdruck Amsterdam 1960, Bd. 2, S. 251.

5 Adam Olearius: Moskowitische und Persische Reise. Gekürzte Ausgabe von: „Vermehrte Newe Beschreibung der Muscowitischen und Persischen Reyse", bearbeitet von Eberhard Meißner, Darmstadt-Berlin W, o. J., S. 110.

sen sie darauf dargestellt ist, entspricht sie sicher dem Ideal des 17. Jahrhunderts. Sie erlaubte jedoch durch dieses Bild schon jedem Betrachter, sich ihr zu nähern und sich mit ihr zu befassen, ohne daß sie persönlich darauf Einfluß nehmen konnte. Dies ist eine Grundhaltung, die mit Teremregeln gebrochen hat. Noch avantgardistischer verhielt sich ihre Stieftochter Sofia, die es selbstbewußt übernahm, nicht nur bei Staatssitzungen der Männer dabei zu sein, sondern diese auch noch zu leiten. Mit so viel ungewöhnlichem Selbstbewußtsein hat sie ihre Gegenspieler verblüfft und zugleich auch besiegt.

In dieser Zeit des ausgehenden 17. Jahrhunderts wurden viele westeuropäische Kulturgüter eingeführt. Die russische Aristokratie lernte die ihr bisher fremden Möbel, Spiegel und Uhren in den Wohnungen schätzen und ließ Ähnliches nach westlichem Vorbild nacharbeiten. Gemälde und Graphiken schmückten nun außer den Ikonen die Wände und stärkten das soziale Prestige. So bekamen die Einrichtungen der russischen Oberschicht einen luxuriösen Charakter. Das Haus des Fürsten V. V. Golicyn z. B., das ein Treffpunkt vieler Avantgardisten und auch von Ausländern geworden war, wurde eines der ersten Häuser Europas genannt. Der französische Gesandte Neville schrieb 1689 begeistert: *„Ich war überrascht von dem Reichtum des Palastes und hatte den Eindruck, mich im Hause eines italienischen Fürsten zu befinden!"*

Der prachtvolle Eindruck entstand aber nicht nur durch westliche Güter. Heimische Kunsthandwerker hatten ihr Können hoch entwickelt und lieferten Luxusartikel nach der eigenen Tradition. Es gibt komplizierte kleine Holztruhen zur Aufbewahrung von Dokumenten und Kostbarkeiten, die mit feinen Beschlägen und Malereien üppig ausgestattet sind (Kat.-Nr. 36, 37). An ihnen finden wir auch glasähnliche Einlagen, die aus Glimmerplatten hergestellt sind. Dieses Mineral kommt nur in Rußland in so großen Platten vor, daß es nicht nur als Glanzfolie von Kunsthandwerkern, sondern auch als Fensterscheibe benutzt werden konnte. Es mag hierdurch zu erklären sein, warum es in Rußland nie Butzenscheiben an Wohnhäusern gab und warum sich in den Kirchen keine Glasmalerei entwickelt hat.

Wie selbstverständlich erlebte die bodenständige Emailkunst eine Blüte, die in Technik und Dekor kein westliches Vorbild hat. Wohl ist, wie hierauf dargestellt, die westeuropäische Vorliebe zu großblumigen Dekorationen auch nach Rußland gekommen, aber deren Wiedergabe auf weißem Grund läßt ihre Anregungen in der westlichen Fayence und auch in der Silberschmiede suchen, jedoch nicht in der westeuropäischen Emailmalerei. Sehr belebende Anregungen verarbeitete die Goldschmiedekunst Rußlands, indem sie ihre typischen Gefäßformen wie den Kovsch (Kovš), die Bratina, Čarka u. a. durch westeuropäische Becher- und Krugformen abgelöst hatte. Deutlich zeigt sich die Kenntnis des Nürnberger Goldschmiedehandwerks, da deutsche Eigenarten, wie drei Kugelfüße unter Bechern, nun auch in Moskau ausgeführt worden sind. (Kat.-Nr. 51) Der Pflanzen- und Blumenschmuck, der im Kunsthandwerk vielfältig angewandt wurde, stützte sich offensichtlich auf niederländische Vor-

Katalog-Nr. 59
Unterseite der Emailschale. Rußland, Ende 17. Jh.

lagen. Man spürt an den Objekten des ausgehenden 17. Jahrhunderts eine wirkliche Blumenmode, da viele von ihnen mit großfigurigen Blüten in barocker Üppigkeit überzogen sind. Doch neben den graphischen Vorlagen hatten die Künstler nun auch Gelegenheit, diese Pflanzen selbst in adligen Gärten kennenzulernen, und diese vermutlich nach eigenen Zeichnungen auszuführen. Die Kenntnis von edlen Blumen und die Vorliebe dafür hat man offensichtlich auch von Deutschland übernommen. Olearius schreibt:[6] *„Von schönen Kräutern und Blumengewächsen hat Muskow vor Jahren nicht viel gehabt. Es hat aber der vorige Großfürst (Zar Michael) kurz nach unserer Zeit seinen Garten wohl einzurichten und … mit Blumen zu zieren sich's angelegen sein lassen. … Vor etlichen Jahren aber hat Peter Marcellus, fürnehmer Kaufmann daselbst, die ersten vollen und Provinzrosen[7] aus meines gnädigen Fürsten und Herrn Garten von Gottorp dahin gebracht, welche auch wohl fortgediehen sind."* Neben dem Pflanzenreichtum setzte sich das westliche abstrakte Ornament mehr und mehr in der russische Dekoration durch und löste die bisher sehr verbreitete Schriftornamentik ab. Zahlreich sind die Belege für das Bandelwerk, nicht aber für das Knorpelwerk, das in Rußland keine Nachahmung fand.

6 Adam Olearius: Moskowitische und Persische Reise. Gekürzte Ausgabe von: „Vermehrte Newe Beschreibung der Muscowitischen und Persischen Reyse", bearbeitet von Eberhard Meißner, Darmstadt-Berlin W, o. J., S. 88.

7 Bezeichnung für Rosen aus Provins, der Hauptstadt des französischen Departements Seine et Marne, die für ihre Rosenzucht bekannt ist. Die „Provinzrose" soll die Stammpflanze für alle älteren europäischen Rosensorten sein.

ALTERA LEGATIONE A FERDINANDO IMPERA-
TORE TVNC ARCHIDVCE MISSVS AD MOSCVM.
ILLE ME TALI REMISIT VESTE.

Herberstein als Gesandter in russischem Gewand

Selten sind Grotesken, und erst am Ende des 17. Jahrhunderts kommen Akanthusblätter auf.

Der verschwenderische Luxus an Materialien zeigt sich besonders deutlich an den Objekten, mit denen man sich persönlich ausgestattet hat: an den Stoffen für Gewänder und am Schmuck. Die Gewebe sind schwer, weil sie mit Gold und oft mit echten Perlen bestickt wurden. Da man noch über keine eigenen Seidenwebereien verfügte, hat man die Ornamente der ausländischen Brokate nachgestickt (Kat.-Nr. 23). An Fleiß und Phantasie wurde nicht gespart. Überall, so auch bei den Textilien und in der Goldschmiedekunst, liebte man die Polychromie und steigerte die Wirkung der farbigen Edelsteine durch bunte Emaildekorationen. Wie in Westeuropa im 16. Jahrhundert wurden im Rußland des ausgehenden 17. Jahrhunderts alle dekorativen Spielarten zur Steigerung der persönlichen Wirkung eingesetzt. Gold wurde nicht mehr nur als Metapher des göttlichen Lichts, sondern als ein Symbol des Reichtums aufgefaßt. Seine Wirkung muß in Moskovien besonders groß gewesen sein, da es damals im alltäglichen Gebrauch nur Silbermünzen und kaum eine Goldmünze gegeben hat. Die eigenen Bodenfunde an Gold waren noch nicht erschlossen, doch die Zwiebelkuppeln der Kirchen strahlten beeindruckend auch bei bedecktem Himmel mit ihrer dicken Goldauflage.

Der Bergbau, im 19. Jahrhundert eine Haupteinnahmequelle des Landes, wurde erst jetzt, ebenfalls von Deutschen, ins Leben gerufen. Die ersten Stollen wurden in Tula gegraben, wodurch die Basis für die Rüstungsindustrie und die Stahlherstellung vom 18. Jahrhundert an gelegt war. Es wird berichtet: *„Gangbare Bergwerke hat dieses Land zuvor nicht gehabt; vor wenigen Jahren aber hat sich an der tartarischen Grenze bei Tula, sechsundzwanzig Meilen von Muskow weit, eins aufgetan. Es ist durch etliche deutsche Bergleute, so Ihre Kurfürstliche Durchlaucht zu Sachsen auf Ihre Majestät des Zaren Bitte hineingeschickt, instand gebracht worden; hat bisher gute Ausbeute gegeben, bringt aber meist Eisen.“*[8]

Der Realismus in der bildenden Kunst, der sich in Westeuropa schon in den ersten Jahrzehnten des 16. Jahrhunderts durchgesetzt hatte, konnte in Rußland nun auch Fuß fassen. Wie damals im Westen, so wurden neben Pflanzen und Tieren nun auf Holzschnitten auch alltägliche Szenen nach europäischem Vorbild dargestellt. Doch Bilder des Jüngsten Gerichts an der Westwand der Kirchen verraten noch immer die Verachtung der Andersgläubigen, da auf ihnen gut erkennbar die Europäer, die mit Hüten und Spitzenkragen bekleidet sind, genauso wie die Moslems, mit Kaftan und Turban geschmückt, in die Hölle gestoßen werden.

Die Aufbruchstimmung des späten 17. Jahrhunderts scheint sich in einer farbenfrohen Welt des Kunsthandwerks auszudrücken. Selbst die Ikonostasen in den Kirchen verloren ihre Strenge und den zurückhaltenden Dekor. Ihr hoch aufsteigendes Rahmenwerk wirkt durch reiche Reliefschnitzereien prunkvoller als zuvor. Im profanen Leben bekamen die Wohnräume eine auffallende Farbigkeit, wofür die bunten Kacheln, die leuchtenden Dekorationsstoffe und Lederbezüge der Möbel sorgten.

8   nach Olearius, s. Anm. 5.

Sicher hat man auch Orientteppiche gekannt, was der bunt bemalte Tisch der Regentin Sofia heute noch belegt (Kat.-Nr. 35).

Enge politische und wirtschaftliche Verbindungen zu Persien und der Türkei sind überliefert. Solche Kontakte hatten zum Austausch von Gastgeschenken geführt, so daß mit der Kenntnis des orientalischen Kunsthandwerks auch die Voraussetzung zu seiner Nachahmung nach Rußland gelangt sind. (Siehe vergoldeter Silberbecher für den Zaren Fedor, Kat.-Nr. 50.)

Alle diese Einflüsse verhalfen dem russischen Kunsthandwerk am Ende des 17. Jahrhunderts zu einem künstlerischen und handwerklichen Höhepunkt und zu einer Blüte, die nicht weiter zu steigern war, dafür aber künftig durch neue Anregungen aus Westeuropa belebende Impulse erhielt.

Anhänger
Gold, Smaragd, Diamanten, Rubine:
3,8 x 3 cm, Rußland, Ende 17. Jh.,
Staatl. Historisches Museum Moskau,
Inv.-Nr. 81 527/ok 13552.

Malerei und Graphik

1
Porträt des Zaren Boris Godunov

Unbekannter Meister,
Kopie aus dem 18. Jh.
nach einer Graphik von Johann Stenglin
Öl auf Leinwand, 86 x 70,5 cm
Inv.-Nr. 62369/I1-27

Boris Fedorovič Godunov (1552–1605) war ein großer Staatsmann und seit 1598 Zar von Moskovien. Er gehörte einem alten, wenn auch nicht sehr einflußreichen Adelsgeschlecht an. Unter Ivan dem Schrecklichen machte er am Hof Karriere. 1580 wählte der Zar Ivan IV. die Schwester Godunovs, Irina, als Frau für seinen Sohn und Thronfolger Fedor. Nachdem dieser aus gesundheitlichen Gründen früh gestorben war, übernahm Boris Godunov die Regierung. Als dann auch noch der Thronfolger, sein Neffe Dimetrius früh verstarb und mit diesem die Dynastie der Rjurikov ausgestorben war, wurde Godunov offiziell zum Zaren gewählt. Er war ein einfühlsamer Politiker und in seiner Außenpolitik sehr erfolgreich. Aber Rußland war durch die Regierung von Ivan dem Schrecklichen so sehr zerrüttet, daß es Godunov nicht gelang, die Ordnung wieder herzustellen. Die Opposition meldete sich von Polen aus. An ihrer Spitze stand der angeblich nicht gestorbene Dimetrius. Boris Godunov starb einige Tage bevor das polnische Heer mit dem Pseudodimetrius I. an der Spitze in Moskau einzog.
Boris Godunov ist als gekrönter Herrscher mit Zepter und Reichsapfel dargestellt, auf dem Kopf trägt er die sogen. „Schapka Monomacha" – die Zarenkrone.   L. R.

2   **Abb. S. 25**
Porträt des Zaren Aleksej Michajlovič

Unbekannter Meister,
Kopie aus der Mitte des 18. Jh.
nach einer Graphik
Öl auf Leinwand, 101 x 75 cm
Inv.-Nr. 28130/I1-4211

Zar Aleksej (1629–1676) ist der zweite Zar der Dynastie der Romanovs. In seiner Regierungszeit, in der er alles selbst in die Hand nahm, wurde das internationale Ansehen Rußlands sehr gestärkt. Das Land wurde um Smolensk und die Ukraine vergrößert.
Er gründete das erste Hoftheater, liebte die Musik, hielt sich einen Chor und ein Orchester, in denen ausländische Musiker tätig waren. Als leidenschaftlicher Jäger schrieb er auch ein Traktat über die Falkenjagd. Leider starben die meisten seiner 13 Kinde in jugendlichem Alter. Auf den Thron kamen seine Söhne Fedor (1676–1682), Ivan unter der Regentschaft seiner Tochter Sof'ja (1682–1696) und Peter, der der große Reformator Rußlands werden sollte.   L. R.

Katalog-Nr. 1 ▶

4   Abb. S. 117
Porträt der Natal'ja Kirilovna Naryškina (Naryschkina)

Mutter von Peter I., d. Gr.
Unbekannter Meister, Anfang 18. Jh.
Kopie nach einem anonymen Gemälde,
Ende 17. Jh.
Öl auf Leinwand, 82,5 x 67 cm
Inv.-Nr. 103803/KP 1351-1162

Natal'ja Naryschkina (1651–1694) wurde
1671 die zweite Frau des Zaren Aleksej
und die Mutter von Peter I. Sie stammte
aus einer provinziellen Adelsfamilie und
wurde, da früh verwaist, von einem
Freund ihres Vaters, A. S. Matveev, erzogen. Dieser stand dem Zaren Aleksej
sehr nahe und machte beide miteinander
bekannt. Nach dem frühen Tod des
Zaren, 1676 unterlag sie der rivalisieren-
den Gegenpartei, und man drohte ihr
und ihren Kindern mit dem Tode. So
mußte sie fliehen und führte von da an
ein zurückgezogenes Leben, das sie auch
beibehielt, nachdem ihr Sohn Peter zum
Zaren gekrönt war. – Sie ist in Trauer-
kleidung dargestellt, die sie bis zu ihrem
Tod nicht abgelegt hat.   L. R.

5
Apotheose Peters I.
Schlacht bei Poltava

Unbekannter Meister, 1710–1720,
nach einer Graphik von D. Galjachovskij
(Ukrainer)
Öl auf Leinwand, 140 x 123,5 cm
Inv.-Nr. 68257/I1-5987

Allegorische Darstellung des Sieges
Peters I. über die Schweden, 1709, bei
Poltava. Vorlage ist eine Graphik, die
Peter d. Gr. anläßlich dieses Sieges in
Kiew überreicht worden ist. In der Mitte
Peter I. zu Pferd, das sich über den
gestürzten schwedischen Löwen bäumt.
Rechts: besiegte Schweden. Vor den
Hufen des Pferdes kann Karl XII. dar-
gestellt sein. In den Bildecken in Oval-
feldern biblische Szenen, die Bezwinger
von Löwen zeigen: Samson, David,
Vaneas (?, vielleicht „Vanch", 792–802
unter Königin Irene) und Daniel.   L. R.

3
Porträt der Zarin Marfa Matveevna Apraksina

Gemahlin des Zaren Fedor III.
Kopie der 1. Hälfte des 19. Jahrhunderts
nach einem Original aus dem Ende des
17. Jahrunderts
Öl auf Leinwand, 88,5 x 70 cm
Inv.-Nr. 83230/I1-5088

Marfa Matveevna (1664–1715), Zarin seit
1682, war die Frau des ältesten Bruders
von Peter I. Sie entstammte dem alten
Adelsgeschlecht der Apraksin. Im
Kampf gegen die Tataren war ihr Vater
früh gefallen. Mit ihren drei Brüdern
wuchs sie bei dem Bojaren I. M. Jasykov
auf, der sie an den Hof des Zaren Fedor
gebracht hat. Nach knapp zwei Ehe-
jahren wurde sie schon Witwe. Die Zeitgenossen schildern sie als hübsch, klug
und tatkräftig. Entgegen alten Gewohnheiten ging sie als Witwe nicht in ein
Kloster und führte auch kein abgeschie-
denes Leben. Peter I. hat sie sehr
geschätzt.   L. R.

Katalog-Nr. 5 ▶

6   Abb. S. 33
Porträt von Peter I.

Kopie aus der Mitte des 18. Jh.
nach I. N. Nikitin, 1710–1720
Öl auf Leinwand, 78,5 x 62 cm
Inv.-Nr. 23291/I1-264

Peter d. Gr. (1671–1725), Zar seit 1682,
war seit 1721 der erste russische „Imperator". Er war der große Reformator
Rußlands und war bestrebt, die Rück-
ständigkeit seines Landes gegenüber
dem Westen aufzuheben. Seine Reformen veränderten alle Bereiche des
gesellschaftlichen Lebens. Er erkämpfte
den Zugang zur Ostsee und gründete
1703 St. Petersburg an der Neva, das 1712
zur Hauptstadt wurde. Er führte ein sehr
aktives Leben und hörte nie auf zu lernen. Gleichzeitig war er aufbrausend und
häufig auch grausam. Er nahm keine
Rücksicht auf die Interessen und das
Leben anderer und schreckte nicht einmal vor dem Mord an seinem eigenen
Sohn Aleksej zurück.   L. R.

7   Abb. S. 113
Stadtplan von Moskau, 1610

zum Einzug des polnischen Königs
Sigismund III.
Lucas Kilian, 1610
Radierung, 53 x 72 cm
Inv.-Nr. 70156/L-43

Lucas Kilian (1579–1637), ein bekannter
deutscher Kupferstecher aus der zweiten
Generation einer verzweigten Künstlerfamilie in Augsburg, fertigte den Stadtplan Moskaus 1610 nach einer Vorlage
des Kartographen Johann Abelin. Er ist
die Wiederholung eines russischen Plans
aus der Zeit um 1600, der während der
Regierungszeit von Boris Godunov entstanden war. Der Plan zeigt die Bebauung Moskaus in den Grenzen des heutigen Gartenrings (Sadovoe kol'co), des
Stadtgebiets im 16. und 17. Jahrhundert.
Gut zu erkennen sind die vier Befesti-
gungsanlagen, die zur Verteidigung
gegen die Türken errichtet worden
waren: der Kreml (1485–1495), Kitajgorod (1535–1538), Belyj-gorod – die
weiße Stadt (1586–1593) und Skorodom
(1591, später Zemljanoj gorod – Land-
stadt – genannt). Sehr detailliert ist der

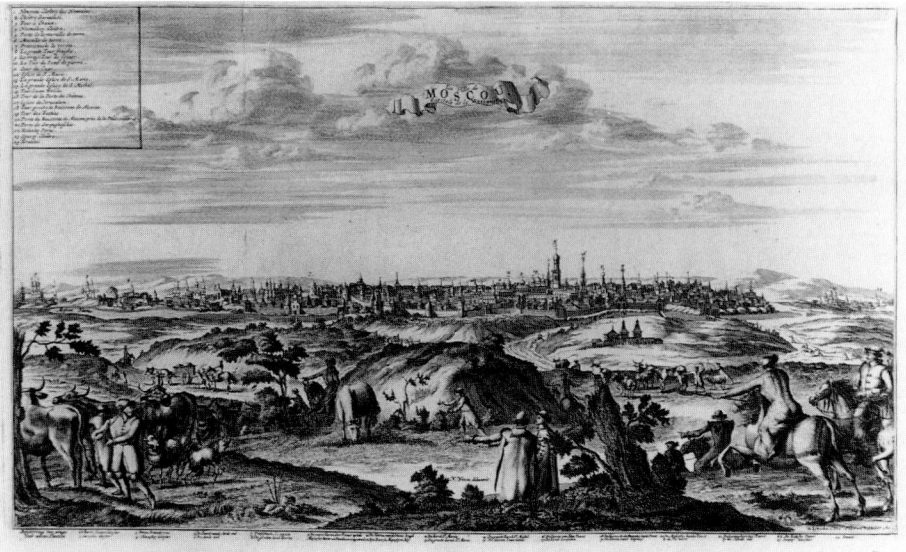

Katalog-Nr. 8

historische Stadtkern dargestellt: der
Kreml und Kitaj-gorod, in dem einige
Sehenswürdigkeiten hervorgehoben sind,
wie die Botschaft (Posol'skij dvor –
посольский двор) auf der Il'inka-
Straße. In der Geschichte der Karto-
graphie wird dieser Plan der „Sigismund-
Plan" genannt, da er dem polnischen
König Sigismund III. gewidmet ist, des-
sen Sohn Vladislav zu jener Zeit einer
der Hauptprätendenten auf den russi-
schen Thron war.
Oben links das Wappen Sigismunds III.,
rechts das Wappen der Stadt Moskau, in
der Mitte die Inschrift in Latein:
Hauptstadt von ganz Weißrußland –
„MOSCOVIA VRBS METROPOLIS
TOTIVS RVSSIAE ALBAE".   N. S.

8

Ansicht von Moskau im 17. Jahrhundert
Aus dem Buch „die Reise des Adam
Olearius", Leyden, 1719

Anonymer Kupferstecher
nach H. K. Witsen
Radierung, 31 x 54,8 cm
Inv.-Nr. 42949/L-852

Adam Olearius, 1599–1671, bekannter
deutscher Gelehrter, über viele Jahre
Berater und Bibliothekar Friedrichs III.
von Schleswig-Holstein und von dessen
Sohn Christian Albrecht. In den Jahren

1634–1643 besuchte er als Mitglied einer
holsteinischen Handelsexpedition Moskau viermal. Er schrieb das Buch
„Beschreibung einer Reise nach Mos-
kowien und Persien", das erstmals in
Schleswig im Jahr 1647 erschienen ist.
Das reich illustrierte Buch hatte großen
Erfolg und wurde mehrfach verlegt. In
einer der letzten Ausgaben im Jahr 1719
wurden Graphiken mit Ansichten russischer Städte von Nicolaes Cornelisz
Witsen aufgenommen. Witsen
(1641–1717), Maler, Radierer, Kunst-
sammler, Schriftsteller und Bürgermeister von Amsterdam (Thieme-Becker),
war schon 1665 nach Moskau gereist. In
der Funktion als Bürgermeister von
Amsterdam lernte er später Zar Peter I.
gut kennen.
Das Panorama von Moskau ist offensichtlich von den Sperlingbergen aus
gesehen, links hinter der Flußbiegung
liegt das Neujungfrauenkloster, und
rechts das Novospasskij Kloster sowie
die Stadtkirche des Krutickij Klosters.
      N. S.

Sakrale Kunst

Katalog-Nr. 9, linke Hälfte ▼

9

Epitaphion – плащаница
„Grablegung" (Karfreitag-Tuch)

Moskau, datiert 1598
Auftrag von Boris Godunov u. a.
Stiftung von V. Ja. Schtschelkanov, Mitglied der Duma unter Ivan dem Schrecklichen und Boris Godunov, und seinem Sohn
Stickerei auf Seidendamast (Italien, 16. Jh.) mit Gold- und Silberlahn und farbiger Seide
Maße: 150 x 234 cm
Inv.-Nr. RB-2038

Die Stickerei im Mittelfeld zeigt eine mehrfigurige Darstellung der „Grablegung und der Beweinung Christi". Zum Kopf des Toten neigen sich die Mutter Gottes und Klagefrauen (Жены мироносицы – Frauen, die den Frieden bringen); zu Füßen stehen die Apostel Johannes, Nikodemus und Josef. Die Rahmung hat Brustbilder von Heiligen in Ovalfeldern. Im Mittelteil befindet sich eine gestickte, altrussische Inschrift zur Stiftung des Grabtuches: „Dieses Grabtuch zum Tragen (сий воздух) wurde im Auftrag des rechtgläubigen und christlich gesonnenen großen Herrn und Zaren, des Großfürsten Fedor Ivanovitsch, des unumschränkten Herrschers der gesamten Rus' und seiner angetrauten und christlich gesonnenen Zarin und Großfürstin Irina und des allerheiligsten Patriarchen mit ... der Dienerschaft und den Stallburschen und (im Auftrag) des Bojaren Boris Fedorovitsch Godunov gemacht und dem Kloster der allerheiligsten Gottesmutter, ihrer aufrichtigen und ruhmreichen Geburt und des großen Wundertäters Panfutius geschenkt vom Buchdrucker Vasilij Jakovlevitsch Schtschelkanov mit seinem Sohn Ivan Vasil'evitsch im Jahre 7106" (d. h. 1598 n.Chr.).

(... БЛАГОВѢРНАГО И ХРИСТОЛЮБИВАГО ВЕЛИКОГО ГСДРЯ ЦРЯ И ВЕЛИКОГО КНЗЯ ФЕДОРА ИВАНОВИЧА ВСЕА РУСИ САМОДЕРЖЦА И ПРИ ЕГО БЛАГОВѢРНОЙ И ХРИСТОЛЮБИВОЙ ЦРЦЕ И ВЕЛИКОЙ КНГНИ ИРИНЕ И ПРЕСТѢЙШЕМ ИѢВЕ ПАТРИАРХЕ
... СЛУГИ И КОНЮШЕ И БОЯРИНА БОРИСА ФЕДОРОВИЧА ГОДУНОВА

ЗДЕЛА СИЙ ВОЗДУХ И ПРИЛОЖИ ВО ОБИТЕ ПРЕСТЫЯ БЦЫ ЧЕСТНАГО И СЛАВНГО ЕЯ РЖВА И ВЕЛИКО ЧЮДОТВОРЦА ПАНФУТИЯ ПЕЧАТНИК ВАСИЛИЙ ЯКОВЛЕВИЧ ЩЕЛКАНОВ СО СВОИМ СНОМ ИВАНОМ ВАСИЛЕВИЧЕМ В ЛЕТ 7106).

V. Ja. Schtschelkanov war mehr als ein „Buchdrucker" – er war ein einflußreicher Staatsbeamter und Mitglied der Duma am Hofe Ivans des Schrecklichen und von Boris Godunov. Außerdem war er Leiter des Amtes für Auswärtige Angelegenheiten.
Die Darstellung auf diesem Epitaphion wiederholt Stickereien der bekannten Werkstätten der Fürstenfamilie Starickij in Moskau aus der Zeit 1550–1570. – Weitere Schenkungen entsprechender Epitaphien gibt es 1562 an das Troice-Kloster in Sergiev Posad und an die Mariä Entschlafenskirche (auch Mariä-Himmelfahrtskirche genannt) im Kreml von Moskau.

Die Frau des Fürsten Vladimir Starickij, die Fürstin Evrosinija war eine hochbegabte Stickerin. In ihrer Werkstatt, den „svetlicy", im Haus des Bojaren, versammelte sie geschickte Stickerinnen und talentierte Künstler für den Entwurf der Bildvorlage – die sogen. Znamenschtschiki (знаменщики – die, die Themen festlegen). Hier entstanden in dieser Zeit beachtenswerte Werke. Bewiesen ist dies durch erhaltene Stickereien, in denen die Inschriften (вкладные летописи) die Namen von Evrosin'ja und Vladimir Starickij nennen. Diese Arbeiten zeichnen sich durch eine virtuose Ausführung und eine qualitätvolle Bildkomposition aus. Die Arbeiten aus den Werkstätten der Fürsten Starickij sind vorbildlich und zeigen die Kunst der altrussischen Stickerei des 16. Jahrhunderts in seiner aussergewöhnlichen Vollkommenheit.

L. E.

Solche, meist auf rotem Samt oder Damast gestickten liturgischen Tücher (russ. Plaschtschanica), werden „Epitaphion" genannt und noch heute von Karfreitag an während der Ostergottesdienste verwendet. Das Epitaphion wird jeden Karfreitag feierlich durch den Kirchenraum getragen und im Gotteshaus vor der Mitteltür der Ikonostase (Königspforte) auf ein meist mit Blumen geschmücktes Postament, „Taphos" genannt, gelegt. Hier können es die Gläubigen bis zum Großen Samstag verehren. In der Nacht vor Ostersonntag, meist aber schon am späten Abend des Karfreitag, findet abermals eine feierliche Prozession statt, bei der das Epitaphion von Gesängen begleitet durch die Straßen oder nur rund um die Kirche getragen wird. Beim Mitternachtsgottesdienst des Großen Samstag entfernt der Priester das Tuch von seinem Platz inmitten der Kirche und legt es auf den Hochaltar, der sich hinter der Ikonostase befindet und von der Gemeinde nicht gesehen werden kann. Hier bleibt es bis Himmelfahrt liegen, um anschließend in einem besonderen Schrein das Jahr über verwahrt zu werden. (Auskunft der Theologischen Akademie in Sergiev Posad bei Moskau, 1996, einziges klerikales Seminar für die Orthodoxie in Rußland.)   Hrsg.

10

Epitaphion „Grablegung"
(Karfreitag-Tuch)

Rußland, 2. Hälfte 17. Jh. bis Anfang 18. Jh.
Seidenstickerei und „angelegtes Gold"
57 x 77 cm
Inv.-Nr. 76509, RB-2560   L. E.

Katalog-Nr. 9 (Detail)

Sakrale Goldschmiedekunst

zu 11–15, 21–22

In der Staatsordnung des alten Rußland, dessen Grundlagen „Rechtgläubigkeit, Autokratie, und Volkstümlichkeit" waren, spielte die Kirche eine herausragende Rolle. Sie war Symbol der Harmonie des Geistigen und Weltlichen, die Verkörperung des Guten und der Schönheit. In alten Chroniken ist zu lesen:

„Und der Fürst erbaute eine wunderschöne Kirche, schmückte sie mit Gegenständen aus Gold und Silber, mit kostbaren Edelsteinen und Perlen und allerlei erstaunlichem Schmuckwerk". Pavel Allepskij beschrieb in der Mitte des 17. Jh. die Sakristeien des Dreifaltigkeitsklosters (Troickij-Kloster) im Kreml: „Hier erblickten wir Meßgewänder und Gerät aus Gold und Silber mit kostbaren Steinen – Dinge die den Verstand in Erstaunen versetzten und den Klugen mehr verwunderten, als den Dummkopf".

Eine Besonderheit der russisch-orthodoxen Kirche ist die Vielzahl der Ikonen. In Rußland entstand die Ikonenmalerei als neuer Zweig der byzantinischen Tradition. Die gemalte Ikone wurde bei einer besonders prächtigen Gestaltung mit einem zusätzlichen Schmuck aus vergoldetem Silberblech (Oklad) beschlagen, der mit üppigen ziselierten und gravierten Ornamenten sowie vielfarbigem Email verziert war. Ausländische Reisende beschrieben die Ikonen als „reich mit Gold, Perlen und Edelsteinen bestickt". Die Ausstellung zeigt eine Ikone mit der Darstellung der Auferstehung Christi aus dem 17. Jahrhundert. Der Gottesdienst in einer russisch-orthodoxen Kirche will in einem Zusammenspiel von vielstimmigem Gesang, kostbaren Meßbüchern, Gefäßen und prachtvollen Meßgewändern einen Abglanz des Überirdischen und Erhabenen geben, der bei den Gläubigen ein Gefühl der Gottesgegenwart und Schönheit hervorruft.

Das Kreuz als Zeichen des christlichen Sieges über den Tod durchzieht die gesamte Kirchenkunst, als Bekrönung der Kirchenkuppeln, als Kreuzanhänger der rechtgläubigen Christen und als Fingerring, der von den Geistlichen getragen wird. Das „Segenskreuz" liegt auf dem Altartisch und wird zu besonderen Anlässen bei einer Prozession um die Kirche getragen. Zum Segenspenden und Übelabwenden wird es von den Priestern in die Höhe gehalten. Die Darstellung auf den Kreuzen zeigt in der Mitte den Gekreuzigten, oben Gottvater und als Assistenzfiguren Maria und Johannes.

Unterscheidungsmerkmale der Hohen Geistlichkeit sind unterschiedlich geformte Panagien (Brustkreuze), die im Zentrum meist eine ziselierte Darstellung der Muttergottes, des Kreuzweges und anderer Darstellungen tragen. Neben den bildlichen Darstellungen werden die Panagien auch mit Email oder Edel- und Halbedelsteinen verziert. Die Kreuzringe und Panagien werden über der Kleidung getragen. Ihre dekorative Gestaltung gibt Auskunft über den Rang des Geistlichen.

In der Ausstellung sind Panagien des 17. bis zum Anfang des 20. Jahrhunderts vertreten, die den Stilwandel durch die Jahrhunderte dokumentieren. Seit Peter I. erscheinen auf Panagien Porträts kaiserlicher Persönlichkeiten, die diese Panagien für besondere Dienste verliehen haben. (Kat.-Nr. 92).

Die ausgestellten Mitren wurden von hochgestellten Geistlichen zu besonders feierlichen Anlässen getragen. An der Fertigung dieser reich verzierten Kopfbedeckungen hatten die unterschiedlichsten Meister teil: Juweliere, Goldstickerinnen, Graveure und Emaillemaler.

N. Troepolskaja

11
Segenskreuz

Stiftung der Mutter von Peter dem Großen
Moskau, 1694
Gold, Silber, Email, Perlen, Brillanten, Smaragde, Rubine, Holz
38,5 x 20 cm
Inv.-Nr. 68924/6186 ok

Auf der Vorderseite die „Kreuzigung" mit Maria und Johannes. Unten am Kreuzstamm die Inschrift: „Dieses lebensspendende Kreuz hat die große Monarchin, die rechtgläubige Zarin und Großfürstin Natal'ja Kirillovna nach ihrem Versprechen in das Frauenkloster Mariä Himmelfahrt gestiftet mit der Bitte um langjährige Gesundheit für sich selbst und für ihren Sohn, den großen Monarchen, Zaren und Großfürsten Peter Aleksejevitsch, den unumschränkten Herrscher von ganz Groß-, Klein- und Weißrußland, und um langjährige Gesundheit für Ihren Enkel, den wohlgeborenen Zarewitsch und Großfürsten von ganz Groß-, Klein- und Weißrußland, Aleksej Petrovič."

N. T.

12
Panagia

Rußland, 16. Jh.
Gold, Silber, Smaragde, Rubine,
Almandine, Perlen, Gessonit
13 x 6,8 cm
Inv.-Nr. 3295 šč/6097 ok
1905 aus der Slg. Schtschukin

13
Panagia

Kiew?, Ende 17. Jh.
Gold, Edelsteine, Silber
10,2 x 5,4 cm
Inv.-Nr. 81528/13412 ok

14

Brustkreuz

Grusinien, 17. Jh.
Silber, Edelsteine, Glas
6,2 x 4,0 cm
Inv.-Nr. 3372 šč/696 ok
1905 aus der Slg. Schtschukin

15 ▶

Ikone „Christi Auferstehung"

Rußland, 17. Jh.
Holz, bemalt, Silber, vergoldet, Seide
31,8 x 27,6 cm
Inv.-Nr. 54627/9929 ok

In Rußland entwickelte sich die Ikonenmalerei als eine Fortsetzung der byzantinischen Tradition und hat sich bis in das
20. Jahrhundert gehalten. Es gab groß-
formatige Ikonen für die Ikonenwände
in den Kirchen und kleine Ikonen, wie
diese, die in keiner Wohnung fehlen durften. Solche Heiligenbilder schmückten
die bescheidensten Häuser. Jeder Wohn-
raum, in dem sich die Familie versammelte, hatte eine 'Rote (schöne) Ecke', in
der hinter dem ewigen Licht wenigstens
eine Ikone aufgestellt war. Bis zum 18.
Jahrhundert waren sie der einzige private Bilderschmuck, auf den man sehr stolz
gewesen ist. Jeder Besucher verneigte
sich zuerst vor den Ikonen, bevor er die
Gastgeber begrüßte, und der Hausherr
nahm immer am Tischende unter der
Ikone Platz. Kostbare Ikonen konnten
einen Beschlag aus vergoldetem Silberblech haben. Manche hatte darauf unzählige Perlen und Edelsteine.
Diese Ikone zeigt die Auferstehung
Christi aus dem Grab, das hier zweifach
(als Sarkophag und als schwarze Kugel)
sichtbar wird. Darunter befindet sich
Christus in der Mandorla in der Vorhölle
und reicht den Guten die Hand zum
Aufstieg in den Himmel, der als große
diagonale Wanderung dargestellt ist.
Links unten binden Engel den Satan
und schlagen ihn auf Geheiß Gottvaters.
Hrsg.

Katalog-Nr. 17

Katalog-Nr. 18 ▶

16   **Abb. S. 80**

Ikonentuch „Sosima und Savvatij"
(Sossima und Servatius)

Sol'vytschegodsk, Werkstatt der
Stroganov, 2. Hälfte 17. Jh.
Stickerei aus Gold- und Silberlahn auf
Seide (angelegtes Gold und Silber)
34 x 27 cm
Inv.-Nr. 15657 ščRB-10

Auf dem Tuch sind die Heiligen Sossima
und Servatius mit Gebetsgestus stehend
einander zugewandt. Im oberen Teil in
einem Halbkreis Maria. Auf der Einfassung eine lithurgische Inschrift. Unten
die Zuschreibung: „Dieses Tuch ist ein
Werk von Dimitrij Andreevitsch Stroganov".
Die Mönche Sossima und Servatius
gründeten das Solovckij Kloster. 1547
wurden sie in der Kathedrale zu Moskau
kanonisiert.
Die Stroganovs waren reiche Kaufleute
und Industrielle im Norden Rußlands.
Viele Generationen lang haben sie die
Kunst gefördert. In der 2. Hälfte des 16.
und im 17. Jahrhundert betrieben sie eine
Stickereiwerkstatt in ihren „Svetlicy", in
der hervorragende sakrale und profane
Kunstwerke geschaffen worden sind.
Berühmt wurden auch ihre Werkstätten
für Ikonenmalerei.   L. E.

17

Ikonentuch „Heiliger Aleksej"
(Hl. Alexis)

Sol'vytschegodsk, Werkstatt der
Stroganov, 1670–1680
Stickerei aus Gold- und Silberlahn auf
Seidenatlas (angelegtes Gold und Silber)
35 x 30 cm
Inv.-Nr. 105353 RB-5215

Die Stickerei zeigt den aufrechtstehen-
den Metropoliten Aleksej vor floralen
Ornamenten. In der oberen Einfassung
Maria des Zeichens und ein liturgischer
Text. Unten die Zuschreibung: „Dieses
Tuch ist das Werk von Grigorij Dimitrie-
vitsch Stroganov".
Der Metropolit Aleksej (1300–1378)
unterstützte energisch die Vereinigungs-
politik der Moskauer Fürsten. Er war
Erzieher des minderjährigen Fürsten
Dmitrij Ivanovitsch Donskoj, des künf-

tigen Helden der Schlacht auf dem Schnepfenfeld (Kulikovo pole), wo die Tataren entscheidend geschlagen worden sind, was ihre Vertreibung einleitete. Er gründete das Kloster Tschudovo (Чудовский монастырь) im Moskauer Kreml. Der Feiertag des Hl. Aleksej wurde bereits in der Mitte des 15. Jahrhunderts für gesamt Rußland eingeführt.   L. E.

18   Abb. S. 137
Phelon (Felon') – Liturgisches Gewand

Gewebe: Samt, Türkei, 17. Jh.
Schulterbesatz: Stickerei mit Silber- und Goldlahn, Rußland 17. Jh.
Länge: 130 cm
Inv.-Nr. 78142/79 RB-3850

Ein Phelon ist ein kaselähnliches liturgisches Gewand. Es hat einen breiten kragenähnlichen Besatz und kein Rückenkreuz.   L. E.

19
Sakkos – Liturgisches Gewand

Stoff: Italien, Ende 17. Jh.
Stickerei des Halsbesatzes (Opleč'e): „Angelegtes Gold", Rußland, Werkstatt der Stroganov, 2. Hälfte 17. Jh.
Länge: 130 cm
Inv.–Nr. 22199 šč RB-849
1905 mit der Slg. Schtschukin an das Museum gekommen   L. E.

Ein Sakkos ist ein Gewand mit Ärmeln. Man trug diese Form im sakralen und im profanen Leben.

20
Hüftschmuck – Palissa (Palica) „Kreuzigung"

Rußland, 2. Hälfte 17. Jh.
Stickerei aus „angelegtem Gold" auf Seide
42 x 43,5 cm
Inv.-Nr. 15724 šč/RB-55   L. E.

Solche quadratischen Stickereien, die über dem Gewand schräg auf der Hüfte getragen wurden, sind Bischofsinsignien.

Katalog-Nr. 20

◄ Katalog-Nr. 19

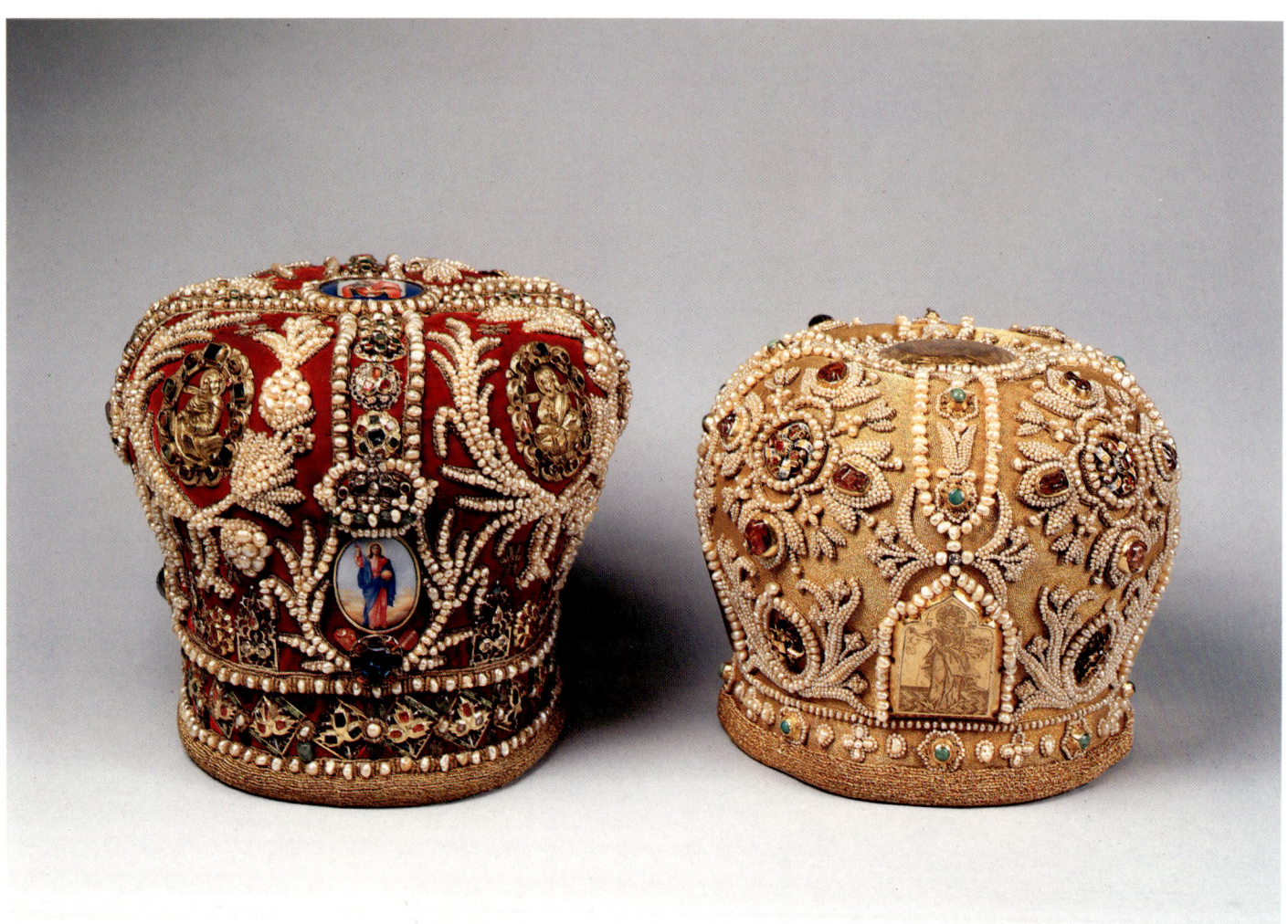

21
Mitra

Rußland 17.–19. Jh.
Gold, Silber, Saphire, Rubine, Smaragde,
Brillanten, Diamantrosen,
Perlen, Email, Samt, Seide
H. 23,2 cm
Inv.-Nr. 77314/10821 ok

22
Mitra

Rußland, 17.–19. Jh.
Gold, Silber, Smaragde, Rubine, Saphire,
Perlen, Email, Gewebe
Inv.-Nr. 59954/5653 ok

Textilien

Stickereitechniken

Zu Nr. 23–27

Mit Gold- und Silberfäden wurde auf Samt und Seide durch „Anheften" (в прикреп) gestickt (in der deutschsprachigen Literatur wird diese Technik „Angelegtes Gold, bzw. Silber" genannt). Der Metallfaden besteht dabei aus einem feinen, schmalen Bändchen, das fest um einen Seidenfaden (die Seidenseele) gewickelt ist (gen.: Goldlahn, bzw. Silberlahn). Die Fäden wurden in Reihen nebeneinander auf die Stoffoberfläche gelegt und dann auf eine bestimmte Weise mit einem Heftfaden aus Seide oder Leinen befestigt. Der Rhythmus der Heftstiche ergab auf der Stickereioberfläche geometrische Muster. Die Stickerinnen kannten eine Vielzahl solcher Muster und hatten für sie poetische Bezeichnungen wie „Geld" (Денежка), „Beerchen", „Federchen", „Reihen" u. a. Neben Gold- und Silberlahn benutzte man in der Stickerei auch Kantillen (spiralförmige Fäden), flach geschlagene Metallbändchen, gezogenes Gold und Silber (Metall zu dünnen Drähten gezogen), geflochtene oder gedrehte Schnüre, Pailletten sowie geschliffenes Glas, Straß in Metallfassungen, Perlen, durchbohrte Halbedelsteine und gefaßte Edelsteine. Die Flächenornamente zeigen Pflanzenwerk, Vögel, Einhörner, Panther und Motive der Falkenjagd. Daneben wurden Muster ausländischer Stoffe, die in Rußland im 16. und 17. Jahrhundert sehr verbreitet waren, nachgeahmt. Tulpen und Gittermuster (клема-решетки) wurden von östlichen und westlichen Stoffen übernommen und in das russische Gräserornament integriert. In einigen Fällen imitierten die Stickerinnen exakt Muster und Struktur ausländischer Brokate sowie fernöstliche Gewebe oder den italienischen Schlaufensamt des 17. Jahrhunderts. Dies war nötig, weil im alten Rußland die Seiden- und Brokatweberei noch nicht entwickelt war. Dank guter Handelsbeziehungen Rußlands waren die Stickerinnen mit der Vielfalt der textilen Kunst aller Länder vertraut. Anfangs war es die byzantinische Art der Goldstickerei, später, im 15.–17. Jahrhundert, dienten die Gewebe der Türkei, Persiens, Italiens und Spaniens als Vorbild. In den Werkstätten der Zarinnen und der Frauen der vornehmen Bojaren waren die Stickerinnen ständig von ausländischen, gemusterten Stoffen umgeben, aus denen Gewänder für den Zaren, den Adel und den Klerus gefertigt wurden. Aus importierten Stoffen wurden auch Meßgewänder „gebaut", d. h. auf das Grundgewand nähte man den kragenähnlichen Aufsatz. Dazu kamen die gestickten Ärmelstulpen (зарукавье), die über den Ärmeln des Untergewandes, aber unter dem Ärmel des Hauptgewandes getragen wurden, und der (подольник) Podol'nik.

In der 2. Hälfte des 17. Jahrhunderts griffen die Stickerinnen auch Anregungen aus der Goldschmiedekunst und den Emaillarbeiten auf. Der Stickereigrund wurde z. B. dicht mit Goldfäden belegt und nur die Umrisse der Muster wurden frei gelassen, wodurch der Eindruck der Ziseliertechnik entstand. Die Benennung solcher Muster und Sticktechniken macht diesen Einfluß deutlich.: „Ziselierstickerei", „gegossene Stickerei", „Schmiedeeisenstickerei" u. ä. Bunte Konturfäden heben sich dabei effektvoll vom goldenen Grund ab und erinnern dadurch an die Farbgebung der Emaillarbeiten. So entwickelten die Kunsthandwerkerinnen mit ihren Arbeiten eine Tradition, die in der Volkskunst weiterleben konnte.

L. Efimova

Katalog-Nr. 24

Katalog-Nr. 25

Katalog-Nr. 26

23   Abb. S. 81
Schulterteil eines Phelon

Moskau, 16. Jh.
Stickerei auf Samt als „angelegtes Gold
und Silber" – eine Nachahmung eines
italienischen Granatapfelmusters.
37,5 x 83 cm
Inv.-Nr. 19941 šč RB-220
1905 mit der Slg. Schtschukin an das
Museum gekommen   L. E.

24
Goldstickerei

Moskau, 16. Jh.
Schwarzer Samt mit „angelegtem Gold
und Silber" bestickt
30 x 66,5 cm
Inv.-Nr. 19362 šč RB-206   L. E.

25
Stickereibesatz

Moskau, Ende 16. – Anfang 17. Jh.
Roter Seidenatlas mit „angelegtem Gold
und Silber" bestickt nach dem Vorbild
türkischer Motive
37 x 81 cm
Inv.-Nr. 20841 šč RB-230
1905 mit der Slg. Schtschukin an das
Museum gekommen   L. E.

26
Schulterbesatz eines Phelon

Moskau, Ende 17. Jh.
Schwarzer Samt mit „angelegtem Gold
und Silber" und mit Seidenfäden
bestickt.
34,5 x 86 cm
Inv.-Nr. 19937 šč RB-327
1905 mit der Slg. Schtschukin an das
Museum gekommen   L. E.

Schulterbesätze wurden auf Leinen
gestickt, auf die das Muster zuvor mit
Holzmodeln gedruckt worden war. In der
Regel wurde dafür schwarze oder orange
Ölfarbe verwendet.
Im 17. Jahrhundert liebte man für die
Ornamente vor allem Pflanzenmotive:
Weintrauben, Tannenzapfen, Blumensträuße in Vasen vor kleinteiligem, geometrischem Grund. Hierin macht sich
der Einfluß westeuropäischer Seidengewebe bemerkbar, die man von der Kleidung, von Dekorationen und Buchein-
bänden her kannte.   L. E.

Katalog-Nr. 27

27
Schulterteil – Opleč'e (Оплечье)

Moskau, Ende 17.–Anfang 18. Jh.
Reliefstickerei aus Silber- und Goldlahn
mit geflochtener Silberschnur und Pailletten auf Samt; Leinenfutter mit Scha-
blonendruck
42 x 95 cm
Inv.-Nr. 55753 V-4

Die gesamte Fläche des Schulterteils
eines Phelon ist mit einem Pflanzen-
ornament überzogen. Im 17. Jahrhundert
dominierten hierbei Pflanzentriebe,
Weintrauben, Tannenzapfen und Blumensträuße in Vasen. Es sind Motive, die
von westeuropäischen Seidenstoffen
übernommen worden sind. Solche importierten Stoffe wurden für Kleider, zur
Dekoration von Innenräumen und zum
Einbinden von Büchern benutzt.

Gedruckte Muster, wie auf dem Leinenfutter, waren damals sehr verbreitet. Im
17. und am Anfang des 18. Jahrhunderts
waren sie in der Regel monochrom:
schwarz oder orange. Die Muster wurden
mit Hilfe von Schablonen und Ölfarbe
auf den Stoff aufgetragen   L. R.

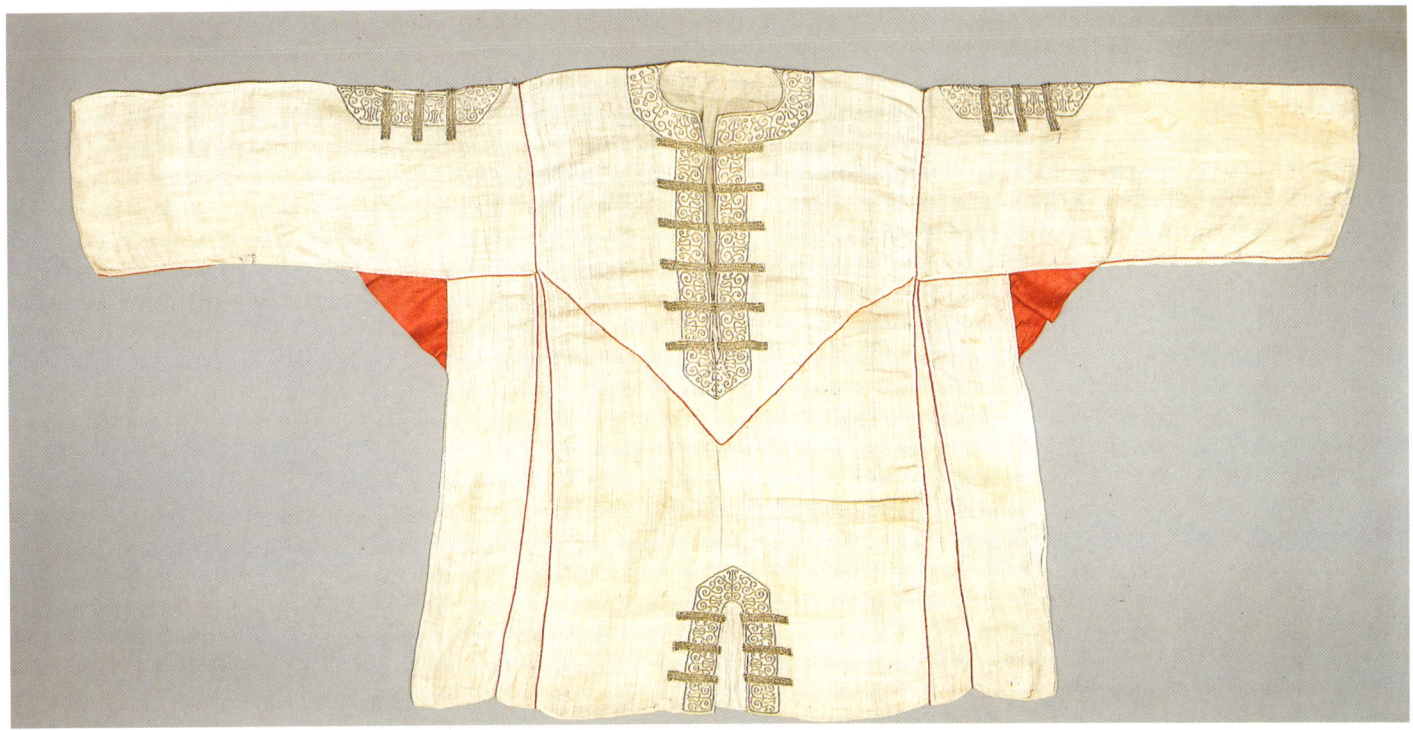

Katalog-Nr. 28

28
Herrenhemd eines Bojaren

Moskau, Ende 17. Jh.
Baumwolle mit Gold- und Silberstickerei
Länge: 184 cm
Inv.-Nr. 54722 B-142   L. E.

29
Hemd eines Knaben

Moskau, Ende 17. Jh.
Baumwolle, Goldlitzen
Länge: 46,5 cm
Inv.-Nr. 56746 B-144   L. E.

Diese Hemden können nur reichen und vornehmen Personen gehört haben. In Dokumenten des 17. Jahrhunderts werden sie als Besoldung durch den Zaren erwähnt (государево жалование). 1624 heißt es in einer Aufzählung von Gewändern: „Leinenhemden ... mit Gold im Stilstich am Kragen und an den Schlitzen bestickt, an den Achseln durch drei Goldösen zusammengezogen. Flossen (?, vermutlich sind die Zwickel gemeint) aus Baumwollsatin und venecianischem Taft". Es ist bemerkenswert, daß der Schnitt solcher Hemden mit dem Zwickel unter dem Ärmelansatz (подоплека) – an dem Herrenhemd aus rotem Stoff eingesetzt – sich bei der russischen Volkstracht bis in das 1. Viertel des 20. Jahrhunderts gehalten hat.   L. Efimova

Auch Olearius ist der Luxus solcher Hemden und der merkwürdige Schnitt aufgefallen, so daß er sie in seinem 3. Kapitel „Von den Russen selbst ..." ausführlich beschreibt: „ihre Hemden sind weit, aber kurz, gehen kaum über das Gesäß, sind um den Hals platt ohne Falten, auf dem Rücken von den Schultern herunter in Form eines Triangels gefüttert und mit roter Seide genäht. Bei etlichen sind die Zwickel unter den Armen wie auch unten an den Seiten von rotem Taffet gar zierlich gemacht. Die Reichen lassen ihre Hemden an den Halskragen, so einen guten Daumen breit sind, desgleichen vorn herunter, bisweilen mit Gold und Perlen benähen, welche dann aus den Kaftanen herausragen, und haben am Ende des Kragens zwei große Perlen, goldene oder silberne Spangen hängen." An dieser Stelle beschreibt Olearius schon die asymmetrische, seitlich angebrachte Verschlußleiste am Hemdkragen, wie sie heute noch für die „Russenhemden" typisch sind.   Hrsg.

◀ Katalog-Nr. 30

„Schirinka" – Kleines Schmucktuch

zu Nr. 30, 31

Kleine Tücher, die mit Seide, Brokatfäden und echten Perlen bestickt sein können, sind eine notwendige Ergänzung eines Festtagsgewandes. „Schirinki" (Pl.) wurden daher oft von Bräuten ihrem Bräutigam als Hochzeitsgeschenk gestickt. Beim Tanzen waren sie ein unverzichtbares Requisit, das noch heute bei keinem Volkstanz fehlen darf. Schon Olearius beschreibt das Tanzen mit diesen Tüchlein im Jahr 1656: „denn die Russen führen nicht, wie bei den Deutschen üblich, einander an der Hand herum, sondern jeglicher tanzt für sich allein. Es besteht aber ihr Tanzen meist aus Bewegungen der Hände, Füße, Schultern und Hüften. Sie haben, sonderlich die Weibspersonen, buntgenähte Schnupftücher in Händen, welche sie dabei umherschwenken."

Im 4. Kapitel erzählt Olearius von einem Brauch, den er in Narva am Samstag vor Pfingsten beobachtet hatte. An diesem Tag gehen die Russen, wie heute am Osterfest, auf die Friedhöfe, um ihre verstorbenen Verwandten und Freunde zu ehren. „Der Gottesacker war voller russischer Weiber, die hatten auf den Gräbern und Leichensteinen schöne benähte, bunte Nasentücher ausgebreitet, auf welchen sie in Schüsseln drei oder vier lange Pfannkuchen und Piroggen ... und gefärbte Eier gelegt." Diese Kuchen wurden nach dem Segen an die Umstehenden verteilt. Heute werden sie zum Andenken an die Toten am Grab gegessen. Für diesen Kult wurden auch schöne Schirinkas benutzt. Diese Tücher wurden nach Olearius von den vornehmen Damen selbst gestickt, was mit ihrer traditionellen Beschäftigung in den Svetlici durchaus im Einklang steht. In seinem Kapitel „Vom Zustand russischer Weiber" (7. Kapitel) schreibt er: „Gleichwie großer Herren und Kaufleute Kinder wenig oder gar nicht zur Haushaltung angehalten werden, also nehmen sie sich auch hernach im Ehestand desselben gar wenig an, sitzen nur, nähen und sticken mit Gold und Silber schöne Nasentücher auf weißem Taffet und reiner Leinwand, kleine Geldbeutelchen und dergleichen."

Schirinkas konnten so kostbar sein, daß sie sogar als Staatsgeschenke dienten, die mit anderen Ländern ausgetauscht worden sind.

Auch im sakralen Bereich gibt es Schirinki. Hier werden sie zum Auswischen des Kelches nach dem Abendmahl benutzt. Auch diese sind kostbar gearbeitet.

Hrsg.

30
Schirinka

Moskau, 17. Jh.
Seidentaft mit Gold- und Silberstickerei
53 x 54 cm
Inv.-Nr. 20028 ščS-368   L. E.

31
Schirinka

Rußland, 17. Jh.
Seidentaft, Gold- und Silberstickerei
35 x 39 cm
Inv.-Nr. 75365 RB-2701   L. E.

Möbel
und Raumausstattung

32
Zahltisch

Rußland, 17. Jh.
Kiefer, Linde, geschnitzt
74 x 78 x 61 cm,
Inv.-Nr. 16211 šč/660
1905 aus der Slg. Schtschukin

Ein solcher Zahltisch hatte eine abklapp-
bare Tischplatte und diente gleichzeitig
als Truhe.   N. K.

Katalog-Nr. 33

34
Kienspanständer

Rußland, 17. Jh.
Linde, geschnitzt, Schmiedeeisen
110 x 29 x 15 cm
Inv.-Nr. 42015/2455

Solche Kienspanständer wurden als Leuchter verwendet. Als Lichtquelle diente ein Span, meist aus Birkenholz, den man in den Dochthalter aus Metall steckte. Die Form des Ständers erinnert an mittelalterliche Kirchenfenster und gibt die Eigenart des altrussischen Dekors wieder. N. G.

Katalog-Nr. 34

33
Armlehnstuhl

Rußland, 17. Jh.
Linde, Kiefer, geschnitzt
81 x 52 x 41 cm
Inv.-Nr. 4333 šč/1355
1905 aus der Slg. Schtschukin

35
Tisch der Regentin Sofia

Rußland, Ende 17. Jh.
Linde, Levkas, mit Tempera bemalt
73 x 114 x 59 cm
Inv.-Nr. 19234/665
1901 aus dem Neujungfrauen-Kloster in
Moskau

Dieser Tisch stammt aus dem Besitz der
Regentin Sofia, der Schwester des Zaren
Peter I. Er gehörte zur Einrichtung ihrer
Gemächer während ihrer Verbannung im
Novodevitschij Kloster (Neujungfrauen-
Kloster).   N.K.

Die Tischplatte ist mit Ornamenten bemalt, wie es für die russische Möbelkunst
im 17. und in der ersten Hälfte des 18.
Jahrhunderts charakteristisch gewesen
ist. In Musterung und Farbigkeit wirkt
die Malerei wie ein Orientteppich.
                                    Hrsg.

Katalog-Nr. 36

Truhen

zu 36–38

Im 17. und am Anfang des 18. Jahrhunderts gehörten Truhen zu den wichtigsten Möbeln eines jeden Hauses. In ihnen wurden Bücher, Wertpapiere, Geld und Kostbarkeiten, aber auch Kleidung und andere Gebrauchsgegenstände aufbewahrt.

Eines der bedeutendsten Zentren der Truhenfertigung war die Stadt Groß-Ustjug an der Severnaja Dvina (Nördliche Düna).

Die Truhen wurden aus Hartholz, meist Eiche, hergestellt und zur Erhöhung der Festigkeit zusätzlich mit Eisenbändern, die mit eingestanzten Öffnungen verziert waren, beschlagen. Diese gestanzten Verzierungen wurden mit Glimmer, farbigem Papier oder Folie unterlegt, um ihre Schmuckwirkung zu steigern.

Zwei Sonderformen von Truhen waren besonders beliebt: der Podgolovok, eine Truhe mit abgeschrägtem Deckel als Kopfstütze, und der Teremok, eine Truhe in Form eines Terem, des Frauengemachs eines altrussischen Turmhauses. Die Bezeichnung „Kopftruhe" für den Podgolovok (unter dem Kopf) entstand dadurch, daß man diese Holzkästen beim Schlafen auf Reisen unter den Kopf schob und so sein Hab und Gut bewachen konnte. Der Teremok hatte zwei Deckel und auch zwei Fächer. Der Aufsatz wurde als Geheimfach ausgearbeitet und konnte mit einem eigenen Schlüssel gesichert werden. Die Innenseite des Deckels wurde meist bemalt.

Natalja Gontscharova

36
Kleine Kopftruhe (Podgolovok)

Groß-Ustjug, 1688
Eiche, Schmiedeeisen, Levkas, Glimmer, Malerei
23,5 x 41 x 54 cm
Inv.-Nr. 24973/43
Auf der Inschrift: „Kopfstütze von Nikita Savinovič Potapov" und in Buchstaben das Datum „der Mai des Jahres 1688".
Im Mittelpunkt der Darstellung auf der Innenseite des Deckels ein Lebensbaum sowie ein Löwe und ein Einhorn, die sich aufeinander stützen. Der Mann und der Jüngling, die in Gewänder des 17. Jh. gekleidet sind und Lanze, Säbel und Banner tragen, lassen sich symbolisch als die Wärter der Truhe deuten. Die mit Ornament verflochtene Inschrift nennt den Auftraggeber und das Entstehungsdatum der Truhe. Die Malerei zeigt Anklänge an die Buchminiatur.   N.G.

37

Gestaffelte Truhe (Teremok)

Groß-Ustjug, Ende 17. – Anfang 18. Jh.
Eiche, Schmiedeeisen, Levkas, Malerei
40 x 35,5 x 40,5 cm
Inv.-Nr. 16480 šč/1669
1905 aus der Slg. Schtschukin

Die Truhe hat zwei Deckel, auf dem
ersten ist ein Reiter mit Pistole, auf dem
zweiten eine Dame und ein Kavalier stehend in Kostümen des 18. Jh. dargestellt.
N.G.

38   Abb. S. 69

**Kleine Truhe (Teremok) mit
Metallbeschlägen**

Groß-Ustjug, 1720–1730
Linde, Rotholz, Schmiedeeisen, Levkas,
Malerei
32,5 x 39 x 50,5 cm
Inv.-Nr. 38750/1676

Auf der Inschrift: „Drei Faule liegen im
Weinberg; sie sind gesund doch faul, zu
faul, um aufzustehen und Trauben zu
pflücken; aber essen wollen sie".
Die Eisenbänder der Truhe sind mit
geschmiedeten Nägeln, die perlförmige
Köpfe haben, befestigt. Die Darstellung
auf der Innenseite des Deckels zeigt drei
Jünglinge in charakteristischen altrussischen Gewändern in einem runden
Rahmen. Die übrige Fläche ist mit einem
komplizierten Muster aus Gräsern,
Blumen und Vögeln gefüllt.   N.G.

Katalog-Nr. 37

Goldschmiedekunst

Katalog-Nr. 39

39
Gewandschließe – „Spitze"

Rußland, Ende 17. Jh. bis Anfang 18. Jh.
Gold, Smaragd, Diamanten, Rubine,
Saphire, Email
3,8 x 3 cm
Inv.-Nr. 81527-13552 ok

40   **Abb. S. 75**
Gewandschließe, viergliedrig – „Spitze"

Moskau, 2. H. 17. Jh.
Gold, Email, Diamanten
Maße je Glied: 2,4 x 2,6 cm
Inv.-Nr. 50164-3507 ok

41
Gewandschließe, viergliedrig – „Spitze"

Moskau, 2. H. 17. Jh.
Gold, Email, Diamanten
Maße je Glied: 2,4 x 2,6 cm
Inv.-Nr. 6919 šč/3506 ok
1905 aus der Slg. Schtschukin

42
Knopf

Rußland, 17. Jh.
Silber
5,2 x 3,5 x 3,5 cm
Inv.-Nr.11386 šč/7415 ok
1905 aus der Slg. Schtschukin

43
Knopf

Rußland, 17. Jh.
Silber, vergoldet
5,8 x 3,9 x 3,9 cm
Inv.-Nr. 11392 šč/7500 ok
1905 aus der Slg. Schtschukin

44
Knopf

Rußland, Mitte 17. Jh.
Silber, vergoldet
7,2 x 5,3 x 5,3 cm
Inv.-Nr. 50489/15781 ok

45
Knopf

Moskau, 1. H. 17. Jh.
Silber, vergoldet, Türkis
7,4 x 4,6 x 4,6 cm
Inv.-Nr. 56115/7412 ok

46
Knopf

Rußland, 17. Jh.
Silber, vergoldet
7,3 x 5,0 x 5,0 cm
Inv.-Nr. 75701/91-8479 ok

47
Knopf

Rußland, 17. Jh.
Silber
6,0 x 4 x 4 cm
Inv.-Nr. 75701/93-8481 ok

48
Knopf

Rußland, 17. Jh.
Silber, vergoldet
6,6 x 4,5 x 4,3 cm
Inv.-Nr. 96828/2-15429 ok

50
Tscharka (Schale) für Zar Fedor

Rußland, letztes V. 17. Jh.
Silber, vergoldet, Niello
H: 6,9 cm, Dm:13 cm
Inv.-Nr. 692 šč/1162 ok
1905 aus der Slg. Schtschukin

Wandung mit islamischen Ornamenten.
Auf dem Rand die Inschrift: „Gottes
Gnade dem großen Herrscher und
Zaren, dem Großfürsten Fedor Alekseevič (Alexeevitsch) dem unumschränkten Herrscher von ganz Groß-, Klein-
und Weißrußland".   N. T.

49
Ohrringe der Natal'ja Kirillovna
Naryschkina, Mutter Peters des Großen

Moskau, 17. Jh.
Silber, Perlen, Perlmutt, Glas, Email
6,1 x 3,1 cm
Inv.-Nr. 44674/3536 ok

51
Becher auf Kugelfüßen

Moskau, 1696–1697
Silber, Niello
H: 19,2 cm, Dm: 13,1 cm
Inv.-Nr. 82417/13996 ok

Katalog-Nr. 54

52
Schale des Metropoliten

Moskau, 1699
Silber, vergoldet, Niello, reliefiert
H: 8 cm, Dm: 20,4 cm
Inv.-Nr. 54823/1171 ok

Auf dem Rand in vier Feldern die Aufschrift: „Diese Schale für die Zelle der Eminenz Trifilij, Metropolit von Nižnij Novgorod und Alatyr' wurde im Jahre ..33 (1699) im Monat Februar am K (20.) Tag geschaffen und hat an Gewicht RP 180 Solotniki (Gewichtsmaß: 180 x 4,25 g) Silber".   N. T.

53
Becher

Rußland, Ende 17. bis Anfang 18. Jh.
Silber, vergoldet, Niello
H: 11,4 cm, Dm: 8,7 cm
Inv.-Nr. 315 šč/1020 ok
1905 aus der Slg. Schtschukin

54
Becher vom Sohn Peters des Großen

Moskau, Anfang 18. Jh.
Silber, vergoldet, Niello
H: 8,1, Dm: 7,0 cm
Inv.-Nr. 3414 šč/1096 ok
1905 aus der Slg. Schtschukin

In drei Kartuschen der Hinweis auf den Besitzer: „Herrscher von ganz Groß-, Klein- und Weißrußland, wohlgeborener Zarewitsch und Großfürst Aleksej Petrovič".   N. T.

55
Schreibgerät

Moskau, Peter Ivanov, Anfang 18. Jh.
Silber, vergoldet, Niello
Tintenfaß: H: 9 cm, Dm: 5,5 cm,
Federhülse: L. 20,9 cm, Dm. 1,5 cm
Inv.-Nr. 18397 šč/650 ok
1905 aus der Slg. Schtschukin

Solche Schreibgeräte hatten wandernde Schreiber, die auf den Marktplätzen Schriftstücke für die schreibunkundige Bevölkerung gegen Bezahlung abfaßten.
                                        Hrsg.

56
Kasten der Fürstin Ul'jana Volkonskaja

Rußland, 2. H. 17. Jh.
Silber, vergoldet, Buchsbaum
18,2 x 30,5 x 17,7 cm
Inv.-Nr. 38288/11311 ok

Emailarbeiten

zu 57–60

Im letzten Viertel des 17. Jh. entwickelte sich die Emailmalerei in den Werkstätten der Stroganovs in Sol'vyčegodsk (Solvytschegodsk). Das charakteristische Aussehen der Emailwaren von Solvytschegodsk war eine leuchtend farbige Malerei auf schneeweißem Grund, der die Gegenstände aus Silber fast vollständig überzog. Die Farben waren hauptsächlich kräftige Gelb-, Rot-, Blau- und Grüntöne, die von schwarzen Äderchen durchzogen waren. Sonnenblumen auf gebogenen Stengeln, Darstellungen von Menschen, Tieren und Vögeln wurden zu Markenzeichen dieser Emailarbeiten. Bei den Ornamenten dominierten vor allem die Tulpen, die im Kunsthandwerk Westeuropas und später auch Rußlands im gesamten 17. Jahrhunderts in Mode blieben.

Eine beliebte Technik im 17. Jahrhundert war die Kombination von Email und Filigran. Dabei wurden auf die Oberfläche des Gegenstandes feine Muster als Blumenrosetten, Girlanden, Kreise und Ovale aus gedrehten dünnen Drähten aufgelötet, mit weißer Email ausgefüllt und anschließend farbig staffiert. So wurde bereits im 17. Jh. in Solvytschegodsk eine Kombination dieser beiden Techniken angewandt.

Die Ausstellung zeigt verschiedene Beispiele der Emailarbeiten, die im 17. Jahrhundert in den Werkstätten von Solvytschegodsk entstanden sind, wie Puder- und Rougedöschen, Kästchen und Schalen. Die starke Verbreitung von Toilettendöschen im 17.–18. Jahrhundert ist damit zu erklären, daß zu jener Zeit weiße Schminke, Rouge, Wimpern- und Brauenfarbe unverzichtbare Bestandteile der weiblichen Toilette darstellten. Die Döschen erhielten dadurch auch ihre Bezeichnungen: Weißschminkdöschen, Rougedöschen und Klebedöschen zum Aufkleben von Schönheitspflästerchen. Die Gestaltung und Bemalung der einzelnen Objekte entsprechen der Form und Funktion der Gegenstände. So korrespondieren die leuchtenden gemalten Blumengirlanden auf dem Boden einer Schale mit ihrer gerundeten Form. Zwischen den Pflanzenornamenten tauchen immer wieder Tiergestalten auf:

Katalog-Nr. 57

Katalog-Nr. 58

Katalog-Nr. 59

Hase, Reh, Wolf, Schwan und Einhorn. Die Emailarbeiten waren aufgrund der diffizilen Technik, der importierten Emailfarben und des kostbaren Metalls keine Gegenstände, die große Verbreitung finden konnten. Sie waren im 17. Jahrhundert als kostbare Kunstobjekte dem Zarenhof und den Bojaren vorbehalten.   Nadeshda Troepolskaja

57
Schale

Sol'vyčegodsk, 4.V. 17. Jh.
Silber, Email
H: 1,8, Dm: 10,2 cm
Inv.-Nr. 50191/717 ok

58
Kästchen

Sol'vyčegodsk, 4. V. 17. Jh.
Silber, Email
L: 10,5, B: 7, H: 9,0 cm
Inv.-Nr. 6936 šč/729 ok
1905 aus der Slg. Schtschukin

59   **Unterseite Abb. S. 119**
Schale

Sol'vyčegodsk, Ende 17. Jh.
Silber, Email
H: 4,9 cm, Dm: 15 cm
Inv.-Nr. 80868/14071 ok

In der Mitte der Schale die Darstellung eines Vogels, der einen anderen Vogel zerfleischt. Die Unterseite mit schmalem Standring ist nach Kupferstichvorlagen ebenfalls flächendeckend bemalt.   N. T.

60
Dose

Sol'vyčegodsk, 4.V. 17. Jh.
Silber, Email
4 x 4,5 cm
Inv.-Nr. 1505 šč/725 ok
1905 aus der Slg. Schtschukin

60a
Dose

Sol'vyčegodsk, 4. V. 17. Jh.
Silber, vergoldet, Email
5,2 x 5,7 cm
Inv.-Nr. 1504 šč/723 ok
1905 aus der Slg. Schtschukin

18. Jahrhundert

18. Jahrhundert
Allrussisches Imperium

Gisela Reineking von Bock

Im 18. Jahrhundert hat Rußland den Anschluß an Westeuropa gesucht und gefunden. In der Zeit um 1700 leitete Peter der Große eine schroffe Wende, eine totale Perestroika in seinem Land ein. Er handelte entschlossen, kühn und zielstrebig, zerstörte alte Strukturen und legte den Grund zu einem neuen Lebensstil. Energisch, oft auch willkürlich und gewaltsam, griff er in das Alltagsleben seiner Untertanen ein. Rußland sollte die reichsten Staaten Europas einholen und weltweit als Großmacht anerkannt werden. Als erster russischer Herrscher reiste er 1697/98 inkognito mit einer „Großen Ambassade" in das Ausland und ließ sich dort in mehreren Berufen ausbilden. Zurückgekehrt führte er Reformen durch, die das Leben in Rußland grundlegend veränderten. Dazu gehörte auch, daß er im Jahr 1700 die neue europäische Jahreszählung anordnete, und den altrussischen, biblischen Kalender, nach dem das Jahr 7209 erreicht war, aufgab. Das Jahr begann nun wie in Westeuropa mit dem 1. Januar und nicht im September, wie früher. Er gab Befehle, sich westeuropäisch zu kleiden und die Bärte zu rasieren. Seit 1721 wurde er nicht mehr Zar genannt, sondern „Imperator", und sein Land war nun das „Allrussische Imperium". Hiermit hatte er offiziell mit der altbyzantinischen Tradition gebrochen und sein Land in den historischen Verband Westeuropas gestellt.

Am Anfang des 18. Jahrhunderts hatte Peter der Große Schweden als Vormacht des nördlichen Mitteleuropa abgelöst, und später, im ausgehenden 18. Jahrhundert, verschwand Polen nach seiner dreimaligen Teilung von der politischen Landkarte. Rußland hatte am Jahrhundertende daher gemeinsame politische Interessen mit Österreich und Preußen und war in deren unmittelbare Nachbarschaft gerückt.

Unter diesen Voraussetzungen änderte sich in Rußland die Einstellung und das Verhalten den Ausländern und dem Ausland gegenüber grundlegend. Man akzeptierte internationale Kontakte als Selbstverständlichkeit. Feindseligkeiten entfielen weitgehend und freundschaftliche Beziehungen wurden aufgebaut. Die Gründung der neuen Hauptstadt St. Petersburg, 1703, hatte den Zugang zur Ostsee gebracht und das Fenster zum Westen aufgestoßen. Petersburg wurde eine prunkvolle Hafenstadt, der wichtigste Exporthafen des Landes. Der Mut zum Bau einer Großstadt in einem zuvor kaum besiedelten Landstrich muß Peter dem Großen durch die Eindrücke auf seiner Großen Ambassade gekommen sein. In Dresden hatte er gesehen, wie die Neustadt nach dem Brand von 1685 wieder vollständig und im Stil der Zeit aufgebaut wurde. Und in Wien, wo er mit Kaiser Leopold I. und Prinz Eugen von Savoyen zusammengekommen war, erlebte er nicht nur die zahlreichen Baustellen, die nach der Zerstörung durch die Türken notwendig geworden waren, und die seit 1687 der Stadt ein neues Gesicht gaben. Er wird auch das Schloß Schönbrunn

Karikatur auf das Bemühen Peters des Großen, die alte russische Gesellschaftsordnung zu verändern. Von seiner grossen Europareise zurückgekehrt, schnitt er einigen Bojaren eigenhändig die Bärte ab. Holzschnitt, Rußland, Anfang 18. Jh.

Katalog-Nr. 105a
Necessair, Gold, England, 18. Jh.

in seinen Fundamenten gesehen und gelernt haben, daß große Projekte, wie der gigantische Schloßentwurf von Fischer von Erlach, gut kalkuliert werden müssen, wenn ihre Verwirklichung nicht scheitern soll.[1]

Durch die Eroberung der Baltischen Länder Estland und Livland, dem ehemaligen Land des Deutschen Ritterordens und politisch organisiert durch die deutschen Baltischen Ritterschaften, hatte Rußland nun seine „eigenen Deutschen". Dies hat die Europäisierung später sehr gefördert, da viele deutsche Adlige aus den baltischen Ritterschaften am Petersburger Hof hohe Stellungen einnahmen, bzw. Hofdamen der Zarin geworden sind. Sie übertrugen, verstärkt durch die dynastischen Verbindungen der Folgezeit, ihre Ideale und Denkweise nach Rußland. Ja, ihnen ist eine wesentliche Mittlerrolle nicht abzusprechen, da viele von ihnen beide Sprachen (Deutsch und Russisch) beherrschten, was damals eine Seltenheit war. Das Baltikum war in seiner politischen, wirtschaftlichen und sozialen Struktur echtes Abendland und hatte seit dem 13. Jahrhundert durch den Deutschen Ritterorden und seit dem 16. Jahrhundert durch die Ritterschaften und die Niederlassungen der Hanse eine deutsche Oberschicht und eine deutsche Prägung erhalten. Doch an den Petersburger Hof kamen auch Deutsche aus dem „Reich". Während der Regierungsjahre der Zarin Anna (1730–1740) nahm ihre Zahl so sehr zu, daß Neid und Haß ihnen gegenüber aufkamen.

Dies alles bekam die Zarin Katharina II. (1761–1796) in den Griff, die als deutsche Prinzessin von Anhalt-Zerbst nach Rußland gekommen war und sich in ihrer neuen Heimat betont russisch verhielt, um ihrem Land eine gute Regentin zu sein. Dies ist nicht ungewöhnlich, da im 18. Jahrhundert allgemein noch kein nationales Bewußtsein ausgeprägt war, und die Menschen in der guten Erfüllung ihrer Pflichten ihren Lebenssinn gesehen haben.

Die Verbindung zwischen Rußland und den deutschen Ländern wurde unter Katharina II. dennoch immer enger. Sie holte nicht nur Bauern nach Rußland, die sie u. a. an der mittleren Wolga angesiedelt hat, sondern auch viele Wissenschaftler, Ärzte und Künstler, die alle das geistige und kulturelle Leben wesentlich beeinflußt haben. Die Skeptiker, die in Rußland den wilden Osten sahen, blieben dem Land fern. Es gab aber genügend Idealisten, die glaubten, in Rußland mit Hilfe aufgeschlossener Monarchen die schönsten Projekte für den sozialen und kulturellen Fortschritt verwirklichen zu können. Diejenigen, die damals an der westeuropäischen Zivilisation bereits verzweifelten, hofften in Rußland und überhaupt im Osten noch reine Quellen des Menschlichen und der Menschlichkeit zu erschließen.[2]

Innerhalb des 18. Jahrhunderts ist die Bevölkerung in Rußland durch Gebietsgewinn und Zuwanderung stark angewachsen. Zählte man 1719 7,8 Mio. Seelen (besteuerbare Männer), so waren es 1795 – 18,7 Mio. Die Bauern waren davon 90%; 1,5% waren Adlige, 3–4% Städter, und der Rest bestand vor allem aus Nomaden. Rußland war ein Agrarland, doch die Erträge der Landwirtschaft waren gering, mitunter betrugen sie nur

1 Das ausgeführte Schloß Schönbrunn ist eine sehr bescheidene Variation des ersten großartigen Entwurfs, der Fischer von Erlach sofort berühmt gemacht hatte. Sein erster Plan war für eine Verwirklichung zu großartig angelegt und mußte reduziert werden.

2 Lew Kopelew: Einleitung. Neues Verständnis und neue Mißverständnisse, neue Verbindungen und neue Widersprüche. In: Russen und Rußland aus deutscher Sicht. 18. Jahrhundert. West-östliche Spiegelungen, Reihe A, Bd. 2, München 1987, S. 31.

das Zwei- bis Dreifache der Aussaat. So waren Mißernten stets eine präsente Gefahr. Der Adlige, der über Land und Leibeigene verfügte, brauchte daher mindestens 100 Seelen, um ein bescheidenes Leben zu führen. Nur 18% des Adels aber hatte so viele Seelen, 51% hatten weniger als 20, und nur 1% besaß mehr – oft viel mehr – als 1000 Leibeigene. Katharinas Günstling Potemkin z. B. bekam mit nur einer Schenkung 37 000 Seelen überschrieben![3] Neben diesem spärlich verteilten Besitz gab es weite staatliche Ländereien, auf denen sogen. „Staatsbauern" lebten. Hiervon konnten die Zaren freigebig Land und Leute für besondere Verdienste verschenken (Urkunde Kat.-Nr. 265), da dem Staat dadurch keine Steuereinnahmen entgingen. Für jede Seele wurden die gleichen Abgaben gezahlt, unabhängig vom Besitzverhältnis.

Der Hof der Zarin Elisabeth und mehr noch der von Katharina II. übten eine große Anziehungskraft auf Architekten, Bildhauer, Maler und Kunsthandwerker aus westeuropäischen Ländern aus. Hier fühlten sie sich unter Gleichgesinnten Zuhause und dank der großzügigen Möglichkeiten, die territorial oder finanziell das in Deutschland gewohnte Maß bei Weitem überschritten, zu besonderen Leistungen angeregt. Sie schufen Werke, deren Glanz die Jahrhunderte überdauerten und den strahlenden Rahmen des Zarenhofes dokumentieren. Auch der Kunsthandel und das Verlagswesen blühten. Katharina die Große erweiterte die berühmte Gemäldegalerie der Ermitage, bereicherte Bibliotheken und Kunstkabinette, und der Hochadel stand ihr in der Anhäufung auserlesener Reichtümer nicht nach. Ein eigenes Theater, einen eigenen Musentempel zu haben, gehörte zum aristokratischen Renommée. Graf Scheremetev, einer der reichsten Männer seiner Zeit, baute am Rand von Moskau in Ostankino ein Theater-Schloß, das in Europa nicht seinesgleichen hat. Wie bei ihm, so wurden viele der Leibeigenen zu hervorragenden Künstlern und Kunsthandwerkern ausgebildet (Kartentisch, Kat.-Nr. 89). Durch ihre Arbeit halfen auch sie, das Aussehen Rußlands zu verschönern und von den Künstlern aus Westeuropa unabhängig zu sein. Man lernte in Rußland, um Moskau, damals auch Seide zu weben (mit der gleichzeitig entwickelten Seidenraupenzucht in der Ukraine), wofür es keine eigene Entwicklung gegeben hat (Kat.-Nr. 123–128), und die aus dem Westen kommende Lackmalerei entwickelte sich bis heute zu einem so typischen russischen Kunsthandwerk, daß die westeuropäische Wurzel nicht mehr zu erkennen ist.

Die Hofbälle Katharinas wurden als besondere Pracht Europas gepriesen. Unzählige Brillanten blitzten am Schmuck der Damen und an den Orden der Herren (Kat.-Nr. 403, 404). Der englische Historiker und Weltreisende U. Cox schreibt nach einem Besuch im Winterpalais: *„In den meisten europäischen Ländern werden solche Kostbarkeiten fast ausschließlich von den Damen getragen; aber in Rußland wetteifern die Herren in ihrer Wirkung mit diesen. Viele der Herren sind mit Brillanten besät: Knöpfe, Degen, Säbelgriffe, Epauletten – alles ist mit Brillanten besetzt … Die Ordenssterne aus Brillanten sind daneben nichts Besonderes."*[4] Und der Hofjuwelier I. Pauzié beschreibt den unglaublichen Prunk der Hofdamen:

Katalog-Nr. 115
Tabakdose mit Chinoiserie. Rußland, 2. H. 18. Jh.

3 Katharina II: Memoiren. Bd. 1, München 1987, S. 333.

4 T. B. Кудрявцева: Декоративно-прикладное искусство екатерининской эпохи. T. V. Kudrjavceva: Angewandte Kunst zur Zeit Katharinas II., S. 31 im Ausstellungskatalog: Екатерина Великая. Государственный Эрмитаж, Санкт-Петербург 1993 (Katharina d. Gr. – Staatliche Ermitage, St. Petersburg 1993).

Transport des Sockels für das Denkmal
Peters I.
Der Felsen wurde während des Trans-
portes bearbeitet. Jakob van Schley, 1782

„*Selbst die Damen von relativ niedrigem Rang tragen Brillanten im Wert
von 10–12 000 Rubel.*"[5] Wie überall in Europa im 18. Jahrhundert, so wurden auch in St. Petersburg und in Moskau viele Gelegenheiten wahrge-
nommen, große Feste als publikumwirksames Staatstheater zu feiern. So
wurde mit gut organisiertem Pomp am 7. August 1782 das große Reiter-
denkmal für Peter I. in Petersburg eingeweiht. Schon der Transport des
großen Steinpodestes wurde gezielt werbewirksam ausgeführt, und alles
haben Künstler durch Graphiken dokumentiert.[6] Der hohe Adel aber
wetteiferte mit dem Staat in der Prachtentfaltung. Graf Scheremetev gab
eines der eindrucksvollsten Festessen in seinem Schloß Ostankino. „*Nie
habe ich eine solche Vielfalt an goldenen und silbernen Geschirren gesehen,
wieviel Porzellan, Marmor und Porphyr! Als Abschluß, manchen mag es
unglaublich klingen, standen auf der Tafel an die 100 Kristallschalen, die mit
Edelsteinen von höchstem Wert und jeder Art in allen Farben geschmückt
und angefüllt waren.*" – beschreibt ein französischer Reisender. Davor
erzählt er, daß der Vizekanzler, Graf I. A. Ostermann, jährlich vier große
Festessen zu Ehren der Zarin gab: aus Anlaß ihres Geburtstages, der
Inthronisation, der Krönung und des Namenstages. Bei diesen Diners war
der Tisch für je 300 Personen gedeckt. Die silbernen Deckelschüsseln hätten dort in zwei Reihen gestanden.[7]

Neu war im 18. Jahrhundert auch das Gesellschaftsleben, bei dem beide
Geschlechter ungezwungen miteinander verkehrten. Die Damen verlies-
sen den Terem und mischten sich ohne Scheu unter die Herren. Ungewöhnlich waren zunächst die großen Festessen in bunter Gesellschaft an
großen Tafeln mit ungewohnten Gefäßen und neuen Gerichten, die man
zu würdigen erst lernen mußte. Die Umgangsformen bei Tisch änderten
sich und völlig ungewohnt waren Bälle und Maskeraden, bei denen jeder
jedem begegnen konnte, und bei denen die Zarin Elisabeth sogar die
Rollen zu tauschen erlaubt hat. Der charmante Flirt hierbei war ein neues

5   Т. В. Кудрявцева: Декоративно-прик-
ладное искусство екатерининской эпохи.
T. V. Kudrjavceva: Angewandte Kunst zur
Zeit Katharinas II. S. 31 im Ausstellungs-
katalog: Екатерина Великая. Государст-
венный Эрмитаж, Санкт-Петербург 1993
(Katharina d. Gr. – Staatliche Ermitage, St.
Petersburg 1993).

6   ebendort, Nr. 68, 85. Die ausführenden
Künstler der Graphiken waren der Russe
Mel'nikov und der Holländer Jacob van
Schley.

7   ebendort, Aufsatz der T. V. Kudrjavceva,
s. o. S. 35.

Erlebnis und wird anfangs nicht leicht gefallen sein. Doch alles wurde sehr rasch zur Gewohnheit.

Das selbstbewußte Auftreten dieser neuen Gesellschaftsschicht wird durch zahlreiche Porträts belegt, die für Rußland eine neue Kunstform darstellen. Noch im 17. Jahrhundert zeigten die Bilder die Zaren, Metropoliten und Bojaren ikonenähnlich wie Priesterkönige (Kat.-Nr. 1, 2). Seit Peter dem Großen aber wurde das lebensähnliche, realistische Porträt nach dem Vorbild Westeuropas gepflegt. Der Zar wollte mit solchen Porträts das Volk beeindrucken und unterstellte diesen Bildern eine politische Wirkung, wie sie seine „Glorifizierung bei Poltava" wohl auch erlebt hat (Kat.-Nr. 6). Die ersten Maler solcher Ölgemälde waren Ausländer, doch sie hatten russische Schüler, die sehr rasch die Kunst der Ölmalerei gelernt haben. Die Auffassung einer Ikone, die durch unveränderte Kopien des Urbildes gewohnheitsgemäß in großer Zahl verbreitet worden ist, ging in Rußland in Verbindung mit den Porträts hervorragender Personen jedoch in traditionellem Sinne nie ganz verloren.

Wir wissen, daß schon Peter I. einige der von ihm gemalten Bildnisse ausdrücklich zur „offiziellen" Vorlage für Wiederholungen erklärt hat.[8] So sind in Rußland Kopien von solchen autorisierten Porträts zahlreicher als in anderen Ländern angefertigt worden. Sie wurden sicher stellvertretend für die entsprechenden Personen betrachtet und werden daher beim Publikum die gleiche Würdigung erfahren haben wie das Original. Wie bei der Ikonenmalerei haben die Maler bei solchen Wiederholungen alle Details der Urform beibehalten. Die ungewöhnlich große Zahl solcher Porträtkopien ist daher eine besondere Gruppe der Bildnismalerei in Rußland.[9]

Die obere Gesellschaftsschicht hatte in der 2. Hälfte des 18. Jahrhunderts das geistige und künstlerische Niveau der europäischen Höfe durchaus erreicht und konnte den Prunk an den deutschen Höfen sogar überbieten. Es ist eine ungeheure Leistung, die hier in erstaunlichem Tempo von nur zwei Generationen erbracht worden ist. Sicher waren die in Rußland lebenden Ausländer nicht wenig an dieser Entwicklung beteiligt, aber sie waren die Minderheit und von freundlicher Aufnahme abhängig. Alle Luxusartikel, die sie mitbrachten, wurden begeistert erworben und von russischen Kunsthandwerkern mit sich rasch verbesserndem handwerklichem Können nachgemacht. Von Möbeln bis zu kostbaren brillantenbesetzten Dosen finden wir alles, was im Westen zur glanzvollen Selbstdarstellung diente. Ja, in Tula, wo man bisher nur Waffen herstellte, erfand man im ausgehenden Jahrhundert neue Techniken, um Stahl so fein und funkelnd mit Vergoldungen zu versehen, daß kapriziöse Gebrauchsgegenstände unter der Bezeichnung „Tulasilber" wie brillantenbesetzt erscheinen, die höchste Ansprüche befriedigten und in Europa einmalig sind. Der Kavaliersdegen in der Ausstellung (Kat.-Nr. 306) zeigt, daß solche Luxusgegenstände nun auch in Rußland für westliche Auftraggeber oder als Geschenk für diese hergestellt worden sind. Ein solcher Export von Luxusgegenständen wird das Selbstbewußtsein der russischen Gesellschaft sehr gestärkt haben.

Kat.-Nr. 111
Parfümflackon als Opernglas
Westeuropa, Ende 18. Jh.

8 Ausstellungskatalog: Schätze aus dem Kreml. Peter der Große in Westeuropa. Überseemuseum Bremen, Bremen-München 1991, Kat.-Nr. 1, S. 72.

9 Besonders viele Kopien gibt es von einem Porträt der Zarin Aleksandra Fedorovna, der Gemahlin Nikolaus I., die in russischer Volkstracht mit einem auffallenden, großen Kokoschnik dargestellt ist (Kat.-Nr. 295).

167

Für die eigene Lebensführung übernahm die russische Gesellschaft aber nur jene Art der barocken Vergnügungen, die in ihrem Land sinnvoll war. So verhallte hier J. J. Rousseaus Ruf „Zurück zur Natur", da man sich noch überhaupt nicht von der Natur hatte entfernen können. Aus diesem Grund konnte auch die Lust an gekünstelten Schäferspielen nicht aufkommen, da die Hofgesellschaft auf ihren Gütern viel zu eng mit ihren Bauern zusammenlebte. Als Kontrast zum naturverbundenen Landleben fand man gerade im neuen glanzvollen St. Petersburg an dem bisher ungewohnten westlichen Großstadtleben genügend Freude und Unterhaltung. Wer die Abwechslung suchte, fuhr nach Moskau, wo man dem alten traditionsgebundenen Lebensstil bewußt folgte. Dies war die russische Variation der „Rückkehr zur Natur". Unter dieser Voraussetzung ist es verständlich, daß Schäferszenen in der russischen Kunst sehr selten sind. Vielleicht ist die Vorliebe Katharinas II., mit ihren Hofdamen die russische Volkstracht zu tragen, auch eine schäferspielähnliche Ausdrucksform, volksnahe Natürlichkeit zu zeigen.

Im Verlauf des 18. Jahrhunderts besuchten immer mehr junge Russen nicht nur die eigenen, zahlreicher werdenden Bildungsstätten, sondern auch die Universitäten im Ausland. Sie bevorzugten in Deutschland die protestantischen Universitäten, wie z. B. die in Leipzig, Halle a. d. Saale und Jena. Hier konnten sie sich geistig entfalten und die praktische wissenschaftliche Arbeit kennenlernen. Das deutsche Gedankengut, das von Arbeitsdisziplin und traditionellem Gehorsam geprägt war, kam ihrem Verständnis entgegen. Die junge Generation des hohen Adels aber war zweifellos von der französischen Aufklärung mehr angesprochen, wo der weltliche Skeptizismus, eine Antiintellektualität und die Geringschätzung religiöser Regungen in Mode kam. Auf diese Weise beeinflußt, fing die russische Gesellschaft an, sich der Übel und Fehler sozialer Verhältnisse im eigenen Land bewußt zu werden. Zielscheibe der Kritik waren die Dummheit und der schlechte Geschmack, mit welchen westliche Lebensart blind imitiert wurden, ferner die Korruption und der Mißbrauch von Autorität. All dies findet in der russischen Literatur des 18. Jahrhunderts seinen Niederschlag.

Der Ausbruch der Französischen Revolution beunruhigte den oberen Adel und vor allem Katharina II. zutiefst. Sie befürchtete deren Übergriff auf Rußland. Obwohl sie als aufgeklärte Herrscherin die Meinungsfreiheit in ihrem Land unterstützt hatte, verstärkte sie nun die Zensur aller Veröffentlichungen, der ihr Sohn Paul eine straffe Organisation geben sollte. So trieb sie die jüngere Generation, die sich das liberale Leben im Ausland zum Vorbild genommen hatte, in eine Enttäuschung, die zur Entfremdung führte. Der Weg war vorbereitet für einen Konflikt zwischen der Autokratie und einer gebildeten, moralisch leidenschaftlichen, jungen Elite – der künftigen „Intelligencija".

Zusammenfassend darf gesagt werden, daß Rußland dank des energischen Vorgehens von Peter I. und Katharina II. sich im 18. Jahrhundert einen vollwertigen Platz unter den europäischen Ländern erobert hatte. Es wurde nicht mehr von Moskovien und nicht mehr vom Großfürstentum Moskau, sondern allein vom Kaiserreich Rußland gesprochen. Für die Menschen in allen deutschen Gebieten war Rußland nicht mehr die wildfremde, kaum erreichbare, rätselhafte Ferne, sondern ein Land, in dem viele Berufsgruppen – auch bildende Künstler und Kunsthandwerker – ihr Glück suchten und sehr oft nicht nur einen vorübergehenden guten Verdienst, sondern auch eine neue Heimat gefunden hatten.

Tabakdose
Gold, Email, Rußland, 18. Jh.

Malerei

61
Porträt der Baronin M. Ja. Stroganova

Kopie 2. Hälfte 19. Jh. nach R. N. Nikitin, um 1720
Öl auf Leinwand, 71,5 x 54 cm
Inv.-Nr. 34174/I1-1927

Marija Jakovlevna Stroganova (1678 1734) – Ehefrau eines der reichsten Kaufleute und Industriellen Grigorij Dmitrievič Stroganov, der Peter I. bei der Ausrüstung des Heeres und beim Bau von St. Petersburg finanziell geholfen hat. Die Baroness war seit 1724 „Staatsdame" bei den Zarinnen, weshalb sie das Porträt Peters I. im Brillantenrahmen trägt. Seit 1715 verwitwet.
Ihr Mann erreichte für sie das Recht, russische Volkstracht zu tragen, was Peter I. eigentlich verboten hatte. So erinnert ihr Kopfputz sowohl an die modische Fontange als auch an eine russische Haube.

L. R.

62
**Porträt des Aleksej Petrovič
Sohn von Peter I.**

Johann Paul Lüdden, 1728 (?)
Öl auf Leinwand, 31,5 x 25 cm
Inv.-Nr. 15760 šč/I1-1537
1905 aus der Slg. Schtschukin

J. P. Lüdden arbeitete in Rußland von
1728 bis 1730.
Aleksej (1690–1718) war der älteste Sohn
Peters I. aus seiner ersten Ehe mit
Evdokija Lopuchina. Er stand unter dem
traditionsgebundenen Einfluß seiner
Mutter. 1709 kam er zum Studium nach
Deutschland und heiratete dort auf
Anweisung seines Vaters 1711 die Prin-
zessin Charlotte Christine Sophie von
Braunschweig-Wolfenbüttel, mit der er
zwei Kinder, u. a. den späteren Peter II.,
hatte. Aus Angst vor seinem Vater flüch-
tete er 1716 nach Wien und bat Kaiser

Karl VI. um Schutz. Peter I. erreichte
jedoch, daß sein Sohn 1718 nach Rußland
zurückkehrte und zwang ihn zum Thron-
verzicht. Vom Obersten Gericht wurde
er wegen angeblichen Landesverrats
zum Tode verurteilt und im Gefängnis
vermutlich erwürgt.
Die Porträts der beiden Eheleute wurden wahrscheinlich 1728 von Lüdden als
Vorlage für einen Kupferstich von H.
Wortmann angefertigt.   L. R.

63
**Porträt der Charlotte Christine Sophie
von Braunschweig-Wolfenbüttel**

Johann Paul Lüdden, 1728 (?)
Öl auf Leinwand, 31,5 x 24 cm
Inv.-Nr. 15761 šč/I1-1779
1905 aus der Slg. Schtschukin

Charlotte Christine Sophie (1694–1715)
führte als Gemahlin des Thronfolgers

Aleksej offiziell den Titel „Kronprinzes-
sin". Ihre Ausbildung hatte sie am sächsischen Hof erhalten. Die Vermählung
fand 1711 in Thorgau statt. Man erlaubte
ihr, ihren Glauben nicht zu wechseln und
ihren Hofstaat nach Rußland mitzuneh-
men. 1713 siedelte sie nach Petersburg
über und wurde dort anfangs freundlich
empfangen. Ihrem Mann war sie herzlich
zugetan. Die mangelnde Bereitschaft,
russische Lebensgewohnheiten anzunehmen, isolierte sie jedoch sehr rasch vom
Zarensohn und ihrer Umgebung. Ihre
Lage wurde unerträglich. 1714 bekam sie
eine Tochter, 1715 ihren Sohn Peter; darauf ist sie sofort gestorben. Die verfei-
nerte Erziehung hatte ihr nicht zur
Toleranz verholfen, die sie zum Überleben in der schwierigen Atmosphäre des
russischen Hofes notwendig gebraucht
hätte.   L. R.

64
**Porträt des Herzogs E. J. Biron
(v. Bühren)**

Anonym, um 1730
Öl auf Leinwand, 88 x 70 cm
Inv.-Nr. 61843/I1-1959

Ernst Johann von Bühren (1690–1772),
kurländischer Kammerjunker, Graf seit
1730 und Herzog von Kurland seit 1737,
diente seit 1718 am Hof der Anna Ioannovna, einer Nichte Peters I., die mit dem
kurländischen Herzog Friedrich Wilhelm
vermählt war. Seit 1730 aber, nachdem
Anna zur russischen Kaiserin gekrönt
war, diente er ihr als Oberkammerherr.
Er hatte großen Einfluß, den er häufig
mißbrauchte. 1740 bestimmte ihn die
Kaiserin vor ihrem Tod zum Regenten
ihres Thronfolgers, des Babys Ioann
(Ivan) VI. Infolge der Machtkämpfe ging
die Regentschaft bald an die Mutter des
Kindes, die Großfürstin Anna Leopol-
dovna, über. Biron wurde zum Tode verurteilt, und in die Verbannung nach
Sibirien begnadigt. Peter III. holte ihn
1761 nach St. Petersburg zurück,
Katharina II. gab ihm 1762 das kurländische Herzogtum zurück. Die Regierungszeit der Zarin Anna mit ihrem
Günstling Biron zählt zu den düsteren
Seiten der russischen Geschichte. Auf
dem Porträt trägt Biron das Band vom
Orden des Hl. Andreas des Erstberufenen.   L. R.

65
**Porträt des jungen Grafen
I. A. Ostermann**

Sohn des Vizekanzlers Graf
A. I. Ostermann
Johann Balthasar Frankart, 1738
Öl auf Leinwand, 82 x 65,5 cn
Inv.-Nr. 62332/I1-1311

Ivan Andreevič Ostermann (1725–1811)
bekam 1730 den Grafentitel. Er ist der
jüngste Sohn des Vizekanzlers Graf
Andrej Ivanovič (Heinrich Johann Friedrich) Ostermann, der 1704 aus Westfalen
nach Petersburg in den Dienst zu Peter I.
gekommen war. Seit seiner Kindheit
zählte Ivan Ostermann zur Armee, ohne
praktisch Dienst zu leisten. Als sein
Vater 1742 nach der Thronbesteigung der
Zarin Elisabeth in Ungnade fiel und
nach Sibirien verbannt wurde, nahm er
seinen Abschied und verließ das Land.
Er bereiste Europa, erlernte mehrere
Sprachen und konzentrierte sich auf
seine Bildung. Seit 1757 arbeitete er an
der russischen Botschaft in Paris, wurde
nach 2 Jahren „geheimer Rat" und zum
außerordentlichen und bevollmächtigten
Minister in Stockholm ernannt. Seit 1774
war er wie sein Vater Vizekanzler und
leitete seit 1783 das Regierungskolle-
gium für auswärtige Angelegenheiten.
Zar Paul I. verlieh ihm den Titel eines
Staatskanzlers. Er war Ritter aller russischen Orden und zog sich 1797 in den
Ruhestand zurück.   L. R.

66
Porträt des Baron A. G. Stroganov

Johann Balthasar Frankart, 1735–1740
Öl auf Leinwand, 90 x 73 cm
Inv.-Nr. 63017/I1-396

J. B. Frankart (Frankar?) ist ein Maler aus Hamburg, der in Rußland ungefähr 1735–1745 tätig war. (nicht im Thieme-Becker erw.)
Aleksandr Grigor'evič Stroganov (1698–1754), Sohn der Baronin M. Ja. Stroganova (Kat.-Nr. 61), besaß Salzbergwerke, Fabriken und große Güter. Er gehörte dem reichsten Kaufmannsgeschlecht Rußlands an. 1722 wurde er mit seinen Brüdern von Peter I. wegen der Verdienste seiner Vorfahren für den Staat mit dem Baronstitel geehrt. Er trat als erster Stroganov in den Staatsdienst und diente sich bis zum „geheimen Rat" hinauf. Er war gebildet, gütig und wohltätig, sprach mehrere Sprachen und übersetzte einige Bücher wie das „Verlorene Paradies" von Milton. – Dargestellt ist er mit dem Orden des Hl. Alexander Nevskij, der ihm 1729 verliehen worden ist. L. R.

67
Porträt der Gräfin N. D. Razumovskaja

Heinrich Gottlieb Häuser, 1746
Öl auf Leinwand, 94,5 x 77,5 cm
Inv.-Nr. 70883/I1-1754

Der Maler Heinrich Gottlieb Häuser (1719–1751) arbeitete in Rußland in der Zeit 1743–1748 (nicht im Thieme-Becker erw.)
Gräfin Natal'ja Dem'janovna Razumovskaja (ca. 1695–1762) war die Mutter des Grafen Aleksej Grigor'evič Razumovskij, der vermutlich in morganatischer Ehe mit der Kaiserin Elisabeth lebte. Sie war die Tochter eines einfachen ukrainischen Kosaken und die Frau des Kosaken G. Ja. Rosum. Als ihr Sohn, der eine vorzügliche Stimme hatte, 1731 in den Chor des Petersburger Hofes aufgenommen wurde, avancierte er bald zum Favoriten der künftigen Kaiserin. Er nahm aktiv an der Verschwörung teil, die Elisabeth 1741 auf den Thron brachte. Darauf wurde Natal'ja Dem'janovna mit ihrer Familie nach Petersburg eingeladen und dort von der Kaiserin sehr freundlich empfangen. Doch sie wollte lieber in ihrer Heimat leben und kehrte dahin zurück. Obwohl sie 1744 den Grafentitel erhielt, pflegte sie einen einfachen Lebensstil. So hat Häuser sie in ihrer prächtigen ukrainischen Tracht dargestellt. Auf der Brust trägt sie als „Staatsdame" an einer hellblauen Schleife die in Brillanten gerahmte Miniatur der Kaiserin.   L. R

Katalog-Nr. 68

68
Porträt von M.V. Lomonosov

Unbekannter Meister, 2. Hälfte 18. Jh.
Öl auf Leinwand, 71,5 x 58,5 cm
Inv.-Nr. 70586/I1-1881

Michail Vasil'evič Lomonosov (1711–1765) war einer der größten russischen Wissenschaftler des 18. Jahrhunderts. Er machte viele Erfindungen in der Chemie, Physik, Mechanik und im Hüttenwesen. Daneben befaßte er sich mit Geschichte, reformierte die russische Sprache und war auch ein talentierter Dichter. Er ist einer der Begründer der ersten russischen Universität in Moskau. Lomonosov wurde als Sohn eines Fischers in der Nähe von Archangelsk geboren. Zunächst lernte er als Autodidakt. 1730 gelang es ihm, in Moskau in die Slawisch-griechisch-lateinische Akademie aufgenommen zu werden. 1736 schickte man ihn als einen der fähigsten Schüler nach Deutschland an die Marburger Universität und nach Freiberg. 1740 heiratete er in Marburg Elisabeth Christine Zilch, die Tochter eines Ratsmitglieds. 1741 kehrte er nach St. Petersburg zurück, wohin ihm seine Frau folgte. Dort wurde er Mitglied der Akademie der Wissenschaften und bekam 1745 einen Lehrauftrag für Chemie.   L. R.

69
Porträt des Fürsten A. N. Volkonskij

David Lüders, 1758
Öl auf Leinwand, 62 x 47 cm
Inv.-Nr. 61843/I1-562

David Lüders (1710–1759) arbeitete in Rußland 1758–1759.
Fürst Aleksej Nikitič Volkonskij (?–1781) gehörte einem alten Fürstengeschlecht an. Sein Vater Nikita Fedorovič war von der Kaiserin Anna zum Hofnarren ernannt worden. Er selbst diente sich zum General-Major auf. Dargestellt ist er in der Uniform der Landpolizei. L. R.

70
**Porträt des Grafen P. G. Černyšev
(Tschernyschev)**

Unbekannter Meister, Ende 18. Jh.
Öl auf Leinwand, 144,5 x 112,5 cm
Inv.-Nr. 67568/I1-1361

Peter Grigor'evič Černyšev (1712–1773)
war Patensohn von Peter I. Sein Vater
war enger Mitarbeiter des Zaren, seine
Mutter, Katharina Andreeva dessen
Favoritin. 1722–1727 stand Černyšev in
den Diensten von Herzog Karl Friedrich
von Schleswig-Holstein, dem Vater des
späteren Zaren Peter III. Zuerst war er
dort „Kammerpage", danach erreichte er
in der Armee den Rang eines Kapitän-
Oberleutnant. Unter der Zarin Anna
diente er bei Hof, ging zum diplomati-
schen Dienst und wurde 1741 Botschafter
in Dänemark, später vertrat er Rußland
in Madrid, Berlin, London und Paris. –
Gemalt ist er in der Galauniform eines
Ritters vom Orden des Hl. Andreas des
Erstberufenen, der ihm 1762 vom Peter
III. verliehen worden ist.   L. R.

Katalog-Nr. 71

71
Porträt der jungen Großfürstin Katharina

Zukünftige Kaiserin Katharina II., die Große
Anonyme Kopie nach G. Ch. Groot, Mitte 18. Jh.
Öl auf Leinwand, 89,5 x 71 cm
Inv.-Nr. 16842/I1-1834

Katharina ist mit dem St. Katharinen-Orden dargestellt. L. R.

72 Abb. S. 47
Porträt des Kaisers Peter III.

Unbekannter Meister, 1761–1762
Öl auf Leinwand, 77 x 65 cm
Inv.-Nr. 54678/I1-4183

Peter III. Fedorovič (Karl Peter Ulrich von Holstein-Gottorp, 1728–1762) russischer Kaiser, 1761–1762, Sohn der Tochter Anna von Peter I. und von Herzog Karl Friedrich von Holstein-Gottorp. 1742 wurde er von der Kaiserin Elisabeth zum russischen Thronfolger bestimmt. 1745 heiratete er die Prinzessin Sophie Friederike Auguste von Anhalt-Zerbst, die künftige Katharina II. Die Ehe war gespannt. 1754 wurde der Sohn Paul, der künftige Kaiser Paul I. geboren.
Peter III. liebte seine Heimat Holstein, in der er aufgewachsen war, und war ein glühender Verehrer des Königs Friedrich II. Er regierte nur ein halbes Jahr, wurde durch eine Verschwörung zugunsten Katharinas II. gestürzt und bald darauf ermordet. Katharina schildert ihren Mann als einen unbedeutenden, lasterhaften Menschen, der nicht in der Lage war, sein Land zu regieren. Tatsächlich hatte er mittlere Fähigkeiten und einen gesunden Menschenverstand.
Auf dem Porträt trägt er das Band des Andreasordens und eine Uniform der Leibgarde des Artilleriebataillons.
L. R.

73   **Abb. S. 49**
Staatsporträt der Kaiserin Katharina II.

Anonyme Kopie nach F. S. Rokotov,
letztes Drittel 18. Jh.
Öl auf Leinwand, 262 x 178 cm
Inv.-Nr. 55386/I1-2695

Auf dem offiziellen Herrscherporträt ist
Katharina d. Gr. mit den Insignien ihrer
Macht – Zepter, Reichsapfel und Zarenkrone – dargestellt, auf ihren Schultern
der Hermelinmantel, im Hintergrund der
Thron mit dem russischen Staatswappen
und die Büste von Zar Peter I. Über diesem auf einer Marmortafel die Devise
der Kaiserin: „Das Begonnene vollen-
den" (Katharina betonte stets ihre geistige Verbundenheit mit Peter I.). Auf der
Brust trägt Katharina die beiden wichtigsten Orden Rußlands: Die Ordenskette
des Hl. Andreas des Erstberufenen und
am Band das Kreuz des Hl. Georg des
Siegträgers, mit dem nur Verdienste auf
dem Schlachtfeld ausgezeichnet wurden.
                              L. R.

74
**Porträt der Kaiserin Katharina II.
in russischer Tracht**

Anonyme Kopie nach S. Torelli, 2. Hälfte
18. Jh.
Öl auf Leinwand, 68 x 51 cm
Inv.-Nr. 1684šč/I1-3296
1905 aus der Slg. Schtschukin an das
Museum gekommen

Katharina II. ist in einem Gewand dargestellt, das die Merkmale der russischen
Tracht hat. Nachdem Peter I. die Nationaltracht dem Adel verboten hatte, trug
man sie zu Maskeraden.   L. R.

Katharina hat diese Nationalkleidung
mitunter bewußt getragen und dies auch
ihren Hofdamen befohlen, da sie sich
ihrem Volk verbunden zeigen wollte.
                              Hrsg.

Katalog-Nr. 74

Katalog-Nr. 75

75
Porträt des Fürsten G. A. Potëmkin

Anonyme Kopie nach I. B. Lampi,
um 1790
Öl auf Leinwand, 72,5 x 58 cm
Inv.-Nr. 54587/I1-3445

Grigorij Alekseevič Potëmkin (1739–
1791), der durchlauchtigste Fürst von
Taurien, General-Feldmarschall und
Günstling der Kaiserin Katharina II.,
entstammte einem kleinen Provinzadel.
Er nahm an der Verschwörung teil, die
Katharina auf den Thron gebracht hat.
Durch eine Reihe von glücklichen
Gefechten im russisch-türkischen Krieg
(1768–1774) lenkte er die Aufmerksamkeit der Zarin auf sich und wurde 1768
Generalmajor, 1771 Generaloberleut-
nant und 1774 „General en Chef", Vize-
präsident des Militärkollegiums und
schließlich in den Fürstenstand erhoben. Begabt und energisch wie er war, wurde
er im Rahmen der Staatsgeschäfte eine
unersetzliche Stütze Katharinas. Mit seinem Namen ist die Eingliederung der
Krim in das russische Reich 1783 verbunden. Er organisierte die Erschließung
und Besiedelung großer Gebiete im
Süden Rußlands, baute dort neue Städte
und rief die Schwarzmeerflotte ins
Leben. 1784 wurde er Generalfeldmar-
schall und Präsident des Militärkollegiums. Während des Russisch-Türkischen
Krieges, 1787–1791, kommandierte er das
russische Heer.
Dargestellt ist er in der Uniform eines
Generalfeldmarschalls, geschmückt mit
dem Orden des Hl. Andreas des Erstberufenen sowie mit den Orden des Hl.
Georg und des Hl. Vladimir. L. R.

76 **Abb. S. 103**
Porträt von I. P. Mikulin

Carl Ludwig Johann Christineck, 1782
Öl auf Leinwand, 83 x 61 cm
Inv.-Nr. 44277/I1-1957

C. L. J. Christineck, genannt Login
Zacharovič bzw. Ivan Petrovič, war ein
„russischer Deutscher", der in St. Petersburg geboren und gestorben ist
(1732/1733–1792/1794).

Ivan Petrovič Mikulin diente in der
Ober-Polizeimeisterei von St. Petersburg
und wurde 1782 Oberstleutnant. Offensichtlich ist er in der Uniform dieses
Ranges dargestellt (eine Uniformbe-
schreibung für dieses Amt gibt es nicht).
Auf seinen Schulterstücken befindet sich
das Wappen von St. Petersburg: zwei
gekreuzte Anker und ein Zepter unter
der Kaiserkrone auf rotem Grund.
L. R.

77

Abb. S. 53

Porträt des Kaisers Paul I.

Anonyme Kopie nach G. L. Vual'
(Voile?), um 1800
gefälschte Signatur in der rechten,
unteren Ecke
Öl auf Leinwand, 76 x 58 cm
Inv.-Nr. 67347/I1-2497

Paul I. (1754–1801), Kaiser seit 1796,
Sohn von Peter III. und Katharina II.
Durch den Sturz seines Vaters war seine
Mutter auf den Thron gekommen. Dies
erschwerte die Beziehung zwischen Paul
und seiner Mutter, die ihn von der
Teilnahme an den Staatsgeschäften aus-
schloß. Er war Anhänger der preußischen Militärdisziplin und bemühte sich
nach seiner Thronbesteigung, das staatliche, gesellschaftliche und sogar das private Leben seiner Untertanen streng zu
ordnen. Er war Despot und großmütig
zugleich, religiös und der Romantik
zugewandt. 1798 führte er den Malteserorden in Rußland ein und wurde dessen
Großmeister. Mißtrauen ihm gegenüber
löste eine Verschwörung der Höflinge
aus, die ihn unter Beteiligung der englischen Diplomatie ermordeten. In erster
Ehe war er mit Prinzessin Wilhelmine
von Hessen-Darmstadt (1755–1776), in
der zweiten Ehe mit Sophie Dorothea
von Württemberg (1759–1828) verheiratet.
Auf dem Gemälde trägt er die Uniform
der Preobražensker Leibgarde mit den
Ordenssternen des Hl. Andreas des Erstberufenen und der Hl. Anna sowie das
Malteserkreuz.					L. R.

Katalog-Nr. 78 ▶

78

Porträt der Kaiserin Maria Fedorovna

Gemahlin von Zar Paul I.:
Sophia Dorothea Auguste Luise von
Württemberg
Anonyme Kopie nach I. B. Lampi,
1. Hälfte 19. Jh.
Öl auf Leinwand, 76 x 59 cm
Inv.-Nr. 61843/I1-239

Maria Fedorovna (1759–1828) war Kaiserin seit 1796. Sie liebte ihren Gatten
von ganzem Herzen und war eine liebe-
volle Mutter. Sie war kunstinteressiert,
befaßte sich mit Porzellanmalerei und
schnitt Kameen. Ihr Familienleben war
glücklich, doch gab es nach der Thronbesteigung von Paul I. Spannungen in
der Ehe, da sie ihren Mann beeinflussen
wollte, ohne Verständnis für die Politik
zu haben. Durch Hofintrigen entfrem-
dete sich Paul seiner Familie. Sein Tod
traf die Kaiserin zutiefst. Im Verlauf von
32 Jahren leitete sie viele offizielle Wohl-
tätigkeitsveranstaltungen. Mit Paul hatte
sie vier Söhne, darunter die künftigen
Kaiser Alexander I. und Nikolaus I.,
sowie sechs Töchter. Von denen heiratete
Elena Friedrich Ludwig – den letzten
Prinzen von Mecklenburg-Schwerin;
Katharina heiratete in erster Ehe Prinz
Peter Friedrich Georg von Holstein-
Oldenburg, in zweiter Ehe Prinz Wilhelm
von Württemberg; Maria wurde mit
Prinz Karl-August von Sachsen-Weimar
verheiratet.
Maria Fedorovna trägt den Stern des
Andreasordens und am Hals eine Mini-
atur von Paul I.					L. R.

Graphik

79

Panorama der Stadt Moskau, von den Sperlingbergen aus gesehen

aus dem Buch „Reiszen over Moskovie door Persie en Indie" von C. de Bruyn, Amsterdam 1714 (1711?), 3 Blätter
Amsterdam, 1711 oder 1714
Radierung, 32,7 x 64 cm; 32,7 x 54 cm; 32,8 x 65,2 cm
Inv.-Nr. 70156 L-7799/a, b, c
1930 aus dem Museum des Alten Moskau übernommen

Cornelis de Bruyn (1652–1726), holländischer Reisender, Maler und Schriftsteller. Bei seiner Ankunft in Moskau im Januar 1701 wurde er sofort Peter I. vorgestellt. Insgesamt verbrachte er 2 Jahr in der Stadt. Er wurde mit der nächsten Umgebung Peters I. bekannt, so mit der Zarentochter Natal'ja Alekseevna und mit der Zarin Praskov'ja – der Witwe Ivans V.; er malte Porträts der Zaren-

familie, darunter auch das der späteren Kaiserin Anna Ioannovna.
Das Panorama von Moskau fertigte er 1702 im Auftrag von Peter I. aus den Fenstern des Zarenpalastes auf den Sperlingbergen an. Unter den Nummern von 1–30 hat er bedeutende Sehenswürdigkeiten der Stadt aufgezählt: 1 – Neujungfrauenkloster; 12–15 – Kreml; 22 – Andronov-Kloster; 23 – Novospasskij-Kloster; 25 – Donskoj-Kloster; 26 – Simenov-Kloster u. a.   N. S.

80 a, b

Ansicht der „Deutschen Vorstadt"

Nemeckaja sloboda (Немецкая слобода) mit Blick auf das Anwesen des Grafen Golovin in Lefortovo. (Seit 1723 Residenz der Zaren in Moskau.)
2 Blätter
fecit und pinxit: A. Schoonebeeck und Schüler, 1705
Radierung, 2. Hälfte 18. Jh.
62,2 x 65,7 cm; 62 x 66,1 cm
Inv.-Nr. 77002 I111-26248; 77002 I111-26249

Adriaan Schoonebeeck (1661 Amsterdam – 1705 Moskau), holländischer Kupferstecher. Unterrichtete 1698 Peter I. im Radieren und ging mit ihm nach Moskau. Seit 1698 in russischen Diensten, leitete die Stecherwerkstatt der Waffenkammer.

Bojar Fedor Golovin (1650–1706), Diplomat und Staatsmann, war ein vertrauter Mitkämpfer Peters I. Er war einer der Ersten in Rußland im Rang eines Generalfeldmarschalls, eines Kanzlers, und erhielt den Titel eines Grafen. Zu Beginn des 18. Jahrhunderts erhielt er am Ufer der Jauza, dem späteren Lefortove, wo Lefort sein Regiment befehligte, ein Vorstadt-Gut. Es wurde eines der ersten Schloßparkanlagen auf einem planierten Gelände mit Säulenarchitektur. Das Gutshaus war sehr prunkvoll und für Empfänge ausländischer Botschafter sowie für Versammlungen vorgesehen. Häufig wurde es von Peter I. besucht. Rechts auf dem Kupferstich ist Peter I. nach dem Verlassen des Gutshauses in einer Kutsche mit langer Pferdereihe zu sehen. In seiner Umgebung sind A. D. Menschikov und sein Sohn Aleksej zu erkennen.
Auf dem anderen Ufer der Jauza liegt die Deutsche Vorstadt, eine Ortschaft außerhalb des Stadtgebietes von Moskau, die in der Mitte des 17. Jahrhunderts gegründet worden war. Unter Peter I. kam dieser Bezirk zu hohem Ansehen. Rechts an der Uferstraße steht der Palast seines Freundes François Lefort. In der Ferne das Panorama Moskaus mit dem Glockenturm Ivans des Großen im Kreml. 1723 erwarb Peter I. den Golovin-Palast und machte ihn zur Zarenresidenz in Moskau.   N. S.

Katalog-Nr. 80 a, b

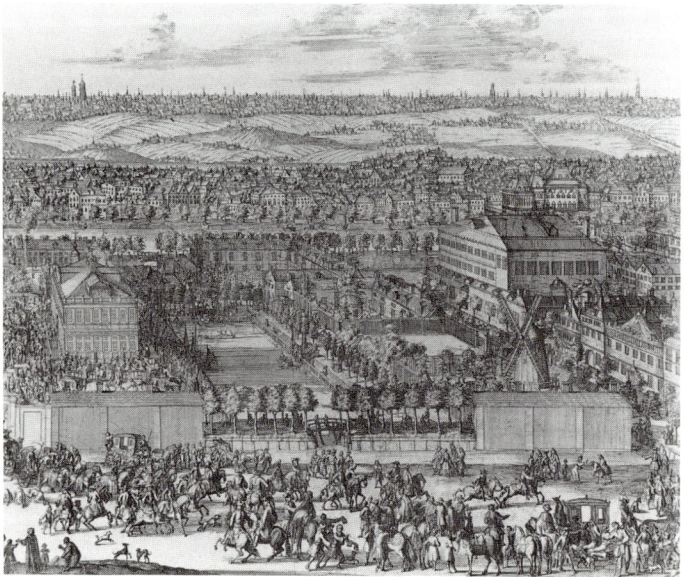

◄ Katalog-Nr. 81

81
Hochzeit von Peter I. mit Katharina, 1712

A. F. Zubov nach eigener Zeichnung,
1712
Radierung, Druck 2. Hälfte 18. Jh.,
55,6 x 63,1 cm
Inv.-Nr. 48980 I1-25814
Zugang 1914 mit der Slg. des Fürsten A.
A. Vasil'čikov

Aleksej Fedorovič Zubov (1682/83–
1731), bekanntester russischer Kupferstecher aus der Zeit Peters I. Als Schüler
von Schoonebeeck arbeitete er in der
Druckwerkstatt der Waffenkammer, seit
1711 in einer Petersburger Werkstatt. Das
Blatt mit der Hochzeit von Peter I. mit
Katharina ist eine seiner bekanntesten
Arbeiten. Es entstand im Auftrag von
Menschikov, der für die Ausrichtung der
Hochzeit verantwortlich war. Er steht
hinter dem Stuhl des Zaren. Die Hochzeit, am 19. Feb. 1712, wurde im Prunk-
saal des gerade fertiggestellten Winterpalais gefeiert. Einige Wissenschaftler
halten den Raum für den Festsaal im
Palais von Menschikov, das gleichzeitig
vollendet war. Die Graphik wurde vor
der Hochzeit gemacht, da sie während
der Feierlichkeiten dem Zaren übergeben werden sollte.
Katharina war die Pflegetochter des
livländischen Pastors Ernst Glück. Sie
wurde 1724 in der Uspenskij-Kathedrale
im Kreml gekrönt.   N. S.

82
Feierlicher Einzug der Kaiserin Elisabeth Petrovna in Moskau

Blatt Nr. 5 aus dem Album „Ausführli-
che Beschreibung der Festregeln ... der
Krönung ... der Kaiserin Elisabeth ... am
25. April 1742", St. Petersburg 1744
I. A. Sokolov, 1744
Radierung, 42,2 x 84,8 cm
Inv.-Nr. 70156 L-920

Ivan Alekseevič Sokolov (1717–1757)
führender russischer Kupferstecher in
der Mitte des 18. Jahrhunderts. Leiter der
Graphikklasse an der Akademie der
Künste. Intensive Teilnahme an der
Gestaltung des Krönungsalbums. Die
Zeichnungen dazu lieferten Architekten
und Maler unter der Leitung des Moskauer Bildhauers I. F. Mitschurin, die
darauf an der Akademie der Künste
unter der Leitung von I. E. Grimel und I.
Ja. Schumacher in Graphiken umgesetzt
wurden. Auf dem vorliegenden Blatt ist
der feierliche Einzug Elisabeths mit den
Garderegimentern, den höchsten Vertretern des Staates, den Militärs und dem
Hofstaat in Moskau dargestellt. Die
Prozession verläuft in 13 Reihen die 3
Triumphbögen durchziehen. Der 4. Tri-
umphbogen steht direkt an der Einfahrt
zum Kaiserpalast in Lefortovo an der
Brücke der Jauza.
Links oben sind die Paläste in Lefortovo
zu sehen. Ehemals stand hier das Gut
von Graf Golovin, an dessen Stelle F. B.
Rastrelli 1730 zwei Holzpaläste, die sog.
Sommer- und Winter-Annenhöfe, errich-
tet hat. Für die Krönungsfeier wurde an
den Winterpalast ein Thronsaal, ein
Illuminationstheater und ein Opernhaus
angebaut.   N. S.

84
Stadtplan von Moskau mit den Wappen der 14 Gouvernementstädte

1796
Entwurf: I. I. Martschenkov, 1789
Radierung, 82 x 53,6 cm
Inv.-Nr. 46625 L-169
1910 aus der Slg. Rogoshin erworben

Ivan Ivanovič Marčenkov (1754–1793) war in der Polizeibehörde Moskaus tätig. Sein Stadtplan zeigt Moskaus Grenzen seit 1742. Moskau war damals in 20 Stadtbezirke eingeteilt. Oben links – die Namen der Gouvernementstädte, unten rechts – deren Wappen. 1796 verlegte der Moskauer Buchhändler und Verleger Timofej Oleshaev diesen Plan mit einem Führer durch die Stadt.   N. S.

83
Feuerwerk und Illumination am Winterpalast in Lefortovo

anläßlich der Krönung der Kaiserin Elisabeth am 25. April 1742
Blatt 45 aus dem Krönungsalbum
J. Stenglin, St. Petersburg 1744
Mezzotinto, 50,6 x 43,4 cm
Inv.-Nr. 55709 Jaschtsch 1, P, 1

Johann Stenglin/Stenglen (1715 Augsburg–1770/1776 St. Petersburg) Schabkunstkünstler. 1742 begann er mit seinem Dienst am Institut für Kupferstich der Akademie der Wissenschaften in Petersburg, anschliessend arbeitete er an der Moskauer Universität (1757–1764) und an der Akademie der Künste (ab 1768). Die Krönungsfeierlichkeiten in Moskau für Elisabeth, die Tochter Peters I., dauerten länger als drei Monate (28. Feb. –

7. Juni 1742). Nach der Krönung selbst, am 25. April, gab es in Moskau jeden Abend eine festliche Illumination sowie Feuerwerk im Kreml und in der kaiserlichen Residenz in Lefortovo. Besonders farbenfroh war das Feuerwerk vom 3. Juni am „kaiserlichen Winterhaus" an der Jauza. Das Blatt zeigt diese märchenhafte Darbietung, die in allegorischer Form den Beginn einer neuen Regierungszeit verherrlicht.   N. S.

Möbel
und Raumausstattung

85
Kleine Truhe mit Weintrauben

Rußland, Ende 17. bis Anfang 18. Jh.
Linde, geschnitzt, Levkas, bemalt und
vergoldet
37 x 41 x 34,5 cm
Inv.-Nr. 55412/D 440

Die üppige Schnitzerei des Kästchens
entspricht der Schnitzkunst der Ikono-
stasen und Altartüren. Die Darstellung
von Rebstock und Traube ist Teil der
Hochzeitssymbolik und diente häufig zur
Verzierung von Gegenständen, die im
Hochzeitszeremoniell eine Rolle spielen.
Auf die Innenseite des Deckels ist ein auf
Papier gemaltes Aquarell aus der zwei-
ten Hälfte des 18. Jh. geklebt, das das
Porträt eines Jünglings zeigt. N. G.

◄ 86   **Detail Abb. S. 70**
Aufsatzschrank

Rußland, 1. H. 18.Jh.
Kiefer, Levkas, Temperamalerei
196 x 90 x 41 cm
Inv.-Nr. 43884/1145

87
**Stuhl aus dem Besitz der
Familie Dolgorukij**

Rußland, Anfang 18. Jh.
Nußbaum, geschnitzt, poliert, Samt,
gepolstert
104 x 53 x 52 cm
Inv.-Nr. 63005/683

Dieser Stuhl stammt aus dem Besitz des
Senators und Diplomaten, Fürst Jakov
Fedorovitsch Dolgorukij, eines Mit-
kämpfers von Zar Peter I.   N. K.

88   **Abb. S. 72**
**„Bohnenförmige" Kommode mit
Intarsien**

Rußland, 2.H.18. Jh.
Rosenholz, Rotholz, Ahorn, Ebenholz,
Metallmontage
74 x 57 x 36 cm
Inv.-Nr. 60082/431   N. K.

Katalog-Nr. 89

▼ Katalog-Nr. 87

89   **Details, Abb. S. 99**
Spieltisch

Matweij Jakovlevitsch Veretennikov, 1797
Rosenholz, Nußbaum, Ahorn, Birke,
Palisander, Ebenholz
100 x 74 x 50 cm
Inv.-Nr. 84864/2211

Dieser Kartentisch gehört zu einem Paar
von Spieltischen des leibeigenen Tisch-
lers Matweij Jakovlevitsch Veretennikov,
der durch seinen Herrn, den Grafen W.
Saltykov, möglicherweise zu einem ausländischen Ebenisten in St. Petersburg in
die Lehre geschickt wurde. Da sich aufgrund des unfreien Status der Leibeigenen höchst selten die Signaturen und
Datierungen der Möbelstücke der russischen Tischler erhalten haben, ist es ein
Glücksfall, daß dieser Spieltisch, ebenso
wie sein Pendant, eine mit Brenntechnik
ausgeführte Inschrift trägt, die einerseits
das Entstehungsjahr 1797 und anderer-

seits den Namen des Künstlers und des
Auftraggebers nennt. Die sorgfältig ausgeführten Möbelstücke Veretennikovs
spiegeln die noch lebendige Intarsienmode des ausgehenden 18. Jahrhunderts
in Rußland wider, wie sie Katharina II.
und der Adel an den Meisterwerken
David Roentgens zu schätzen gelernt
hatten.   N. K.

90
Girandole für 3 Kerzen

Rußland, Ende 18. Jh.
Bronzeguß, vergoldet, Glas, Marmor
78,5 x 16,5 cm
Inv.-Nr. 60520/br 844

Typisch für die russische Form des Kristall-Leuchters ist die Verarbeitung von farbigem Glas, durch das der Lüster von oben wie eine dekorative „Lichtfontäne" wirkt. Da diese Girandolen häufig auf Spiegeltischen standen, ergaben sich auf diese Weise reizvolle Lichteffekte.

L. D.

Goldschmiedekunst

91
Panagia

Kiew, 1.V. 18. Jh.
Gold, Silber, Email, Rubine, Saphire,
Smaragde
15,4 x 8,2 cm
Inv.-Nr. 81529/13399 ok

Katalog-Nr. 93

◄ 92

Panagia der Zarin Katharina I.

St. Petersburg, 1725
Silber, Diamanten, Email
15,3 x 11,0
Inv.-Nr. 81557/77-13408 ok

Diese Panagia (Brustkreuz) stammt aus dem Besitz der Zarin Katharina I. Auf der Rückseite befindet sich ihr Bildnis. Vermutlich ist sie ein Geschenk an den Erzbischof Feofan Prokopovitsch. Dieser reich mit Diamanten verzierte Brustschmuck kündigt die Brillantsucht des russischen Adels im 18. Jahrhundert an, über den der französische Goldschmied Pauzié schreibt: „Die Hofdamen schmückten sich mit Diamanten in großer Menge. Sogar Damen niedrigen Standes trugen Brillanten im Wert von 10 000 bis 12 000 Rubel." Hrsg.

93

Kovsch – Geschenk von Katharina II.

Moskau, Meister Il'ja Grigoriev Kutschkin, 1754
Silber, vergoldet
24,5 x 43,5 x 20,5 cm
Inv.-Nr. 57355/3796 ok

An den Außenwandung der Kelle in vier Rahmen aus Rocaillen, Blättern und Blüten die Aufschrift: „Dieser Kovsch aus dem Staatsschatz Ihrer kaiserlichen Majestät wurde dem Moskauer Kaufmann der Ersten Gilde, Michail Gusjatnikov, für sein eifriges Bemühen, die Einnahmen der Staatskasse zu vergrössern, im Jahre 1754 überreicht." N. T.

Ursprünglich dienten Kovsche als Schöpfkellen, Behälter und Trinkgeschirr. Seit der 2. Hälfte des 17. Jahrhunderts wurden sie als kostbar gestaltete Prunkschalen verschenkt. Hrsg.

Katalog-Nr. 94

94
Tabakdose

Westeuropa, Mitte 18. Jh.
Gold, Silber
3,8 x 7,8 x 4,0 cm
Inv.-Nr. 81481/13516 ok

Die Tabakdose zeigt auf Wandungen und
Deckel verschiedene Jagdszenen: auf
dem Deckel Hund, der einen Hirsch ver-
folgt; auf der Unterseite Hund, der einen
Hasen aufspürt; auf den Seiten Hund
und gehetzter Hirsch; Damhirsch; Hund,
der ein Gewehr bewacht, und Hund und
erlegte Wildvögel.   N. T.

95
Kasten

Tobolsk, 1771
Silber, Niello
18,8 x 36 x 24,7 cm
Inv.-Nr. 53030/211-585 ok

Auf dem Deckel in einem runden, aufge-
legten Medaillon das Wappen von Denis
Cicerin.   N. T.

96
Tabakdose

Groß-Ustjuk, 1779
Silber, Niello
2,5 x 9,4 x 5,7 cm
Inv.-Nr. 50628/324 ok

Die Tabakdose zeigt folgende Szenen:
auf dem Deckel Mann an einem Tisch
vor Säulengang und Bücherschrank; auf
der Unterseite zwei Kavaliere in höfischer Kleidung, die einem Mann mit lan-
gem Kaftan Tabak anbieten; auf der
Schmalseite Ansicht der Stadt Groß-
Ustjug.
Die Szenen werden von Inschriften
begleitet. Auf dem Deckel: „Erheitert
und nutzt" und „Kräuter im Dienste des
Menschen". Auf der Unterseite: „Pfui,
was für einer", „Pfui". Auf dem Buchrük-
ken: „Buch des Geruchsinns".   N. T.

97
**Tabakdose mit Zar Paul I. und seiner
Gemahlin**

Groß-Ustjuk, 1781
Silber, vergoldet, Niello
H: 3 cm, Dm: 8,7 cm
Inv.-Nr. 50615/5308 ok

In der Mitte des Deckels die Profil-
bildnisse des Großfürsten Paul Petrovič
und der Großfürstin Natal'ja Alekseevna,
des späteren Zaren Paul I. mit seiner
ersten Frau – Prinzessin von Hessen-
Darmstadt.   N. T.

Katalog-Nr. 97 ►

98
Tabakdose

Groß-Ustjuk, 2. H. 18. Jh.
Silber, Niello
5,2 x 10,8 x 5,8 cm
Inv.-Nr. 456 šč/344 ok
1905 aus der Slg. Schtschukin

Auf dem Deckel Szenen einer Hirsch-
jagd und Hasenjagd; auf der Unterseite
eine Hirtenszene.   N. T.

99
Dose

Rußland, Groß-Ustjug, 2. H. 18. Jh.
Silber, Niello, Samt
5,2 x 16,0 x 11,5 cm
Inv.-Nr. 3587 šč/363 ok
1905 aus der Slg. Schtschukin

Szenen auf der Oberseite: Amor, ein sich
umarmendes Paar, eine Dame mit Hünd-
chen, eine weibliche Gestalt mit Amor
und ein schlafender Mann mit Stock und
Hund, zu dem aus den Wolken eine weibliche Figur herabschwebt. Auf der Unterseite: eine allegorische Darstellung der
vier Jahreszeiten als Putti und einer Frau
unter einem Baum mit Amor sitzend.
Auf dem Rücken: sitzende Frauengestalt.
                                      N. T.

100
Tabakdose

Groß-Ustjuk, M. Zilin, 1792
Silber, Niello
4,0 x 10,8 x 2,8 cm
Inv.-Nr. 466 šč/372 ok
1905 aus der Slg. Schtschukin

Auf den Seiten und den Deckeln in zwei
runden Rahmen das Wappen der Familie
Musin Puschkin und das Monogramm
„AMP" unter einer Krone.   N. T.

Katalog-Nr. 101

▼ Katalog-Nr. 101 (Unterseite)

101
Tabakdose

Paris, 2. H. 18. Jh.
Gold, Silber, Brillanten
3,6 x 7,2 x 5,2 cm
Inv.-Nr. 51128/3063 ok

Auf dem Deckel die Darstellung eines
Sees mit Segelbooten. Im Vordergrund
Frauen, die Wäsche waschen und aufhän-
gen; Männer mit Hüten. Auf den Seiten
in zwei Ovalen Landschaften mit Gebäu-
den. Auf der Unterseite zwei Männer, die
Ballen und Fässer aus einem Boot ausla-
den. N. T.

Katalog-Nr. 102

102
Tabakdose

Paris, 1771–1772
Gold, Email
4,0 x 8,5 x 6,0
Inv.-Nr. 81498/13533 ok

103   **Abb. S. 76**
Châtelaine mit Nadeletui, Fingerhut und Schere

Italien, 2. H. 18. Jh.
Gold, Email, Metall
L: 21,5 cm
Inv.-Nr. 9837 šč/3627 ok
1905 aus der Slg. Schtschukin

103a
Schere

Rußland, Anfang 19. Jh.
Gold, Stahl, Email
L: 11,2 cm
Inv.-Nr. 12770 šč/1874 ok
1905 aus der Slg. Schtschukin

104
Necessaire

Frankreich, 18. Jh.
Gold, Silber, Perlmutt, Diamanten
9,6 x 8,5 x 6,3 cm
Inv.-Nr. 80036/11627 ok

105
Necessaire

England, 18. Jh.
Gold, Glas, Knochen, Stahl
9,0 x 7,7 x 4,0 cm
Inv.-Nr. 80041/11540 ok

Necessaire mit Fächern für Fingerhut,
Nadel, Federmesser, Schere, zwei Notiz-
karten aus Elfenbein, Pinzette zum Aus-
zupfen von Haaren und Spule. Auf der
Vorderseite und dem Deckel je ein
Putto.   N.T.

105a   **Abb. S. 164**
Necessaire

Westeuropa, Mitte 18. Jh.
Gold, Brillanten, Knochen, Stahl
9,7 x 3,5 cm
Inv.-Nr. 54933/2065 ok

▲ Katalog-Nr. 104

◄ Katalog-Nr. 104 Ansicht von oben

106
Taschenuhr

London, Meister G. Goodman,
2. H. 18. Jh.
Gold, Email, Kupfer, Smaragde, Rubine,
Diamanten, Perlen
5,8 x 4,8 x 3 cm
Inv.-Nr. 10462 šč/2936 ok
1905 aus der Slg. Schtschukin

Auf dem abnehmbaren Innendeckel des
Uhrwerks die Aufschrift: „G. Goodman.
London".   N. T.

107
Taschenuhr mit Mädchen

Genf, Meister Jean Robert Jorel, 1780
Gold, Silber, Emailmalerei, Diamanten
2,5 x 5 x 4 cm
Inv.-Nr. 53040/250-2733 ok

Auf dem Deckel in einem ovalen Medaillon das Bildnis einer jungen Frau. Auf dem Zifferblatt die Aufschrift: „Iean Robert Jorel". Auf der Platte des Aufziehwerks die Aufschrift: „Iean Robert Jorel".   N. T.

108
Ohrringe

Frankreich?, 2. H. 18. Jh.
Gold, Perlen, Diamantrosen, Brillanten,
Silber
2,5 x 1,8 cm
Inv.-Nr. 14586 šč/2122 ok
1905 aus der Slg. Schtschukin

109
Ohrringe

Rußland, Ende 18. Anfang 19. Jh.
Gold, Silber, Brillanten
6,4 x 2,2 cm
Inv.-Nr. 55027/13069 ok

Katalog-Nr. 109

110

Carnet
Westeuropa, Ende 18. Jh.
bis Anfang 19. Jh.
Gold, Perlmutt
8,0 x 5,2 cm
Inv.-Nr. 54071/2062 ok

Auf beiden Seiten je eine gemalte Mini-
atur: ein auf einer Wolke schlafender
Amor und eine junge Frau mit Amor.
N. T.

111   **Abb. S. 167**
Parfumflakon als Opernglas

Westeuropa, Ende 18. Jh., Anfang 19. Jh.
Geschliffenes Glas, Gold, Kupfer
6,5 x 2,5 x 4,5 cm
Inv.-Nr. 60771/13289 ok

Katalog-Nr. 110

112
Zwei Brautkronen für Braut und Bräutigam

St. Petersburg, 19. Jh.
Silber, vergoldet, Email, Straß, Samt
23,5 x 27 x 27 cm
Inv.-Nr. 68257/674-8713 ok
Inv.-Nr. 68257/675-8712 ok

Die Brautkronen, auch Hochzeitskränze
genannt, wurden während der Trauungszeremonie über die Köpfe des Braut-
paares gehalten. Auf dem Kranz der
Braut befand sich immer eine Darstellung der Mutter Gottes, auf dem Kranz
des Bräutigams das Bildnis Christi.

N. T.

Bemalte Utensilien

Katalog-Nr. 113

113
Faltfächer

Frankreich(?), Mitte 18. Jh.
Papier bemalt, geschnittenes Perlmutt,
vergoldet
Länge: 27 cm
Inv.-Nr. 56484 O-155   T. A.

114
Faltfächer

Frankreich, 1760–1770
Papier bemalt, geschnittener Schildpatt,
vergoldet
Länge: 27 cm
Inv.-Nr. 56484 O-118   T. A.

114a
Faltfächer

Frankreich, 1760–1770
Pergament bemalt, Perlmutt
Länge; 26,5 cm
Inv.-Nr. 56484 O-123   T. A.

Katalog-Nr. 114

115   Abb. S. 165
Tabakdose „Chinoiserie"

Rußland, 2. H. 18. Jh.
Papiermaché, Ölmalerei, Lack
H: 3,8 x Dm: 8,5 cm
Inv.-Nr. 19016/šč, PM-101
1905 aus der Slg. Schtschukin

116
Tabakdose

Rußland, Ende 18. Jh.
Papiermaché, Öl, Lack
H: 2 cm, Dm. 8,5 cm
Inv.-Nr. 60897/PM-99

117
Tabakdose

Rußland, 2. H. 18. Jh.
Papiermaché, Öl, Lack, Schildpatt
H: 3,7 cm, Dm. 7,7 cm
Inv.-Nr. 19022/šč, PM-150
1905 aus der Slg. Schtschukin

M. S.

Kleidermode

118
Hausrock von Peter I., dem Großen

Westeuropa, um 1720
Seide, grüner Lampas
Länge: 155 cm
Inv.-Nr. Wr. Chr. - 40   T. A.

Der Hausrock – im Russischen „Schlaf-
rock" genannt – war im 18. Jahrhundert
ein weit geschnittenes, bequemes Gewand, das gerne im häuslichen Bereich
getragen worden ist. Nachdem holländische Kaufleute ähnliche Gewänder aus
dem Fernen Osten mitgebracht hatten,
setzten sie sich in den westeuropäischen
Ländern schnell als Mode durch. Winter-
hausröcke wurden mit Pelz gefüttert
oder wattiert. Sie wurden in der Regel
aus kostbaren Stoffen gefertigt und
direkt über dem Hemd getragen. Ein
solches Gewand war offiziell genug, um
in ihm sogar vornehme Gäste zu empfangen.

Katalog-Nr. 119

119
Justaucorps und Weste von Peter II.

Frankreich, 1727–1730
Beigefarbene Seide mit eingewebten
Goldfäden
Länge: 102 cm und 95 cm
Inv.-Nr. 100847/1 und 2 B-3124, 3125

K. S.

Die Herrenmode war im 18. Jahrhundert
relativ konstant. Dennoch änderten sich
in der ersten Jahrhunderthälfte einige
Details. So wurden die Ärmel etwas kürzer, und die Aufschläge etwas kleiner.
Die Schöße wurden mit Roßhaar unterlegt oder mit Papier verstärkt und der
Schnitt von Justaucorp und Weste wurden körpergerecht der Taille leicht
angepaßt. Als Material dienten Seidenstoffe, die auch für die Damenkleider
benutzt worden sind. Alles das befolgte
Peter II., der sich exakt nach der französischen Mode kleidete.   T. A.

120
Robe der Kaiserin Katharina II.

Uniformkleid der Preobrashensker
Garde
St. Petersburg, 1792
Grüner Seidenrips, Goldspitze
Länge mit Schleppe: 200 cm
Inv.-Nr. 68257/12281-12283 T-138-140

Die Robe besteht aus drei Teilen:
Manteau mit Schleppe, Jup und Taille
(Oberteil).
„Zu einigen besonders feierlichen
Anlässen (Kriegsenden, Neujahrsem-
pfängen, Hochzeiten u. ä.) erschienen die
Damen in russischer Tracht“. Zu Feier-
tagen der Garderegimenter aber wird
überliefert, daß die Kaiserin „zum
Empfang in der gleichen Uniform wie
ihre Offiziere angezogen war.“ (М. И.
Пыляев: Старый Петербург. Рассказы
из былой жизни столицы. Ст. Петербуг,
1889. – M. I. Pyljaev: Das alte Petersburg.
Erzählungen aus der Vergangenheit der
Hauptstadt. St. Petersburg 1889 – in russischer Sprache)   S. S.

Katalog-Nr. 121

121
Justaucorps und Weste

Rußland, Ende 18. Jh,
Samt mit bunten Seidenfäden bestickt
und weißer Atlas
Länge: 115cm und 75 cm
Inv.-Nr. 62843/44 B-253, 256   T. A.

122
Justaucorps eines Knaben

Rußland, 2. Hälfte 18. Jh.
Brauner Samt mit bunter Seide bestickt
Länge: 75 cm
Inv.-Nr. 20218 SC B-7   K. S.

Für das 18. Jahrhundert waren Kinder
kleine Erwachsene, die man wie Erwachsene in kleine Wämschen kleidete, ihnen
Perücken mit Zöpfen aufsetzte und
ihnen kleine Säbelchen unter den Arm
klemmte.

Festtagstracht und Accessoires

Traditionelle russische Kleidung

Zu Beginn des 18. Jahrhunderts befahl Peter I. seinem Volk, sich westeuropäisch zu kleiden. Unberührt davon blieb die bäuerliche Tracht, die in ihrer Grundform noch aus den Zeiten der alten Rus' stammte. Diese russische Kleidung trugen bis zum Ende des 18. bzw. bis zum Anfang des 19. Jahrhunderts noch das städtische Kleinbürgertum und der Kaufmannsstand, die sich den russischen Traditionen besonders verbunden fühlten.

Die altrussische Tracht war sehr traditionsgebunden. Ihr Schnitt, die Art ihrer Verzierung und die Weise, wie sie getragen wurde, hat im Laufe der Jahrhunderte im alten Rus' keinerlei Veränderungen erfahren und zeigte, wie von ausländischen Reisenden berichtet wurde, bei den verschiedenen Gesellschaftsschichten keine Unterschiede. Abweichungen gab es nur im Material und im Ausmaß der Verzierungen. Männer wie Frauen trugen gerade geschnittene, bodenlange, sog. langschößige und weite Kleidungsstücke, die die natürlichen Formen des menschlichen Körpers verhüllten; sie hatten lange, manchmal bis zum Boden reichende Ärmel. Man trug meist mehrere Kleidungsstücke übereinander, das oberste wurde offen über die Schultern geworfen, die Ärmel hingen offen, wie Flügel an den Seiten herab.

Die männliche Kleidung bestand aus Hemd und Hose, darüber trug man einen Bauernrock aus grobem Tuch (зипун – der Zipun) oder eine einreihige Männerjacke ohne Kragen (однорядка – Odnorjadka), einen Kaftan, einen Ochaben (охабень – Kaftan der russischen Bojaren mit zurückgeschlagenem Pelzkragen und Schlitzen für die Arme) und einen Pelzmantel. Diese Zusammenstellung war bei der gesamten Bevölkerung einheitlich, der Unterschied bestand nur darin, daß die Kleidung der Fürsten und Bojaren aus teuren importierten Stoffen genäht wurde, während man für die Kleidung der einfachen Leute einheimische Stoffe verwendete (Leinen und Wolle). Originalkleidungsstücke des Alten Rus' aus dem 14.–17. Jahrhundert sind im Staatlichen Historischen Museum als kostbare Einzelstücke erhalten.

Die festliche Kleidung der Frauen bestand vom 18.–19. Jahrhundert hingegen aus Seidenbrokat, der mit Gold und Silber bestickt und mit Tressen und Spitzen besetzt war.

Der Sarafan, ein Kleid ohne Ärmel oder ein hochangesetzter Rock mit Trägern ist zusammen mit dem Hemd (Bluse), dem Gürtel und der Schürze im 17.–18. Jahrhundert sehr verbreitet. Der Sarafan wurde nicht nur auf dem Lande, sondern auch in der Stadt getragen. Hier bevorzugten ihn Kaufmannsfrauen, Kleinbürgerinnen und Frauen anderer Bevölkerungsgruppen, die mit den alten Bräuchen und Traditionen nicht gebrochen hatten und sich hartnäckig dem Eindringen der westeuropäischen Mode widersetzten. Die Sarafane des Museums aus dem 18. Jahrhundert und der 1. Hälfte des 19. Jahrhunderts gehören dem Schnitt nach zum Typ der „keilförmigen mit geöffneten Rockschößen" («косоклинные распашные»). Sie sind aus gemusterten Seiden- oder Brokatstoffen heimischer Seidenmanufakturen aus der 2. Hälfte des 18. Jahrhunderts geschnitten. Dem damaligen Geschmack der Bevölkerung entsprechend haben sie leuchtende große Blumensträuße in kräftigen Farben. Da sie gerne gekauft wurden, steigerten die Seidenmanufakturen die Herstellung solcher „Sarafan-Stoffe". Seidensarafane wurden mit Besätzen aus teuren Materialien verziert. Der Dekor unterstrich das Charakteristische der Schnitte und gab dem Gewand eine malerische Wirkung. Die Sarafane wurden durch weiße Hemden aus leichten, durchscheinenden Stoffen, reich verziert mit feiner Weißstickerei oder durch Seidenärmel ergänzt. Sie wurden unbedingt und streng nach Vorschrift mit einem hochgesetzten Gürtel getragen. In manchen Gegenden wurde dieses Kleidungsstück durch ein kurze, glockige Weste («епанечка») vervollständigt, die aus Fabrikstoff genäht und mit einer Goldlitze verziert war. An kalten Tagen zog man über den Sarafan ein Jäckchen, einen sogen. Seelenwärmer (душегрея) mit langen Ärmeln und runden (röhrenförmigen) Falten im Rücken. Im Schnitt ähnelt er der modischen Kleidung der Städter. Festliche Westen und Jacken nähte man aus Samt oder goldfarbener Seide.

Besonders prunkvoll sahen die mit floralen Ornamenten in Gold- und Silberstickerei geschmückten roten Samtwesten aus dem Gebiet von Nishnij Novgorod aus.

Zu einer Festtagstracht mit Sarafan trug man in den nördlichen und zentralrussischen Gouvernements eine mit Goldstickerei, Süßwasserperlen, Perlmutterstückchen, Flitter und Bändchen geschmückte Kopfbedeckung – die Kokoschniki (кокошники). Mit den gleichen Materialien wurden auch Hals- und Brustschmuck bestickt.

L. Efimova

124
Festliche Tracht einer Frau

Gouvernement Nižnij Novgorod,
Ende 18. Jh. – Anfang 19. Jh.

SARAFAN (Rock), leicht ausgestellt
Brokat, Goldspitze, silberne Knöpfe
Länge: 148 cm
Inv.-Nr. 56714 B-431

HEMD
Baumwolle, bestickt
Länge: 32,5 cm
Inv.-Nr. 84401/b B-2145/B

EPANETSCHKA (loses Mieder)
Samt, Goldstickerei
Länge: 30 cm
Inv.-Nr. 17128 B-620

HALSSCHMUCK
Leinen, Perlmutt, farbige Glassteine
Länge 30 cm
Inv.-Nr. 78336/87 Tsch-121   L. E.

Katalog-Nr. 124

◄ 123
Festliche Tracht einer unverheirateten Frau

Nordrußland, Ende 18. Jh.

RUNDER SARAFAN (Rock)
mit geradem Schnitt
Gemusterter Brokat, goldene Klöppelspitze
Länge: 139 cm
Inv.-Nr. 19874 šč B-418

HEMD
Baumwollgewebe, Klöppelspitze,
Stickerei
Länge: 121,5 cm
Inv.-Nr. 84061 B-1624

„EPANETSCHKA" (loses Mieder)
Gemusterter Brokat
Länge: 32 cm
Inv.-Nr. 55425 B-591

HALSSCHMUCK
Leinen, Perlmutt, farbige Glassteine,
Stickerei
Inv.-Nr. 31879 Tsch-263   L. E.

S. 208: Katalog-Nr. 124, Detail ▶

S. 209: Weißstickerei auf einem Einsatz,
Katalog-Nr. 393, Rußland, M. 19. Jh.

Katalog-Nr. 125

▲ Katalog-Nr. 126 ▶

126
Festliche Tracht einer Frau

Zentralrußland, Ende 18. – Anfang 19. Jh.

SARAFAN (Rock)
Gemusterter Brokat, goldene Litzen, Silberknöpfe
Länge: 140 cm
Inv.-Nr. 55753 SV-1414 B-430

„SEELENWÄRMER" (Jäckchen)
Seide, mit Goldlahn bestickt
Länge: 57 cm
Inv.-Nr. 45837 B-524

HALSSCHMUCK
Leinen, bunte Glassteine, Perlmutt
32 x 47 cm
Inv.-Nr. 34648 Tsch-189   L. E.

125
Festliche Tracht einer Frau

Zentralrußland, Ende 18. Jh.

SARAFAN (Rock), leicht ausgestellt
Seidenlampas, Goldlitzen, silberne Knöpfe
Länge: 139,5 cm
Inv.-Nr. 55219 CV-1423 B-445

KURZER „SEELENWÄRMER"
Seidenlampas, Goldstickerei
53 x 33 cm
Inv.-Nr. 36753 B-523

HEMD
Leinen
Länge: 37 cm
Inv.-Nr. 81922 B-1107   L. E.

Katalog-Nr. 126, Detail

127
Festliche Tracht einer Frau

Zentralrußland, Ende 18. Jh.

SARAFAN (Rock), leicht ausgestellt
Gemusterte Seide, Goldlitze, Knöpfe aus
Bergkristall mit Silbermontierung
Länge: 142 cm
Inv.-Nr. 57921 SV-1413 B-426

EPANETSCHKA (loses Mieder)
Brokat mit Goldlitze
Länge: 28 cm
Inv.-Nr. 55753 B-603

HALSSCHMUCK
Leinen, Perlmutt, farbige Glassteine
Länge: 24 cm
Inv.-Nr. 77655 Tsch-114   L. E.

128
Festliche Tracht einer Frau

Gouvernement Vladimir, Suzdal',
1.Viertel 19. Jh.

SARAFAN (Rock)
Brokat mit Goldlitze, silberne Knöpfe
Länge: 142 cm
Inv.-Nr. 17718 B-441

„SEELENWÄRMER" (Jäckchen)
Brokat mit Goldlitze
Länge: 46,5 cm
Inv.-Nr. 42567 B-545

129
Festtagstracht einer Frau

Zentralrußland, 1. Hälfte 19. Jh.

SARAFAN (Rock), ausgestellt,
angekraust
Brokat, geschliffene Glasknöpfe in
 Silberfassung
Länge: 145 cm
Inv.-Nr. 21355 SV-1412 B-434

„SEELENWÄRMER", kurz mit langen
Ärmeln
Länge: 51 cm
Inv.-Nr. 20749 šč B-531
1905 mit der Slg. Schtschukin an das
Museum gekommen   L. E.

Katalog-Nr. 127 ▶
(ohne Epanetschka)

Gestickte Kopftücher – „Platki"

Zu Nr. 130–135

Die Stickerei der Kopftücher des 18. und 19. Jahrhunderts fußt auf der Tradition der altrussischen Goldstickerei und hat sich in dieser Zeit kaum verändert. Besonders im Wolgagebiet und im Norden Rußlands trugen reiche Bäuerinnen und die Frauen in den Städten zu ihrem Kokoschnik Tücher mit sehr üppigem floralem Dekor, der mit dem Sarafan und der Weste harmonierte. Die prachtvollen gestickten Tücher aus dem Gouvernement Nižnij (Nishnij) Novgorod waren in ganz Rußland beliebt. Sie wurden außer in Nishnij Novgorod auch in Gorodets, Lyskovo, Arcamas und in anderen Städten und Dörfern hergestellt.

Ende des 18. Jahrhunderts entwickelte sich das für Novgorod typische Tuch, bei dem nur die eine diagonal aufgeteilte Hälfte dicht mit der Stickerei überzogen ist. Das Ornament besteht aus drei Blumentöpfen in den Ecken des Tuches, aus denen blühende Sträucher emporwachsen, umrankt von Weinreben mit Trauben. Erkennbar ausgearbeitet ist ein kleines Segment, das auf der Stirn aufliegt, und das ein weiteres weiches Tuch (den Povoinik) verdeckte, der unter dem großen Platok um den Kopf geschlungen wurde.

Seit der Mitte des 19. Jahrhunderts wurden diese goldbestickten Tücher in Gorodets und den umliegenden Dörfern über der Schulter getragen, wobei man darauf achtete, daß das schimmernde Muster keine Falten warf. O. G.

130
„Platok" – großes Kopftuch

Gouvernement Moskau, Kreis Kolomna, 1. Viertel 19. Jh.
Seide mit Goldstickerei
98 x 98 cm
Inv.-Nr. 76477 D-294   L. E.

131
„Platok" – großes Kopftuch

Gouvernement Moskau, Kreis Kolomna, Werkstatt von Martyn Gur'evitsch Levin, 1. Viertel 19. Jh.
Seide, Goldstickerei mit Chenillefäden, Goldfransen
116 x 115 cm
Inv.-Nr. 106494/1 D-1540
Zur Werkstatt von M.G. Levin, s. Katalog: Русские парчовые платки. Русский музей, Ленинград, 1979, кат. 7   O. G.

132
„Platok" – großes Kopftuch

Gouvernement Moskau, Kreis Kolomna, 1. Hälfte 19. Jh.
Seide mit Goldstickerei, Goldfransen, Futter
110 x 105 cm
Inv.-Nr. 62399 D-210   O. G.

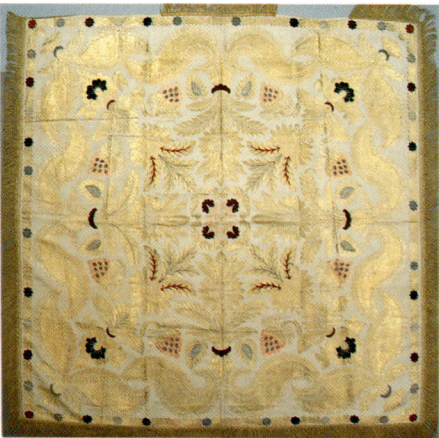

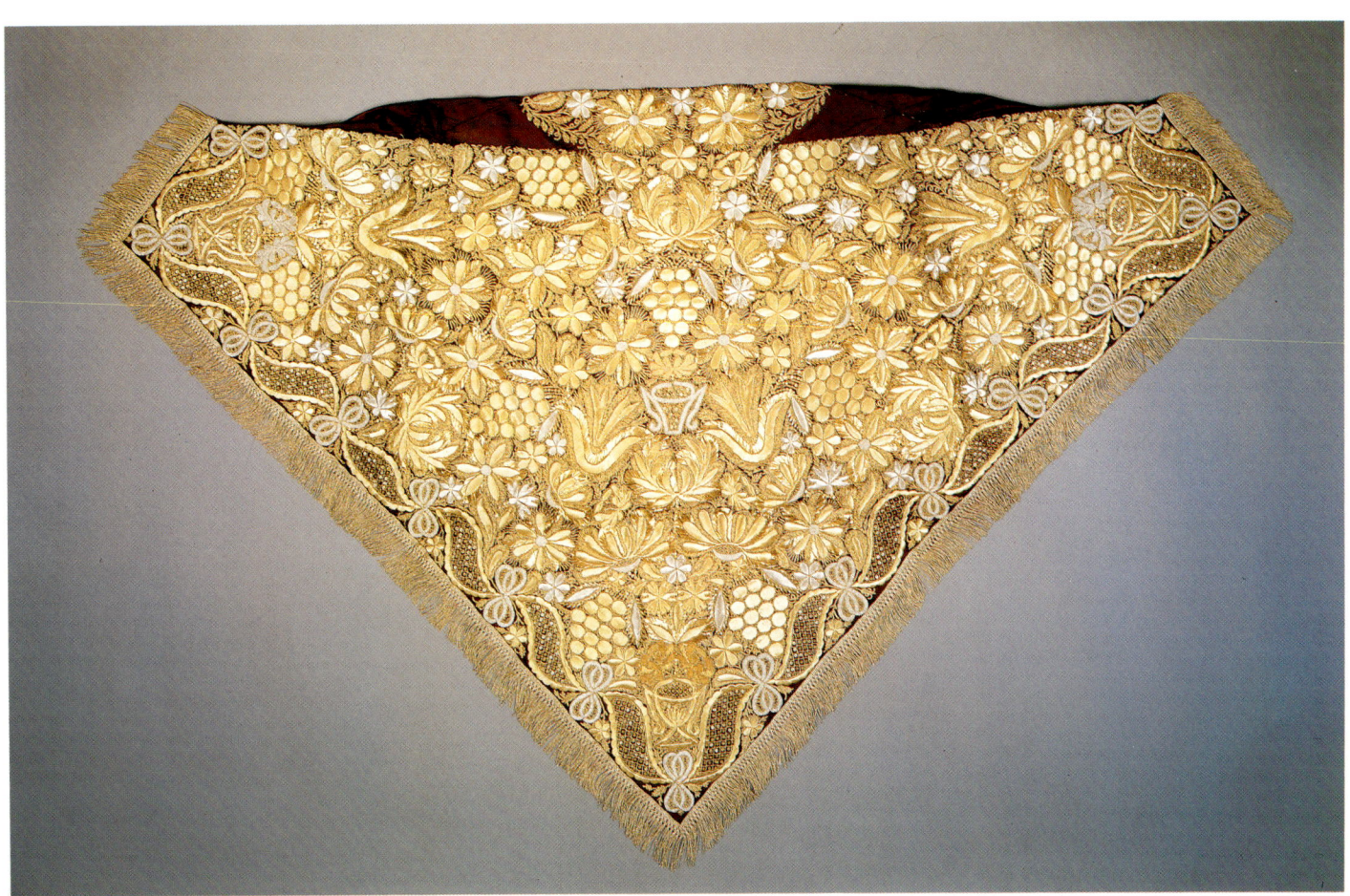

133
„Platok" – großes Kopftuch

Gouvernement Nishnij Novgorod,
1. Hälfte 19. Jh.
Seidentaft bestickt mit Gold- und Silberfäden «по карте», Brakteaten und Pailletten
91 x 89 cm
Inv.-Nr. 42567 D-626

Katalog-Nr. 134

135
„Platok" – großes Kopftuch

Gouvernement Moskau,
Kreis Kolomna, 1. Viertel 19. Jh.
Seide gewebt, mit Gold broschiert
104 x 99 cm
Inv.-Nr. 87726 D-819

In Moskau und in Kolomna sowie in
deren umliegenden Dörfern entwickelte
sich am Ende des 18. und am Anfang des
19. Jahrhunderts die Seidenweberei. Die
bedeutendsten Webereien gehörten der
Familie des Kaufmanns Gurij Levin
(gegründet in Kolomna, nachgewiesen
seit 1780), in denen man sich auf Bro-
katstoffe für Sarafane spezialisiert hatte.
In der 1. Hälfte des 19. Jahrhunderts gibt
es Firmenstempel von Jakov, Vasilij,
Martyn und Egor Levin. Ihr Ware wurde
wiederholt auf Industriemessen ausgestellt und mit Goldmedaillen und Diplo-
men ausgezeichnet. Man bewunderte die
Qualität ihrer Muster und die technische
Ausführung, mit Chenillefäden. Hier
wurden auch Tücher gewebt, die Kaufmannsfrauen, Kleinbürgerinnen und reiche Bäuerinnen stolz getragen haben.
Gegen die Jahrhundertmitte müssen die
Webereien ihre Arbeit eingestellt haben,
denn auf der Industrieausstellung von
1850 sind sie nicht mehr vertreten.

134
„Platok" – großes Kopftuch

Gouvernement Oloneck, Kargopol',
um 1900
Baumwollgewebe bestickt mit Goldfäden, Goldfransen
101 x 100 cm
Inv.-Nr. 83206/24 D-855

Die Tradition der goldbestickten Tücher
hat sich im russischen Norden in Kargopol' und seiner Umgebung seit dem
ausgehenden 18. bis zum Ende des 19.
Jahrhunderts durchgesetzt. Durch die
alte Technik der Goldstickerei bedingt,
wurden auch die alten Ornamente erhalten. Die Arbeit verlief wie folgt: Von
einem Tuch, das als Vorlage diente,
wurde das Ornament der Stickerei auf
gelbes Papier übertragen. Einzelne Teile
wurden ausgeschnitten und auf weißen,
bereits auf einen Stickrahmen gespann-
ten Baumwollstoff (Kaliko oder Kre-
tonne) gelegt. Mit gelber Seide heftete
man auf diese Papierschablonen Goldfäden und gehämmerte Goldstreifen. Bei
der Arbeit blieb das Papier unter der
Stickerei erhalten und bildete ein Relief
unterschiedlicher Höhe. Die Tücher wurden auf Bestellung angefertigt und
gehörten zu den schönsten Geschenken
für junge Mädchen vor der Hochzeit.
Bei den Tüchern aus Kargopol' dominierten florale Motive als Rahmung des
Mittelteils, der meist aus einer gestickten
Sonne oder einem Mond bestand. Besonders schön schimmerte das Gold diese
Tücher beim Promenieren in strahlender
Sonne oder bei flackerndem Kerzenlicht.

O. G.

Gold- und Silberspitzen

Zum Bestand des Staatlichen Historischen Museums in Moskau gehören Silber- und Goldspitzen, die vollständig und fragmentarisch erhalten sind.

An den ersten Spitzen aus dem 17. Jahrhundert wurde nicht so sehr die kunstvolle Arbeit als vielmehr das Material selbst, der effektvoll glänzende, kostbare Faden geschätzt. Spitzen dienten zum Schmuck der Zaren-, Bojaren- und Kirchengewänder und auch weltlicher und sakraler Gegenstände (Zarenthron, Pelzmäntel, Teppiche, Behältnisse, Sättel, Sessel, Kirchenausstattung).

Goldspitzen paßten vorzüglich zu den importierten Brokatstoffen, aus denen die erwähnten Gegenstände gefertigt waren, und sie steigerten auch zusätzlich die Wirkung der prachtvollen russischen Goldstickerei.

Es ist bekannt, daß eine große Zahl von Spitzenklöpplerinnen, die in den zaristischen Werkstätten unter der Zarin Marija Il'initschna arbeiteten, während der Pest im Jahre 1654 mit ihr von Moskau nach Kaljazin übergesiedelt sind. Spitzen wurden auch im Hause des Bojaren Golicyn geklöppelt, denn in der Liste seines Hausinventars wird „im Haus geklöppelte Goldspitze" erwähnt («домашнее кружево золотое»). Überliefert ist auch, daß im 17. Jahrhundert bei den berühmten Kaufleuten Stroganov in Sol'vytschegodsk ebenfalls Spitzen geklöppelt worden sind.

Die Spitzen wurden in der Regel mit Holzstäbchen, den Klöppeln, über einer gezeichneten Vorlage ausgeführt. Diese wiederum war auf einem speziellen Kissen in Rollenform befestigt. Häufig wurde das Muster aus einzelnen Motiven gleichzeitig mit einem durchscheinenden Grundmuster aus einem Gitterornament oder Tüll geklöppelt. Dieses Verfahren wurde als verdoppelte (парное – paarweise) Klöppeltechnik bezeichnet. Das Muster entwickelte sich dabei vor dem Hintergrund ungleichmäßig geformter Gitterzellen. Häufig verwendet wurden dabei florale Motive, die an die Tradition der Gräserornamente (травные орнаменты) erinnern, die auch in anderen Zweigen des russischen Kunsthandwerks, z. B. in der Goldstickerei, verbreitet waren. Sehr populär waren stilisierte Nelken und Tulpen, deren Formen wiederholt als eigenwilliges Ornament auftreten. Daneben gibt es bei den Gold- und Silberspitzen auch geometrische Motive.

Die Spitzen wurden aus gesponnenem Gold- und Silberlahn geklöppelt. Ihren Reliefcharakter erhielten sie dabei durch einen dickeren Faden. Vor allem in der 1. Hälfte des 17. Jahrhunderts wurden die Spitzen auch aus feiner Goldschnur gefertigt. Dieses Material steigerte den Reliefcharakter gewaltig und verlieh den Spitzen ein voluminöseres, festlicheres Aussehen. Im 18. Jahrhundert waren Gold- und Silberspitzen ganz besonders beliebt. Sie hatten Ähnlichkeit mit Borten und Tressen. Das Muster solcher Spitzen bestand häufig aus einer rhythmischen Wiederholung von Kreisen und sich abwechselnden floralen oder fächerförmigen Motiven. In einigen Fällen fügte man noch einen roten, blauen oder grünen Faden hinzu, was den Spitzen ein farbiges Aussehen gab. Im 18. Jahrhundert setzten sich bei diesen Spitzen Muster mit quadratischen und rhombenförmigen Figuren durch, die mit verschiedenartigen durchscheinenden Gittermustern ausgefüllt sind. In der 2. Jahrhunderthälfte aber wurde als Hintergrund immer häufiger ein gleichmäßiges Gitter gewählt und die Gold- und Silberspitzen verschwanden nach und nach aus dem Alltag des Adels. Sie blieben nur an typisch russischen Kleidungsstücken erhalten, wie sie von Kaufleuten, Kleinbürgern und Bauern getragen wurden, z. B. an den Kokoschniks (кокошники – Kopfputz verheirateter Frauen), den Sarafanen und den Duschegrejkas – den Seelenwärmern (warme Frauenjacken). Dabei ging die Verwendung von Goldfäden auf ein Minimum zurück, bis sie schließlich nur noch als Konturen verwendet worden sind.

N. Suetova

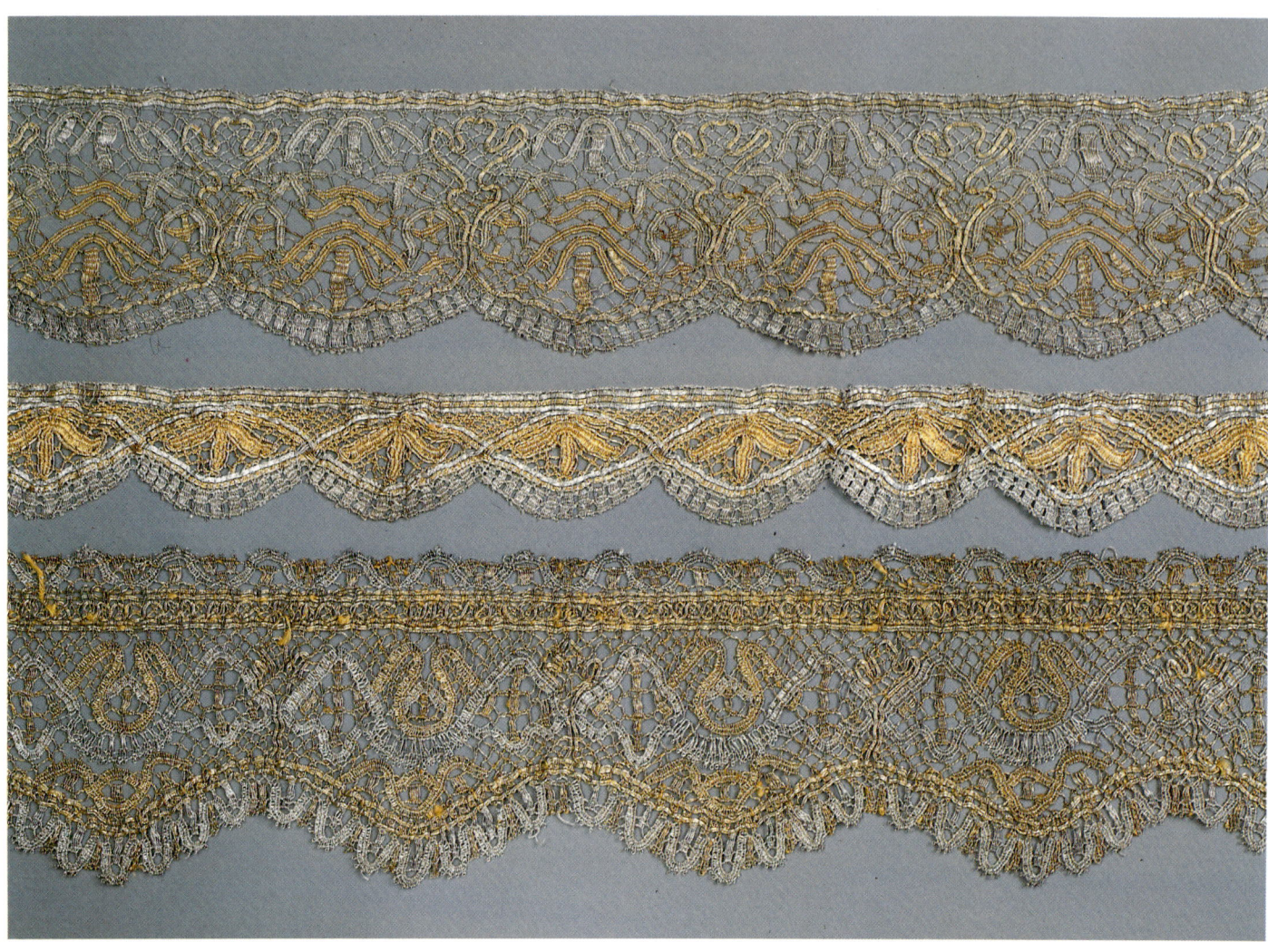

Die Spitzenklöppelei entwickelte sich in der alten Rus' später als die Stickerei. Es gibt keine Klöppelspitzen aus der Zeit vor dem 17. Jahrhundert. Der Terminus „Spitze" (кружева) hatte zunächst eine umfassendere Bedeutung als heute. Man bezeichnete in Rußland mit diesem Wort verschiedenartige Besätze, mit denen Kleidungsstücke und andere Gegenstände geschmückt wurden. Sie konnten genäht, gewebt, geflochten, aus Litzen gefertigt und aus aufgefädelten Perlenschnüren gemacht sein. Es gibt auch durchbrochene Goldschmiedearbeiten, die „Spitzen" genannt werden. Erst spät wurde der Ausdruck „Spitze" auf Klöppelarbeiten beschränkt.

L. Efimova
O. Gordeeva
N. Suetova

136
Klöppelspitze

Rußland, Ende 17. Jh.
Silber- und Goldlahn
278 x 5 cm
Inv.-Nr. 79836 3-900   L. E.

137
Klöppelspitze

Rußland, Ende 17. Jh.
Silber- und Goldlahn
360 x 11 cm
Inv.-Nr. 20825 šč RB-1667
1905 mit der Slg. Schtschukin an das
Museum gekommen   L. E.

138
Klöppelspitze

Rußland, Anfang 19. Jh.
Silber- und Goldlahn
200 x 14 cm
Inv.-Nr. 59553 Z-229   L. E.

Flußperlenohrringe

zu 139–144

Bereits in der Antike wurde die Kleidung russischer Adliger, aber auch weltliche und kirchliche Gegenstände mit Perlen verziert. Nur selten verwendete man die kostbaren Orientperlen, die man aus dem Ausland importierte. Ende des 18. Jahrhunderts und zu Beginn des 19. Jahrhunderts war die Blütezeit der Perlenstickerei und des Perlenschmucks. Dabei verwandte man in erster Linie Flußperlen aus den Flüssen Nordrußlands. Viele Bauern wurden zu Perlenfischern, die nicht nur nach Perlen suchten, sondern auch die Festgewänder und Kopfbedeckungen mit Perlen bestickten oder Schmuckstücke arbeiteten. Die Menge und die Qualität der noch erhaltenen mit Perlen verzierten Gegenstände läßt vermuten, daß manche Bauern nicht nur für den Eigenbedarf nach Perlen suchten, sondern den Beruf des Perlenfischers professionell betrieben.

Als besonderer Ohrschmuck entwickelten sich Perlenohrringe, die aus feinen Flußperlenschnüren in variierenden, manchmal sehr originellen Formen, wie z. B. als Blumenkörbchen, gestaltet wurden. Manche dieser Ohrringe wurden auch aus einem Wechsel von feinen Flußperlen und vergoldeten Kügelchen gearbeitet. Die originellsten Ohrringe der Ausstellung bestehen aus einem birnenförmigen Anhänger aus Kupferfolie, der von einem Perlennetz umspannt wird. Das durchbrochene Band verstärkt den Eindruck von Leichtigkeit und Eleganz. Solche Ohrringe ergänzten nicht nur die bäuerliche Festkleidung, sondern auch die Gewänder der Kaufleute und der städtischen Bürger.   N. T.

Katalog-Nr. 144

139
Ohrringe

Rußland, Anfang 18. Jh.
Silber, vergoldet, Perlen, Perlmutt
5,8 x 4 cm
Inv.-Nr. 17389 šč/15067 ok
1905 aus der Slg. Schtschukin

140
Ohrringe

Rußland, 18. Jh.
Silber, Perlen, Glas
4,2 x 3,7 cm
Inv.-Nr. 17434 šč/15071 ok
1905 aus der Slg. Schtschukin

141
Ohrringe

Rußland, 18.–19. Jh.
Silber, Kupfer, Perlen, Perlmutt
8,1 x 4,7 cm
Inv.-Nr. 17430 šč/15100 ok
1905 aus der Slg. Schtschukin

◀ Katalog-Nr. 139

142
Ohrringe

Rußland, 18.–19. Jh.
Silber, Kupfer, Perlen, Glas
7,3 x 3,3 cm
Inv.-Nr.17479 šč/15094 ok
1905 aus der Slg. Schtschukin

143
Ohrringe

Rußland, Ende 18. Anfang 19. Jh.
Silber, Kupfer, Perlen
7,5 x 6 cm
Inv.-Nr. 99932/16263 ok

144
Ohrringe

Rußland, 19. Jh.
Silber, Kupfer, Perlen, Straß
8,5 x 4,0 cm
Inv.-Nr. 55004/15085 ok

„Kokoschniki" –
Festtags- und Brauthauben

Zu Nr. 145–155

Die Vielfalt der Kopfbedeckungen in der russischen Tracht kennzeichnet die verschiedenen Altersgruppen und den sozialen Stand jeder Trägerin. Sie haben eine lange Tradition. Solche Kopfbedeckungen und die Sarafane wurden in den Familien bewahrt, vererbt und gehörten unbedingt zur Mitgift einer wohlhabenden Braut. So zeigen Porträts aus dem 19. Jahrhundert wiederholt Trachtenelemente noch aus dem 18. Jahrhundert.

Verheiratete Frauen trugen den „Kokoschnik", (кокошник) von dem es sehr unterschiedliche Formen gab. Der einhörnige, hoch aufsteigende gehört nach Kostroma, die Form eines Halbmondes kommt aus Vladimir und Nishnij Novgorod, es gibt ihn spitz zulaufend mit angesetzten „Schischki" – tannenzapfenähnlichen Schmuckteilen, als flache Kappen mit Ohrenklappen in Belozersk, und die „Kabluki" (Schuhabsätze) kommen aus Tver', u.s.w. Die Kokoschniki wurden aus wertvollen Stoffen genäht und über der Stirn mit netzförmig verknüpften Perlenschnüren, ovalen Schlaufen und üppigen Volants verziert (Novgorod, Tver', Olonets). Als Symbol für gute Wünsche wurden auf den Kokoschniks immer wieder Vögel dargestellt: Vögel zu Seiten eines Lebensbaums, Pfauenhennen, die in ein Ornament eingebunden sind, und zweiköpfige Vögel wie das Staatswappen der Romanovs. Zu festlichen Anlässen wurde über dem Kokoschnik ein Seidentuch getragen, dessen Ränder mit goldenen Litzen und Spitzen eingefaßt waren. Es konnte auch ein mit Gold- und Silberfäden besticktes Mulltuch sein. Dieser festliche Schleier, „Fata" genannt, war auch Bestandteil der Hochzeitstracht, der das Antlitz der Braut vollständig verdeckte.

Der Kopfputz von unverheirateten Mädchen bestand hingegen aus einem festen Band mit gezacktem Rand oder aus einem Reifen.

Accessoires, wie der Zopfschmuck, Geldbeutel, Täschchen und Schuhe waren ähnlich ausgestattet. Sie wurden aus Samt oder Seidenstoffen gefertigt. Im 18. Jahrhundert liebte man im Dekor als Motiv in Goldstickerei Blumensträuße mit Bändern oder in Vasen.

L. Efimova

145
„Kokoschnik" – Kopfputz einer Frau

Gouvernement Vologda, Belozersk, 18. Jh.
Stickerei mit Goldlahn, goldener Schnur, Flußperlen, Perlmutt und bunten Glassteinen
Höhe: 7,5 cm
Inv.-Nr. 54786 ZV-1304 Kr. B.-161

L. E.

146   Abb. S. 221
„Absatz" – Kopfputz einer Frau

Gouvernement Tver', 1. Viertel 19. Jh.
Samt, Goldtresse, goldene Schnur, Flußperlen, Pailletten, Ketten
Höhe: 18 cm
Inv.-Nr. 23288 šč Kr. B.-206
1905 mit der Slg. Schtschukin an das Museum gekommen

147
„Absatz mit einem Behang" – Kopfputz einer Frau

Gouvernement Tver', 1. Viertel 19. Jh.
Stickerei mit Flußperlen, Pailletten, geschliffenem Glas in Metallfassung, Pferdehaaren, Leinen und Draht
Höhe: 12 cm
Inv.-Nr. 23301 ZV-1307 Kr. B.-208
1905 mit der Slg. Schtschukin 1an das Museum gekommen   L. E.

148
Sammelhaube, sogn. „Sbornik"
(сборник)

Gouvernement Vologda, Anfang 19. Jh.
Leinen bestickt mit Goldfäden, Flußperlen, Perlmutt und farbigen Glassteinen
Höhe: 14 cm
Inv.-Nr. 54786 ZV-1298 Kr. B.-289

L. E

Katalog-Nr. 153   Katalog-Nr. 150   Katalog-Nr. 146

Katalog-Nr. 149

149   **Abb. S. 222**
„Novgoroder Kika" – Kopfputz einer Frau

Gouvernement Tver', Ende 18. Jh
Samt, bestickt mit Goldfäden, farbigen
Glassteinen, Perlmuttperlen
Höhe: 14 cm
Inv.-Nr. 54786 Kr. B.-66   L. E.

150   **Abb. S. 221**
„Kika" – Kopfputz einer Frau

Gouvernement Kostroma, Galitsch,
Mitte 18. Jh.
Höhe: 8 cm
Inv.-Nr. 23877 šč ZV-1289 Kr. B.-62
Mit der Slg. Schtschukin 1905 an das
Museum gekommen   L. E.

151   **Abb. S. 223**
Kopfband einer unverheirateten Frau

Gouvernement Vologda, 1. Hälfte 19. Jh.
Stickerei auf Taft mit Goldfolie, Fluß-
und Glasperlen, goldenen Fäden und
Goldspitze
Höhe: 14 cm
Inv.-Nr. 1617 šč ZV-1313 Kr. B.-629
        L. E.

152   **Abb. S. 223**
„Schischak" – Kopfputz einer Frau

Gouvernement Pskov, Kreis Toropeck,
Anfang 18. Jh.
Stickerei auf Samt mit Fluß- und Glas-
perlen
Höhe: 15 cm
Inv.-Nr. 23151 šč -1294 Kr.B.-190
        L. E.

153   **Abb. S. 221**

„Kokoschnik" – Kopfputz einer Frau

Gouvernement Moskau, Anfang 19. Jh.
Samt bestickt mit goldenen Fäden und
Bändchen
Höhe: 12 cm
Inv.-Nr. 70488 E-637   L. E.

154

„Kokoschnik" – Kopfputz einer Frau

Gouvernement Nishnij Novgorod,
Areamas, Ende 18. Jh.
Samt bestickt mit goldenen Fäden, Goldlitze und Folie
Höhe: 14 cm
Inv.-Nr. 77655 E-247
Zugang in das Museum mit der Slg. Natalja Leonidovna Schabelsk (1845–1904),
die eine passionierte Sammlerin russischer Volkskunst; besonders von Stickereien, Spitzen und Trachten gewessen ist.
      L. E.

155

**„Krone" – Kopfputz eines jungen
Mädchens**

Nordrußland, Ende 18. Jh.
Leinen überzogen mit Seidentaft und
bestickt mit Folie, Litzen, Flußperlen,
Perlmutt, Metallflitter und Goldfäden
Höhe: 15 cm
Inv.-Nr. 38234 Kr. B.-582   L. E.

Katalog-Nr. 152

◀ Katalog-Nr. 151 und 155

Zopfschmuck – „Kosnik"

Der Schmuck wurde am Ende des Zopfes junger Mädchen eingeflochten und war vorwiegend dreieckig geformt. Er wurde aus Samt, Brokat und anderen kostbaren Materialien hergestellt.

L. E.

156
Kosnik

Rußland, 1. Viertel 18. Jh.
Samt bestickt mit Goldfäden und Folie
11 x 10 cm
Inv.-Nr. 22957 šč Kr. B.-692   L. E.

157
Kosnik

Rußland, 1. Hälfte 18. Jh.
Goldbrokat mit Goldstickerei
18 x 15 cm
Inv.-Nr. 78014 E-335   L. E.

158
Kosnik

Rußland, 2. Hälfte 18. Jh.
Goldstickerei mit Perlmuttperlen, Folie und Steinen
14,5 x 13,5 cm
Inv.-Nr. 54788 Kr. B.-697   L. E.

159
Kosnik

Rußland, 2. Hälfte 18. Jh.
Goldstickerei mit Perluttperlen, Folie und Steinen
12 x 11 cm
Inv.-Nr. 61882 Kr. B.-709   L. E.

160
Kosnik

Nordrußland, 2. Hälfte 18. Jh.
Goldbrokat bestickt mit Perlmutt und farbigen Steinen
10,5 x 10 cm
Inv.-Nr. 56740 Kr. B.-710   L. E.

161
Notizbuch

Rußland, Ende 18. Jh.
Seidenatlas bestickt mit Silberfäden und
Pailletten
10 x 16 cm
Inv.-Nr. 56725 B-1495   L. E.

162
Beutel

Rußland, 1. Viertel 18. Jh.
Seidenatlas bestickt mit Goldlahn und
geschlagenem Silber
14,5 x 11,2 cm
Inv.-Nr. 87706 B-2366   L. E.

163
Beutel

Rußland, 18. Jh.
Samt bestickt mit Silberlahn und silber-
ner Schnur
12 x 11 cm
Inv.-Nr. 22757 šč b-1224
Eingang in das Museum 1905 mit der
Sammlung Schtschukin   L. E.

164
Damenpantoffeln

Gouvernement Tver', Torshok,
letztes Viertel 18. Jh.
Samt, Safianleder, Seide mit Goldfäden
bestickt
Länge: 25,5 cm; Höhe. 4,5 cm
Inv.-Nr. 23667 Sh-56 a, b

165
Damenpantoffeln

Rußland, Ende 18. Jh.
Samt mit Silberstickerei, Leder
Länge 25,5 cm; Höhe: 6 cm
Inv.-Nr. 29036 Sh-50 a, b   L. E.

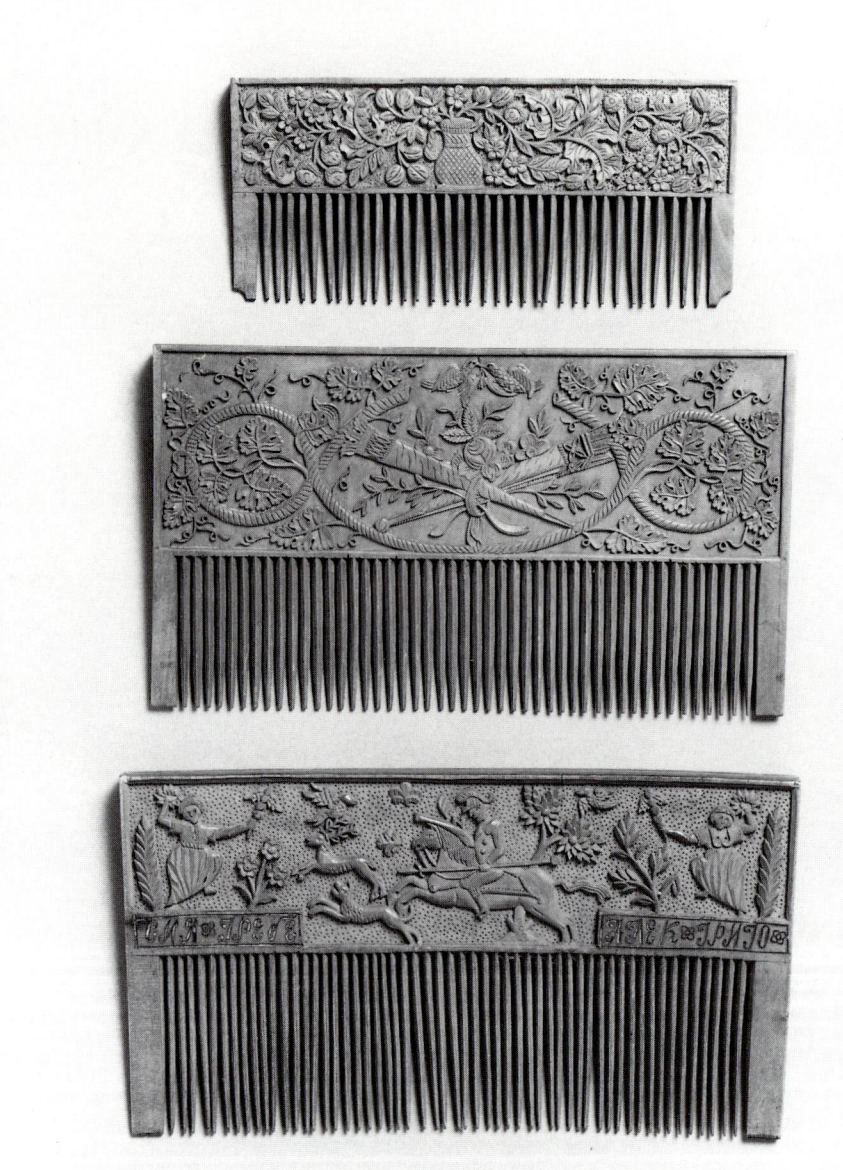

166
Kamm

Gouv. Moskau, 1. V. 19. Jh.
Birne, geschnitzt
11,6 x 5,2 x 0,9 cm
Inv.-Nr. 12646 šč/693
1905 aus der Slg. Schtschukin

Auf einer Seite des Kammes befindet sich ein Kranz mit den Initialen „BM" und die Inschrift „Mit Liebe verehre ich dies Werk meiner Beschäftigung dem hochverehrten …". M. S.

167
Kamm

Gouv. Moskau, Ende 18./Anfang 19. Jh.
Birne, geschnitzt
14,7 x 8,5 x 1,2 cm
Inv.-Nr. 50640/698
Auf einer Seite befinden sich Initialen „AH". M. S.

168
Kamm

Gouv. Moskau, 1828
Birne, geschnitzt
15,3 x 8,5 x 1,0 cm
Inv.-Nr. 36784/697

Auf einer Seite befindet sich die abgekürzte Inschrift: „Dies Kämmchen Alek… Gri...go", auf der anderen Seite: „Schnitzer des Zvjaginsk, des Jahres 1828" und im Zentrum „Heilig-Priester". M. S.

Holzkämme

zu 166-169

In der 2. Hälfte des 18. Jahrhunderts entstanden Holzkämme mit aufwendigen Schnitzereien, die mittelalterliche Traditionen mit Techniken des 18. Jahrhunderts verbanden. Zum Zentrum der Herstellung dieser Kämme entwickelte sich die Umgebung von Moskau. Die Ausführung der Schnitzereien zeigt eine meisterhafte Technik. Man verschenkte solche Kämme zu besonderen Anlässen. Oft findet sich eine Inschrift auf der Rückseite, die den Anlaß des Auftrags und den Auftraggeber benennt. M. S.

169
Kamm

Gouv. Moskau, 1768
Birke, geschnitzt
H. 4 cm
Inv.-Nr. 48874/D 4-703
Eingeschnitzt der Name „Ivana Seme...
Krasi".   M. S.

170
Handspiegel im Kästchen mit Schiebe-deckel

Rußland, Ende 18. Jh.
Birke, geschnitzt, Spiegel
16,2 x 9,2 x 2,7 cm
Inv.-Nr. 5867 šč/1307
1905 aus der Slg. Schtschukin

Der Spiegel hielt in der 2. Hälfte des 17.
Jahrhunderts seinen Einzug in den russischen Alltag. Nach mittelalterlichen
Vorstellungen in Rußland wurden Spiegeln magische Eigenschaften zugesprochen. Daher verwahrte man sie verdeckt
in speziellen Schränkchen mit Flügel-
türen oder hinter Vorhängen aus kostbaren Stoffen. Für kleine Handspiegel fertigte man spezielle Futterale mit Schie-
bedeckeln.   N. G.

Katalog-Nr. 171

Trachtenporträts

In der russischen Malerei gibt es vom ausgehenden 18. Jahrhundert bis zur Mitte des 19. Jahrhunderts die Sonderform der Trachtenporträts (Volkskunstporträts). Sie wurden von anonymen Künstlern in der Provinz gemalt. Die meisten derartigen Bilder entstanden in Nordrußland, wie in Tver', Novgorod, Pskov und Archangel'sk. Durch die große Entfernung zu den Kulturzentren hatte sich in der Malerei hier noch die mittelalterliche Tradition erhalten können.

Es sind reiche Bäuerinnen und Kaufmannsfrauen, die in ihrer festlichen Tracht porträtiert wurden. Die Bilder wirken archaisch und ähneln sich in der frontalen, silhouettenhaften Darstellung der Personen, in ihren großen flachen Blumenmustern und den sich wiederholenden Gesten.

Beachtenswert sind dabei die alten Trachten. Die Malerei gibt mit satten Farben und pastosem Farbauftrag die kostbaren Materialien sowie die Flußperlen an den Kokoschniks, die Goldstickerei der Sarafane und die mit Seide bestickten weißen Hemden sehr anschaulich wieder. Die kostspieligen Gewänder wurden von einer Generation auf die andere vererbt, weshalb Porträts aus dem 19. Jahrhundert sehr oft Trachten aus dem 18. Jahrhundert zeigen können, die nur durch modische Details ergänzt worden sind. N. P.

171
Porträt einer Frau in der Festtagstracht aus Nordrußland

Russischer anonymer Meister, 1840–1850
Öl auf Leinwand, 80 x 63 cm
Inv.-Nr. 67559/I1-1302

172
Porträt einer jungen Frau in der Festtagstracht

aus dem Gouvernement Tver'
Russischer anonymer Meister, 1820–1830
Öl auf Leinwand, 70 x 56 cm
Inv.-Nr. 70156/I1-2618
Eingang in das Museum 1930 mit der Sammlung des Museums „Alt-Moskau"

173
Porträt einer jungen Frau in der Festtagstracht mit Perlenschmuck

aus dem Gouvernement Tver'
Russischer anonymer Meister, 1830–1840
Öl auf Leinwand, 70 x 61,5 cm
Inv.-Nr. 80603/I1-3539

174
Porträt einer jungen Frau in der Festtagstracht mit Stirnbehang

aus dem Gouvernement Tver'
Russischer anonymer Meister, 1830–1840
Öl auf Leinwand, 80 x 53 cm
Inv.-Nr. 54687/I1-2280

Katalog-Nr. 173

Marianna Bubtschikova

Porzellan

Russisches Porzellan und russische Aufträge für westeuropäisches Porzellan im 18.–19. Jahrhundert

Historiker vergleichen die Kunst des Porzellans häufig mit einem Spiegel der Moden ihrer Zeit, und in Rußland spiegelt gerade das Porzellan besser als das Kunsthandwerk eines anderen Materials die Hinwendung zum westeuropäischen Geschmack wider, so wie man ihn hier verstanden und übernommen hatte.

Wie in anderen europäischen Ländern, mußte auch in Rußland die Herstellung des Porzellans im 18. Jahrhundert erst erprobt und entwickelt werden. Dies gelang dem Chemiker D. I. Vinogradov (1720–1758), der in Freiburg Bergbau studiert hatte. Im Auftrag der Kaiserin Elisabeth glückte ihm 1747 in der erst 1744 gegründeten Staatlichen Porzellanmanufaktur in St. Petersburg erstmals ein zufriedenstellendes Hartporzellan zu brennen.

Ungeachtet der traditionellen Nachbarschaft zu China, der eigentlichen Heimat des Porzellans, übernahm Rußland die Porzellanmode daher von Europa und baute seine erste eigene Manufaktur vor allem nach dem Vorbild von Meißen auf.

Da das europäische Porzellan aber das fernöstliche nachgeahmt hat, ist es auch stets mit diesem verglichen und an ihm gemessen worden. Dies drückt A. de Musset 1836 in seinem Kommentar zu den Salons sehr deutlich aus: „Im Vergleich zu den großen Meistern der Malerei ist Watteau so ungefähr wie sächsisches Porzellan neben einer antiken Statue. ... wenn er (der Maler Rokeplan) nur nicht neben Watteau plötzlich wie eine hübsche englische Imitation sächsischen Porzellans wirkt."[1]

Hiermit hat Musset die damalige Wertung der Porzellankunst sehr genau beschrieben. Er erkannte die Rangordnung ihrer Beurteilung und die durch ihr Wesen bedingte Zweitrangigkeit im Verhältnis zu den Vorbildern.

Da das russische Porzellan nach den Regeln des europäischen Porzellans geschaffen wurde, erwies es sich dadurch als Kopie einer Kopie. Für D. I. Vinogradov diente das sächsische Porzellan jedoch als Wertmaßstab, das nach seiner Bewertung „durch seine Reinheit und seine innere Güte, aber besonders durch seine überragende Malerei und Schönheit der Farben das Chinesische und Japanische bei Weitem übertrifft."[2] In Rußland wurden daneben die noch so ausgefallenen und qualitätvollen Gegenstände des eigenen Porzellans von Anfang an nicht so hoch geschätzt wie die Porzellane aus Meißen, Berlin oder Sèvres, da jene von den kaiserlichen Auftraggebern bevorzugt worden sind. Das importierte Porzellan wurde daher auch weit höher bewertet als das eigene. So zahlte die Staatskasse z. B. für ein Service mit Kameen, das für 60 Personen 1777 in Sèvres als

1 Alfred de Musset: Salon 1836. Ausgewählte Werke, Moskau, Bd. 2, S. 525 (in russischer Sprache).

2 Виноградов Д. И.: Обстоятельное описание чистого порселина, в кн.: Безбородов М. А.: Д. И. Виноградов — создатель русского фарфора. М. Л. 1950, c. 399 (Vinogradov. Ausführliche Beschreibung des reinen Porzellans. In: Bezborodov, Vinogradov: Schöpfer des russischen Porzellans. Moskau-Leningrad, 1950 S. 399).

„das beste in der neuesten Fasson" bestellt worden war, eine unglaubliche Summe von 300 000 Livre, d. h. ca. eine halbe Million Rubel.[3] Gleichzeitig wurden für das Service des Hl. Georgordens des Siegträgers, das in der russischen Manufaktur von F. Gardner bei Moskau mit 80 Gedecken bestellt worden war, nicht mehr als 6000 Rubel gezahlt. Man hatte von Gardner jedoch auch nicht „die neueste Fasson" verlangt. Die Geschirrteile des Ordensservices sollten ausdrücklich die Formen des berühmten Services wiederholen, das der preußische König Friedrich II. 1772 der Kaiserin Katharina II. zum Geschenk gemacht hatte.[4] Die nachgearbeiteten Ordensgeschirre wurden jedoch anders bemalt. Sie zeigen die Ordensbänder, Kleinodien und die Sterne der russischen Orden. So hat das russische Porzellan quasi russische Symbole und Ehrenzeichen in einen westeuropäischen Rahmen eingefügt und sie dadurch aufgewertet.

Trotz der Gründung eigener Porzellanmanufakturen bestellte der russische Hof seine prunkvollen Service und einzelne Staatsgeschenke immer wieder bei den Manufakturen in Mitteleuropa. Die Geschichte der Bestellungen umfangreicher Geschirre, die Entwicklung ihrer Programme sowie die Listen ihrer Auftraggeber dokumentieren die Entwicklung dieses Kunsthandwerks genausogut wie auch die Geschichte Rußlands in der Zeit 1750–1790. Die Exponaten dieser Ausstellung lassen dies deutlich erkennen.[5]

Mehr als in Mitteleuropa diente das Porzellan den Russen zu Repräsentationszwecken. Diese Aufgabe liegt in seiner höfischen Herkunft und in seiner ausschließlichen Verwendung zu festlichen Gelegenheiten. In Rußland wurde Porzellan nie zum Alltagsgeschirr, immer blieb es ein Prestigegegenstand, der bestellt, verschenkt, vererbt, liebevoll als Andenken an den Geschenkgeber oder an Vorfahren aufbewahrt worden ist. Diese Tradition, Porzellan nur als Dekoration aufzustellen, es nur zu außerordentlich festlichen Gelegenheiten oder nur für besondere Ehrengäste zu benutzen, hat sich bis zum Anfang unseres Jahrhunderts gehalten und wurde von allen Gesellschaftsschichten befolgt. Diesem Zweck entsprechend wurde das Porzellan daher auch dekoriert. Symbole beachtenswerter Ereignisse, Porträts der Zarenfamilie und von berühmten Feldherrn, Soldaten der russischen Armee, Ansichten von Sehenswürdigkeiten in den Hauptstädten u. a. denkwürdige Darstellungen sind auf ihnen zu finden.

Es ist auffallend, daß gerade auf dem Porzellan der Kaiserlichen Manufaktur Neuheiten der russischen Kunst zum ersten Mal erprobt worden sind. Das einfache russische Leben und der einfache Mann wurden z. B. erstmals auf Porzellan dargestellt, nachdem ausländische Künstler diese Themen auf ihren Graphiken vorgestellt hatten. Bei dem Kopieren dieser Vorlagen achtete man sehr genau auf alle Details. So entstanden die „russischen Souvenirs". Anfangs waren es die französisch angehauchten Schäferszenen von Le Prince, danach die naturalistischen, tolpatschigen Personengruppen von Geissler und die romantisierten Bauernfiguren von Atkinson. Idealisiert durch den Werkstoff Porzellan sollten sie ihren russischen und westlichen Besitzern und Liebhabern eine Vorstellung der

3 Альбом исторической выставки предметов исскуства в 1904 г. в Санкт – Петербурге. Спб.,1907, с. 30 (Album historischer Kunstausstellungen in St. Petersburg 1904. St. Petersburg 1907, S. 30).

4 Ausstellungskatalog: Von Sanssouci nach Europa. Geschenke Friedrichs des Großen an europäische Höfe. Stiftung Schlösser und Gärten, Potsdam-Sanssouci, 1994.

5 Ausstellungskatalog: Zur Tafel im Winterpalast. Dänemark, Museet pä Koldinghus, 1994.

russischen Exotik in der Sprache des Porzellans und zugleich im europäischen Geschmack vermitteln. Nach den napoleonischen Kriegen übernahm das Porzellan die Aufgabe, die höheren Gesellschaftsschichten in Europa und gleichzeitig auch in Rußland selbst mit dem einfachen Volk bekannt zu machen. Die Form und der Stil solcher Darstellungen entspricht daher ganz dem westeuropäischen Geschmack. In festlicher Aufmachung sieht man die verschiedenen Volksgruppen auf Sammeltassen und Servicen und auch als Figurenserien. Sie wirken exotisch und sind gleichzeitig angenehm anzusehen. Es ist daher kein Zufall, daß der neue „russische Stil" im Kunsthandwerk des Historismus gerade beim Porzellan erprobt worden ist. Erstmals ist er an Geschirren der Kaiserlichen Porzellanmanufaktur von F. G. Solncev (das Kreml-Service, 1837) und auf dem des Großfürsten Konstantin Nikolajevitsch (1848) belegt.[6] (Kat.-Nr. 252)

Das russische Porzellan gehört daher während seiner gesamten Geschichte zum festlichen Leben in Rußland, was in seiner künstlerischen Gestaltung, die nicht selten ihren westeuropäischen Ursprung verrät, deutlich zum Ausdruck kommt.

▼ Katalog-Nr. 200: Brotkorb aus dem Ordensservice des Hl. Andreas

6   Die erste ausführliche Publikation dieser Service erfolgte im Ausstellungskatalog: Русский фарфор. 250 лет истории. M. 1995. (Russisches Porzellan. 250jährige Geschichte. Moskau 1995).

Porzellan des Rokoko

In Rußland gehörte im 18. Jahrhundert europäisches Porzellan zu den begehrten Luxusartikeln, und man versuchte daher, es auch in eigenen Manufakturen herzustellen.

Die erste russische Porzellanmanufaktur war die Kaiserliche Manufaktur in St. Petersburg, die Zarin Elisabeth I. 1744 gegründet hatte. Mit den ersten Arbeiten orientierte man sich hier ganz am westeuropäischen Geschmack und ahmte vor allem das Porzellan von Meißen nach. Puttenmotive nach Vorlagen von F. Boucher trafen den Geschmack der Zeit.

1766 gründete der englische Kaufmann Francis Gardner eine private „Porzellanfabrik" im Dorf Verbilki im Gouvernement Moskau. Aus Meißen hatte er einen Techniker und einen Maler angeworben, die ihm den Erfolg garantierten.

Diese beiden Manufakturen waren in Rußland qualitativ und quantitativ führend.   Hrsg.

175
Milchkännchen mit Deckel „Putten in Wolken"

Kaiserliche Porzellanmanufaktur
St. Petersburg, 1760–1765
Porzellan, Aufglasurmalerei, Vergoldung
H. 17 cm
Inv.-Nr. 23895 šč/768 FF
aus der Slg. Schtschukin

Auf beiden Teilen Medaillons mit polychromen Putten in Wolken. Gemalt nach Radierungen von François Boucher.
                                    M. B.

176
Tablett „Putten in Wolken"

Kaiserliche Porzellanmanufaktur
St. Petersburg, 1760–1765
Porzellan, Aufglasurmalerei, Vergoldung
22 x 13,3 cm
Inv.-Nr. 8575 šč/6957 FF

In der Mitte liegen zwei Putten auf Wolken. Einer zielt mit einem Pfeil nach unten. Gemalt nach einer Radierung von F. Boucher. (Ananoff A. und Wildenstein D.: François Boucher. Paris, 1976, Bd. 1, Kat.-Nr. 104, S. 233–234).   M. B.

177
Gläserkühler „Putten in Wolken"

Kaiserliche Porzellanmanufaktur
St. Petersburg, 1760–1765
Porzellan, Aufglasurmalerei, Vergoldung
H. 9 cm; 22 x 18,5 cm
Inv.-Nr. 21485 šč/749 FF
aus der Slg. Schtschukin

Das Gefäß zum Kühlen und Ausspülen von Trinkgläsern ist oval und hat zwei Henkel. Nach Boucher-Vorlagen mit Putten bemalt.   M. B.

178
Teller mit Goldchinesen

Kaiserliche Porzellanmanufaktur
St. Petersburg, 1760–1765
Porzellan, Goldmalerei
Dm. 24,2 cm
Inv.-Nr. 61356-126/841 FF

Die Dekoration sind Silhouetten in Gold: Chinese in einer Landschaft vor Laube. Vorlage sind Kupferstiche nach Zeichnungen von J. B. Pillement (1728–1808), die 1759 in London erschienen sind. (Récueil des Plusieurs Jeux d'Enfants Chinois, invente et dessine par Jean Pillement et graved par P. C. Canot. London. Published according to Act of Parliament dec. 26. 1759)

Das Thema der Chinoiserie, das in Europa im gesamten 18. Jahrhundert sehr beliebt war, verdankt seine Verbreitung nicht zuletzt dem französischen Zeichner Pillement. In Rußland hat man dieses Thema in der 2. Hälfte des 18. und in der 1. Hälfte des 19. Jahrhunderts vor allem nach dessen Vorlagen auf kunsthandwerklichen Gegenständen übernommen. Besonders oft wurde es auf Porzellanen der Kaiserlichen und auch privater Manufakturen dargestellt. Man findet diese Darstellungen jedoch auch sehr oft auf englischer und auf italienischer Keramik. Der vorliegende Teller ist eins der besten Beispiele. Hier wurde nicht nur der Spiegel, sondern noch die Tellerfahne nach Pillement bemalt.   M. B.

Katalog-Nr. 175

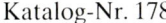

Katalog-Nr. 178

Katalog-Nr. 182   Katalog-Nr. 181

chez I. F. Chereau, rue S. Jacques aux Z. Piliers d'or, Mitte 18. Jh.
Vorlagen der französischen Maler, Zeichner und Dekorateure wurden damals von allen Porzellanmanufakturen Europas benutzt. Man ahmte nicht nur die Werke der großen Maler nach, sondern auch Buchvignetten französischer Verleger. So arbeiteten auch die Porzellanmaler von Meißen wie die der Manufaktur Gardner. Am Ende des 18. Jahrhunderts bevorzugten sie alle die Symbole von Liebe und Treue.   M. B.

179
Kaffeekanne mit Chinoiserie

Kaiserliche Porzellanmanufaktur
St. Petersburg, 1760–1765
Porzellan, Aufglasurmalerei,
gold staffiert
H. 25,5 cm
Inv.-Nr. 8545 šč/780 FF
aus der Slg. Schtschukin

Auf der birnenförmigen Kanne auf beiden Seiten Chinesen vor Landschaft nach Zeichnungen von J.-B. Pillement, s. Nr. 178.   M. B.

180
Tasse und Untertasse mit Chinoiserie

Kaiserliche Porzellanmanufaktur
St. Petersburg, 1760–1765
Porzellan, Aufglasurmalerei,
gold staffiert
H. 25,5 cm
Inv.-Nr. 8544 šč/777 FF
aus der Slg. Schtschukin

Die birnenförmige Tasse ist nach Pillement mit nur einem Chinesen in der Landschaft bemalt.   M. B.

181
Tasse und Untertasse mit schnäbelnden Tauben, Amor und Inschrift

Manufaktur Gardner,
Verbilki bei Moskau, 1780–1790
Porzellan, Aufglasurmalerei,
gold staffiert
Tasse H. 4,9 cm; Untertasse Dm. 13,8 cm
Inv.-Nr. 8574 šč/928 FF
aus der Slg. Schtschukin

Die halbrunde Tasse hat außer den sich schnäbelnden Tauben von Blütenzweigen umrahmt die Inschrift: «симъ временем может перемениться» (mit der Zeit kann sich alles verändern); die Untertasse zeigt Amor mit brennender Fackel und einem Schild mit zwei flammenden Herzen. Darum die Inschrift: «Ни место дальности, ни время долготою не может разлучить сердец наших с тобою». („Weder die Weite der Entfernungen, noch die Dauer der Trennung kann unser beider Herzen trennen").
Die Vorlage der Bemalung waren Buchvignetten von Ch. Eisen (1720–1778) aus seinem Album: „Receuil De Petits Sujets & Culä d'Lame utiles aux Artistea." Paris

182
Tasse und Untertasse mit Amor am Grab der Psyche

Meißen, 1790–1810
Porzellan, Aufglasurmalerei,
gold staffiert
Tasse H. 6,5 cm, Untertasse Dm. 13,4 cm
Inv.-Nr. 10759 šč/321 FF
aus der Slg. Schtschukin

Die zylindrische Tasse zeigt im blauen Grund Amor mit brennender Fackel und einem Schild mit flammenden Herzen. Am Boden der Tasse „Amour et Envie", auf der Untertasse mit Amor an der Urne: „Tombeau de Psyche". Zu den Vorlagen s. Nr. 181.   M. B.

Teile aus dem Service des Grafen A. G. Orlov-Tschesmenskij

Zu 183–190

Alle Teile des Services tragen das russische Monogramm: «ГАО» (GAO – Graf Aleksej Orlov) unter der Grafenkrone und dem schwarzen Adler – Wappenvogel der Orlovs, umgeben vom blauen Band des Ordens des Hl. Andreas des Erstberufenen. Unter der Krone links drei goldene Striche.

Das Service besteht heute aus 97 Teilen (statt ehemals 125), die nur drei gemeinsame Merkmale haben: die Form, Ort und Zeit der Herstellung und das Monogramm des Grafen Orlov.

Jedes Teil des umfangreichen Services ist unterschiedlich dekoriert: mit Früchten, Vögeln, Insekten, Tieren, Jagdszenen, Kampfszenen, höfischen Schäferszenen nach Watteau, Amoretten nach Boucher, Chinoiserien, Hafenansichten, Ruinenlandschaften, Musikinstrumenten, Genreszenen, Drachen und textilen Ornamenten. Ebenso unterschiedlich ist der Dekor auf den Tellerfahnen: es wechseln unterschiedliche Kartuschen und Rocaillen mit verschiedenen Grundfüllungen in mono- und polychromer Ausführung. Es wiederholt sich nichts.

Die Purpurzahl unter dem Boden ist die Numerierung der Teile, die zum Service gehören. So haben die flachen Teller allein 60 laufende Nummern, die tiefen Teller 30, flache Schüsseln, quadratische Schüsseln, Suppenschüsseln und quadratische Platten haben jeweils 8 Nummern für jeden Formtyp, ovale Platten 2, runde Terrinen 2, eine große ovale Terrine mit Anbietplatte nur 2. Ohne Nummer sind 2 tiefe Salatschüsseln und zwei ovale Terrinen mit Untersatz, deren Dekor ein Sonderauftrag gewesen ist. Eine der beiden Terrinen wird in der Ausstellung gezeigt. So ist mit großer Wahrscheinlichkeit anzunehmen, daß das Service ursprünglich aus 125 Teilen bestand.

Graf Orlov-Tschesmenskij, Aleksej Grigorevitsch (1735–1807) ist der dritte von fünf Brüdern von Grigorij Grigorevitsch Orlov, dem Günstling der Kaiserin Katharina II. Er hatte am Umsturz 1762 teilgenommen und war Ritter des Ordens des Hl. Andreas des Erstberufenen (1768). Als Kommandant der russischen Flotte bei Chesma errang er 1770 den Sieg über die türkische Flotte, woraufhin er den Beinamen „Tschesmenskij" führen durfte. 1775 wurde er aus dem Staatsdienst entlassen.

Leider ist der Auftraggeber dieses grossen Services noch unbekannt. Er könnte es selbst gewesen sein, aber vielleicht war es auch Katharina II. in der Zeit 1770–1774. Womöglich ist es auch ein Geschenk des Großherzogs Paul, dem späteren Zaren, für die Gefälligkeit seiner Brautwerbung durch den Grafen Orlov um die Hand der Prinzessin von Hessen-Darmstadt.

Wer auch immer der Auftraggeber gewesen sein mag, die ungewöhnliche Zusammenstellung des Dekors muß bei der Bestellung ausdrücklich gewünscht worden sein. Die bunte Zusammenstellung der gesamten Lieferliste von Meißen spricht für das Bestreben, einen Würdenträger durch das auffallende und besonders modische Geschenk auszuzeichnen. Man erinnere sich an den Auftrag Katharinas II.: „das Beste von der neuesten Fasson" und auch an einen ihrer überlieferten Aussprüche: „Je bunter, desto besser".

Der historische Wert dieses beeindruckenden Geschirrs ist daher groß. Es zeigt die Enzyklopädie des damaligen Geschmacks in Europa. Mit keinem anderen Service wird die gesamte Dekorationsskala von Meißen so vollständig dokumentiert.   M. B.

Katalog-Nr. 183

183
Terrine mit Deckel

Höhe 19 cm, Dm. 29,5 x 21,5 cm
Inv.-Nr. 61356-934/7823 FF

Die Henkel der Terrine sind als Spar-
gelbündel gearbeitet. Auf dem Deckel als
Knauf ein Putte, der ein Füllhorn leert.
An den Seiten in Kartuschen Soldaten-
szenen – Ehrung eines Feldherrn.

**Teile aus dem Service des
Grafen A. G. Orlov-Tschesmenskij**

Zu 183–190

Meißen, 1769–1774
Porzellan, Aufglasurmalerei,
gold staffiert
Auf allen Teilen die Blaumarke unter der
Glasur: Schwerter mit Punkt.

184
Quadratische Schüssel   ▶

26 x 26,3 cm
Neben der Blaumarke in Purpur „7"
und Blindmarke „H"
Inv.-Nr. 61356-934/7824 FF

Die Schüssel hat einen gewellten, gold
staffierten Rand. Im Spiegel in Blau
Chinoiserie, am Steigbord Streublüten in
Gold.

Katalog-Nr. 187, 188, 186

185
Tiefer Teller mit Dame und Kavalier im Park

Dm. 22,5 cm
Am Boden in Purpur „6"
und die Blindmarke „57"
Inv.-Nr. 61256-934/7827 FF

Teller mit gewelltem Rand. Im Spiegel die monochrome Darstellung in Ocker.

186
Teller mit Leoparden (Abb.)

Dm. 23,4 cm
Purpurmarke „Z", Blindmarke „57"
Inv.-Nr. 61356-934/7904 FF
Leopard unter Palmen polychrom bemalt, er zerfleischt einen Hirsch.

187
Tiefer Teller mit Blütengirlande (Abb.)

Dm. 23,0 cm
Purpurmarke „Z9", Blindmarke „57"
Inv.-Nr. 61356-934/3737 FF

Die polychrome Bemalung zeigt drei Blumengirlanden, die von einem Punkt ausgehen.

188
Flacher Teller mit Landschaft und Obelisk (Abb.)

Dm. 23,2 cm
Purpurmarke „ZZ", Blindmarke „13"
Inv.-Nr. 61356-934/7909 FF

Im Spiegel Landschaft mit Dorf, Fluß, Wanderern und Obelisk. Fahne purpurrot mit Gittermuster.

189
Flacher Teller mit Amoretten

Dm. 23,4 cm
Purpurmarke „44", Blindmarke „13"
Inv.-Nr. 61356-934/3706 FF

Im Spiegel Amoretten mit Köcher, Pfeil und Taube vor Landschaft. Die Fahne smaragdgrün mit Gittermuster.

190
Flacher Teller mit Vogel

Dm. 23,3 cm
Purpurmarke „35", Blindmarke „13"
Inv.-Nr. 61356-934/3727 FF

Im Spiegel polychromer Vogel vor Spalier und Blumensträußen. Auf der Fahne zwischen den Rocaillen rosafarbener Grund.   M. B.

Teile aus dem Speiseservice des Grafen Tschernyschev (Černyšev)

Meißen, 1770–1780, und
Manufaktur Gardner, Verbilki bei
Moskau, 1780–1790 (Wiederholung und
Ergänzung der Formen aus Meißen)
Porzellan, Aufglasurmalerei,
gold staffiert

Graf Tschernyschev, Zachar Grigorevitsch (1722–1784) – General Feldmarschall (1773), Generalgouverneur von Weißrußland (1772–1782) und Generalgouverneur der Stadt Moskau (1782–1784).

Das Tafel- und Dessert-Service des Grafen Tschernyschev, ursprünglich in Meißen in Auftrag gegeben und später in der Porzellanmanufaktur von Gardner in der Nähe von Moskau ergänzt, ist ein typisches Beispiel für ein Prunkgeschirr, wie es in den Häusern der russischen Würdenträger unter Katharina II. anzutreffen war. Die Etikette des Hofes von Katharina II. verlangte die europäische Prachtentfaltung in der persönlichen Umgebung eines Würdenträgers. Dies galt für die Einrichtung und den gedeckten Tisch, wobei der allgemeingültige gute Geschmack zu beachten war. Luxus auch im Alltag steigerte das Ansehen des Hausherrn und wurde belohnt, was eine Bemerkung eines Zeitgenossen über den Bruder des Grafen Tschernschev belegt: „Seine Tafel war stilvoll mit wertvollen Dingen gedeckt; insgesamt waren der Geschmack, der Duft und der Anblick anziehend… Seine Weine waren von der besten und der teuersten Qualität. Und tatsächlich erzielte er damit einige Vorteile: als Mensch mit Geschmack war er bei Hof immer willkommen." (zitiert im „Russkij biografitscheskij slovar" – „Russisches biographisches Wörterbuch", St. Petersburg, 1905, Bd. Tschaadaev-Schvitkov", S. 324)   M. B.

191
Großer Fruchtkorb auf vier Füßen

Manufaktur Gardner, 1780–1790
Höhe 14 cm; Dm. 34 cm
Keine Marke
Inv.-Nr. 61356-384/3459 FF

Halbkugelige Schale mit durchbrochener Wandung auf vier Füßen. Vier Griffe als Widderköpfe durch eine Girlande verbunden. In zwei Kartuschen das Wappen des Grafen. Alle plastischen Details sind vergoldet bzw. gold staffiert.   M. B.

192
Zuckerdose mit Deckel

Manufaktur Gardner, 1780–1790
Höhe 15 cm
Blaumarke „G", Blindstempel wie „I0"
Inv.-Nr. 61256-237/7821 FF

Zuckerdose in Form einer Zwiebel mit Henkeln als Stengel. Der untere Teil mit Blättern dekoriert, die Wappen des Grafen bunt gemalt.   M. B.

193
Flacher Teller

Manufaktur Gardner, 1780–1790
Dm. 25 cm
Blindmarken: G und O

Auf der Tellerfahne das Wappen des Grafen.

194
Salzschälchen

Meißen, 1775–1780
Dm. 10 cm; Höhe 4,5 cm
Schwertermarke mit Punkt
Inv.Nr. 61356-97/1637FF

Das Schälchen auf drei Füßen ist mit einer plastischen Lorbeerranke mit eingestelltem Wappen umzogen.   M. B.

195
Salzschälchen

Manufaktur Gardner, 1780–1790
Dm. 10 cm; Höhe 4,5 cm
Kobaltblaue Unterglasurmarke „G"
Inv.-Nr. 52705/7805 FF

Eine Wiederholung des Salzschälchens Nr. 194.   M. B.

Katalog-Nr. 196

196
Teekanne

Manufaktur Gardner, 1775-1785
Höhe 20,5 cm
Keine Marke
Inv.-Nr. 61356-380/7842 FF

Die gefußte Kanne ist mit Lorbeergir-
landen geschmückt. Der Deckelknauf ist
eine umgestürzte Urne. Auf beiden Seiten das polychrome Familienwappen des
Grafen.
Die Kanne ist eine exakte Wiederholung
der Teekanne aus dem berühmten Service der Kaiserlichen Porzellanmanufaktur von 1765, das Katharina II. für ihren
Günstling Graf G. G. Orlov bestellt hatte.
(s. Ausstellungskatalog „Zur Tafel im
Winterpalast", Museet på Koldinghus,
Dänemark, 1994, Nr. 1–9) Das Original
wurde nach einem Entwurf des Malers
G. I. Kozlov (1738–1791) ausgeführt. Vermutlich hat Gardner diese Form mit dem
vorliegenden Beispiel nachgearbeitet. In
den 1780er Jahren wurden bei Gardner
weitere Wiederholungen dieser Kanne
mit Blumendekor zum Verkauf hergestellt. In der Kaiserlichen Manufaktur
aber hat man kein Teil des Services für
Orlov wiederholt. Bei den Sammlern
wird diese besonders beliebte Form einer
Teekanne „Tschernyschev-Kanne" genannt.   M. B.

197
Deckeltasse mit Untertasse

Meißen, 1770–1775
Tasse H. 10 cm; Untertasse Dm. 13,2 cm
Unterglasurblaue Marke: Schwerter mit
Stern
Inv.-Nr. 61356-534/325 FF

Auf der Tasse das lateinische Monogramm „ZC" (Zachar Černyšev) vom blau-
en Band des Andreasordens gerahmt.
Auf der Untertasse das Familienwappen.
                                         M. B.

198
Teller mit plastischen Gurken

Manufaktur Gardner, Verbilki bei
Moskau, 1780–1790
Porzellan, Aufglasurmalerei
Dm. 22,8 cm
Unterglasurblaumarke „G"
Inv.-Nr. 78092-82/8128 FF

12 plastische, naturalistische Gurken auf
flachem Teller. Auf der Fahne bunte Blü-
tenzweige.
Nachahmungen von Naturformen wurden in vielen Materialien ausgeführt. Es
gibt sie aus Stein bis hin zum Zucker. In
Rußland liebte man sie seit Peter I. Es
galt als kurios, den ahnungslosen Gast
damit zu „bewirten", wodurch man andere Gäste, sollte die Täuschung gelingen,
erheitern wollte.
Das russische Porzellan ahmte dabei
meist die Formen des beim russischen
Adel so beliebten Meißener Porzellans
nach.   M. B.

199
Butterdose in Form eines kleinen Kohlkopfes

Manufaktur Gardner, Verbilki bei
Moskau, 1780–1790
Porzellan, Aufglasurmalerei,
Höhe 8,7 cm; Dm. 11 x 8 cm
Unterglasurblaue Marke „I" und „G",
Blindstempel „4"
Inv.-Nr. 61356-775/906 FF

Plastische Ausführung und Bemalung
ahmen einen echten kleinen Kohlkopf
nach.   M. B

Katalog-Nr. 198

Die Ordensservice

Nr. 200–216

Anläßlich der jährlich wiederkehrenden Ordensverleihungen lud Katharina II. zu Festessen in das Winterpalais in St. Petersburg ein. Für diese Diners gab es eigene Service, die Katharina II. bei der Manufaktur Gardner in Auftrag gegeben hatte, was einer staatlichen Unterstützung der erst 1766 gegründeten privaten Porzellanmanufaktur gleichkam. Dieser Auftrag machte eine bedeutende Erweiterung der Manufaktur möglich.

Das Vorbild für die Ordensservice waren die Formen des Porzellanservices, das der König Friedrich II. Katharina II. zum Geschenk gemacht hatte, und das 1770–1772 in der Berliner Königlichen Porzellanmanufaktur in Berlin hergestellt worden war. Die Teile des Gardner-Services unterscheiden sich von den Berliner Formen durch die Darstellung der Orden, ihrer Bänder und der Ordenskleinodien. Deren Anordnung und malerische Ausführung stammt vom Maler G.I. Kozlov (1738–1791).

Das erste der vier Service wurde für den Orden des Hl. Georg den Siegträger 1777–1778 hergestellt. Es umfaßte 80 Gedecke und kostete 6000 Rubel. Zum ersten Mal wurde mit diesem Service der Tisch zum Jahrestag des Ordens am 26. November 1778 im Winterpalais gedeckt. 1778–1780 wurden das Service für den Orden des Hl. Andreas des Erstberufenen für 30 Personen und das für den Orden des Hl. Alexander Nevskij für 40 Personen, beide für je 10 000 Rubel, hergestellt. 1782 erhielt Gardner den Auftrag für ein viertes Geschirr, für den Orden des Hl. Vladimir, das für 140 Personen fast 15 000 Rubel gekostet hat. Die Service waren für Galadiners vorgesehen, die Katharina II. einmal im Jahr im Winterpalais an den Tagen der jeweiligen Ordensstiftung gab. Dieser Brauch wurde bis zum Beginn des 20. Jahrhunderts beibehalten, und immer wurde der Tisch mit diesen Servicen gedeckt.
M. B.

Service für den Orden des Hl. Andreas den Erstberufenen (einige Teile)

Manufaktur Gardner, Verbilki bei Moskau, 1778–1780
Porzellan, Aufglasurmalerei, gold staffiert
Entwurf des Dekors: G. I. Kozlov
Unterglasurblaumarken „G"
Achtstrahliger Stern mit Andreaskreuz in der Mitte. Vielgliedrige Ordenskette zeigt im Wechsel das Andreaskreuz, den doppelköpfigen Adler und Siegestrophäen.
1934 von der Staatlichen Ermitage erhalten.
M. B.

200   **Abb. S. 232**
Brotkorb

31 x 24 cm
Inv.-Nr. 76717/1794 FF

Ovaler Korb mit durchbrochener Wandung, darauf Kette, Stern und Kreuz des Ordens.

201
Flacher Teller

Dm. 24 cm
Inv.-Nr. 76717/2526 FF

Auf dem Teller im Spiegel der Stern, auf der Fahne die Ordenskette mit Kreuz.

202
Sahnetöpfchen mit Deckel

Höhe 10 cm
Inv.-Nr. 7671777/2518 FF

Der Knauf des Deckels hat die Form einer Blüte mit der Darstellung des Ordensbandes.
M. B.

203
Sahnetöpfchen mit Deckel

Höhe 10,4 cm
Inv.-Nr. 76717/2519 FF

Deckeltöpfchen in Form eines Blütenkelches mit geriffelter Oberfläche. Polychrom der Ordensstern, Band und Kreuz des Ordens. Als Deckelknauf eine Blüte.
M. B.

Service für den Orden des Hl. Alexander Nevskij (einige Teile)

Manufaktur Gardner, 1778–1780
Porzellan, polychrome Aufglasurmalerei, gold staffiert
Achtstrahliger Stern, rotes Moireeband.
M. B.

204
Tiefer Teller

Dm. 24,5 cm
Inv.-Nr. 76717/2523 FF

Spiegel mit Ordensband Kreuz und Stern dekoriert. M. B.

205
Ovaler Korb

25,5 x 20,2 cm
Inv.-Nr. 76718/1767 FF

Durchbruchmuster in der Wandung, belegt mit dem Ordensband, Kreuz und Stern. M. B.

206
Flacher Teller

Dm. 23,3 cm
Inv.-Nr. 76718/1765 FF

207
Cremetöpfchen mit Deckel

H. 9,8 cm
Inv.-Nr. 76718/1762 FF

Form eines Blütenkelches wie Nr. 202. Polychromer Dekor mit Stern, Band und Kreuz des Ordens. M. B.

208
Salzschälchen

Dm. 8,6 cm
Inv.-Nr. 8379 šč/3762 FF

Kleiner Korb polychrom bemalt. M. B.

Katalog-Nr. 206, 207, 208

Katalog-Nr. 209

Service für den Orden des Hl. Vladimir (einige Teile)

Porzellanmanufaktur Gardner,
1783–1785
Porzellan, Aufglasurmalerei,
gold staffiert

Silberner Viereckstern auf goldenem Viereckstern. Rotes Band mit schwarzen Kanten.   M. B.

209
Runde Platte
Dm. 25 cm
Inv.-Nr. 76719/1777 FF

Platte in Form eines Kohlblattes.

210
Flacher Teller

Dm. 23 cm
Inv.-Nr. 76719/1791 FF

211
Salzschälchen

Dm. 8,6 cm
Inv.-Nr. 76719/1787 FF

Schälchen in Form eines kleinen Korbes.

212
Cremetöpfchen mit Deckel

H. 9,5 cm
Inv.-Nr. 76719/1782 FF

Deckelgefäß in Form eines Blütenkelches.   M. B.

Service für den Orden des Hl. Georg Pobedonosec – den Siegträger (einige Teile)

Porzellanmanufaktur Gardner, 1777–1778
Porzellan, Aufglasurmalerei, gold staffiert, auf allen Teilen goldener Viereckstern, schwarz-orange-gestreiftes Band von Lorbeerzweigen umwunden.

213
Flache runde Schale in Form von Weinblättern

Dm. 26 cm
Inv.-Nr. 21116/8821 FF

Dekor Ordensstern und Ordensband.

214
Flacher Teller

Dm. 24 cm
Inv.-Nr. 76716/1743 FF

215
Cremetöpfchen mit Deckel

H. 11 cm
Inv.-Nr. 76716/1753 FF

Der Knauf des Deckels hat die Form eines Eichhörnchens, das eine Nuß knackt. Dieses versinnbildlicht die im 18. Jahrhundert beliebte Devise: Ohne Fleiß – kein Preis (Без труда не получишь его – Ohne Arbeit bekommst Du sie nicht). Es ist kein Zufall, daß diese Devise für den angesehensten Orden in Rußland gewählt worden ist.

216
Kleine ovale Platte in Form eines Blattes

16 x 12 cm
Inv.-Nr. 76716/1750 FF   M. B.

Katalog-Nr. 215   Katalog-Nr. 216

Porzellan mit volkstümlichen Darstellungen

Aus Neugier auf die großen Veränderungen in Rußland aber auch, um hier die „wahre Menschlichkeit" zu suchen, wurde Rußland schon in der 2. Hälfte des 18. Jahrhunderts von mehreren westeuropäischen Künstlern bereist. Sie glaubten, den Traum vom natürlichen Leben hier durch das russische Volk verwirklicht zu sehen. Auf graphischen Blättern, die große Verbreitung fanden und auf Porzellan kopiert wurden, haben sie ihre Eindrücke geschildert. Es waren Vorlagen für westeuropäische und russische Porzellanmanufakturen.

Der Graphiker La Prince aus Paris war schon 1758–1762 in Rußland, der Deutsche Geißler aus Leipzig 1790–1798 und der Engländer Atkinson 1784–1801.

Eine selbständige Schöpfung waren die Bauernfiguren von Pimenov für die Manufaktur Gardner. Von ihnen wurde die „Wasserträgerin" sehr oft ausgeformt und mehrfach nachgeahmt, so daß sie sich zu einer Symbolfigur des russischen Volkes entwickelte.   Hrsg.

217, 218, 219

Tablett, Kaffeekanne und Zuckerdose aus einem Déjeuner mit russischen Bauernszenen nach Kupferstichen von C. G. H. Geißler

Meißen, 1800–1810
Porzellan, Unter- und Aufglasurmalerei, gold staffiert

TABLETT
40,5 x 27 cm
Inv.-Nr. 102156-17/10364 FF
Wirtshaus mit Gästen

KAFFEEKANNE
H. 18,5 cm
Inv.-Nr. 102156-12/10359 FF

ZUCKERDOSE
H. 12 cm
Auf der Zuckerdose dargestellt eine Händlerin mit Leiterwagen vor Landschaft. Auf der Seite Kwas-Verkäufer mit musizierenden Matrosen vor Dampfer.

Diese Teile gehören zu einem vollständig erhaltenen Déjeuner. Da die Ermitage ebenfalls zwei entsprechende Service besitzt, kann man annehmen, daß Meißen mehrere davon für den russischen Markt hergestellt hat.

Der Graphiker Christian Gottfried Heinrich Geißler (1770–1844) lebte 1790–1798 in Rußland und nahm 1793–1794 an einer naturwissenschaftlichen Forschungsreise von P. S. Pallas durch die Krim und den Kaukasus teil. Er illustrierte den Reisebericht von Pallas. Noch in Rußland, aber auch später in Deutschland, fertigte er Graphiken mit russischen Alltagsszenen, nach denen eine Reihe von russischen Darstellungen mit Straßenhändlern entstanden sind. Außer in Meißen wurden auch in der Kaiserlichen Porzellanmanufaktur Arbeiten nach diesen Kupferstichen dekoriert.
M. B.

(Zu den Arbeiten, die Geißler nach seiner Rückkehr aus Rußland in Leipzig verlegte, gehören „Russische Volksvergnügungen mit Gemälden", Leipzig 1801; „Sitten, Gebräuche und Kleidung der Russen in St. Petersburg", Leipzig 1801/02 u. a.).

Katalog-Nr. 217

Katalog-Nr. 222

220

Flacher Teller mit der Darstellung eines Metzgers in der Landschaft

Paris, 1800–1810
Porzellan, Aufglasurmalerei,
Vergoldung mit Ätzdekor
Dm. 21,5 cm,
keine Marke, auf der Glasur in Gold: R
zwischen je 3 Punkten
Inv.-Nr. 107460-2/12319 FF

Im Spiegel des Tellers die polychrome Darstellung eines Metzgers mit einem Tierkörper auf der Schulter. Auf der Fahne Palmettenornament in Gold.
Als Vorlage diente die Graphik „Der Fleischer" von Christian Gottfried Heinrich Geißler aus Christian Gotthelf Schönberg (1760–?): „Beschreibung der St. Peterburgischen Hausierer – zur Erklärung der darauf abgebildeten Figuren. 1794. M. B.

221

Flacher Teller mit der Darstellung eines Milchmanns in der Landschaft

Paris, 1800–1810
Porzellan, Aufglasurmalerei, Vergoldung mit Ätzdekor, Dm. 21,4 cm
Keine Marke, auf der Glasur in Gold: R
zwischen je 3 Punkten
Inv.-Nr. 107460-1/12318 FF

Im Spiegel polychrom eine Milchverkäuferin mit Milchkannen auf einem Schlitten vor einer Landschaft. Auf der Fahne Palmettenmotive in Gold. Als Vorlage diente eine Graphik „ein Milchweib" von Geißler-Schönberg, s. Kat. Nr. 220. M. B.

222   **Abb. S. 246**
Flacher Teller mit der Darstellung einer Dorfversammlung

Kaiserliche Porzellanmanufaktur,
St. Petersburg, 1800–1810
Porzellan, Aufglasurmalerei,
gold staffiert
Dm. 23 cm
Keine Marke, Blindstempel: 3.
Inv.-Nr. 21095 šč/5627 FF
1905 aus der Slg. Schtschukin

Auf dem Spiegel polychrome Gruppe russischer Bauern im Gespräch vor sommerlichem Landschaftshintergrund mit Dorfstraße. Auf der Fahne Palmettenornament in Gold. Als Vorbild diente eine Graphik von J. A. Atkinson „Village council" aus der Serie „A Picturesque Representation of the Manners, Customs and Amusements of the Russians.", London 1803–1804.

John Augustus Atkinson (1775 – nach 1813), englischer Zeichner und Kupferstecher, der in Weichlack-Technik (Ottley 1812: „Die Platten sind in Umrissen auf weichem Grund geätzt …" T.-B.) arbeitete. Er lebte 1784–1801 in Rußland und gab nach der Rückkehr mehrere Serien mit Ansichten von St. Petersburg und Genreszenen des einfachen Volkes in London heraus. (z. B. „A Picturesque Representation of the Russians", 100 kol. Pl., London 1812. T.-B.) Seine russischen Szenen gehören künstlerisch zu dem Besten, was in diesem Bereich in Westeuropa über das russische Leben um 1800 geschaffen wurde. In der Kaiserlichen Porzellanmanufaktur wurden sowohl seine Graphiken als die von Geissler wiederholt nachgemalt. Die reich bemalten Porzellane waren in der Regel Geschenke.   M. B.

223
Tasse und Untertasse mit Rentierfahrt und rodelnden Kindern in Lappland

Kaiserliche Porzellanmanufaktur,
St. Petersburg, 1810–1810
Porzellan, Aufglasurmalerei,
gold staffiert
Höhe der Tasse 7,5 cm;
Dm. der Untertasse 13,9 cm
Keine Marke
Inv.-Nr. 7771 šč/1332 FF
1905 aus der Slg. Schtschukin

Tasse mit drei Füßen in Form von Löwenpfoten. Umlaufende Winterlandschaft mit Rentierschlitten. Auf der Untertasse rodelnde Kinder in goldener Blumengirlande. Gemalt nach der Vorlage von J. A. Atkinson „Lapland Sledge" und „Children going down on Ice Hills" aus seiner Serie „A Picturesque Representation of the Manners, Customs and Amusements of the Russians", London 1803–1804.   M. B.

224
Deckeltasse mit Henkeln und Untertasse mit Hirtin im Weinberg

Kaiserliche Porzellanmanufaktur,
St. Petersburg, 1800–1810
Porzellan, Aufglasurmalerei, Vergoldung,
Tasse H. 13,7 cm;
Untertasse Dm. 18,3 cm
Keine Marke
Inv.-Nr. 108933-1,2/12502 FF

Auf der Tasse in Fäßchenform auf cremefarbenem Grund als Sepiamalerei eine Bäuerin in russischer Tracht mit Schäfchen in Landschaft. Malerei nach einer Vorlage von J. B. Le Prince von 1765, die 1782 gedruckt worden war als „La Jeune Bergère" aus der Serie „Suite de Divers Habillements des Peuples du Nord Dessinés d'apres Nature".

Jean Baptiste Le Prince (bzw. Leprince, 1734–1781) französischer Maler und Kupferstecher, Schüler von Boucher, lebte und arbeitete 1758–1762 in Rußland. Im Stil von Boucher gab er mehrere Kupferstichserien mit Szenen aus dem russischen Leben des einfachen Mannes heraus. Seine Graphiken wurden nach seinem Tod, 1782, als Sammelband verlegt. Auch später gab es ähnliche Ausgaben, die ausländische Künstler bis in das 20. Jahrhundert hinein als Vorlage benutzten. Zur Zeit von Katharina II. und Alexander I. wurden an der Kaiserlichen Porzellanmanufaktur mehrere solcher Sammeltassen mit russischen Volksszenen nach Le Prince hergestellt.   M. B.

225, 226
Bauer und Bäuerin als Wasserträger

Manufaktur Gardner, Verbilki bei
Moskau, 1820–1830
Porzellan, Aufglasurmalerei,
gold staffiert
Höhe 26 und 24,5 cm
Blindstempel: ГАРДНЕРЪ und die Zahl:
6. Unterglasurblaumarke „Г" und auf der
Glasur in Grau: Nr. 2 und 9.
Inv.-Nr. 7911 šč/1542 FF
1905 aus der Slg. Schtschukin

Ein Bauer im schwarzen Kaftan und Plu-
derhose und eine junge Frau mit Sarafan
und Kopfgebinde tragen mit je einem
Krummholz auf der Schulter Wasser-
eimer vom Brunnen. Es sind Modelle des
Bildhauers S. S. Pimenov (1784–1833)
aus der Reihe „slawische Jungfrauen und
Jünglinge in russischer Tracht" von
1810–1820, die Pimenov, der 1809–1831
Modellmeister der Kaiserlichen Manufaktur gewesen ist, in den Jahren
1809–1816 entworfen hatte. Die Figuren
waren als Sockel für Schalen gedacht,
doch wegen ihrer großen Beliebtheit
wurden sie auch als Einzelfiguren gefertigt. „Das Mädchen mit dem Krummholz" war so beliebt, daß es als Einzel-
figur auch von anderen Porzellanmanufakturen hergestellt worden ist. Sie
gehörte Ende des 19. und Anfang des 20.
Jahrhunderts zu fast jeder Privatsamm-
lung mit russischem Porzellan und war
als Vertreterin des russischen Volkes zur
Symbolfigur geworden.   M. B.

Porzellan mit Porträtdarstellungen

Im ausgehenden 18. Jahrhundert entwikkelte sich mit der Porträttasse als Andenkentasse eine neue Kunstgattung des Porzellans, die als Sammeltasse bis in das 20. Jahrhundert hinein fortbestand. Die kostbare Steigerung davon sind Porträtteller.

Auf diesen Tassen und Tellern werden Personen gewürdigt, die durch ihren vorbildlichen Charakter (Fürstin Orlova, Kat.-Nr. 227) oder durch politische Verdienste (Herrscher, Feldherren) hervorgetreten sind. Deren internationale Würdigung wird dann besonders erkennbar, wenn verschiedene Manufakturen eine Person eines anderen Landes auf diese Weise verewigt haben, wie z.B. die Tassen mit dem Zaren Nikolaus I. von Wien, Paris und Berlin (Kat.-Nr. 229, 230, 231), oder wenn die preußische Königin Louise auf einer Tasse der Petersburger KPM dargestellt ist.

Nach dem Sieg über Napoleon wurden von den russischen Manufakturen die Feldherren, die gegen ihn gekämpft hatten, nicht nur Kutuzov, besonders häufig abgebildet.

▼ Katalog-Nr. 227

227
Tasse und Untertasse mit dem Porträt der Fürstin E. N. Orlova

Meißen, 1780–1782
Porzellan, Aufglasurmalerei,
gold staffiert
Tasse H. 10 cm;
Untertasse Dm. 14,9 cm
Unterglasurblaue Marke: Schwerter mit Stern
Inv.-Nr. 8491 šč/8011 FF
1905 aus der Slg. Schtschukin

Die gefußte Tasse mit Kanneluren ist mit Perlenstäben und zwei Medaillons geschmückt. Darin das gemalte Bildnis der Prinzessin Catharina Orlova und die Initialen „PCO" unter der Fürstenkrone. Auf der blaugrundigen Tasse sind die Kanneluren gold staffiert. Der Steigbord der Untertasse hat kleine Medaillons. Darin Allegorien des Krieges (von Lanzen durchbohrte Herzen vor einer Gewitterlandschaft mit der Aufschrift „La Guerre") und des Friedens (zwei Tauben mit Soldatenhelm und Regenbogen ein Nest bauend, dabei die Inschrift „La Paix").

Katharina Nikolaevna Orlova (1758–1781) geborene Zinov'eva, seit 1777 verheiratet mit Grigorij Grigor'evitsch Orlov (1734–1783), ihrem Cousin und Günstling von Katharina II., war Staatsdame am Hof der Zarin Katharina II. und Trägerin des Hl. Katharinenordens (um 1779). Sie starb an einer Lungentuberkulose in Lausanne. Ihr Mann verlor darüber den Verstand und verschied nach seiner Rückkehr in Moskau. Das Vorbild zu diesem Porträt war vermutlich ein Kupferstich von Rokotov (1735–1808) für ein Gedicht von G. R. Deržavin (1743–1816):

Как ангел красоты являемый с небес
Приятностьми она и разум блистала
С нежнейшею душой геройски умирала
Супруга и друзей повергла в море слез.

Da Rokotov auch andere Miniaturen von ihr gemalt hat, könnten auch diese die Vorlage für die Tasse gewesen sein. M. B.

228

Tasse und Untertasse mit dem Bildnis der Kaiserin Katharina II. und des Kaisers Joseph II.

Wien, 1787
Porzellan, Aufglasurmalerei, Vergoldung
Tasse H. 6,3 cm;
Untertasse Dm. 13,5 cm
Unterglasurmarke in Kobalt. Bienenkorb über Punkt; Blindstempel: „87" und „39".
Inv.-Nr. 8492 šč/7045 FF
1905 aus der Slg Schtschukin

Die zylindrische Tasse trägt die Porträts von zwei Herrschern und deren Namen. Die Kanten der Gefäße sind mit Palmen und Lorbeerzweigen geschmückt.
Katharina II. und Joseph II (1741–1790, seit 1780 Kaiser des Hl. Römischen Reiches Deutscher Nation) waren im Krieg gegen die Türken (1787–1791) Kriegsverbündete. Zum letzten Mal hatten sie sich während der Krimreise von Katharina 1787 im kleinen Ort Keidany getroffen. Katharina befand sich auf der Reise nach Cherson, wo sie den Grundstein für die Stadt Ekaterinoslavl' (heute Dnepropetrovsk) gelegt hatte. Für dieses Treffen wurde diese Tasse gefertigt, die Kaiser Joseph offensichtlich als Geschenk für russische Würdenträger in mehreren Exemplaren mitgebracht hatte.
Erstveröffentlichung   M. B.

229

Tasse und Untertasse mit dem Bildnis von Kaiser Alexander I.

Wien, 1807
Porzellan, Aufglasurmalerei, Vergoldung geätzt,
Tasse H. 7,8 cm;
Untertasse Dm. 15,8 cm
Unterglasurblaue Marke: Bienenkorb;
Blindmarken: 4, 24, 59
Inv.-Nr. 21557 šč/7042 FF
1905 aus der Slg. Schtschukin.

Glockenförmige Tasse mit aufragendem Henkel, niedriger Fuß. Im goldenen Grund auf der Vorderseite das polychrome Bildnis von Zar Alexander I. Auf der Untertasse auf Gold der doppelköpfige Adler und die Inschrift:
„Du Nov de Grand nous verrons La Russie,
Le décorer aussi, fiére de La Splendeur
Il n'aura point ensanglante L'Asie,
Porté jusqu a L'Indus L'epouvante el l'horreur
Mais il aura paru comme un puissant Génie,
Montrant á L'unwers L'etendard de L'honneur." M. B.

Katalog-Nr. 229   Katalog-Nr. 230   Katalog-Nr. 231

230

Tasse und Untertasse mit dem Bildnis von Alexander I.

Paris, 1800–1810
Porzellan, Aufglasurmalerei, Vergoldung
Tasse H. 6,2 cm;
Untertasse Dm. 12,8 cm
Blindmarke: B; Aufglasurmarke in Gold: R mit je drei Punkten zu beiden Seiten
Inv.-Nr. 13838 šč/683 FF
1905 aus der Slg. Schtschukin.

Auf der Vorderseite der zylindrischen Tasse das Profilbild von Alexander I. Auf der Untertasse doppelköpfiger Adler in Sepia mit Gold. M. B.

231

Tasse und Untertasse mit dem Bildnis von Alexander I.

KPM Berlin, 1814–1815
Porzellan, Aufglasurmalerei, Goldkanten
Tasse H. 6,6 cm;
Untertasse Dm. 14,2 cm
Szeptermarke und Blindmarke: 36
Inv.-Nr. 13930 šč/7030 FF
1905 mit der Slg. Schtschukin an das Museum gekommen.

Konische Tasse mit dem Porträt des Zaren im Rundfeld. Auf der Untertasse doppelköpfiger Adler. M. B.

232

Tasse und Untertasse mit dem Porträt von Kutuzov

Meißen, 1814
Porzellan, Aufglasurmalerei, Vergoldung, Lüster
Tasse H. 7 cm;
Untertasse Dm. 14,5 cm
Schwertermarke über Stern; Blindstempel: 46
Inv.-N. 50760/3072 FF

Tulpenförmige Tasse mit aufsteigendem Henkel. Auf der Vorderseite schwarze Silhouette von Kutuzov. Darunter geschrieben: Meissen 1814. Auf der Untertasse stilisiertes Blattornament.

Fürst Kutuzov (1745–1813), großer russischer Feldherr, vernichtete Napoleon nach dessen Einzug in Moskau, 1812. M. B.

233

Tassse und Untertasse mit dem Porträt von Kutuzov

Porzellanmanufaktur Gardner, Verbilki bei Moskau, 1810–1820
Porzellan, Aufglasurmalerei, Vergoldung, geätzt
Tasse H. 7,3 cm;
Untertasse Dm. 13,6 cm
Blaumarke unter der Glasur: „Г"
Inv.-Nr. 13825 šč/1338 FF
1905 mit der Slg. Schtschukin an das Museum gekommen.

Konische Tasse mit Schlangenhenkel. Das Profilbildnis Kutuzovs als Sepiamalerei ausgeführt. Der goldene Rahmen von Palmzweigen umgeben. Um das Bildnis russisch geschrieben: „General – Fürst Kutuzov-Smolenskij". Die Untertasse wurde in der Safronov-Manufaktur in Korotkaja bei Moskau hergestellt.
M. B.

Solche Tassen mit den Porträts von Kutuzov oder von Kaiser Alexander I. (Kat.-Nr. 229–233) gehören in die Gruppe der Porträttassen von Helden, die sich im Krieg gegen Napoleon ausgezeichnet hatten. Sie wurden von Kriegsteilnehmern und Zeitgenossen zum Andenken an die heldenhaften Siege erworben.

Kaiser Alexander I. war damals besonders populär. Daneben huldigte man Kutuzov. Von den Würdenträgern Westeuropas, die gegen Napoleon gekämpft hatten, wurden G. Blücher und A. Wellington besonders oft dargestellt. M. B.

234

Vase mit dem Porträt der Königin Louise

Kaiserliche Porzellanmanufaktur, St. Petersburg, 1810–1820
Porzellan und Biskuitporzellen, Aufglasurmalerei, Vergoldung
H. 11,8 cm; Dm. 9,5 cm
Keine Marke
Inv.-Nr. 7933 šč/1374 FF
1905 mit der Slg. Schtschukin an das Museum gekommen.

Vase mit zwei Henkeln als Füllhörner mit plastischen Blumen. Im goldenen Medaillon das Profilbildnis der Königin Louise in matter Goldätzung.
Louise, Auguste, Wilhelmine, Amalie – Königin von Preußen (1776–1810). Ein entsprechendes Porträt war in Rußland durch den Kupferstich von Berk (1806) bekannt, den dieser nach einem Gemälde von Antoine Jean Gros (1771–1835): „Alexander I., Kaiser von Rußland, mit König Friedrich Wilhelm III. und der Königin Louise nehmen am 4. Nov. 1805 am Sarg in der Garnisonskirche von Potsdam Abschied von Friedrich dem Großen" angefertigt hatte. M. B.

235

Tasse und Untertasse mit dem Porträt des Prinzen August von Preußen

Manufaktur Gardner, Verbilki bei Moskau, 1810–1820
Porzellan, Aufglasurmalerei, Vergoldung, geätzt
Tasse H. 6 cm;
Untertasse Dm. 13,4 cm
Blindstempel: 10
Inv.-Nr. 13821 šč/1417 FF
1905 mit der Slg. Schtschukin an das Museum gekommen.

Auf der zylindrischen Tasse im geätzten Goldgrund das einfarbig gemalte Porträt des Prinzen August mit der Umschrift: „Prinz August von Preußen". Auf der Untertasse Kriegsgerät in Gold.
August Friedrich Wilhelm Heinrich Prinz von Preußen (1779–1843) war General der Infanterie, Generalinspektor und Chef der Artillerie und hatte aktiv am Feldzug gegen Napoleon teilgenommen.
M. B.

236

Teller mit dem Porträt des Fürsten I. F. Paskevitsch

Kaiserliche Porzellanmanufaktur, St. Petersburg, 1831
Porzellan, Aufglasurmalerei, Vergoldung, geätzt
Bemalt von P. Nesterov
Dm. 23,7 cm
Unterglasurmarke in Blau: „HI" (Nikolaus I.), die Datierung: „1831" und die Signatur: «П. Нестеров».
Inv.-Nr. 50691/5023 FF

Auf dem Spiegel des Tellers das Brustbild des Fürsten Paskevitsch in Uniform. Auf der goldenen Fahne Kriegsgerät und der doppelköpfige Adler in Ätztechnik. Unter dem Boden in Grau auf Russisch: „General Feldmarschall Fürst von Warschau Graf Ivan Fedorovitsch Paskevitsch Erivanskij". M. B.

237

Teller mit dem Porträt des Fürsten P. M. Volkonskij (Abb.)

Kaiserliche Porzellanmanufaktur, St. Petersburg, 1831
Bemalt von P. Nesterov
Porzellan, Aufglasurmalerei, Vergoldung, geätzt
Dm. 23,6 cm
Blaumarke unter der Glasur „H I" und die Datierung: „1831" sowie Titel und Namen des Fürsten und die russ. Signatur: «П. Нестеров».
Inv.-Nr. 61356-414/5022 FF

Der Teller zeigt im Spiegel in schwarzer Sepiamalerei das Brustbild Volkonskijs in Uniform. Auf der goldgeätzten Fahne der russische doppelköpfige Adler. Unter dem Boden in Russisch die Inschrift: „General der Infanterie Fürst Peter Michailovitč Volkonskij". Er lebte 1776–1852 und war Generaladjutant und Chef des Stabes (1815–1823), sowie Mitglied des Staatsrates (seit 1821), Minister des kaiserlichen Hofes und des Immobilienbesitzes der Zarenfamilie (1826–1837) und „durchlauchtigster Fürst" seit 1834. M. B.

Katalog-Nr. 237

Katalog-Nr. 240

Soldatenteller

Militärs spielten in Rußland im Gesellschaftsleben eine größere Rolle als in Westeuropa. Sie trugen ihre prächtigen, bunten, mit blitzenden Orden geschmückten Uniformen auch im privaten Leben und haben dadurch das Bild bei großen und kleinen Empfängen farblich sehr belebt. Selbst Beamte im Staatsdienst haben gerne Uniformen getragen, da diese wie beim Militär den persönlichen Rang sehr genau dokumentierten. Aus diesem Grund war das Interesse an Uniformen groß, und die Malerei der beiden Tellerserien gibt hierfür reiche Informationen.

Die russische Marke „H I" unter dem Boden der Teller bedeutet „N I" d. h. „z. Zt. Nikolaus I.".

In der Kaiserlichen Porzellanmanufaktur in St. Petersburg wurden zwei große Reihen von Soldatentellern hergestellt, die entweder eine goldene oder eine türkisfarbene Tellerfahne haben. Auf diesen sind in Goldätzung neben Kriegsgerät viermal der doppelköpfige russische Adler dargestellt. Im Spiegel zeigen sie als Aufglasurmalerei das Soldatenleben mit den verschiedenen Uniformen.

Hrsg.

238
Teller mit Palastgrenadieren

mit goldener Fahne
Kaiserliche Porzellanmanufaktur
St. Petersburg, 1834
Gemalt von P. Savel'ev
Der Spiegel zeigt drei Grenadiere im Innenraum.
Unter dem Boden geschrieben: Officier-Superieure, Sous-Officier et Tambour de la Campagnie des Grenadiers du Palais.
Inv.-Nr. 80274-125/8492 FF   M. B.

239
Teller mit Garde-Kavalleristen

mit goldener Fahne
Kaiserliche Porzellanmanufaktur,
St. Petersburg, 1829
Im Spiegel zwei berittene Militärs vor Landschaft.
Unter dem Boden unterglasurblaue Marke: „H I" und die Datierung: „1829".
Dazu: Trompette du Reg-t. de la Garde á Cheval.
Inv.-Nr. 81201-8/8825 FF   M. B.

240
Teller mit Garde-Kürassieren

mit goldener Fahne
Kaiserliche Porzellanmanufaktur,
St. Petersburg, 1834
Gemalt von N. Jakovlev
Im Spiegel berittene Militärs vor einer Manege.
Unter dem Boden unterglasurblaue Marke: „H I" und die Datierung „1834" und die Künstlersignatur: «H. Яковлев» sowie: Soldat du R-t de Cuirassiers de la Garde.
Inv.-Nr. 104909-120/11512 FF   M. B.

241
Teller mit der Garde des Großfürsten Michail Pavlovitsch

mit goldener Fahne
Kaiserliche Porzellanmanufaktur,
St. Petersburg, 1832
Gemalt von P. Savel'ev
Im Spiegel zwei berittene Militärs vor einer Landschaft mit Hütten.
Unter dem Boden die Blaumarke „H I" und „1832" und die Malersignatur «П. Савельев», daneben geschrieben: Officier Subalterne et Trompette de R-t. de la Garde des Lanciers de S. A. I. le Grand Duc Michel.
Inv.-Nr. 81201-7/8824 FF   M. B.

242   Abb. S. 255
Teller mit Offizieren der verschiedenen militärischen Lehranstalten

mit türkisfarbener Fahne
Kaiserliche Porzellanmanufaktur,
St. Petersburg, 1843
Gemalt von N. Frolov
Dm. 23,5 cm

Im Spiegel fünf Figuren in Uniform vor einer Landschaft.

Unter dem Boden Blaumarke: „H I" und „1843" mit ausgeschriebener Malersignatur: «Н. Фролов», dazu auf Russisch: «Военно-учебные заведения. Оберъ Офицеръ и Юнкеръ Артиллерійскаго училища». (Militär-Lehranstalten. Oberoffizier und Junker der Artillerie-Lehranstalt).

Inv.-Nr. 104001-164/11050 FF   M. B.

243
Teller mit Offizieren von Ulanen-Regimentern

mit türkisfarbener Fahne
Kaiserliche Porzellanmanufaktur,
St. Petersburg, 1844
Gemalt von E. Ščetinin
Im Spiegel ein Reiter und mehrer Offiziere vor einer Landschaft.

Unter dem Boden unterglasurblaue Marke „H I" mit „1844" und der Künstlersignatur: «Е. Щетининъ» sowie: «2-го Резервнаго Кavalerійскаго Корпуса 2-й Уланской Дивизіи Оберъ Офицеръ Украинскаго Уланскаго полка. Рядовой Новоархангельскаго Уланскаго полка. Шт. Оф. Новомиргородскаго Уланскаго полка. Ун. Оф. Елизаветградскаго Уланскаго полка.» (Oberoffizier des 2. Kavalerie-Reservecorps der 2. Ulanen-Division des Ulanen-Regiments „Ukraina". Gemeiner des Ulanen-Regiments „Novoarchangelsk". Stabsoffizier des Ulanen-Regiments „Novomirgorod". Unteroffizier des Ulanen-Regiments „Elisavetgradsk").

Inv.-Nr. 104001-165/11051 FF   M. B.

244
Teller mit Offizieren verschiedener Infanterie-Regimenter

mit türkisfarbener Fahne
Kaiserliche Porzellanmanufaktur,
St. Petersburg, 1838
Gemalt von S. Daladugin
Im Spiegel vier Offiziere vor einer Landschaft mit Zelten.

Unter dem Boden Blaumarken: „H I" und „1838" sowie die Künstlersignatur: «С. Даладугинъ». Daneben auf Russisch: «3-го Пехотнаго Корпуса. 8-й Дивизіи. Унтеръ Офицеръ Полтавскаго Пехот-

Katalog-Nr. 242

наго полка. Рядовой Алекса-польскаго Егерьскаго полка. Горнист Кременчугскаго Егерьскаго полка.» (3. Infanterie-Corps. 8. Division. Unteroffizier des Infanterie-Regiments des Gr. Dibitsch-Zabalkanskij. Oberoffizier des Infanterie-Regiments „Poltava". Gemeiner des Jäger-Regiments „Aleksopol". Hornist des Jäger Regiments „Krementschug").

Inv.-Nr. 104001-166/11052 FF   M. B.

245
Teller mit Offizieren der Ulanen-Regimenter

mit türkisfarbener Fahne
Kaiserliche Porzellanmanufaktur
St. Petersburg, 1841
Gemalt von F. Daladugin
Im Spiegel Gruppe berittener Militärs vor einer Landschaft.

Unter dem Boden unterglasurblaue Marke: „H I" und „1841" mit Künstlersignatur: «Ф. Даладугинъ». Daneben auf Russisch: «1-го Резервнаго Кavalerійскаго корпуса, 1-ой Уланской Дивизіи Штабъ офицеръ Белгородскаго Уланскаго полка. Рядовой Чугуевскаго Уланскаго полка. Унтер-офицеръ Борисоглебскаго Уланскаго полка. Рядовой Серпуховскаго Уланскаго полка.» (Stabsoffizier des 1. Kavallerie-Reservecorps der 1. Ulanen-Division des Ulanen-Regiments „Belgorod". Gemeiner des Ulanen-Regiments „Čuguev". Unteroffizier des Ulanen-Regiments „Borisogleb". Gemeiner des Ulanen-Regiments „Serpuchov").

Inv.-Nr. 104001-167/11053 FF   M. B.

Biedermeier-Prozellan

In der Biedermeierzeit (1830-1840) erlebte das russische Porzellan eine eigenständige Blüte. Von Berlin, Wien und Paris hatte man die klassizistische Freude an großflächiger Vergoldung übernommen und pflegte nun darauf überschwenglich die eigene Blumenmalerei in bester Qualität. Der aufkommende Nationalstolz führte daneben zur Entwicklung eigener Flächenornamente (Kat.-Nr. 249), die die Entwicklung des „Russischen Stils" bereits ankündigen, und der in der Kunst der 2. Hälfte des 19. Jahrhunderts eine dominierende Rolle gespielt hat.   Hrsg.

246

Teile eines Tee- und Kaffeeservices mit Ornamenten auf türkis-farbenem Grund

Kaiserliche Porzellanmanufaktur, St. Petersburg, 1830–1840
Porzellan, Aufglasurmalerei, Vergoldung, geätzt
keine Marken
Inv.-Nr. 62544/5946 FF – 5951 FF

a – Runde Platte, Dm. 38 cm
b – Kaffeekanne, H. 22,2 cm
c – Teekanne, H. 15,5 cm
d – Zuckerdose, H. 13 cm
e – Sahnekännchen, H. 13,2 cm
f – Tasse und Untertasse,
Tasse H. 7,8 cm,
Untertasse Dm. 15 cm

Die Serviceteile haben eine eiförmige Grundform. Ihre reliefierten Henkel sind mit einer Rosette versehen. Im türkisfarbenen Grund polychrome Ornamente mit Leiern, Greifen und Füllhörnern.   M. B.

247   **Abb. S. 259**
Balustervase mit Volutenhenkeln

Porzellanmanufaktur Popov, Gorbunovo bei Moskau, 1830–1840
Porzellan, Aufglasurmalerei, Vergoldung geätzt,
H. 44,5 cm
Stempelmarke: «A. П.», Blindmarken wie „7" und „19".
Große Amphora auf beiden Seiten mit dichten Blumensträußen bemalt.
Inv.-Nr. 32245/6650 FF   M. B.

248   **Abb. S. 258**
Kanne mit Blumendekor

Kaiserliche Porzellanmanufaktur, St. Petersburg, 1830–1840
Porzellan, Aufglasurmalerei, Vergoldung, geätzt
H. 29 cm
Unterglasurblaue Marke „H I"(Nikolaus I.)
Breites Balustergefäß mit großem breitem Ausguß und aufsteigendem Henkel ist wie ein gefüllter Blumenkorb bemalt: der Sockel weitet sich wie ein Gitterkorb, der zur Bauchmitte hin mit üppig aufsteigenden Gartenblumen gefüllt ist.
Inv.-Nr. 61356-150/3809 FF   M. B.

249

Bechervase auf Untersatz mit Blumenmalerei und russischen Ornamenten

Kaiserliche Porzellanmanufaktur, St. Petersburg, 1830–1840
Porzellan, Aufglasurmalerei, Vergoldung, geätzt
H. 29 cm
Zylindrischer, sich konisch weitender großer Becher mit zwei Volutengriffen und plastischen Delphinköpfen auf runden Untersetzer gesockelt. Bemalt auf der einen Seite mit einem großen Blumenstrauß, auf der anderen Seite mit einem gotisch-russischen Flächenornament.
Keine Marke. Auf dem Untersetzer Blindmarke wie „H I" (Nikolaus I.)
Inv.-Nr. 99811-10010 FF   M. B.

250
Balustervase mit Volutenhenkeln

Manufaktur Batenin, St. Petersburg, 1830–1840
Porzellan, Aufglasurmalerei, Vergoldung, geätzt
H. 43,5 cm
Keine Marke
Reich vergoldete Balustervase mit Ätzdekor im Goldgrund in Form von Kriegsgerät und Architekturlandschaften auf dem Hals. Der Gefäßbauch auf der Vorderseite polychrom bemalt mit üppigem Blumenstrauß.
Inv.-Nr. 42567-B-315/6653 FF

M. B.

251
Balustervase mit Amoretten als Henkel

Kaiserliche Porzellanmanufaktur,
St. Petersburg, 1830–1840
Porzellan, Aufglasurmalerei, Vergoldung,
geätzt
H. 37,5 cm
Keine Marke
Der obere Teil des Gefäßbauches reich
bemalt: auf fliederfarbenem Grund poly-
chromer Dekor mit Fruchtschale, Roset-
ten und Füllhörnern. Hals und Sockel
reich vergoldet mit mattem Ätzdekor.
Inv.-Nr. 61356-1750/6576 FF   M. B.

Katalog-Nr. 251 ▶

Katalog--Nr. 248 ▶▶

Katalog-Nr. 247 ▶▶▶

252
Teile aus dem Service des Großfürsten Konstantin Nikolajevitsch (Nikolaevič) „BKKH"

Kaiserliche Porzellanmanufaktur,
St. Petersburg, 1848–1852
Entwurf: F. G. Solncev, 1847–1848
Porzellan, Aufglasurmalerei, Vergoldung, geätzt,
Unterglasurblaue Marke „H I" (Nikolaus I.)

Die Formteile des Services sind dem russischen Geschmack angepaßt. Auch der ornamentale Schmuck hat einen typisch russischen Stil, der altrussische Elemente aufgreift. Jedes Teil ist mit dem schwarzen doppelköpfigen Adler und den russischen Initialen „BKKH" geschmückt, wodurch deutlich wird, daß dieses Geschirr für den Tisch der kaiserlichen Familie bestimmt war.
Das Service wurde für die Hochzeit des Großfürsten Konstantin Nikolaevič, 1848, in Auftrag gegeben. Der Großfürst Konstantin (1827–1892) war der 2. Sohn des Zaren Nikolaus I. Er heiratete die Großherzoging Aleksandra Iosifovna (1830–1911), Tochter von Herzog Joseph von Sachsen-Altenburg.

Das Geschirr wurde 1847–1848 von F. G. Solncev (1801–1899) entworfen und 1848–1852 ausgeführt. Es bestand aus einem Tafel-, einem Dessert- und einem Teeservice. Die Deckelknäufe sind nach dem Vorbild des Helmes von Zar Aleksej Michajlovič (1645–1676) ausgeführt, der sich in der Waffenkammer des Moskauer Kreml befindet.

a – Gefußte Obstschale mit gezacktem Rand
H. 20 cm; Dm. 27,2 cm
Inv.-Nr. 62549/3327 FF

b – Teekanne
Stark gebauchte Form. Tülle in einen Greifenkopf auslaufend. Alle Teile des Teeservices wiederholen diese Grundform.
H. 17,5 cm;
Inv.-Nr. 62549/3330 FF

c – Zuckerdose
H. 14,2 cm
Inv.-Nr. 62549/3369 FF

d – Milchkännchen
H. 10 cm
Inv.-Nr. 62549/3368 FF

e – Kleine gefußte Schale zum Ausspülen der Tassen
H. 19,2 cm
Inv.-Nr. 62549/3325 FF

f – Tasse und Untertasse
Tasse H. 7,5 cm;
Untertasse Dm. 13,9 cm
Inv.-Nr. 62549/3367 FF

M. B.

Teile der Figurenserie „Völker Rußlands"

Porzellanmanufaktur Gardner, Verbilki bei Moskau, Ende 19. – Anfang 20. Jh. Entwurf: M. S. Kuznecov
Biskuitporzellan, farbig bemalt, gold und silber staffiert
Die meisten Figuren haben die eingedrückte Blindmarke: «ГАРДНЕРЪ», und neben dem Landeswappen in Rot mit dem Hl. Georg im Ovalfeld die Aufschrift: «ФАБРИК. ГАРДНЕРЪ» въ Москве. (Fabrik Gardner in Moskau).
Die Einzelfiguren sind stehend, die Gruppen stehend und sitzend dargestellt. Sie tragen ihre Nationaltracht und haben ihre Musikinstrumente, Waffen oder andere typische Gegenstände in den Händen. Auf den meist schwarzen Sockeln sind ihre nationale Zugehörigkeit aufgeschrieben. Ihre Bemalung ist realistisch.

Diese berühmte Serie von Porzellanfiguren, die 50 Figuren und Figurengruppen umfaßt, ist nach Lithographien des ethnographischen Atlas „Völker Rußlands", den T. Pauli 1862 in St. Petersburg herausgegeben hat, gearbeitet. Das verlegerische große Programm wurde 20 Jahre lang bearbeitet, doch die Vollständigkeit der Darstellung aller im russischen Kaiserreich lebenden Völker war erst am Anfang des 20. Jahrhunderts erreicht. In der 2. Hälfte des 19. Jahrhunderts stützten sich daher alle Veröffentlichungen auf das Album von 1862. Die Mitarbeiter der Porzellanmanufaktur Gardner haben sich beim Entwerfen dieser interessanten Figurenserie ebenfalls an diese Vorlage gehalten.

M. B.

Katalog-Nr. 253

253 **Abb. S. 262**

Gruppe von Grusiniern

H. 28,2 cm; Sockel: 23 x 20 cm

Inv.-Nr. 42567-B-126/6430 FF

254

Gruppe von Kirgisen

H. 26,5 cm; Sockel: 16,7 x 11,8 cm
Inv.-Nr. 42567-B-127/6432 FF

255

Bewaffneter „Grenzkosake"

H. 28 cm
Inv.-Nr. 42567-B-107/6384 FF

256

Ostjakin

H. 25,5 cm
Inv.-Nr. 42567-B-108/6385 FF

257

Giljake

H. 25 cm
Inv.-Nr. 42567-B-132/6441 FF

258

Bäuerin aus Kaluga

H. 24 cm
Inv.-Nr. 61356-336/6404 FF   M. B.

Im Programm dieser berühmten Figurenserie dokumentiert sich der Stolz auf die große Ausdehnung Rußlands und auf die umfassende Macht des Zaren, der so viele unterschiedliche Völker „als eine Familie" friedlich vereinen konnte.

Dokumente und Schriftstücke
des 17. bis 19. Jahrhunderts

Katalog-Nr. 262 ▶
Urkunde der Zarin Elisabeth I., 1751

259

Handschriftliche Urkunde von Zar Michail Fedorovič an Lev und Ivan Michajlovič Volkonskij über die Verleihung eines Erbgutes im Gebiet von Rjazan

Rußland, 1613
Papier, roter Wachs, Seidenschnur
36 x 36 cm, Siegel: Dm: 5,5 cm
Inv.-Nr. 75105/F 388, ed. 9 Pag. 1–2

260

Handschriftliche Urkunde des Zaren Alexeij Michajlovič an Ivan Michajlovič Elagin zur Verleihung eines Erbgutes im Gebiet Novgorod

Rußland, 1674
Papier, Gewebe
62 x 50 cm
Inv.-Nr. 82280/F 388, ed. 9, Pag. 1–2

261

Beglaubigungurkunde des Zaren Peter des Großen an den Grafen Gavril Ivanovič Golovkin, den Baron Peter Pavlovič Schafirov und den Fürsten Boris Ivanovič Kurakin über den Bündnisvertrag mit Frankreich und Preußen während des Nordischen Krieges

Rußland, 2. August 1717
Papier, Wachssiegel
33 x 42 cm
Inv.-Nr. 67487/F 356, ed. 10, Pag. 1

262   Abb. S. 265

Urkunde der Zarin Elisabeth I. über die Ernennung des Aleksej Grigorievič Razumovskij zum Grafen

St. Petersburg, 1751
Pergament, Seide
40 x 31 cm
Inv.-Nr. 53882/F 388, ed. CHR. 234, Pag. 1–8

263

Chiffrierter Brief von Wulffenstern anläßlich der Eheschließung des Großfürsten Petr Fedorovič mit der Prinzessin Sophia von Anhalt-Zerbst 1746

(mit Dechriffierung auf Französisch)
Papier
21 x 18 cm (Pag. 2–5), 23 x 18,5 cm (Pag. 6–7)
Inv.-Nr. Schtsch 597/F 180, ed. 16, Pag. 2–7

Dieser Brief kündigt in geheimer Mitteilung die Vermählung des späteren Zaren Peter III. mit der zukünftigen Zarin Katharina II. an. Neben dem chiffrierten Text enthält das Schriftstück auch die Dechiffrierung in französischer Sprache.

264

Urkunde der Zarin Katharina II. über die Ernennung des Oberprokurators des regierenden Senats und Kapitäns der Leibgarde des Semenovskij-Regiments Fedor Grigor'evič Orlov zum Grafen

Rußland, 1763
Papier, Seide, silberne Siegeldose, zwei Goldquasten
43 x 33 cm; Siegeldose: Dm: 16 cm
Inv.-Nr. 76185/F 388, ed. 242, Pag. 1–7, CB-52

Katalog-Nr. 264 ►
Titelblatt der Urkunde

Katalog-Nr. 264 ►
Einband mit Siegeldose

Божіею поспѣшествующею милостію
МЫ ЕКАТЕРИНА ВТОРАЯ
ИМПЕРАТРИЦА И САМОДЕРЖИЦА
ВСЕРОССІЙСКАЯ,

Московская, Кіевская, Владимирская, Новгородская, Царица Казанская, Царица Астраханская, Царица Сибирская, Государыня Псковская, и Великая Княгиня Смоленская, Княгиня Эстляндская, Лифляндская, Карельская, Тверская, Югорская, Пермская, Вятская, Болгарская и иныхъ; Государыня и Великая Княгиня Нова города Низовскія земли, Черниговская, Рязанская, Ростовская,

Katalog-Nr. 266
Titelblatt der Urkunde

265

Urkunde der Zarin Katharina II. über die Ernennung von Otto Adolf Weissmann zum Baron und Schenkung eines Gutes in Livland

Rußland, 1772
Pergament, Seide, silberne Siegeldose, Goldquasten
42 x 30 cm, Siegeldose: Dm: 12,9 cm
Inv.-Nr. 56217/F 388 ed. 243, Pag. 1–5, CB-53

266

Urkunde der Zarin Katharina II. über die Aufnahme des preußischen Prinzen Friedrich-Wilhelm als Ehrenmitglied in die Akademie der Künste mit der Unterschrift von I. I. Beckij

Rußland, 25. Sep. 1780
Papier, silberne Siegeldose, Aquarell
59 x 52 cm, Siegeldose: Dm: 8,5 cm
Inv.-Nr. 84016/F 281, OP. 3, ed. 28, Pag. 1

266a

Urkunde über die Aufnahme des preußischen Prinzen Friedrich-Wilhelm als Ehrenmitglied in die Akademie der Künste mit der Unterschrift von I. I. Beckij

Rußland, 25. Sep. 1780
Papier
58 x 53 cm, Siegeldose: Dm: 8,5 cm
Inv.-Nr. 84016/F 281, OP. 3, ed. 28, Pag. 2

267

Urkunde des Zaren Paul I. über die Ernennung Ivan Pavlovič Kutejsovs (1759–1834) in den kurländischen Adel

Mitau, 1801
Pergament, roter Samt, silberne Siegeldose
43 x 26 cm, Siegeldose: Dm: 6 cm
Inv.-Nr. 57325/F 341, ed. 5, Pag. 1–3, CB-74

268

Brief von König Friedrich-Wilhelm von Preußen an den Generalleutnant (späterer Atamann der Donkosaken) Hadrian Karpovič Denisov über die Verleihung des Roten-Adler-Ordens

Memel, 15. Juli 1807
Papier
25 x 21 cm
Inv.-Nr. 68257/F 137, ed. 1043, Pag. 17–19

269

Freundschaftsvertrag seiner kaiserlichen Hohheit von Rußland Alexander I. und seiner Majestät des Königs von Preußen, geschlossen in Wien am 21. April/3. Mai 1815

Papier
36 x 23 cm
Inv.-Nr. 51780/F 33, ed. 72, Pag. 11–14

270

Dokument über den feierlichen Einzug der Prinzessin Maria von Hessen-Darmstadt in St. Petersburg am 15. April 1841

Papier
30 x 19 cm
Inv.-Nr. Schtsch 431/F 180, ed. 110, Pag. 1–10

271

Beschreibung der Festfolge des Hochzeitsempfanges des zukünftigen Zarenpaares Alexander II. und Maria Alexandrovna, Prinzessin von Hessen-Darmstadt

Darmstadt 1843
Schwarzer Samt, Seide, gedruckt
27 x 21 cm
Inv.-Nr. 81927/F 180, ed. 112, Pag. 1–3

272

Programm der Festfolge anläßlich der Krönung des Zaren Alexander II. mit der Großfürstin Maria Alexandrovna von Hessen-Darmstadt vom 26. August 1856

Karton, bedruckt
28 x 21,5 cm
Inv.-Nr. 29987/F 180, ed. 115, Pag. 3

Katalog-Nr. 273
Einband der Urkunde

273

Gratulationsschrift der „Deutschen in Moskau" an den Generalgouverneur Fürsten Vladimir Andrejevitsch Dolgorukij

Moskau, 14. April 1879
Silber, vergoldet, Email, Samt, Papier, bemalt
36,5 x 28,x5 cm
Inv.-Nr. 70156/F 402, ed. 511, Pag. 1–2, CB-3

Die Mappe zeigt das Adelswappen von W. A. Dolgorukij (1810–1891), der von 1865 bis 1891 das Amt des Generalgouverneurs von Moskau inne hatte. Ein Generalgouverneur war Statthalter des Zaren und vereinte in dieser Position militärische und zivile Macht. Unter der Führung Dolgorukijs nahm die Wirtschaft der Stadt Moskau bedeutenden Aufschwung.   L. D.
Diese prachtvoll und aufwendig gestaltete Gratulationsmappe wurde anläßlich des fünfzigjährigen Dienstjubiläums des Generalgouverneurs der Stadt Moskau V. A. Dolgorukij angefertigt. Selbstbewußt bekunden die deutschen Bürger Moskaus ihre Ehrerbietung gegenüber Dolgurukij in einem in deutscher Sprache abgefaßten Gratulationsschreiben mit folgendem Wortlaut: „Durchlauchtigster Fürst, Hochverehrter Herr General-Gouverneur! An dem festlichen Tage, der fünfzig Jahre treuer Pflichterfüllung und ergebnissreichen Schaffens Ew. Durchlaucht abschliesst, wollen Moskau's Deutsche nicht fehlen, um dem allverehrten Jubilar ihre herzlichen und tiefgefühlten Glückwünsche darzubringen. Ein festes, unzerreissbares Band inniger Liebe und Verehrung umschlingt Auslands und Deutschlands mächtiges Herrscherpaar, und ein würdiger Vertreter Ihres erhabenen Souverains haben Ew. Durchlaucht der deutschen Kolonie der alten Czarenstadt sich jederzeit als treuer Freund und eifriger Beschützer erwiesen. Mit freudigem Stolze haben wir dies stets empfunden, tiefer aber und dankbarer niemals, als in dieser bedeutungsvollen Stunde. Gott der Allmächtige, der Ew. Durchlaucht so lange gnädig beschützte, möge Sie auch fernerhin noch recht viele Jahre in alter, segensreicher Tätigkeit erhalten. Ew Durchlaucht treu ergebene Deutsche der Stadt Moskau."   Hrsg.

274

Statuten des Goldenen-Löwen-Ordens anläßlich der Ordensverleihung durch den Herzog von Hessen Ludwig IV. an die künftige Zarin Alexandra Fedorovna, abgefaßt in deutscher Sprache

Darmstadt, 28. März 1882
Papier, bedruckt
28 x 22 cm
Inv.-Nr. 101397/F 505, ed. 23, Pag. 2–4

275

Programmheft zum deutschen Sängerfest anläßlich des Festaktes zum Geburtstag von Kaiser Wilhelm I. vom 10. bis 22. März 1884, abgefaßt in deutscher Sprache

Papier, bedruckt
23 x 16 cm
Inv.-Nr. 70156/F 402, ed. 199, Pag. 16–19

276

Programmheft zum deutschen Sängerfest anläßlich des Festaktes zum Geburtstag von Kaiser Wilhelm I. vom 10. bis 22. März 1885, abgefaßt in deutscher Sprache

Papier, bedruckt
23 x 16 cm
Inv.-Nr. 70156/F 402, ed. 199, Pag. 8–15

277

Musikprogramm zum 25jährigen Jubiläum der Moskauer Liedertafel deutscher Chöre in Moskau vom 15. bis 17. November, 1886, abgefaßt in deutscher Sprache

Papier, bedruckt
20,5 x 14 cm
Inv.-Nr. 70156/F 402, ed. 199, Pag. 20–22

278

Dokument zur Ordensverleihung des „Goldenen Löwen" durch den Herzog von Hessen Ludwig IV. an die Prinzessin Alice (künftige Zarin Alexandra Fedorovna) von 1888 mit Signatur von Ludwig IV.

Papier, bedruckt
38 x 22,5 cm
Inv.-Nr. 101397/F 505, ed. 23, Pag. 1

Katalog-Nr. 273
Titelseite der Urkunde

Katalog-Nr. 279, Urkunde ▶

Katalog-Nr. 279, Urkundenrolle

279

Urkundenrolle mit Urkunde als Geschenk der deutschen Bürger Moskaus an den Generalgouverneur von Moskau V. A. Dolgorukij

Moskau 1889
Bronze, vergoldet, emailliert, Holz,
Leder, Pergamentpapier
Rolle: 34 x 88 x 28 cm
Urkunde: 76,5 x 59 cm
Inv.-Nr. 17233

280

Russisch-orthodoxes Glaubensbekenntnis

Rußland, 1890
Papier, bedruckt
21 x 15 cm
Inv.-Nr. 101397/6 F, 505 ed. 24, Pag. 61–68

281

Tagebuch der Zarin Alexandra Fedorovna mit handschriftlichen Notizen über ihre russisch-orthodoxe Taufe

Rußland, 1890–1894
Leder, Metall, Papier
21 x 14 cm
Inv.-Nr. 101387/8 F/505, ed 24, Pag. 28–60

282

Vokabelheft „Russisch-Deutsch" zum russisch-orthodoxen Glaubensbekenntnis, geschrieben von Zarin Alexandra Fedorovna zur Benutzung während des Zeremoniells ihrer Taufe

Rußland, 1894
Handschrift
20,5 x 13 cm
Inv.-Nr. 101397-8 F/505, ed. 24, Pag. 1–2

283

Menükarte zum Galadiner anläßlich der Krönung von Zar Nikolaus II.

Rußland, 10. Mai 1896,
Malerei von Lipgart
Karton, bemalt
35 x 25 cm
Inv.-Nr. Schtsch 322 F/180, ed. 259, Pag. 9

284

Menükarte handgeschrieben und bemalt von Zarin Alexandra Fedorovna: „Menü auf dem Landgut Il'inskij vom 22. Juni 1896"

Karton, bemalt
30,5 x 21,5 cm
Inv.-Nr. 35242 F/180, ed. 355, Pag. 1

19. Jahrhundert

Das 19. Jahrhundert
Rußland in Europa

Hans von Rimscha

aus „Geschichte Rußlands", Darmstadt[2]
1970, S. 400–403

Das Ziel der Europäisierung war, Rußland zu einem vollwertigen Europa und die Russen zu vollwertigen Europäern zu machen. Im 18. Jahrhundert wurde systematisch, forciert und oft überstürzt darauf hingearbeitet, im 19. Jahrhundert wurde das Ziel in einem erstaunlichen Umfang erreicht. Die Masse des Volkes blieb allerdings nach wie vor davon weitgehend unberührt. Die Folge war, daß die wiederholt erwähnte Kluft zwischen der sich schnell europäisierenden Oberschicht und dem Volk noch vertieft wurde. Das war die Kehrseite der sich im Laufe dieses Jahrhunderts vollziehenden Einbeziehung der russischen Oberschicht ins Europäische.

Dieser Prozeß hat auf allen Gebieten, zumal auf dem kulturellen, zu einem steilen Aufstieg Rußlands geführt, so daß man mit Recht gemeint hat, daß das 19. Jahrhundert für Rußland so viel bedeutet hat wie für das Abendland das 17., 18. und 19. Jahrhundert zusammen. Die Entwicklung Rußlands während dieses, seines großen Jahrhunderts ist aufs Ganze gesehen durch drei beherrschende Faktoren gekennzeichnet: Erstens durch das mächtige, glanzvolle, sich nach außen und innen immer wieder erfolgreich durchsetzende Kaisertum als Repräsentant der auf die beamtete staatstragende Schicht, die sogenannten Sphären, sich stützenden imperialen und autokratischen Macht. Zweitens durch die kulturtragende und kulturschöpferische Gesellschaft (obschtschéstwennostj), die sogenannte Intelligenzia als Repräsentantin des sich weit entfaltenden, politisch aufrührerischen Geistes. Die Tragik dieser großen Zeit der russischen Geschichte war, daß Macht und Geist in einen so entschiedenen Widerstreit zueinander gerieten, daß sie sich schließlich ausweglos in zwei feindlichen Lagern gegenüberstanden. Der Geist zog sich von der Macht zurück, und die Macht glaubte, des Geistes nicht zu bedürfen (Nötzel).

Der dritte die Entwicklung bestimmende Faktor war die weitgehend unabhängig von der staatlichen und gesellschaftlichen Lenkung sich zwangsläufig vollziehende, durch die industrielle Revolution mächtig geförderte wirtschaftliche Entfaltung. Alle drei Faktoren waren auf das engste an den Prozeß der Europäisierung gebunden.

Das russische Kaisertum gewann, trotz seiner z. T. uneuropäischen Wurzeln und obwohl die autokratische Herrschaftsform weiter fortbestand, im 19. Jahrhundert ein durchaus europäisches Gesicht. Die Träger der Krone wie auch die anderen Glieder des Kaiserhauses unterschieden sich in nichts von anderen europäischen Fürsten. Das kulturelle und gesellschaftliche Niveau am Petersburger Hofe entsprach durchaus dem an anderen Höfen, sofern es nicht höher lag.

Die neue Dynastie Holstein-Gottorp-Romanow war von der alten Romanowdynastie sehr verschieden. Sie hat kein Genie wie Peter den Großen hervorgebracht, war aber auch nicht mit Kretins und Schwachsinnigen belastet. Männerreich wie die Rjurikiden, hielten die Romanows im 19. Jahrhundert in den vielen Zweigen der Dynastie einen guten Durchschnitt. Die Frauen und Mütter der russischen Kaiser waren fast ausschließlich deutsche Prinzessinnen (vgl. die Ahnentafel); die meisten Großfürsten waren mit Deutschen verheiratet, während umgekehrt sehr viele russische Prinzessinnen durch ihre Ehe zu „Landesmüttern" in europäischen, meist deutschen Ländern wurden. Die Verschwägerung des russischen Kaiserhauses mit den anderen europäischen Dynastien – durchaus im Sinne nicht nur des „Testamentes", sondern auch der Intentionen Peters des Großen – wurde zum lebendigen Ausdruck des Hineinwachsens Rußlands nach Europa. Im 18. Jahrhundert war – seit Peter – kein einziger russischer Monarch nach seiner Thronbesteigung in Europa gewesen, auch Katharina II. nicht; die Träger der Krone blieben nicht nur räumlich, sondern auch persönlich an der Peripherie. Die russischen Kaiser im 19. Jahrhundert haben fortgesetzt in den verschiedensten Ländern Europas geweilt und sich dort vollständig zu Hause gefühlt.

Der dynastischen Verschwägerung entsprach auch die Verflechtung der außenpolitischen Beziehungen und Interessen Rußlands mit den gesamteuropäischen in weit höherem Grade als im 18. Jahrhundert. Durch die auf eine völlige Integrierung Rußlands in Europa hinzielende Außenpolitik während des ganzen 19. Jahrhunderts verknüpfte das russische Kaiserreich sein Schicksal unlöslich mit dem Europas. Dabei war die kaiserlich-russische Außenpolitik in so hohem Maße europäisch orientiert, daß aus unserer Zeit heraus und im Hinblick auf die Außenpolitik der Sowjets von europäischer Seite (Ferrero) rückschauend die Frage gestellt worden ist, weshalb das russische Kaiserreich um die Interessen Europas, oft auf Kosten der eigenen, so besorgt gewesen sei.

Die Integrierung Rußlands in Europa wurde stark durch den Umstand erleichtert und gefördert, daß die russischen Kaiser seit Alexander I. bis tief in die zweite Hälfte des 19. Jahrhunderts hinein an einer übernational-imperialen Politik im Sinne Peters des Großen festhielten, die es auch ihren nichtrussischen Untertanen ermöglichte, sich zu einem rußländischen Reichspatriotismus zu bekennen und sich ehrlich in den Dienst der imperialen Politik zu stellen, ohne dabei in Konflikt mit ihrer Volkszugehörigkeit zu geraten. Im Zuge dieser Entwicklung setzte sich bei den nichtrussischen, „europäischen" Rußländern im Westen des Reiches, sowohl bei den Polen wie noch entschiedener bei den Deutschbalten, an Stelle des früher gepflegten Vormauergedankens (eine Vormauer Europas gegen das Russentum zu sein) der Brückengedanke durch (eine Brücke zwischen Europa und Rußland zu werden). Der Anteil von Nichtrussen, vor allem von Deutschen, im russischen Staatsapparat war sehr groß und ihr Ansehen bis tief in die zweite Hälfte des Jahrhunderts so hoch, daß nach einer häufig zitierten Anekdote der Russe General Jermólow, vom Kaiser nach einem Gunstbeweis befragt, bissig die Bitte aussprach, „zum Deutschen befördert zu werden".

Eine entsprechende Integrierung ins Europäische vollzog sich auch bei der Intelligenzia. Die Exponenten des Geistes hatten ihr geistiges Rüstzeug – von der Aufklärung bis zum Marxismus – aus Europa geholt, ohne daß dadurch die geistige Entwicklung in Rußland ihren unverwechselbar russischen Charakter verlor. Das geistige Niveau der russischen Bildungsschicht glich sich vollkommen dem des Abendlandes an. Auch wenn das eigentliche Zentralthema, um das alles Denken und Dichten in Rußland im 19. Jahrhundert kreiste, nicht etwa „Rußland in Europa" hieß, sondern „Rußland und Europa", in deutlicher Gegenüberstellung und z.T. betonter Abgrenzung gegeneinander, so blieben auch die entschiedensten Verächter Europas echte Vertreter eines inzwischen in Europa hineingewachsenen Rußland. Die große Kontroverse über das unerschöpfliche Thema Rußland und Europa spielte sich auf der Ebene europäischen Geisteslebens ab.

Parallel dazu lief eine wachsende Verflechtung der russischen Wirtschaft mit der europäischen –, zunächst durch eine Intensivierung des Handels, vor allem des russischen Getreideexportes, der im 19. Jahrhundert stark anschwoll, bald auch durch einen raschen industriellen Anstieg der Produktion mit aus Europa importierten Maschinen und schließlich, infolge des riesigen Finanzbedarfes, auf dem Gebiete der Geld- und Kreditwirtschaft. Auch der wirtschaftliche Aufschwung Rußlands im letzten Viertel des 19. Jahrhunderts im Zuge der Industriepolitik Wittes lag auf der Ebene der fortschreitenden Einbeziehung Rußlands in Europa.

Das Kapitel Rußland in Europa soll nicht abgeschlossen werden, ohne daran zu erinnern, daß damit nur eine – die westliche Seite des Wachsens Rußlands behandelt worden ist. Es gab auch eine andere, die östliche Seite. Denn gleichzeitig wuchs Rußland im 19. Jahrhundert auch nach Asien hinein, nicht in die asiatische Kultur, wohl aber in den asiatischen Raum. Es war dieses ein ganz anders gearteter, von der Einbeziehung in Europa überschatteter, aber, im Hinblick auf die sich daraus ergebenden weltpolitischen Perspektiven, ein kaum weniger bedeutsamer geschichtlicher Prozeß.

Beate Müller

1. Hälfte des 19. Jahrhunderts
Russisches Imperium

Nachdem im 18. Jahrhundert das russische Reich durch die Regentschaft von Peter I. und Katharina II. zur kulturellen Blüte gelangte, endet die petrinische Epoche mit Zar Alexander I. (1801–1825). Rußland hat sich in das Staatengefüge Europas integriert.

Als Staat in Europa wird Rußland weiterhin durch die Entwicklung der westlichen Kunst geprägt, so daß die Stilentwicklung im 19. wie im 18. Jahrhundert dem westeuropäischen Verlauf folgt. Insbesondere das stärker werdende russische Bürgertum begeistert sich für alles Westliche. Sowohl die Empiremode zu Beginn des 19. Jahrhunderts als auch die spätere biedermeierliche Zurückgezogenheit und Häuslichkeit der dreißiger und vierziger Jahre finden ihren stilistischen Widerhall in Mode, Kunst und Kunstgewerbe Rußlands.

Alexander I. beginnt mit seinem Regierungsantritt 1801 die Folgen der restriktiven Politik seines Vaters Paul I. durch eine Reihe von Reformen rückgängig zu machen. Er öffnet die Grenzen zum Westen, die sein Vater Paul I. aus Furcht vor den Folgen der Französischen Revolution geschlossen hatte, und fördert den kulturellen Austausch Rußlands mit Westeuropa. Seine Reformen in der Bildungspolitik führen zur Lehrfreiheit und zur weitgehenden Selbstverwaltung und Gründung zahlreicher neuer Universitäten, wie 1819 in St. Petersburg. Durch die erneute Öffnung zum Westen wird besonders die russische Literatur beeinflußt. So beginnt mit der Jahrhundertwende in Rußland ein neues Zeitalter, das „Goldene Zeitalter" der russischen Kulturgeschichte. Das 19. Jahrhundert läßt sich mit den Namen von Dichtern, Musikern und Künstlern wie Puschkin, Tschechov, Stanislavskij, Rachmaninov, Skrijabin, Schaljapin ebenso verbinden wie mit der Avantgarde im Aufbruch zur Moderne.

Das Hauptinteresse Alexanders gilt der Außenpolitik. Der Krieg mit Frankreich wird zur Bedrohung des russischen Reiches. Als die Große Armee Napoleons 1812 durch einen geschickten militärischen Schachzug geschlagen wird, feiert man die heroische Aufopferung Rußlands, das seine alte Hauptstadt Moskau aus strategischen Gründen dem Feuer preisgibt. Ein Stadtplan Moskaus aus dem Jahr 1813 (Kat.-Nr. 288) zeigt die verbrannten Gebiete. Napoleon erscheint in der Karikatur als Teufel mit einer Fackel, der Unheil und Vernichtung über das russische Volk gebracht hat. Mit dem Sieg über Napoleon im Vaterländischen Krieg sieht man in Alexander I. den Retter Europas. Der dadurch entstandene Patriotismus hat sich in zahlreichen Kunstgegenständen niedergeschlagen. Tabakdosen aus lackiertem Papiermaché oder aus Edelmetall, aber auch Porzellantassen und -teller zeigen die Porträts der Helden, besonders General Michail Illarionowitsch Kutuzov und den Zaren Alexander I. (Kat.-Nr. 232 und Kat.-Nr. 229–231).

Der Patriotismus und das neugewonnene Nationalbewußtsein setzen einen fortschreitenden Prozeß der Rückbesinnung auf die russische Geschichte und die eigene Kultur in Gang. Die durch den Einfluß Westeuropas verschütteten kulturellen Wurzeln werden wiederentdeckt, und Rußland beginnt sich zu emanzipieren. Der Historiker Nikolaj M. Karamzin hat den Vereinnamungsprozeß Rußlands durch Westeuropa in die folgenden Worte gefaßt: „Wir wurden Weltenbürger, aber wir verloren in mancher Hinsicht unser Russentum. Dies ist die Schuld Peters des Großen."

Neben der Malerei und der Architektur lassen sich auch im Kunstgewerbe eigenständige russische Entwicklungen beobachten. Das Tula-Silber aus dem alten Zentrum der Metallverarbeitung der Rus', das sich schon im

Katalog-Nr. 288
Stadtplan von Moskau mit den eingezeichneten Bezirken, die 1812 abgebrannt sind. Anonym, 1813.

18. Jahrhundert großer Beliebtheit erfreute, findet im 19. Jahrhundert immer größere Verbreitung. Die verhältnismäßig niedrigen Preise der Stahlwaren machen es möglich, die Kästchen, Tintenfässer und Garnspulen aus diamantgeschliffenem, glänzendem Stahl auch für Käufer der mittleren Schichten erschwinglich zu machen.

Als besondere Form des Zweikampfes gelangt das Duell aus Westeuropa nach Rußland und breitet sich wie eine Epidemie unter der romantischen, fatalistischen Jugend St. Petersburgs aus. Interessant ist, daß anscheinend viele Pistolen trotz der „Duell-Mode" in Rußland auch aus Deutschland importiert werden (Kat.-Nr. 395).

Zu Beginn des Jahrhunderts werden nicht nur in Moskau Porzellanfabriken, wie die 1811 gegründete Popow-Fabrik, eröffnet, sondern auch Manufakturen in Poskotschin, Koslow, Batenin und Sofronov. Hier entstehen Tafelservice und prunkvolle Einzelstücke im Stil des russischen Empire und später im Blütendekor des Biedermeier.

Berühmtheit erlangen die beidseitig gewebten Schals, die in der 1. Hälfte des 19. Jahrhunderts von leibeigenen Meisterinnen aus feinster Wolle von Steppenantilopen und kirgisischen Ziegen gefertigt werden. Die Besonderheit dieser Schals liegt darin, daß sie keine Vorder- und Rückseite haben, sondern im Muster von beiden Seiten identisch sind. Nach dem anfänglichen Import von orientalischen und westeuropäischen Schals werden diese kostbaren Stoffe als wärmende und schmückende Zierde Anfang des 19. Jahrhunderts zu den leichten Kleidern des Empire getragen. Zwischen 1830 und 1850 bevorzugt man quadratische Tücher mit breiten Bordüren. Die besten Schals stammen aus der Werkstatt der Kaufmannsfrau Nadeshda Merlin und der Werkstatt des Dimitrij Kolokočov. Um die Jahrhundertmitte werden die kostbaren Schals durch preiswertere Jaquardwebereien verdrängt.

Auch die Lackdosen aus der 1. Hälfte des 19. Jahrhunderts haben in ihrer typisch russischen Ausprägung Berühmtheit erlangt. Bereits zu Beginn des 18. Jahrhunderts wurden in Rußland chinesische und japanische Lackarbeiten nachgearbeitet oder kopiert. Um 1785 werden die Fabrik von Filipp Nikitin Vischnjakov und die Fabrik von P. I. Korobov gegründet, deren Leitung ab 1824 Peter V. Lukutin übernimmt. Hier entstehen hauptsächlich Dosen und Kästchen in unterschiedlichen Größen, die mit miniaturisierten Darstellungen von bäuerlichen Genreszenen, Landschaften und Porträts bemalt werden. Dabei wird die Farbe opak oder lasierend auf eine Unterlage aus Blattgold, Silberfolie oder Perlmutt aufgetragen. Beide Firmen haben als Familienunternehmen bis zum Beginn des 20. Jahrhunderts bestehen können.

Nach dem plötzlichen Tod Alexanders I. kommt es 1825 zum Aufstand der Dekabristen, einer Gruppe von enttäuschten Armeeoffizieren. Nun wird die Kluft zwischen den Anhängern Westeuropas, den Westlern, und den Anhängern der Traditionen Rußlands, den systemkritischen Slawophilen, immer größer. In seinem Roman „Anna Karenina" hat Leo Tolstoj diesen aufkeimenden Konflikt der russischen Gesellschaft in zwei

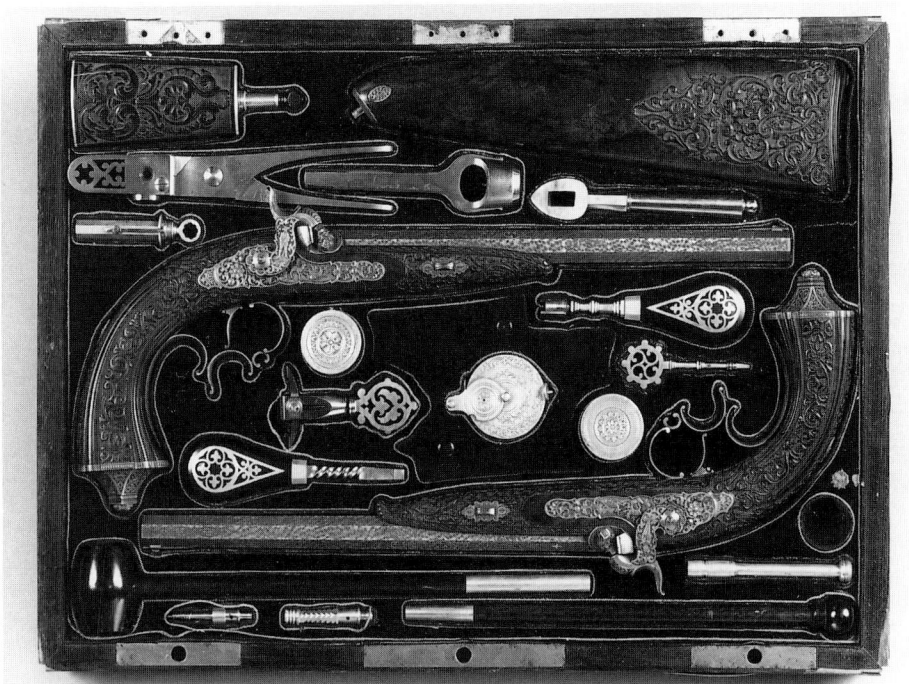

Katalog-Nr. 395
Duellpistolen im Kasten, Regensburg,
I. A. Küchenreiter, um 1850.

Charakteren manifestiert. Oblonskij auf der einen Seite entscheidet sich für das städtische Leben und die französischen Sitten. Levin andererseits bleibt seiner Liebe zum Land und zum Russischen treu.

Die russische Geschichte ist längst Teil der westeuropäischen Geschichte geworden, so daß die Rückbesinnung auf die eigene Tradition in vielen Lebensbereichen zu Konflikten führt. Nach außen wird dieser Zwiespalt durch die Trennung in zwei Lebensbereiche deutlich. Den Sommer verbringt man auf der Datscha, bleibt dort bis zur festlichen Jagdsaison und kehrt mit Einbruch des Winters wieder in die Stadt zurück. Im Gegensatz zur westeuropäisch geprägten Stadtwohnung wohnt man auf dem Land bewußt einfach und russisch in einem geschnitzten Holzhaus, so daß man wie in zwei verschiedenen Welten lebt.

Selbst die Haltung von Nikolaus I., der als Zar von 1825 bis 1855 regiert, verdeutlicht tendenziell den Zwiespalt der russischen Gesellschaft zwischen Slawophilen und Westlern. Sein militärisches Auftreten und die Führung des russischen Imperiums als Polizeistaat lassen Nikolaus I. nicht nur als „Deutschen" erscheinen, sondern geben ihm den Namen des „Gendarmen Europas". Hinter dem Erscheinungsbild äußerer Ruhe und Ordnung verbirgt sich eine restriktive Politik, die der Zar fortschrittsfeindlich und autokratisch durchsetzt. In seinen politischen Zielen folgt Nikolaus I. den drei Grundsätzen: Orthodoxie, Autokratie und volksverbundener Patriotismus.

Als der Zar 1834 eine neue russische Kleiderordnung erläßt, scheint er auch hierin Volksnähe demonstrieren zu wollen. An Stelle der westeuropäischen Mode wird nun eine russische Tracht als Festkleidung vorge-

Katalog-Nr. 350
Tabakdose „Mädchen mit Kokoschnik",
Rußland, Mitte 19. Jh.

schrieben. Die Hofdamen tragen ein russifiziertes Phantasiekostüm, das, wie bei den Volkstrachten, durch einen Kokoschnik als Haarschmuck vervollständigt wird. Als erste Frau des Zarenreichs verkörpert Alexandra Fedorovna, die Gemahlin von Nikolaus I., das durch diesen Erlaß vorgegebene neue Frauenbild. Alexandra wird als Tochter des preußischen Königs Friedrich-Wilhelm III. in ihrer höfischen Nationaltracht und einem mit Edelsteinen prachtvoll geschmückten Kokoschnik zum Ideal einer Russin (Kat.-Nr. 295). Das oft kopierte Porträt von Franz Krüger, das Alexandra in dieser russischen Tracht zeigt, läßt sich zur Gattung der Trachtenporträts zählen, einer völlig neuen Entwicklung in der Porträtmalerei, die sich in der Regierungszeit des Zaren Nikolaus I. durchsetzt. Selbst der Adel läßt sich nun in folkloristischen Gewändern darstellen.

Diese scheinbare Hinwendung zum Volk wird mehr von Sentimentalität als Solidarität mit dem Schicksal der unteren Bevölkerungsschichten getragen. Es scheint, daß der Zarenhof und die Oberschicht sich nach außen einer gewissen Bauernromantik hingeben und gleichzeitig die Augen vor den wirklichen gesellschaftlichen Verhältnissen verschließen.

Katalog-Nr. 295 ▶
Porträt der Zarin Alexandra Fedorovna,
anonyme Kopie nach Franz Krüger von
1838.

Malerei und Graphik

285
Blick im Kreml auf das Spasskij-Tor

F. Ja. Alekseev, 1800–1810
Öl auf Leinwand, 82 x 112 cm
Inv.-Nr. 70156/K-347
1930 aus dem Museum des Alten Moskau überwiesen

Fedor Jakovlevič Alekseev (1753/54–1824) war ein bekannter Maler. Er führte das Thema der Stadtansichten in die russische Malerei ein. Im Auftrag der Petersburger Akademie der Künste und von Kaiser Paul I. malte er 1802 Stadtansichten in Moskau. Dabei konzentrierte er sich vor allem auf den Kreml als alte Residenz der Zaren, der für ihn die jahrhundertealte Geschichte Rußlands verkörperte. „Hier atmet die Vergangenheit," schrieb der russische Dichter Konstantin Batjuschkov, „alles erinnert an die Zaren, die Patriarchen, an bedeutende Ereignisse; hier ist jedem Platz der Stempel der Jahrhunderte aufgedrückt." So steht links vom Spasskij-Tor das Himmelfahrtskloster, das Ende des 14. Jahrhunderts von der Großfürstin Evdokija gebaut worden war. Sie war die Witwe des Moskauer Fürsten Dmitrij Donskoj, der 1380 auf dem Schnepfenfeld (Kulikovo-Feld) den Tataren-Chan Mamaj vernichtend geschlagen hatte. Hinter dem Kloster ragen die Türme der Hauptkirche des Himmelfahrtsklosters, der Grabeskirche für die Frauen der Zarenfamilie sowie die Türme der Katharinen-Kirche, der Kirche der Mutter Gottes von Kazan', und die der Michail Malein-Kathedrale auf. (1929 wurden die Gebäude des Klosters abgetragen.) Rechts ist ein Teil der Kremlmauer mit zwei Türmen zu sehen: dem Spasskij-Turm, dem Hauptturm des Kreml in der Mitte, und dem Nabatnyj-Turm (Alarm-Turm), in dem die Sturmglocken hingen und bei Feuersbrünsten geläutet wurden. Der kleine Aufsatz rechts neben dem Spasskij-Turm ist das Zaren-Türmchen, in dem auch Glocken waren. Die Moskauer Ansichten von Alekseev zeigen alle einen sehr malerischen Kreml aus der Zeit der Wende vom 18. zum 19. Jahrhundert. Sie haben neben dem künstlerischen auch einen hohen Dokumentationswert, weil sie die alte Stadt buchstäblich am Vorabend vor der Zerstörung durch die Feuersbrunst von 1812 zeigen. N. S.

Katalog-Nr. 285

286
Ansichten von Moskau

Entwurf: pinxit G. Delabart, 1800–1805
Ausführung: fecit G. Lory und M. Lory
Radierungen, koloriert

Gerard Delabart (Lebensdaten unbekannt) – ein französischer Vedutenmaler, der 1787–1810 in Rußland war. Er malte Ansichten von Moskau und St. Petersburg. Nach seinen datierten Zeichnungen war er von 1794 bis 1798 in Moskau. Mit diesen Vorlagen konnte der in Moskau ansässige Appenzeller Kaufmann Johann Walser um 1800 zwei Graphikserien in Auftrag geben: Kupferstiche (beendet 1799) und Radierungen kombiniert mit Aquatinta und Aquarell. Die zweite Serie wurde in der Schweiz von den bekannten Graphikern Gabriel Ludwig Lory (1763–1840) und dessen Sohn Matthias Gabriel Lory (1784–1846) (Lori nach. Thieme-Becker) und von Daniel Lafon (1763–1831) geschaffen. Da Signaturen fehlen, ist es unmöglich, die Arbeiten den einzelnen Personen zuzuschreiben.
Die Ansichten zeigen Moskau als weites Panorama von oben gesehen und geben ein sehr malerisches Bild der Stadt.

a – Blick auf die Brücke über die Jauza und auf das Schapkin-Haus in Moskau

55,7 x 66,2 cm
Inv.-Nr. 70156 L-8135

Die Ansicht wurde von der Moskvoreckij Brücke in Richtung auf das Kotel'ničeskij-Ufer gezeichnet. In der Mitte liegt auf der anderen Seite der Jauza der Svivaja-Hügel vor der Taganskaja-Siedlung. Zwischen den niedrigen Häusern ragt ein dreistöckiges Gebäude der Familie Schapkin auf, das in den Jahren 1790–1800 errichtet wurde. Links davon der malerische Glockenturm der Nikita-Kirche aus dem ausgehenden 17. Jahrhundert.

b – Im Kreml am Spasskij-Tor

47 x 68 cm
Inv.-Nr. 23495 L-8242
1905 aus der Slg. Schtschukin an das Museum überwiesen

Links hinter den Bäumen steht ein zweistöckiges Gebäude, gebaut 1775–1776, das Haus des Erzbischofs Platon (seit 1787 Metropolit). 1824 wurde es aufgestockt und Kleines Nikolaev-Palais genannt. Eng an das Haus schließen sich das Chudov- und das Vosnesenskij-Kloster an, beide aus dem 14. Jahrhundert. Rechts die kleine Nikola-Gostunskij-Kirche, die 1817 abgerissen worden ist. Im Vordergrund der Ivanovplatz mit Resten der 1770 abgetragenen Verwaltungskanzlei.

c – Blick auf Moskau vom Balkon des Zarenpalastes im Kreml

51 x 72,9 cm
Inv.-Nr. 70156 L-15303
1930 aus dem Museum des Alten Moskau übernommen

Gesamtansicht von Moskau und seiner Umgebung. Wie auch auf den anderen Blättern sind die alten Baudenkmäler sehr genau wiedergegeben. Links die beiden Hauptkirchen des Kreml: die Blagoveščenskij Kathedrale (Hauskirche der Moskauer Zaren, erbaut 1484–1489, umgebaut 1570) und die Archangelskij Kathedrale (erbaut 1505–1506, die Grabeskirche der Großfürsten und Zaren bis zum Beginn des 18. Jh.). Im Hintergrund am Hang des Kremlhügels die kleine Konstantin-und-Helena-Kirche von 1692. Hinter der Kremlmauer in der Ferne das große Gebäude des Erziehungsheims, das 1763 als Waisenhaus für ausgesetzte Kinder gebaut worden ist.

Katalog-Nr. 286 c

Katalog-Nr. 286 d

286 d
**Blick auf die Mochova-Straße und
das Paschkov-Haus in Moskau**

55 x 66,7 cm
Inv.-Nr. 70156 L-11814
1930 aus dem Museum des Alten
Moskau übernommen

Das sog. Paschkov-Haus ist eines der
schönsten klassizistischen Gebäude in
Moskau. Es wurde 1784–1786 vom russischen Baumeister V. I. Bazenov für Peter
Egorevič Paschkov erbaut. Das Gebäude
stand mitten in der Mochova-Straße
genau gegenüber vom Borovickij-Tor
des Kreml. Besonders reizvoll waren sein
Park mit Marmorbecken und Fontainen
am Abhang und das kunstvolle Eisen-
gitter, unterbrochen von Säulen mit
Laternen, als Begrenzung zur Straße hin.
Im Park, der für alle geöffnet war, und in
dem an Sonn- und Feiertagen Volksfeste
stattfanden, lebten exotische Vögel wie
chinesische Gänse, weiße Pfauen und
Papageien aller Art. Das ungewöhnlich
elegante, scheinbar leicht schwebende
Gebäude paßt sich der alten Bebauung
der Straße an. Rechts erhebt sich die
Michael Malein-Kirche (erbaut 1679,
abgetragen 1800), links im Hintergrund
stand die fünftürmige Nikola Streleckij-
Kirche (erbaut 1682, abgetragen 1932).
1839 wurde das Paschkov-Haus an den
Staat verkauft und darin zunächst ein
Universitätswohnheim und das IV.
Männergymnasium, ab 1861 die öffentli-
che Rumjancev-Bibliothek und ein
Museum untergebracht. Heute ist es ein
Teil der Staatsbibliothek.   N. S.

Brand von Moskau   Incendie de Moscou

Vienne chez Artaria et Comp.

Katalog-Nr. 287

287
Der Brand von Moskau im Jahr 1812

Anonymer Stecher nach F. Habermann,
nach 1812
Radierung, koloriert, 43,9 x 54 cm
Inv.-Nr. 64709/IK7342

Franz Habermann, Edler von k. k. Ministerialrat und Schlachtenmaler. Autodidakt. Lebte in Wien (geb. 1788 in Prag, gest. nach 1847). Malte 1810–1820er Jahre mehrere Schlachtendarstellungen der Napoleonischen Kämpfe, z. B. Leipzig und Waterloo. Das Aquarell mit dem Brand von Moskau wurde um 1815 in Wien im Verlag „Artaria" gedruckt und gehört zu einer Serie der Kriegsereignisse 1812–1814. Habermann selbst war nie in Moskau und stützte sich auf Stadtansichten nach G. Delabart und Augenzeugenberichte.

Dargestellt ist Napoleon zu Pferd, wie er nach seinem Einzug in Moskau am 3. September 1812 im Morgengrauen persönlich in den Bezirk des Vozpitatel'nyj Dom (Erziehungsheims) bei der Moskovoreckij-Brücke geritten ist, um das Feuer, das dort besonders stark wütete, in Augenschein zu nehmen. Außer Napoleon und seinem Gefolge befinden sich dort auf der Uferstraße auch Bewohner der Stadt, die vor dem Einzug der Franzosen nicht rechtzeitig haben fliehen können. N. S.

288   Abb. S. 281

Stadtplan von Moskau mit den eingezeichneten Bezirken, die 1812 abgebrannt sind

Anonym, 1813
Radierung, koloriert, 37,4 x 45,8 cm
Inv.-Nr. 55709 Sund. 11, op.250
1924 mit der Slg. P. Ja. Daschkov an das Museum gekommen

Das Blatt „Generalplan der Hauptstadt Moskau mit Kennzeichnung der abgebrannten Bezirke mit Tusche und der heute noch bestehenden mit punktierten Linien" wurde erstmals im Buch „Die Russen und Napoleon Bonaparte", Moskau 1813, veröffentlicht. Der Autor ist Aleksandr Jakovlevič Bulgatov (1781–1863), der spätere Postdirektor (s. auf dem Bild des Ivanov-Platzes von Gärtner die Person Nr. 14), der 1812 als Beamter unter dem Generalgouverneur Moskaus Graf F. V. Rostoptschin diente und das Ausmaß der Zerstörungen genau kannte. Bei dem Brand 1812 wurden fast zwei Drittel aller Wohnhäuser, vor allem die Holzhäuser, und noch mehr Kirchen und Verkaufsläden vernichtet. Am stärksten hatten der Kreml, Kitajgorod sowie die Bezirke Pjatnickaja und Pretschistenskaja gelitten, wo zusammen nur 30 Häuser erhalten geblieben sind.
Das Buch von Bulgatov ist gegen die Franzosen gerichtet und deshalb ist Napoleon, als Hauptschuldiger am Stadtbrand, in der linken oberen Ecke als Teufel mit der Fackel in der Hand karikiert.   N. S.

289

Zwei Stadtansichten von Moskau aus einer Serie von 10 Blättern

Entwurf/pinxit: A. J. B. Cadolle (Franzose, seit 1820 einige Jahre in Moskau)
Ausführung/fecit: I. L. Deroy und A. V. Joly
Herausgeber: Druckerei Engelmann, Paris 1825

Cadolle, Auguste-Jean-Baptiste-Antoine (Paris 1782–Paris 1849) Maler und Graphiker, arbeitete seit 1820 einige Jahre in Moskau. Nach seinen Zeichnungen entstanden in Paris drei Serien mit Stadtansichten. Besonders populär wurde die 1825 von Engelmann gedruckte Mappe „Ansichten von Moskau". Für sie hatten bekannte Kupferstecher gearbeitet wie Isidore Laurent Deroy (Paris 1797–Paris 1886) und Alexis Victor Joly (Paris 1798–Paris 1874). Diese Blätter zeigen das neue Gesicht Moskaus nach dem Brand von 1812. Gleich 1813 war eine spezielle Baukommission gegründet worden, die außer der Wiederherstellung der abgebrannten Gebäude auch die Modernisierung des Stadtzentrums in Angriff nahm. Zu dieser Kommission gehörten die bekanntesten Architekten jener Zeit. Sie rekonstruierten den Roten Platz, den Aleksandrovskij Park an der Neglinnaja beim Troickij-Tor. Um Kitajgorod (die alte Kaufmannstadt) entstand ein Halbkreis wichtiger Plätze, darunter der Theaterplatz mit dem Bol'schoj Theater und der Voskresenskaja-Platz. Auch der Stadtrand erhielt ein neues Gesicht. A. S. Griboedov läßt seinen Helden im Lustspiel „Kummer vor Verstand" feststellen: „Der Brand hat viel zur Verschönerung beigetragen".   N. S.

a – Auf der Moskva bei der Steinernen Brücke (Kamennyj most)

Paris, 1825
53,2 x 61,3 cm
Inv.-Nr. 23495 L-1828
1905 aus der Slg. Schtschukin an das Museum überwiesen

Die Steinerne Brücke wurde schon im 17. Jahrhundert erbaut, und war von den deutschen Baumeistern A. Jacobsen (nicht bei Thieme-Becker erw.) und Hans Jakob Kristler (Baumeister aus Straßburg, gest. 1645 vermutlich in Moskau) 1643 unter Zar Michail begonnen worden. Durch den Fürsten Vasilij Golicyn wurde sie 1680 während der Regentschaft der Sof'ja vollendet. Sie existierte bis 1857. Rechts im Hintergrund die Türme der Frauenklöster Alekseevskij und Zatschat'evskij. Im Vordergrund das Schlittenrennen mit Trabern, das in Moskau Ende des 18. Jahrhunderts auf Initiative des berühmten Grafen A. G. Orlov-Česmenskij veranstaltet worden ist. In den 1820er Jahren fanden sie jeden Sonntag auf der zugefrorenen Moskva statt und lockten Tausende von Zuschauern an die Uferstraße.   N. S.

Katalog-Nr. 289 b

**b – Der Rote Platz in Moskau
(der Schöne Platz)**

Paris 1825
51 x 67,8 cm
Inv.-Nr. 42949 L-14571
1905 mit der Slg. A. P. Bachruschin an das
Museum gekommen

Dieser Platz entstand bereits im 15. Jahrhundert, aber erst 100 Jahre später bekam er seinen Namen. Der Rote Platz war von Anfang an ein Handelszentrum – ein Marktplatz. Ende des 16. Jahrhunderts wurden hier die ersten Reihen von Kaufläden aus Stein errichtet: die Oberen, die Mittleren und die Unteren. Mehrfach brannten sie ab und wurden verändert. 1815 baute O. I. Bovet/Bouvet (nicht bei Thieme-Becker) die Oberen Handelsreihen im klassizistischen Stil auf. Im Februar 1818 wurde vor deren Haupteingang in Gegenwart von Zar Alexander I. das Denkmal zu Ehren des Bürgers Minin und des Fürsten Požarskij, die beide 1612 die freiwillige Landwehr gegen die Eroberer angeführt und die Ausländer aus Moskau vertrieben hatten, feierlich eingeweiht. Das Denkmal (links) des Bildhauers I. Martos steht heute vor der Basiliuskathedrale. Damals wurde der Burggraben entlang der Kremlmauer zugeschüttet und als Lindenallee bepflanzt. In den 20er Jahren des 19. Jahrhunderts war hier ein ständiger Blumenmarkt.   N. S.

290
Porträt des Kaisers Alexander I.
Verkleinerte Kopie von Wilhelm August Golicke, um 1835
nach einem Original von George Dawe, um 1825,
vermutlich für die Militärgalerie im Winterpalais ausgeführt
Öl auf Leinwand, 107 x 67 cm
Inv.-Nr. 97443/I1-4135

W. A. Golicke (1802–1848), russischer Maler deutscher Abstammung. Landschaftsmaler und Porträtist. In den 1820er Jahren arbeitete er in der Werkstatt von G. Dawe in St. Petersburg. Er wirkte an der Porträtgalerie der Helden des Vaterländischen Krieges von 1812 mit, die für das Winterpalais von Alexander I. in Auftrag gegeben worden war.
Alexander I. (1777–1825, seit 1801 Kaiser) war der älteste Sohn von Kaiser Paul I. aus dessen zweiter Ehe. Er führte 1813–1814 die gegen Napoleon gerichtete Koalition der europäischen Mächte an und zog 1814 an der Spitze der verbündeten Armee in Paris ein. Aus Anlaß des Sieges über Napoleon begann man in Rußland unter der Schirmherrschaft des Kaisers mit der Planung der Erlöserkirche (храм Христа спасителя) auf dem Sperlingsberg (Воробьевы горы – Vorob'evy gory) in Moskau. (Architekt: A.Witberg. Dieses Projekt wurde jedoch nicht verwirklicht. Später wurde diese Kirche 1837–1855 nach Entwürfen des Architekten K. A. Thon am Ufer der Moskau unweit vom Kreml erbaut und 1883 fertiggestellt.) Der Sieg über Napoleon war auch der Anlaß zur Planung der Militärgalerie im Winterpalais.
Alexander I. starb 1825 in Taganrog. Der plötzliche Tod des Kaisers ließ Gerüchte aufkommen, er würde in Sibirien als Fedor Kuzmič weiterleben. N. P.

291
Porträt einer Unbekannten im roten Kleid

Unbekannter Meister, 1820er Jahre oder um 1835
Öl auf Leinwand, 70 x 57 cm
Inv.-Nr. 16811-šč/I1-2172
1905 aus der Slg. Schtschukin an das Museum gekommen
davor im Puschkinmuseum für russische Altertümer in Moskau N. P.

292 Abb. S. 55
Porträt des Kaisers Nikolaus I.

A. Poljakov, 1829
Öl auf Leinwand, 73 x 62 cm
Inv.-Nr. 79540/I1-3474

A. Poljakov, ein Maler der 1. Hälfte des 19. Jahrhunderts, war an der „Porträtgalerie der Helden des Vaterländischen Krieges von 1812" für das Winterpalais in St. Petersburg tätig. Auch er arbeitete mit der Werkstatt von G. Dawe zusammen.
Nikolaus I. (1795–1855, Kaiser seit 1825) ist der dritte Sohn von Kaiser Paul I. Mit seiner Inthronisation verbindet sich der Dekabristenaufstand. Seine lange Regierungszeit ist eine besondere Epoche in der Geschichte Rußlands. Das höfische Leben war damals besonders üppig und ausgeprägt. Er selbst war asketisch und kultivierte die Vorstellung eines Soldatenkaisers, des Beschützers der Nation. Drei Begriffe wurden zum Symbol seiner Herrschaft: „Autokratie, Rechtgläubigkeit, Volksnähe". Er förderte gerade die deutschen Künstler, die 1830–1850 an seinem Hof arbeiteten.
Das Porträt zeigt ihn als Großfürsten und ähnelt einem Bildnis von G. Dawe aus dem Jahr 1825. N. P.

Katalog-Nr. 291 ▶

Katalog-Nr. 294

293

Festessen mit Ball, veranstaltet vom Petersburger Adel anläßlich der Volljährigkeit des Thronfolgers Großfürst Alexander Nikolaevič, 1834

Anonymer Maler, 1834
Öl auf Leinwand, 63 x 72 cm
Inv.-Nr. 70156/K-60

Das Gemälde zeigt die Petersburger Hofgesellschaft in großer Zahl festlich vereint. Der Thronfolger, Großfürst Alexander, der spätere Zar Alexander II. wurde am 17. April 1818 geboren und feierte am 29. April 1834 seine Volljährigkeit. Hierzu gab ihm der Petersburger Adel einen festlichen Empfang mit einem Essen und anschließendem Ball. Eine Woche zuvor hatte der Thronfolger seinem Vater Kaiser Nikolaus I. in der Kirche des Winterpalais den Treueeid geleistet. Die Zeremonie wurde von Gewehrschüssen und dem Geläut aller Kirchen und Klöster Petersburgs begleitet. Der Empfang fand in einem der schönsten Häuser von Petersburg, im Hause des Ober-Jägermeisters Dmitrij L'vovič Naryškin (Naryschkin), für eineinhalb Tausend geladene Gäste statt. Für die Zarenfamilie war ein Zelt von dem Petersburger Architekten A. P. Brylov an das Haus angebaut worden. Über deren Tisch hing ein ovales Bild mit der Darstellung des Kreml, dem Geburtsort des Zarensohns. Alle bei dem Essen anwesenden Damen und vor allem die Kaiserin Alexandra Fedorovna selbst, trugen höfische Gewänder im russischen Nationalstil.   N. S.

294

Empfangszimmer im Hause Naščokin (Naschtschokin) in Moskau

H. I. Podključnikov, 1838
Öl auf Leinwand
72 x 120 cm
Inv.-Nr. 55733 K-213
1924 aus dem Staatlichen Museum übernommen, davor war es in der Slg. Naščokin. Eine weitere Ausführung im Puschkin-Museum.

Der Maler Nikolaj Ivanovič Podključnikov, 1813–1877, war Maler, Restaurator und Sammler. Bis 1839 war er Leibeigener des Grafen D. N. Scheremetev. Ende der 30er Jahre hatte er einige Bilder im Auftrag von Naščokin gemalt. Pavel Naščokin (1801–1854) war ein beachtenswerter, im Internat Carskoe Selo erzogener Vertreter der russischen adligen Intelligenz in der 1. Hälfte des 19. Jahrhunderts. Er hatte vielfältige Talente, literarischen und künstlerischen Geschmack und war mit Puschkin befreundet, der oft bei ihm in Moskau gewohnt hat. Er verkehrte mit Gogol, Brylov u. a. Literaten und Künstlern. Auf dem Bild ist das Empfangszimmer mit der zahlreichen Familie zu sehen. Drei Töchter, Katharina, Sof'ja und Natal'ja, sind anwesend. Eine Amme mit traditioneller russischer Haube hält die jüngste Tochter auf dem Schoß. Rechts neben dem Flügel die Büste von Puschkin mit Lorbeerkranz, die der Bildhauer I. P. Vitale 1838 nach dem tragischen Tod des Dichters geschaffen hatte.   N. S.

295   Abb. S. 285

Zarin Alexandra Fedorovna

Gemahlin von Nikolaus I.
Anonyme Kopie nach Franz Krüger
(1797–1857) von 1838
Öl auf Leinwand, 135 x 92 cm
Inv.-Nr. 91989/I1-3965

Alexandra Fedorovna (Friederike Louise Charlotte Wilhelmine Prinzessin von Preußen, Tochter König Friedrich-Wilhelms III., 1798–1850) seit 1825 Kaiserin. Seit 1828 leitete sie Wohltätigkeits-, Bildungs- und Aufklärungsarbeiten, die die Kaiserin Maria Fedorovna begonnen hatte. Auf ihre Anregung hin wurde in Berlin das Alexander-Stift gegründet. Sie ist im Hofkleid dargestellt, wie es unter Nikolaus I. zu festlichen Anlässen getragen werden sollte.   N. P.

296
Der Ivanov-Platz im Moskauer Kreml

J. Ph. E. Gärtner, 1839
Öl auf Leinwand
86 x 77 cm
Inv.-Nr. 70156 K-40
1930 aus dem Museum des Alten Moskau übernommen

Johann Philipp Eduard Gärtner (1801–1877), ein deutscher Stadtansichtenmaler. 1837–1839 lebte er auf Einladung des Kaisers Nikolaus I. in Rußland und malte Ansichten von Petersburg und Moskau. 1839 malte er den Moskauer Kreml dreimal (heute im Museum Schloß Charlottenburg, Berlin). Das vorliegende mittlere Bild ist eine Replik des Künstlers und wurde im Auftrage des Gouverneurs von Moskau, Graf Vasilij D. Olsuf', 1838–1840 gemalt. Auf dem Ivanov-Platz ist ein Gruppenporträt dieser Familie Olsuf' dargestellt: er selbst, seine Frau Marija Alekseevna, die Kinder, der ältere Bruder Aleksandr Dmitrievič, der sich im Jahre 1813 in der Schlacht bei Leipzig auszeichnete, ihre Verwandten und Bekannten. Alle Personen sind mit Nummern versehen, die auf der Rückseite des Bildes in einer Liste genannt sind. Unter der Nummer 18 finden wir ein Selbstbildnis des Künstlers. Gärtner hat die Architektur des Kreml jener Zeit exakt wiedergegeben. In der Mitte der Glockenturm Ivans des Großen. Am Fuße des Turms die berühmte Zaren-Glocke (sie wurde in den Jahren 1735–1737 gegossen, aber erst im Jahre 1836 aus der Gießgrube gehoben und auf ein spezielles Postament nach einem Entwurf des Architekten O. Monferran gestellt). Links des Glockenturms hinter einer gußeisernen Umzäunung der Kathedral-Platz (Sobornaja ploščad') mit dem Granit-Palast (Granovitaja palata) und der Uspenskij-Kirche (Mariä Entschlafens-Kathedrale). Rechts sieht man das Gebäude der alten Rüstkammer, eines der ersten Museen in Moskau, das für die Bevölkerung zugänglich war. Sie wurde zu Beginn des 19. Jh. an der Stelle der alten Kirche des Troickij-Klosters (Dreifaltigkeits-Klosters) gebaut. N. S.

Katalog-Nr. 296 ▶

Katalog-Nr. 297

297
Porträt des Fürsten Michail Fedorovič Golicyn

Sandor Kozina, um 1840
Öl auf Leinwand, 68 x 55 cm
Inv.-Nr. 70488/I1-3678

Sandor (Alexander) Kozina, 1807–1881, ist ein österreichischer Maler und Graphiker ungarischer Abstammung. Er malte Porträts, Landschaften, Historienbilder. Anfang der 1840er Jahre arbeitete er in Rußland. Er malte den russischen intellektuellen Adel wie P. A. Čaadaev und A. S. Chomjakov und den Hochadel.

M. F. Golicyn (1800–1873) entstammte einem alten Fürstengeschlecht, das im 19. Jahrhundert sehr zahlreich war. Er wurde in Moskau geboren und ist dort gestorben. Er diente in der Reitergarde als Oberst. 1832 wurde er Adjutant von Graf A. H. Benkendorff. Aus Rücksicht auf seine kranke Frau nahm er 1835 seinen Abschied und reiste ins Ausland. Anfang der 1840er Jahre kehrte er in den Dienst zum Weißrussischen Husarenregiment zurück und stand dem Kriegsministerium „für besondere Aufgaben" zur Verfügung. Später war er Adelsmarschall von Bogorodsk und Zvenigorod, wo seine Güter lagen. 1859–1873 war er Schirmherr der Moskauer Augenklinik. Er hatte den Rang eines Staatsrates.

Auf dem Bild trägt er die weißrussische Husarenuniform mit Achselschnüren, russischen und ausländischen Orden und Medaillons. N. P.

298
**Porträt der Fürstin Julia Luise
Trofimovna Golicyn**

Sandor Kozina, um 1840
Öl auf Leinwand, 68 x 55 cm
Inv.-Nr. 54679/I1-2403

Fürstin Julia, Gemahlin des Fürsten M. F.
Golicyn (1810–1887) war Tochter von T.
F. Baranov und der Ju. F. Baranova, geb.
Adlerberg; sie entstammte der lievländi-
schen Linie der Baranovs und erhielt
1846 den Grafentitel. Sie war die Herrin
eines berühmten Moskauer Salons, in
dem sich am Jour fixe das „ganze strah-
lende Moskau" einfand.   N. P.

Katalog-Nr. 298

Katalog-Nr. 299 b

299
„Bilder aus dem russischen Leben"

Lithographien, Paris 1840–1850
Entwurf/pinxit: u. a. Iosif Iosofovič
Vivien (1793–1852)
Ausführung/fecit: u. a. Jean Baptiste
Arnou (1788–1865) und Jean Jakotte
(1806– um 1860) u. a.
Herausgeber: Iosif Christoforovič
Dasiaro

I. I. Vivien (1793–1852) ist ein russischer
Maler und Graphiker polnischer Abstammung. Er lebte und arbeitete seit
1818 in Moskau, malte Porträts und
Stadtansichten. In den Jahren 1843–1844
entstanden einige Aquarelle von Moskau, die von Dasiaro herausgegeben
worden sind.
Diese Serie umfaßt 50 Blätter. An der
Zusammenstellung der Vorlagen arbeiteten bekannte russische und ausländische
Künstler.

a – Haus des Generalgouverneurs in
Moskau in der Tverskaja Straße

Entwurf/pinxit: I. Vivien (? nicht im
Thieme-Becker)
Ausführung/fecit: J. B. Arnout (Arnould),
Jean Baptist, Paris
32,2 x 42 cm
Inv.-Nr. 70156 L-14101
Zugang 1930 aus dem Museum des Alten
Moskau

Das Haus des Generalgouverneurs war
1778–1782 für den Feldmarschall Graf Z.
G. Černyšev erbaut worden, der in seinen
beiden letzten Lebensjahren der militärische Generalgouverneur der Stadt war.
1790 kaufte der Staat dieses Gebäude als
Residenz für den Generalgouverneur
und ließ es durch den Architekten M. F.
Kazakov umbauen. Nach 1917 war es
Sitz der Arbeiterdeputierten. In den
1930er Jahren wurde das Gebäude um
einige Meter nach hinten verschoben,
und 1946 wurden zwei weitere Stock-
werke aufgesetzt und die Fassade völlig
verändert. N. S.

b – Der Kalancev-Platz mit dem
Nikolajev-Bahnhof

pinxit: A. J. Charlemagne
fecit: O. Jacotte
43 x 53,5 cm
Inv.-Nr. 70156 L-13937
Zugang 1930 aus dem Museum des Alten
Moskau

Charlemagne, Adolf Josifovič (1826–
1870; nach Thieme-Becker: 1826 St. Petersburg – 1901 daselbst) ist der Begründer einer bekannten Künstlerfamilie.
(Nach Thieme-Becker hatte bereits
Katharina II. einen Vorfahren, Boudet-
Charlemagne aus Rouen nach Rußland
geholt. – Hrsg.) 1852–1854 schuf er im
Auftrag von Dasiaro eine Ansichtenserie
von Moskau, die lithographiert wurde.
Der erste Moskauer Bahnhof nach der
Eröffnung der Strecke St. Peters-
burg–Moskau, 1844–1851 nach Entwür-
fen von Konstantin Andreevic Thon
(1794–1881) erbaut, wurde mit der
Einweihung dieser Strecke durch den
Zaren Nikolaus I. in Betrieb genommen.
Der Bahnhof befindet sich auf dem ehe-
maligen Kalencevskoe Gelände. Der
Nikolaev-Bahnhof und der Kalancevskij-
Platz werden vom Gartenring aus
gezeigt. N. S.

Möbel und Raumausstattung

300
Frisierkommode

Rußland, Anfang 19. Jh.
Rotholz, Intarsien, Bronze,
eglomisierte Hinterglasmalereien,
Levkas
208 x 124 x 60 cm
Inv.-Nr. 60082/402

Katalog-Nr. 300

Katalog-Nr. 300 Detail

Katalog-Nr. 300 Detail

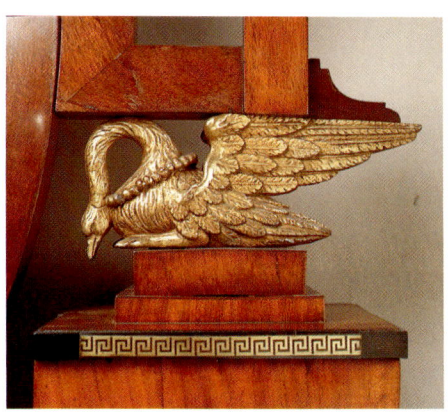

301
Armlehnstuhl mit Rückenlehne in Lyra-form

Rußland, Anfang 19. Jh.
Pappel, geschnitzt, Seide
95 x 62 x 57 cm
Inv.-Nr. 60082/435

302
Vase

Rußland, Kaiserliche Glasmanufaktur,
1830–1840
Bronze, Rauchglas, geschnitten
H: 60 x 31 x 14 cm
Inv.-Nr. 62599/br 756

303
Großes Leuchterpaar

Rußland, 1830–1840,
Bronzeguß, vergoldet, Glas
105 x 56 cm
Inv.-Nr. 62182/br 330/1-2

Katalog-Nr. 301

Katalog-Nr. 302

„Tula-Silber" – Stahlhandwerk aus Tula vom 18. bis zum Anfang des 19. Jahrhunderts

Die 1146 gegründete Stadt Tula im Süden Moskaus ist seit dem 16. Jahrhundert eines der wichtigsten Zentren der Metallverarbeitung in Rußland. Seit 1595 wurden hier Waffen im Auftrag des Zarenhofes gefertigt. Die Waffenschmiede in Tula bildeten seit der 2. Hälfte des 17. Jahrhunderts einen eigenen Stand mit eigenen Rechten und Privilegien. Als Kriegszulieferer war die Tulaer Waffenschmiede abhängig vom Expansionsstreben der Zaren und der Zahl und Intensität kriegerischer Auseinandersetzungen, wie dem Nordischen Krieg, der von 1700 bis 1721 dauerte.

Als die Rüstkammer im Moskauer Kreml mit der Verlegung des Zarenhofes nach St. Petersburg aufgelöst wurde, wurden auch die Werkstätten nach St. Petersburg und Tula verlegt. 1712 gründete Peter d. Gr. eine Waffenfabrik in Tula, die, neben den bisherigen Werkstätten, Tula zum größten Zentrum der Waffenherstellung in Rußland werden ließ.

Bei der Herstellung der Waffen wurden nur die Grundarbeiten in der Fabrik ausgeführt. Die endgültige Weiterverarbeitung und Fertigstellung lag bei den Schmieden, die einen eigenen Stadtteil in Tula bewohnten.

Vor 1725 wurde die Fabrik teilweise in einen Betrieb für Eisen- und Stahlwaren umgewandelt. Seit 1736 fertigten die Tulaer Meister auch kunsthandwerkliche Gegenstände. Diese Prunkwaffen, Möbel, Leuchter, Schreibtischaufsätze, Schatullen, Tabatièren, Siegel und andere Objekte sind unter dem Begriff „Tula-Silber" berühmt geworden. Es handelt sich dabei nicht um Gegenstände aus Silber, wie der Name vermuten läßt, sondern um Objekte aus glänzend poliertem Stahl. Die verschiedenen Veredlungstechniken eines Stahlobjektes lernten einige der Waffenschmiede aus Tula 1785 in den berühmten Werkstätten von Birmingham kennen, dem englischen Zentrum von Schmuckstücken und kunstgewerblichen Gegenständen aus Stahl.

Das „Tula-Silber" erhielt durch Brünierung, vergoldete Bronzen und vor allem durch Stahlbrillanten sein charakteristisches Aussehen. Diese Stahlbrillanten wurden aus einem pilzförmigen Metallstück mit Fuß und Kappe gearbeitet. Die ovale Kappe des Pilzes wurde in Facetten geschliffen und auf Hochglanz poliert. Der Fuß diente der Befestigung. Durch die Facetten und die Politur erreichten die Tulaer Schmiede eine den Brillanten ähnliche Lichtbrechung. Um einen Gegenstand auf diese Weise zum Funkeln zu bringen, brauchte man je nach Größe mehrere Tausend Stahlbrillanten. Katharina die Große, die die Waffenschmiede Tulas unter ihren persönlichen Schutz stellte, gehörte zu den Liebhabern des „Tula-Silbers". Die Zarin vergrößerte ihre Sammlungen durch zahlreiche Geschenke, die sie bei ihren Besuchen in Tula erhielt, und durch Ankäufe auf der jährlich stattfindenden Messe in der Nähe der Residenz in Carskoe Selo. Darüber hinaus gehörten Gegenstände aus Tulastahl zu den beliebtesten Gastpräsenten für ausländische Botschafter.

Nach dem künstlerischen Höhepunkt des „Tula-Silbers" in der 2. Hälfte des 18. Jahrhunderts ging die Bedeutung der veredelten Stahlobjekte im 19. Jahrhundert zurück.

Die Arbeiten der Tulaer Meister sind in vielen Museen Rußlands vertreten. Mit ca. 300 Gegenständen verfügt die Ermitage in St. Petersburg über die größte Sammlung, gefolgt von der Sammlung des Staatlich Historischen Museum in Moskau mit ca. 200 Gegenständen. Aber auch in einigen Museen in Deutschland, England und in Privatsammlungen in Frankreich und den USA finden sich Objekte aus Tula-Silber.

L. Dement'eva

Katalog-Nr. 306

306
Kavaliersdegen für Herzog Friedrich Ludwig Alexander von Württemberg

Klinge: Deutschland, 18. Jh.
Griff: Tula, 18. Jh.
Klinge: Stahl, Griff: Tula-Silber, Stahl mit Diamantschliff (Königsschliff). Auf der Scheide graviert: Friedrich Ludwig Alexander v. Würtemberg
L: 99 cm, Klinge: L: 80,5 cm
Inv.-Nr. 82035/14666or

Dieser Prunkdegen ist ein Beispiel einer deutsch-russischen Zusammenarbeit. Die Klinge wurde in Deutschland für Herzog Friedrich Ludwig Alexander von Württemberg gefertigt. Der Griff zeigt die typischen „Stahlbrillanten", wie sie in der 2. Hälfte des 18. Jh. in den Waffenschmieden der Tulaer Waffenfabrik entwickelt wurden. Gegenüber einem einfachen Schliff mit 16 Facetten wurden beim Königsschliff 10 000 „Stahlbrillanten" mit je 86 Facetten versehen. Die Größe einer Facette beträgt von 0,5 mm bis zu 5 mm. I. P.

304
Sessel des Zaren Alexander I.

Tula, um 1800
Stahl, vergoldet, poliert
95,5 x 72 x 56 cm
Inv.-Nr. 24673/Sh 576

Neben vielen kleinen Objekten wurden in Tula auch Möbel und Kamineinfassungen gefertigt. Seit den vierziger Jahren des 18. Jh. entstanden zahlreiche Möbel, die ausschließlich für die Prunkgemächer des Zarenhofes vorgesehen waren. Dieser Sessel wurde für Zar Alexander I. gefertigt. Die Formen der Stahlmöbel des ausgehenden 18. Jhs. wiederholen die Vorbilder der Holzmöbel russischer und englischer Möbelschreiner. L. D.

305
Fußbank

Tula, Anfang 19. Jh.
Stahl, poliert, Seide
20 x 33 x 25,5 cm
Inv.-Nr. 16633 šč/Sh 1761
1905 aus der Slg. Schtschukin

Die Verzierungen des Fußbänkchens mit üppigen Blumengirlanden sind Einlegearbeiten, die als plastische Ornamente aus Drahtstücken oder dünnen Blechen aus anderen Materialien, die in die Stahloberfläche geschlagen werden, gestaltet sind. Anschließend werden die Basreliefs ziseliert. Diese Einlegetechnik hat eine lange Tradition in der altrussischen Metallveredelung und wurde bereits vom 15. bis zum 17. Jh. von russischen Schmieden zur Verzierung von kalten Waffen und Feuerwaffen verwendet. L. D.

▼ Katalog-Nr. 304

307
Leuchter

Tula, 2. H. 18. Jh.
Stahl mit Diamantschliff, poliert, zum
Teil vergoldet
19 x 12 x 12 cm
Inv.-Nr. 10113 šč/Sh 1687
1905 aus der Slg. Schtschukin

Dieser Leuchter zeigt besonders deutlich
die Wirkung der für Tula-Silber charakteristischen „Stahlbrillanten", die in ihrem
Glanz und der Lichtbrechung facettier-
ten Diamanten gleichen.   L. D.

Katalog-Nr. 307

Katalog-Nr. 308

308
Garnrollenständer

Tula, 2. H. 18. Jh.
Stahl mit Diamantschliff, poliert,
vergoldet
31 x 18 x 11,5 cm
Inv.-Nr. 4904 šč/Sh 1735
1905 aus der Slg. Schtschukin

Solch ein üppig verzierter Garnrollen-
ständer war ein unentbehrliches Gerät
bei der Handarbeit. Auf den kleinen
Stangen konnten Garne verschiedener
Farbtöne angeordnet werden. Die kleine
Schublade bot Platz für Scheren.

L. D.

309
Lupe (Monokel)

Tula, 2. H. 18. Jh.
Stahl, mit Diamantschliff auf der
Umrandung
7,5 x 3,5 x 0,5 cm
Inv.-Nr. 17719 šč/Sh 1816
1905 aus der Slg. Schtschukin

310
Notizbuch mit Putto

Tula, Ende 18. Jh.
Stahl, poliert, geätzt
6,7 x 8,7 x 5,3 cm
Inv.-Nr. 5050 šč/Sh 1824
1905 aus der Slg. Schtschukin

311
Châtelaine

Tula, Ende 18. Jh.
Stahl mit Diamantschliff
0,5 x 15 x 5,7 cm
Inv.-Nr. 7514 šč/Sh 4920
1905 aus der Slg. Schtschukin

Solche Uhrketten stellten in der 2. Hälfte
des 18. Jh. ein unentbehrliches modisches
Attribut der adligen Dame, aber auch
des adligen Herrn dar. Meist waren an
diesen Ketten mehrere Häkchen angebracht, so daß man – je nach Wunsch –
mehrere Uhren u. a. gleichzeitig tragen
konnte.   L. D.

312
Nähschatulle

Tula, 2. H. 18. Jh.
Stahl mit Diamantschliff, poliert,
z. T. vergoldet, Samt
40,2 x 30,1 x 25 cm
Inv.-Nr. 4904 šč/Sh1739
1905 aus der Slg. Schtschukin

313–314
Leuchterpaar

Tula, Ende 18. Jh.
Stahl, poliert, geätzt, Bronze, vergoldet
H: 32 cm
Inv.-Nr. 2491 šč/1522/1, 2
1905 aus der Slg. Schtschukin

Diese Kerzenleuchter haben geätzte Verzierungen. Dazu überzog man die Stahloberfläche mit einer säurebeständigen
Schicht, in die mit einem spitzen Instru-
ment Ornamente eingeritzt wurden. Die
freigelegte Metalloberfläche wurde anschließend mit Schwefel- oder Salzsäure
geätzt und schließlich die Deckschicht
wieder entfernt.   L. D.

315
Globus als Tintenfaß

Tula, Ende 18. Jh.
Stahl, poliert, graviert
23 x 13 x 13 cm
Inv.-Nr. 70488/Sh 1803

316
Siegel

Tula, Ende 18. Jh.
Stahl, poliert, brüniert
7,5 x 6,5 x 6,5 cm
Inv.-Nr. Nr. 63659/Sh 5728

317
Siegel mit Schmetterlingen

Tula, Ende 18. Jh.
Stahl, poliert, brüniert
7,5 x 5,5 x 5,5 cm
Inv.-Nr. 5437 šč/Sh 2011
1905 aus der Slg. Schtschukin

Eine klassische Veredlungstechnik für
Tula-Silber ist das Brünieren. Durch die
Behandlung des Stahls mit heißen Alka-
lilösungen mit Zusätzen aus Natriumni-
trit u. a. erzielte man die unterschiedlichsten Farbschattierungen, von dunkelgrün
und blau bis violett, hellblau und rosafar-
ben. Das Zusammenspiel der glänzenden
Oberfläche von poliertem Stahl mit Vergoldungen und Brünierungen ergab die
erlesensten Farbeffekte.   L. D.

318
Tabakdose mit Schmetterling

Tula, A. Bogolepov, 1830–1840
Stahl, poliert
1,5 x 4,5 x 7,0 cm
Inv.-Nr. 3630 šč/Sh 1516
1905 aus der Slg. Schtschukin

Katalog-Nr. 312

Goldschmiedekunst

319
Taschenuhr mit Empiredamen

Paris, Meister Gregson, Ende 18. Jh.
Gold, Perlen, Emailmalerei
1,5 x 7,0 x 6,7 cm
Inv.-Nr. 7526 šč/2963 ok
1905 aus der Slg. Schtschukin

Auf dem Deckel zwei weibliche Gestalten, gekleidet im Stil des Directoire. Auf
dem Zifferblatt die Inschrift: „Gregson à
Paris" und auf der oberen Platte des Aufziehwerks: „Gregson Paris".   N. T.

Katalog-Nr. 319

▼ Katalog-Nr. 320

320

Taschenuhr in Lyraform

Westeuropa, Ende 18. Jh.
Gold, Email, Perlen, Kupfer
6 x 3 x 1,6 cm
Inv.-Nr. 530540/255-2892 ok

321
Châtelaine mit Taschenuhr

Westeuropa, um 1800
Gold, Emailmalerei, Silber
L: 13,0 cm, B: 5,0 cm
Inv.-Nr. 14340 šč/2891 ok
1905 aus der Slg. Schtschukin

Im Oval sitzendes Mädchen in weißem Kleid mit rosafarbener Drapierung, einen Kranz in der einen und einen Zweig in der anderen Hand. Auf der Platte des Uhrwerks die Inschrift: „N 8195".   N.T.

322   Detail, Abb. S. 77
Parure mit Kameen

Collier mit Anhängern, Ohrringen und
Haarnadeln
Frankreich, Anfang 19. Jh.
Gold, Silber, Kameen, Brillanten
4,2 x 3,6 cm
Inv.-Nr. 84286/42-14261 ok
Herkunft: Annahme- und Ausgabekasse
von Wertgegenständen (Pfandhaus), 1954

Die einzelnen Teile dieser Parure sind
auseinanderzuhaken und unterschiedlich
wieder zusammenzusetzen. Das Collier
kann auch als zwei Armbänder getragen
werden.   Hrsg.

323   Abb. S. 105
Tabakdose mit Porträt eines jungen Mannes

St. Petersburg, Otto Samuel Keibel,
Malerei: Alexander Molinari, um 1815
Gold, Elfenbein (Knochen), Glas
1,7 x 9,8 x 8,2 cm
Inv.-Nr. 51133/3119 ok

Durch die Öffnung nach Westen sind im
18. Jahrhundert viele westeuropäische,
insbesonders deutsche Künstler nach
Rußland emigriert. 1714 hat sich in St.
Petersburg die Gilde der ausländischen
Gold- und Silberschmiede gebildet, in
der die deutschen Goldschmiede in gros-
ser Zahl vertreten waren. 1797 kommt
der aus Pasewalk in Pommern gebürtige
Goldschmied Otto Samuel Keibel nach
St. Petersburg und wird 1807 und 1808
Aldermann oder Zunftältester der Gilde
der ausländischen Meister. Die um 1815
entstandene Tabakdose Keibels ist eine
Gemeinschaftsarbeit mit einem weiteren
ausländischen Künstler, Alexander Molinari, der das aquarellierte Porträt eines
jungen Mannes gemalt hat. Nach dem
Tode Keibels übernahm sein Sohn
Johann Wilhelm Keibel die Werkstatt,
die noch zu Beginn des 20. Jahrhunderts,
nach einer über 100jährigen Firmenge-
schichte, bestanden hat.   Hrsg.

◄ Katalog-Nr. 322

Katalog-Nr. 325

324
Tabakdose mit dem Porträt des Feldherrn Kutuzov

St. Petersburg, Johann Wilhelm Keibel,
1. V. 19. Jh.
Gold, Papier
2,3 x 10,0 x 6,8 cm
Inv.-Nr. 51134/3043 ok

Auf dem Deckel in ovaler Umrahmung
eine achteckige Miniatur mit dem Por-
trait von M. I. Kutuzov als Brustbild im
Profil, nach links schauend.
Kutuzov ist der große Feldherr, der 1812
Napoleon aus Rußland vertrieben hat.
       N. T.

325
Rasiermesser Alexanders I.

Moskau, 1818
Gold, Silber, Perlmutt, Stahl
14,5 x 2,5 cm
Inv.-Nr. 16443 šč/14547 ok
1905 aus der Slg. Schtschukin

325a
Ohrringe mit den Porträts von Alexander I. und seiner Gemahlin Elizaveta Alekseevna

Rußland, 1. V. 19. Jh.
Gold, Miniaturen
L: 3,1 x 1,8 cm
Inv.-Nr. 13995 šč/2117 ok
1905 aus der Slg. Schtschukin

In ovalen Rähmchen, die von Kränzen
aus Blättern und Kriegstrophäen umgeben sind, befinden sich ovale Miniatur-
bildnisse von Alexander I. und Elizaveta
Alekseevna.   N. T.

Katalog-Nr. 327

▼ Katalog-Nr. 328

326
Steckkamm

St. Petersburg, Iona (?) Bergström,
1795–1816
Gold, Kamee, Email, Diamantrosen,
Horn 15,2 x 9,9 cm
Inv.-Nr. 6706 šč/15513 ok
1905 aus der Slg. Schtschukin

327
Tabakdose

Frankreich?, 1. V. 19. Jh.
Gold, Schildpatt, Kamee
2,9 x 8,6 x 6,4 cm
Inv.-Nr. 12779 šč/3048 ok
1905 aus der Slg. Schtschukin

328
Tabakdose mit Alexander I.
Groß-Ustjug, um 1810
Silber, Niello
1,5 x 9,0 x 5,3 cm
Inv.-Nr. 80645/13228 ok

Im Deckel eine Medaille anläßlich der
Krönung von Alexander I., eine Arbeit
des Meisters G. Leberecht mit einem
Bildnis des Zaren im Profil. Im Deckel
auf der Rückseite der Medaille die Darstellung einer Krone auf einer Säule mit
der Inschrift: „Das Gesetz". Um das Bildnis Alexanders I. läuft die Inschrift: „S.
M. Alexander I. Kaiser und unum-
schränkter Herrscher von ganz Rußland". Die Inschriften auf der Rückseite
der Medaille lauten: „Unterpfand der
Glückseligkeit aller und eines jeden",
„Gekrönt in Moskau September 15.
1801", „C.M.F.". N. T.

329
Tabakdose mit gewelltem Rand und
Blumen

London, 1818
Gold, Email
2,5 x 8,6 x 6,3 cm
Inv.-Nr. 81492/13527 ok

Auf den vier Schmalseiten der Tabatière
ein Schloß am Ufer eines Sees mit Segel-
schiffen. N. T.

330
Tabakdose mit Christopherus

St. Petersburg, 1. V. 19. Jh.
Gold, Email
1,7 x 8,7 x 5,8 cm
Inv.-Nr. 631 šč/3031 ok
1905 aus der Slg. Schtschukin

331
Tabakdose mit Nikolaus I.

St. Petersburg, Meister Keibel, 1837
Gold, Edelsteine, Folie
3,6 x 8,1 x 5,5 cm
Inv.-Nr. 18012 šč/3045 ok
1905 aus der Slg. Schtschukin

In der Mitte des Deckels auf einem ovalen Amethyst das Bildnis von Nikolaus I.
im Profil nach rechts. N. T.

Katalog-Nr. 329–331

Katalog-Nr. 332

332
Taschenuhr mit Blumen

London, Ende 18. Anfang 19. Jh.
Gold, Email, Perlen
6,7 x 5,2 x 2,0 cm
Inv.-Nr. 81509/13544 ok

Auf dem Uhrwerk die Aufschrift: „Vau-
cher Fleurier 1388".

333
Taschenuhr mit Blumen

London, Meister Bovet, Fleurier,
um 1830
Silber, Emailmalerei, Perlen,
1,5 x 8 x 5,7 cm
Inv.-Nr. 67820/8141 ok

Katalog-Nr. 333 ▶

334
Behältnis als Ei

Groß-Ustjug, 1. H. 19. Jh.
Silber, vergoldet, Niello
L: 6 cm, Dm: 4,4 cm
Inv.-Nr. 4986 šč/591 ok
1905 aus der Slg. Schtschukin

Auf der unteren Seite des Eies ist eine
Ansicht der Stadt Velikij Ustjug (Groß-
Ustjuk) mit Ziffern und Erklärungen zu
finden. Auf dem Deckel die Aufschrift:
„Ansicht der Stadt Velikij Ustjug entlang
des … Flusses Suchon' vom linken Ufer".
N.T.

335
Brillenetui

Groß-Ustjug, Ilin Alexander, 1830
Silber, Niello, Samt, 12,6 x 3,6 cm
Inv.-Nr. 18028 šč/401 ok
1905 aus der Slg. Schtschukin

Auf dem Deckel das Wappen der polnischen Familie der Ljubitsch, das auch von
den Gruzeckijs und vielen anderen Familien benutzt wurde. Auf den Seiten die
Aufschrift: „M: Aleksandr Zilin 1830".
N.T.

336
Tabakdose mit Karte von Sibirien

Moskau, 1837
Silber, Niello
8,9 x 6,0 x 2,5 cm
Inv.-Nr. 106165/23047 ok

Auf dem Deckel eine Karte des Gouver-
nements Irkutsk; auf der Unterseite die
Wappen des Gouvernements Irkutsk und
der dazugehörigen Gebiete. Die Darstel-
lungen werden begleitet von den In-
schriften: „Karte des Gouvernements
Irkutsk" auf dem Deckel und „Wappen
des Gouver. Irkutsk und seiner Gebiete
Nercinsk, Kirensk, Ochotsk, N. Uzinsk,
Jakutsk, Ruzinsk, Kamtschatka" auf der
Unterseite. Auf den Seitenwänden die
Inschrift: „Kaufmann der Ersten Gilde
Filip Petrovič Trapečnikov Ehrenbürger
von Irkutsk". N.T.

337
Tabakdose mit Halbedelsteinmosaik

Moskau, 1844
Gold, Mosaik aus Halbedelsteinen in
vielen Farben
2,9 x 7,7 x 5,2 cm
Inv.-Nr. 51138/3111 ok

338
Ohrringe

Rußland, 1845
Gold, Email
7,8 x 2,3 cm
Inv.-Nr. 12789 šč/13251 ok
1905 aus der Slg. Schtschukin

339
Armband

Frankreich, 1. H. 19. Jh.
Gold, Türkis
17,0 x 4,8 cm
Inv.-Nr. 14368 šč/1886 ok
1905 aus der Slg. Schtschukin

340
Brosche als Schleife

Mitte 19. Jh.
Gold, Türkise, Brillanten, Amethysten,
Diamantrosen, Topase, Silber
5,6 x 8,3 cm
Inv.-Nr. 14827 šč/1980 ok
1905 aus der Slg. Schtschukin

Katalog-Nr. 340

▼ Katalog-Nr. 341

341
Armband

Westeuropa, Mitte 19. Jh.
Gold, Email (blau und weiß), Brillanten
2,5 x 6,5 x 6 cm
Inv.-Nr. 14806 šč/1924 ok
1905 aus der Slg. Schtschukin

Russische Lackminiaturen

Die Geschichte der russischen Lackkunst läßt sich bis zum Beginn des 18. Jahrhunderts zurückverfolgen. Bereits 1722 ließ Peter der Große Lacktafeln als Wandverkleidungen für sein Sommerschlößchen Monplaisir in Peterhof anfertigen. Es enstanden 94 auf Lindenholz gemalte Paneele mit Chinoiserien, die man lange Zeit für chinesische Lackarbeiten hielt. Seit den Restaurierungsarbeiten der durch den 2. Weltkrieg bis auf 4 Tafeln zerstörten Wanddekoration ist erwiesen, daß diese Arbeiten von russischen Künstlern ausgeführt wurden.

Im Verlauf des 18. Jahrhunderts wuchs die Beliebtheit von Lackgegenständen, vor allem der Tabakdosen, die aufgrund der Schnupftabak-Mode bald zu den weit verbreitetsten Gebrauchsartikeln gehörten. Unter den Lackerzeugnissen, die sich aus der Regierungszeit der Zarinnen Elisabeth und Katharina II. erhalten haben, befinden sich auch Arbeiten von russischen Künstlern (Kat. Nr. 115–117). Die Mehrzahl dieser Lackarbeiten des 18. Jahrhunderts wurde aber aus dem Ausland importiert.

Im Rahmen ihres Wirtschaftsförderungsprogramms änderte Katharina II. in den achtziger Jahren die Zollpolitik Rußlands. Danach war die Ausfuhr von Tabakdosen, so auch von lackierten Dosen, zollfrei. Diese Maßnahme gab nicht nur den Anstoß zur Gründung russischer Lackmanufakturen, sondern begünstigte auch den Aufschwung der russischen Lackwaren als Exportartikel im 19. Jahrhundert.

Neben der Manufaktur von Filipp Nikitin Vischnjakov, die um 1785 gegründet wurde, zählt die Manufaktur Korobov zu den bedeutendsten und größten Manufakturen für Lackarbeiten in Rußland. Der Kaufmann Pavel Ivanovitsch Korobov begann 1795 mit der Einrichtung von Werkstätten für Lackarbeiten auf seinem Gut Danilkowo in Fedoskino. Während einer Deutschlandreise hatte sich Korobov zuvor beim Besuch der berühmten Fabrik Stobwasser bei Braunschweig, die schon 1763 Lackarbeiten herstellte, über die Technologie zur Herstellung von Schnupftabakdosen aus lackiertem Papiermaché informiert. Nun holte Korobov deutsche Meister von Stobwasser, die ihn beim Aufbau seiner Manufaktur unterstützten. Die Herstellung der Lackarbeiten wurde – neben den deutschen Meistern – vor allem durch Leibeigene und Heimarbeiter (Kustari) ausgeführt.

Es entstanden in erster Linie Schnupftabakdosen, die zunächst mit speziell gefertigten Stichen und Radierungen beklebt wurden. Dabei überwogen die graphischen Darstellungen mit Motiven aus dem Vaterländischen Krieg.

Später entstanden Tabakdosen, die mit detailreichen Miniaturen bemalt wurden. Unter den Sujets dominierten zunächst Rokoko-Elemente und Chinoiserien in Anlehnung an die westeuropäische Kunst. Später erweiterten Nachschöpfungen bekannter Gemälde, historische Szenen, Porträts und dekorative Muster das Themenrepertoire der Manufaktur Korobov.

Zwischen 1817 und 1819 übertrug Pavel Korobov seinem Schwiegersohn Pjotr Wassiljewitsch Lukutin die Leitung des Unternehmens, der die Manufaktur in der 1. Hälfte des 19. Jahrhunderts zur Blüte brachte und dabei zahlreiche Veränderungen in der Organisation des Betriebs vornahm. Lukutin erweiterte das Unternehmen und beschränkte den Kreis der Beschäftigten auf russische Künstler. Nun arbeiteten keine ausländischen Meister mehr in der Manufaktur, wie noch zur Gründungszeit. Besonders begabte Leibeigene erhielten die Möglichkeit, die Kunstgewerbeschule der Stroganovs in Moskau zu besuchen. Darüber hinaus verbesserte Lukutin die Technik der Lackarbeiten und erweiterte das Sortiment. Nun wurden nicht nur elegante Tabakdosen, Brillenetuis, Tabletts, sondern auch Teedosen, Handarbeitskästchen, Schatullen und sogar Trinkbecher angeboten.

Auch das Themenrepertoire vergrößerte sich. Mit der Bauernromantik in den dreißiger Jahren des 19. Jahrhunderts wurden ländliche Genreszenen und Porträts von Bauern populär. Mit diesen Darstellungen russischen Lebens wurden die Lackarbeiten der Firma Lukutin zu wichtigen Exportartikeln, die nach Italien, Frankreich, Schweden, Deutschland und seit der Mitte des 19. Jahrhunderts sogar bis in die Vereinigten Staaten ausgeführt wurden. Sie erhielten Auszeichnungen auf Ausstellungen in Rußland und in Westeuropa, so auf der

Pariser Weltausstellung von 1867. Die Lackarbeiten der Manufaktur Lukutin erhielten ihren besonderen Glanz und ihre Farbbrillanz aufgrund einer ausgereiften Technik. Als Malgrundlage wurde ein Gegenstand aus einem Gemisch von Pappstreifen, Stärkemehl und Kleister gepreßt, auf den anschliessend schwarzer Lackierungsgrund gestrichen und geschliffen wurde. Die Bemalung wurde nun Schicht für Schicht aufgetragen. Jede der bis zu sechs Farblagen wurde mit Lack überzogen, geschliffen und poliert. Der schichtweise Auftrag von Farbe und Lack machte die Gegenstände nicht nur unempfindlicher, sondern ließ auch die Malerei durch die Farbschichtung räumlicher wirken.

Neben dieser grundlegenden Technik gab es verschiedene Möglichkeiten, die Wirkung der Malerei zu steigern. Bei der sog. Poskovoznomu-Technik wurde die Farbe nur lasierend über einer Schicht von Perlmutt, Blattgold oder Silberstaub aufgetragen, so daß der metallische Glanz durch die Farbe schimmerte.

Bei der Poplotnomu-Technik wurde zunächst ebenfalls eine Schicht aus Perlmuttblättchen oder Metallfolien aufgelegt, auf die man anschließend mit opaker Farbe malte, so daß der metallische oder glänzende Untergrund die Farbe zum Leuchten brachte.

Typisch für die Lackarbeiten der Manufaktur Lukutin waren auch die dekorativen Muster, wie das Karo- oder Schottenmuster (Schottlandka) oder auch die Verzierung durch einen Ritzdekor (Cirovka). Dabei wurde schwarze Farbe über einer Metallschicht aufgetragen und anschließend angeritzt, so daß sich ein Grafitto-Effekt ergab.

Bei der Filigrantechnik stanzte man kleine, meist silberne Metallstücke aus und drückte sie in den noch feuchten Lack, so daß sie darauf hafteten. Diese Einlegtechnik war vor allem im 2. Drittel des 19. Jahrhunderts eine beliebte Verzierungstechnik der Lackwaren von Lukutin.

In den sechziger Jahren war mit dem Rückgang der Schnupftabak-Mode auch die Nachfrage nach Tabakdosen rückläufig. Durch das große Angebot an Lackarbeiten konnte aber die Manufaktur Lukutin diesen Einbruch in der Produktion ausgleichen.

Lukutin leitete das Familienunternehmen zunächst gemeinsam mit seinem Sohn Alexander Petrowitsch, der die Manufaktur anschließend bis 1888 weiterführte. Unter dem Enkel des Gründers, Nikolai Alexander, der die Fabrik bis 1902 leitete, verlor das renommierte Unternehmen zunehmend an Qualität. Nachdem die Manufaktur 1904 aufgrund der schlechten Wirtschaftslage durch den Russisch-Japanischen Krieg schließen mußte, wurde sie 1910 durch ehemalige Lukutin-Meister in Form einer sebstverwalteten Genossenschaft wieder eröffnet. Dem Beispiel von Fedoskino folgten 1923 Gründungen von Werkstätten für Lackarbeiten in Palech, Mstera und Cholu, die die Tradition der russischen Lackkunst bis heute fortführen.

M. Sarkisova
und Hrsg.

▲ 342
Medaillon „Brand von Moskau"

Rußland, 1.V. 19. Jh.
Papiermaché, Kupferstich, Horn, Lack, Bronze
Dm: 11,5 cm
Inv.-Nr. 42567/PM-825

343
Kleines Tablett mit dem Porträt von Napoleon im Pelz

Fedoskinskij-Artel, 1910er Jahre
Papiermaché, Ölmalerei, Lack
16 x 9,5 cm
Inv.-Nr. 61679/PM-505

344
Schatulle mit dem Porträt des General-feldmarschall Fürst M.I. Kutuzov

Rußland, 2. H. 19. Jh.
Papiermaché, Kupferstich, Lack
5 x 10 x 7,7 cm
Inv.-Nr. 39939/PM-281

▲ Katalog-Nr. 343   ▲ Katalog-Nr. 344

▼ Katalog-Nr. 348

▼ Katalog-Nr. 349

345
Zigarrenetui „Unter dem Regenschirm"

Manufaktur, P. Lukutin, 1818–1828
Papiermaché, Ölmalerei, Lack
13 x 9 x 2,5 cm
Inv.-Nr. 60882/PM-156

346
Zigarrenetui

Manufaktur P. V. Lukutin, 1830er Jahre
Papiermaché, Ölmalerei, Lack,
Goldmalerei
4 x 13,7 x 6,5 cm
Inv.-Nr. 18992/šč, PM-43
1905 aus der Slg. Schtschukin

347
Tabakdose „Mädchen mit Kokoschnik"

Rußland, 1. Drittel 19. Jh.
Papiermaché, Ölmalerei, Lack
Höhe: 2,3 cm, Dm: 9 cm
Inv.-Nr. 19045/šč, PM-113
1905 aus der Slg. Schtschukin

348
**Tabakdose „Unbekannte im grünen
Kleid"**

Angelica Gamsfreide(?), Manufaktur P.
Lukutin, um 1830
Papiermaché, Ölmalerei, Lack
Höhe: 2 cm, Dm: 9,8 cm
Inv.-Nr. 18309/šč, PM-115
1905 aus der Slg. Schtschukin

349
Tabakdose „Der Brief"

Catherine Seymour, Manufaktur P. und
A. Lukutin, 1828–1843
Papiermaché, Ölmalerei, Lack, Silber
2,5 x 8,3 x 5,3 cm
Inv.-Nr. 59009/PM-184

Katalog-Nr. 345

Katalog-Nr. 353 bis 355

353
Tabakdose mit dem Porträt von Nikolaus I.

Manufaktur P. und A. Lukutin, 1843–1855
Papiermaché, Ölmalerei, Vergoldung, Lack
3,5 x 9,5 x 5 cm
Inv.-Nr. 19066/šč, PM-2
1905 aus der Slg. Schtschukin

354
Tabakdose „Les fleures"

Manufaktur P. und A. Lukutin, 1843–1855
Papiermaché, Ölmalerei, Gold, Lack
3,5 x 7,5 x 5 cm
Inv.-Nr. 19086/šč, PM-146
1905 aus der Slg. Schtschukin

355
Tabakdose „Mädchen mit Wollknäuel"

Manufaktur Lukutin (bei Moskau), 1843–1863
Papiermaché, Ölmalerei, Lack
3 x 8,5 x 5 cm
Inv.-Nr. 19067/šč, PM-54

350   **Abb. S. 284**
Tabakdose „Dame in Weiß"

Rußland, Mitte 19. Jh.
Papiermaché, Ölmalerei, Perlmutt, Lack
2 x 9 x 6 cm
Inv.-Nr. 42567/B, PM-14

351
Tabakdose

Manufaktur P. und A. Lukutin,
1843–1855,
Papiermaché, Gold- und Silbermalerei
Lack, 4 x 8,5 x 5 cm
Inv.-Nr. 19089/šč, PM-90
1905 aus der Slg. Schtschukin

352
Tabakdose „Mädchen im Sessel"

Manufaktur A. Lukutin 1855–1863
Papiermaché, Ölmalerei, Lack
4 x 7,5 x 5,5 cm
Inv.-Nr. 19063/šč, PM-16
1905 aus der Slg. Schtschukin

Katalog-Nr. 351 ▶

Katalog-Nr. 356   Katalog-Nr. 357

356
Tabakdose „Karomuster"

Manufaktur P. und A. Lukutin,
1843–1855
Papiermaché, Ölmalerei, Lack
3 x 7 x 3 cm
Inv.-Nr. 60958/PM-126

357
Zigarrenetui

Manufaktur A. Lukutin, 1863–1876
Papiermaché, Ölmalerei, Lack
10 x 4 x 6,5 cm,
Inv.-Nr. 60935/PM-155

358   **Abb. S. 349**
Schatulle „Überfahrt im Boot"
nach einem Gemälde von K. Plachov

Manufaktur Lukutin (bei Moskau),
1850–1860
Papiermaché, Ölmalerei, Lack
2,25 x 9 x 4,5 cm
Inv.-Nr. 56567/PM-52

359   **Abb. S. 349**
Tabakdose „Bauernfamilie"

Manufaktur Lukutin, 1850–1860
Papiermaché, Ölmalerei, Lack
2 x 8,2 x 5 cm
Inv.-Nr. 54679/PM-56

360   **Abb. S. 349**
Tabakdose „Pferdewagen mit Bauern"

Rußland, Ende 19. Jh.
Papiermaché, Ölmalerei, Lack
2,3 x 8,5 x 5 cm
Inv.-Nr. 54679/PM-211

M. S.

Glasperlenarbeiten

Handarbeiten mit Glasperlen wurden im ausgehenden 18. Jahrhundert von den Damen der oberen Gesellschaftsschicht gerne ausgeführt. Die vielfarbigen Glasperlen waren damals so teuer, daß sich gerade vornehmen Damen gerne damit beschäftigt haben, ohne dabei die Tradition der häuslichen Ordnung zu stören. Da müßige Hände bei einer Christin als Sünde galten, war eine solche Handarbeit allen sehr willkommen. Die Mode der Perlenstickerei begann in den höchsten Gesellschaftskreisen: Zuerst am Zarenhof, dann in der städtischen Aristokratie und schließlich breitete sie sich bei dem gesamten Adel auch in der Provinz aus. In der Mitte des 19. Jahrhunderts schließlich wurde die Perlenstickerei auch von Damen des dritten Standes gepflegt.

Die hochwertigen Glasperlen kamen aus Italien und aus Böhmen. Aber schon Ende des 18. Jahrhunderts lieferte die russische Firma M.V. Lomonosov hervorragende heimische Glasperlenstäbchen. Daneben gab es die Stahlbrillanten-Perlen aus facettiertem und poliertem Stahl, vermutlich aus Tula.

Bei der Verarbeitung gab es mehrere Techniken. Neben dem Sticken auf Leinwand oder auf Spezialgeweben und später auf Spezialpapier wurde mit den Glasperlen auch gehäkelt und gestrickt. Auf kleinen besonderen Webstühlen wurden sie verwoben und auch auf Wachs wie Mosaiken zusammengelegt. Mit Perlenschnüren wurde auch geflochten, aber nicht in vornehmen Kreisen.

Die Damen fertigten aus Glasperlen meist kleine Gegenstände, die sie Verwandten und Freunden schenkten. Es gab auch einige sehr fleißige Stickerinnen, die in mehreren Monaten oder gar im Verlauf von Jahren besonders große und sehr komplizierte Arbeiten geschaffen haben.

Die Entwürfe für die Vorlagen wurden oft von den Stickerinnen selbst, aber auch von speziellen Künstlern hergestellt. Im 19. Jahrhundert waren darüber hinaus spezielle Musterbücher in Europa verbreitet, die die russischen Stickerinnen nach ihrem Geschmack abgeändert haben. Wie die Stickerinnen anderer Länder, so veränderten auch sie häufig die Komposition oder die Zusammenstellung der Farben, fügten umfangreiche Zitate und fromme Sprüche hinzu oder fügten die Initialen des künftigen Besitzers ein. In der 1. Hälfte des 19. Jahrhunderts spürt man den Einfluß der verschiedenen Stilrichtungen der freien Kunst und entdeckt aktuelle Tagesmotive.   O. Moltschanova

▼ Katalog-Nr. 361

361
Beutel

Rußland, Ende 18. bis Anfang 19. Jh.
Stahlperlen auf Seide aufgefädelt, auf Samt aufgestickt
18 x 16 cm
Inv.-Nr. 42567/267 Bis 315   O. M.

362
Beutel mit Schwänen

Rußland, Ende 18. bis Anfang 19. Jh.
Glasperlenstrickerei
Bügel polierter Stahl, 20 x 16 cm
Inv.-Nr. 69432 Bis 951   O. M.

363
Portemonnaie mit Pfau

Rußland, 1. Hälfte 19. Jh.
Glasperlenstickerei auf Leinen, Bügel gegossene Bronze, vergoldet
20,8 x 7,8 cm
Inv.-Nr. 77419/112 Bis 1300
Aus der Slg. Posharskij   O. M.

364
Notizbuch mit Schlitten und Kutsche
Rußland, 2. Viertel 19. Jh.
Glasperlenstickerei auf Leinen, geprägtes Leder
11,5 x 16,5 cm
Inv.-Nr. 42567 Bis 1031

Nach einer Überlieferung ist im Schlitten bei der „Ausfahrt im Winter" Zar Nikolaus I. persönlich in der Nikolaev-Uniform mit Generalshut dargestellt.   O. M.

365
Kleiner Beutel für „PS" am 27. Mai 1833

Rußland, 1833
Glasperlenstrickerei, Seide, Baumwolle
10 x 9 cm
Inv.-Nr. 77419/61 Bis 1376
Aus der Slg. Posharskij

O. M.

366
Portemonnaie mit Rosen und Veilchen

Rußland, 2. Viertel 19. Jh.
Glasperlenstickerei auf Leinen, Bügel
vergoldete Bronze
13 x 10 cm
Inv.-Nr. 58618 Bis 607   O. M.

367
Notizbuch mit Jägern und geometrischen Ornamenten

Rußland, 2. Viertel 19. Jh.
Glasperlenstickerei, geprägtes Leder
15 x 10 cm
Inv.-Nr. 51674 Bis 1147   O. M.

368
Beutel (Sachet) mit Streurosen und Querstreifen

Rußland, 1. Drittel 19. Jh.
Perlenstrickerei, Seide
22 x 17 cm
Inv.-Nr. 42567 Bis 237

In solchen Beuteln, Sachet genannt, wurden aromatische Kräuter, kleine zierliche Toilettengegenstände wie Taschentücher und auch intime Briefe aufbewahrt.

O. M.

369
Notizbuch mit Chinoiserie

Rußland, Ende 18. bis 1. Viertel 19. Jh.
Glasperlenstickerei, Seide, Papier,
Kupfer vergoldet
12 x 18,5 cm
Inv.-Nr. šč 22760 Bis 42
Aus der Slg. Schtschukin

In solchen Brieftaschen wurden persönliche Papiere und auch ein Notizblock,
aber keine Banknoten aufbewahrt. Ver-
schlossen wurden sie mit einem Stäbchen
oder Bleistift, die man durch spezielle
Schlaufen geschoben hat. Die Stäbchen
dienten als Brieföffner, zum Aufschnei-
den von Buchseiten und zum Abheben
der Siegel.   O. M.

370
Brieftasche mit Bienenkorb und Blumen

Rußland, Ende 18. bis 1. Viertel 19. Jh.
Glasperlenstickerei auf Leinen, Seide
11 x 16 cm
Inv.-Nr. 42567 Bis 14

Die Motive der Stickerei sind Symbole
für die weiblichen Tugenden: Treue,
Schönheit, Arbeitsliebe, Ergebenheit,
Frische.   O. M.

371
Beutel mit großer Muschel

Rußland, 1. Viertel 19. Jh.
Glasperlenstickerei auf Leinen, Stahl
poliert
21 x 18 cm
Inv.-Nr. 58618/I Bis 76
Aus der Slg. Schtschukin   O. M.

372
Kleiner Beutel mit Winden

Rußland, 1. Hälfte 19. Jh.
Glasperlenstrickerei, Goldbrokat
strickerei
14 x 9,5 cm
Inv.-Nr. 77419/88 Bis 1373   O. M.

373
Beutel mit Blüten

Rußland, Ende 18. bis Anfang 19. Jh.
Glasperlenstickerei auf Leinen,
vergoldeter Kupferbügel
18,5 x 15,5 cm
Inv.-Nr. 45885 Bis 73   O. M.

374
**Beutel mit Paisleymuster
(„Türkische Bohnen")**

Rußland, Anfang 19. Jh.
Perlenstrickerei
22 x 16 cm
Inv.-Nr. 77419/53 Bis 1404   O. M.

375
Beutel mit Hund „Brutus"

Rußland, Anfang 19. Jh.
Glasperlenstickerei auf Leinen,
Kupferbügel, gegossen
25 x 19 cm
Inv.-Nr. 42567/183 Bis 80

Solche Beutel waren typische Ergän-
zungen zum Damenkleid, die in der
Regel in den Farben und der Ausstattung
auf das Kleid abgestimmt waren.
     O. M.

Katalog-Nr. 375

376
Notizbuch mit Blumenkranz für „FM"

Rußland, 2. Viertel 19. Jh.
Glasperlenstickerei auf Leinen, Papier,
Leder, Seide
20 x 13 cm
Inv.-Nr. 47661 Bis 47

▼ Katalog-Nr. 376

Der Kranz mit den Vergißmeinnicht
symbolisiert die Tugenden: Glaube,
Liebe, Hoffnung und Weisheit.
„FM" sind vermutlich die Initialen des
Moskauer Metropoliten Filaret, dem
diese Brieftasche in den 1840er Jahren
geschenkt worden ist. Filaret (1783–1876)
hieß ursprünglich V. M. Drozov und war
z. Zt. Alexanders I. eine bedeutende und
im Gesellschaftsleben der Hauptstadt
hochgeehrte Persönlichkeit. Um seine
Predigten zu hören, reiste „ganz Petersburg" herbei. Er war Inhaber wichtiger
Lehrstühle, Rektor der Geistlichen Akademie und Mitglied der Heiligsten
Synode. Er war ein anerkannter Bibel-
übersetzer und ein berühmtes Mitglied
der Bibelgesellschaft. Diese Brieftasche
hat wohl eine seiner Verehrerinnen
gestickt.   O. M.

Kleidung und Accessoires

377
Damenkleid

Rußland, 1804–1807
Weißer Musselin, Weißstickerei mit
Hohlsaum, handgenäht
Länge mit Schleppe: 167 cm
Inv.-Nr. 53135 B-53

Das Kleid zeigt die Form und die Silhouette des beginnenden 19. Jahrhunderts. Die Formen des Rokoko werden durch eine ruhige Linie abgelöst, durch die die Kleider an griechische Chitone und Tuniken erinnern. Sie sind aus leichten transparenten Materialien gefertigt: dünne Seidenstoffe, Musselin, Gaze, Tarlatane, Mull, Leinenbatist, Tüll, Spitzen u. ä. Die Mode schreibt ein kurzes Oberteil mit breitem Dekolleté vor. Durch den Ausschnittrand ist eine Schnur gezogen, mit der die Ausschnittweite reguliert werden kann. Der verhältnismäßig schmale Rock liegt leicht an, „zeichnet die anmutigen Formen nach", und, wie ein Zeitgenosse schreibt „es schien, als ob geflügelte Psychen über das Parkett schweben". (F. F. Vigel': Aufzeichnungen, Teil 2, Russisches Archiv, 1891, Bd. 3, Buch 10, S. 38–39 in russischer Sprache). Der Rock reichte vorn fast bis zum Boden, hinten endete er in einer kurzen Schleppe. Im Rückenteil ist der Rock in kleine Fältchen gelegt.

Der Stoff ist in seiner ganzen Breite mit weißer Seide von Hand mit Hohlsaum- und Plattstickerei mit einem kreuzförmigen Muster bestickt. Diese aufwendige Arbeit läßt vermuten, daß sie von namenlosen Leibeigenen ausgeführt worden ist. Zu jener Zeit gab es fast in jedem Gutshof Werkstätten, in denen junge leibeigene Mädchen alle Familienmitglieder mit dem Notwendigen versorgten. Sie klöppelten die Spitzen, nähten die Bett-, Tisch- und Leibwäsche, bestickten die Aussteuer, und nähten die Frauen-, Männer- und Kinderkleider.
T. A.

378
Schal

Westeuropa, 1. Viertel 19. Jh.
Wolle, Seide, handgewirkt
227 x 144 cm
Inv.-Nr. 106479 D-1543

Die ägyptischen Feldzüge Napoleons, 1796–1799, weckten das Interesse an prächtigen orientalischen Schals. Daher wurden indische, persische und türkische Schals in der Mode des ausgehenden 18. und des beginnenden 19. Jahrhunderts sehr beliebt. Sie waren eine gute Ergänzung der Empirekleider. In den ersten Jahrzehnten des 19. Jahrhunderts wurden in Rußland Schals aus Westeuropa und aus östlichen Ländern jährlich im Wert von zwei Millionen Rubeln eingeführt. Man trug rechtwinklige Tücher oder Stolen mit weißem, rosafarbenem, blauem und gelbem Mittelteil und gemusterten Rändern oder Kanten. Sie wurden kunstvoll umgelegt, wofür in den Modejournalen 10 Arten der Drapierung empfohlen worden sind.
O. G.

379
Redingote –
sommerliches Damenoberkleid

Rußland, 1825–1829
Weiße Baumwolle mit Weißstickerei
im „englischen Stil", beidseitiges Durchbruchmuster
Länge: 120 cm
Inv.-Nr. 58446 B-151

Dieses Kleid zeigt den Modewandel in den 1820er Jahren. Es ist aus leichtem Baumwollstoff, einer Art Batist, gearbeitet und handbestickt. Der Schnitt ist typisch für das Ende der 1820er Jahre: die Taille ist noch leicht angehoben, die langen, üppigen Ärmel, die im Ansatz angekraust sind, lassen jedoch schon die Keulenärmel der 1830er Jahre ahnen: Sie laufen zu den Manschetten am Handgelenk zusammen. Das Vorderteil, der Saum, der umgelegte Kragen und die Rockschöße sind mit Fäden, die aus dem Stoff herausgezogen wurden, als Durchbruchstickerei geschmückt. Das Muster ähnelt Spinnweben und wiederholt sich nicht. Es ist eine ausgefallene, bewundernswerte Arbeit, die vermutlich von leibeigenen Kunsthandwerkerinnen angefertigt worden ist. T. A.

380
Stola, gestreift

Gouvernement Nishnij Novgorod,
Manufaktur der Nadeshda Merlin,
1820–1830
Wolle, beidseitig handgewebt,
eingewebte Signatur: „HM" (russ.)
215 x 56 cm
Inv.-Nr. 79806 D-720

Die Manufaktur, in der Leibeigene
arbeiteten, wurde 1800 von Nadeshda
Appolonovna Merlin im Dorf Skorodu-
movka bei Lukojanov gegründet. Seit
1806 Fertigung von Hüten, Tüchern und
Stolen.   O. G.

Gewebte, gemusterte Wolltücher

Die Weberei von gemusterten Tüchern ist ein Höhepunkt russischer Textilkunst im 19. Jahrhundert. Die Entwicklung dieser Technik setzte im Anfang des 19. Jahrhunderts ein. Große Anerkennung fanden die beidseitig gewebten Tücher und Stolen von Nadeshda Merlin im Gouvernement Nižnij Novgorod (1806–1834) und später in Rjazan (1834–1851), von Dmitrij Kolokol'cov im Gouvernement Saratov (1. Viertel des 19. Jh.), sowie die der Vera Eliseeva (1813 – kurz nach 1850). Alle Arbeiten wurden auf den Gütern von Leibeigenen ausgeführt. Die Wolle und der Farbstoff wurden auf dem Markt von Nižnij Novgorod gekauft. Es ist Wolle von kirgisischen Ziegen und von Steppenantilopen. Mit Elfenbeinkämmen wurde die Wolle gekämmt und anschließend gesponnen und der Faden gefärbt. An einer Weberei konnten bis zu 30 Farben und Schattierungen angewandt werden. Nur junge Weberinnen mit schlanken Fingern und guten Augen konnten diese Arbeit übernehmen. Auf kleinen Webstühlen wurden die gemusterte Streifen, die Eckstücke und die einfarbigen Flächen einzeln mit spitzen Schiffchen gewebt. Sehr aufwendig war das Weben der doppelseitigen Muster, bei denen die rechte und die linke Seite identisch sind. An ihnen wurden die Fadenenden unsichtbar verknotet, so daß an Vorder- und Rückseite kein Unterschied zu sehen ist. Zuletzt wurden die einzelnen Webteile zusammengenäht. Jedes Teil wurde nach Angaben des Auftraggebers anhand von Entwürfen eines Künstlers gefertigt, an die sich die Weber exakt gehalten haben. Das Historische Museum in Moskau besitzt eine solche Mustermappe für Borten und Ecklösungen.

Einige Muster imitieren indische oder persische Vorbildern. Sehr oft gibt es das Paisley-Muster kombiniert mit europäischen Blüten. Bevorzugt werden dabei Garten- und Feldblumen aus Zentralrußland wie Rosen, Glockenblumen, Stiefmütterchen, Primel und üppiges Grün von Laub und Gräsern.

Am Anfang des 19. Jahrhunderts wurden die Damenkleider durch solche Stolen mit kräftigen Farbstreifen belebt. 1830–1850 aber bevorzugte man eher Tücher in quadratischer Form, die von breiten Bordüren eingefaßt sind. An den zurückgeschlagenen Kanten aber verlaufen bei ihnen nur relativ schmale Borten. Solche Tücher waren sehr teuer – bis zu 25 000 Rubel in Silber. Sie waren allein für den Zarenhof und die hohe Aristokratie bestimmt.

Nach 1850 wurden diese Arbeiten durch billige Jacquardwebereien (Maschinenwebereien) verdrängt. O. Gordeeva

381
Tuch mit Fliederblüten

Rußland, Gouvernement Rjazan,
Manufaktur der Nadeshda Merlin,
1830–1850
Wolle, mit der Hand beidseitig gewebt,
eingewebte Signatur „HM" (russ.) und
das Staatswappen von Rußland
139 x 137 cm
Inv.-Nr. 55753 D-46

Die Weberei mit Leibeigenen, die Nadeshda Merlin 1834 aus dem Gouvernement Nižnij Novgorod in das Dorf Podrjanikovo im Gouvernement Rjazan verlegte, existierte dort bis 1851. Schon 1834 erhielt sie auf der Allrussischen Handwerksmesse die Goldmedaille für ihre Tücher und Stolen und gleichzeitig das Recht, das russische Staatswappen als höchstes Gütezeichen darauf anzubringen.   O. G.

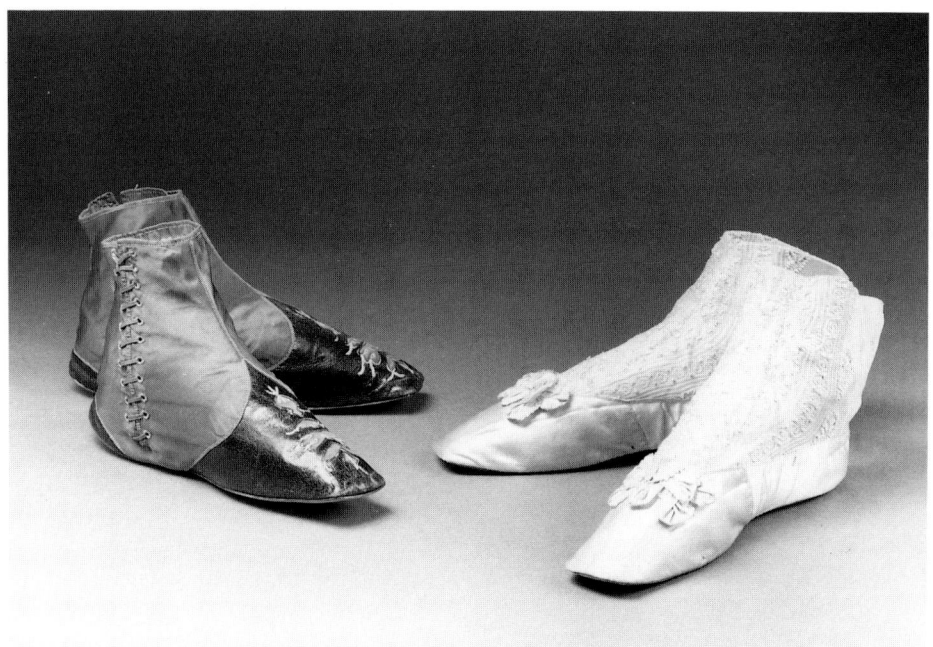

Katalog-Nr. 383　　　　　　　　Katalog-Nr. 382

383
Damenstiefel

Moskau, Werkstatt D. Carman,
1830–1850
Seidenatlas, Saffian, bestickt, von links
genäht
Länge: 25 cm; Höhe: 14 cm
Inv.-Nr. 58323 Z-69 a, b　　　　T. A.

84
Damenstiefel

Rußland, 1830–1850
Atlas mit transparentem Seidentrikot,
mit der Hand von links genäht
Länge: 25 cm; Höhe: 13 cm
Inv.-Nr. 66187 Z-202 a, b　　　　T. A.

385
Damenschuhe

Rußland, 1840–1850
Samt, Goldstickerei, Flitter
Länge: 24 cm
Inv.-Nr. 66187 Z-90 a, b　　　　T. A.

382
Paar Damenschuhe

Rußland, 1810–1820
Weißer Seidenrips mit farbiger Seiden-
stickerei,
Länge: 24 cm
Inv.-Nr. 71840 Sh-103 a, b

Zu Beginn des 19. Jahrhunderts trug man zu den leichten Kleidern in „antiker Manier" leichtes Schuhwerk ohne Absatz in Form flacher Slipper auf dünner Ledersohle. Sie umschließen den Fuß eng. Bänder, die nach Art antiker Sandalen die Waden kreuzweise umschlingen, geben diesen Schuhen Halt. Dieses Schuhwerk besteht aus Kleiderstoffen, Samt, feinem Leder und Prunelle (Wolle-Baumwolle-Gemisch). Dekoriert sind sie mit unterschiedlicher Stickerei aus Glasperlen, Gold- und Silberfäden und mit Bändern. Die Sohle für den linken und den rechten Fuß ist gleich. Einfache Bevölkerungsschichten, die viel auf schmutzigen Straßen laufen mußten, trugen Schuhe der gleichen Fasson, aber aus dichteren und haltbareren Materialien. Die Schuhe der 1. Hälfte des 19. Jahrhunderts wurden umgestülpt mit der Hand von links genäht. Auf die Brandsohle wurde das Etikett der Fabrik geklebt, wie hier „Schuhladen Nr. 2 von Korolev auf der Il'inka neben dem Moskatel'nyj rjad" (auf Russisch). Außer dieser Schuhfabrik können im Staatl. Historischen Museum noch weitere Fabriken in Moskau nachgewiesen werden, wie der „Schuhladen Nr. 1 am Lobnoe Mesto" und das „Geschäft der Hoflieferanten Gebrüder Korolev an der Il'inka". Schriftquellen belegen die Gebrüder Korolev als die größten Schuhlieferanten Rußlands im 19. und im Anfang des 20. Jahrhunderts sowohl für Moskau als auch für St. Petersburg. Ihr Geschäft, das 1849 auf der Il'inka eröffnet wurde, bot ein Sortiment von 75 Modellen.
In Moskau gab es im 19. Jahrhundert sehr viele Schuhmacher und Schuhläden. Alle Bevölkerungsschichten von Moskau, seiner Umgebung und die in anderen Städten wurden von ihnen beliefert. Die Bekanntesten stellten ihre Ware auf Handwerksmessen in Moskau und in St. Petersburg sowie auf internationalen Ausstellungen auch im Ausland aus. Hierbei entsprach die Qualität ihrer Produkte durchaus der westeuropäischen Ware.　　　　T. A.

In den 1830er Jahren waren Schuhe und Stiefel einander sehr ähnlich. Wie im Jahrzehnt zuvor hatten sie, besonders die Ballschuhe, keine Absätze. Diese wären beim Tanz, wenn die Damen über das Parkett schwebten, störend gewesen. In dieser Zeit wurden die Schuhe auf sehr unterschiedliche Weise mit Stickereien, Bändchen, Borten, Spitzen und Formen aus gepreßtem Horn verziert.
Stiefel waren wie Tagesschuhe gearbeitet. Sie reichten bis knapp unter den Knöchel. Um 1840 wurden sie an den Seiten ausgeschnitten.
Lermontov beschreibt solche Stiefel in seinem „Held unserer Zeit": Die Stiefel von rotbrauner Farbe schnürten ihre schlanken Beine bis zu Fessel auf so zarte Weise, daß man wegen der Geheimnisse dieser Schönheit vor lauter Entzücken nur Seufzen konnte. (М. Ю. Лермонтов: Собр. соч. в 4-х ТТ. - М., 1969, с, 256.)　　　　T. A.

Die Damenfrisuren ahmten in der Zeit 1810–1830 antike Vorbilder nach. Es waren komplizierte Aufbauten in Form von Haarteilen oder Zöpfen, die um den Hinterkopf gelegt und mit Kämmen, Diademen oder Nadeln zusammengehalten wurden. Diese waren mit Blumen, Girlanden u. ä. dekoriert. Bevorzugt wurden Kämme, meist aus durchscheinendem Horn, aus gesägtem Schildpatt oder aus gegossenem Buntmetall: durchbrochener Bronze, verzinntem Kupfer und auch aus edelsteinbesetztem Silber und Gold. Es gab auf ihnen Kameen, und aus Tula den Stahl mit Diamantschliff. Ihr Funkeln im Kerzenlicht imitierte das Feuer echter Brillanten, was diesem Schliff seinen Namen gegeben hat.

In den 1830er Jahren veränderten sich die Frisuren und wurden sehr voluminös, so daß die Kämme unentbehrlich waren. Diese bekamen eine hohe durchbrochene Krone, die Zinken waren gebogen und verlängert. Zur modischen Frisur zählte der „Knoten des Apoll", der wie eine stehende Schleife aussah, die von einem hohen Kamm gehalten wurde. Solche Frisuren sind wiederholt auf den Porträts zu finden.   G. A.

386
Haarkamm

Westeuropa, 1810–1830
Metall graviert, Korallenperlen
16 x 10 cm
Inv.-Nr. 12852 K-12   T. A.

387
Haarkamm

Tula, 1810–1830
Stahl, Diamentenschliff
16 x 9 cm
Inv.-Nr. 6703 šč K. 28   T. A.

388
Haarkamm

Rußland, 1830 - 1850
Kupfer, Durchbruchmuster gegossen
17 x 4 cm
Inv.-Nr. 6705 šč K. 32   T. A.

389
Haarkamm

Rußland(?), 1830–1850
Schildkröte gepreßt, geschnittenes Durchbruchmuster
20,5 x 17,5 cm
Inv.-Nr. 8372 šč K. 45   T. A.

390
Haarkamm

Rußland, 1830–1850
Horn, geschnitten
23 x 15,5 cm
Inv.-Nr. 18653 K. 39   T. A.

391
Sonnenschirm

Frankreich, Mitte 19. Jh.
Spitze, Elfenbein
57 x 32 cm
Inv.-Nr. 66859 L-28

392
Sonnenschirm

Westeuropa(?), Mitte 19. Jh.
Spitze, Elfenbein
62 x 32 cm
Inv.-Nr. 56423 L-2

393
Krinolinenkleid

Rußland, Mitte 19. Jh.
Rosa Seidentaft mit eingewebtem
Muster
Batisteinsätze mit Weißstickerei
Länge des Oberteils: 59 cm;
Rocklänge: 104 cm
Inv.-Nr. 20844 B-57 a, b; 53138 S-75 a, b

Die Machart des Kleides ist für die
europäische Mode in der Mitte des 19.
Jahrhunderts charakteristisch. Das Kleid
ist handgenäht, wobei in die Nähte am
Ausschnitt, den Ärmelausschnitten, an
der Unterkante des Mieders und in die
Abnäher eine feine Schnur eingefaßt ist.
Ebenso sind auch die Rüschen an den
Ärmeln und am Rock angenäht. Dies
verleiht dem Kleid eine verstärkte Halt-
barkeit, einen festen Stand und ein zu-
sätzliches Licht- und Schattenspiel. So
wurde diese Technik auch zum Schmuck.
Ungewöhnlich ist die dekorative Machart des Kleides, wofür die Rüschen an
Ärmeln und Rock in einem Coupon vor-
gewebt gewesen sind. Die eleganten
Bukets und Blumengirlanden in kräftigen grünen und roten Farben ergeben
einen leuchtenden Effekt, der an Blu-
menbeete in üppigen Gärten erinnert.
Das Blumenornament ist auf Jacquard-
webstühlen, die es in Rußland seit den
1830er Jahren gab, gewebt. Die Farbigkeit, die Dichte der Muster und ihre
Leuchtkraft spricht dafür, daß dieses
Kleid nur von einer wohlhabenden
Dame der Oberschicht getragen worden
sein kann.
In der Mitte des 19. Jahrhunderts wurden
solche Seidenstoffe in Moskau und seiner Umgebung gewebt. Sie wurden auf
russischen und auf internationalen
Messen erfolgreich ausgestellt.   G. A.

394
Frack mit Weste und „Bolivar"
(Zylinder aus Stroh)

Rußland, 1810–1820

FRACK
Wolltuch, Samt, Seide, handgenäht
Länge: 85 cm
Inv.-Nr. 60454 B-280

WESTE
Seidenatlas, Baumwolle, handgenäht
Länge: 50 cm
Inv.-Nr. 49522 B-96

„BOLIVAR"
Westeuropa, um 1820
geflochtenes Stroh
Höhe: 19 cm
Inv.-Nr. 53133 E-8

Der Frack, die Herrenkleidung für den Alltag, wurde vorwiegend aus farbigem Wolltuch hergestellt und mit farbigen Beinkleidern mit Fußsteg getragen. Zu Frack und Hose gehörten eine oder mehrere Westen aus unterschiedlichen Materialien. Dieser Anzug wurde durch ein weißes Hemd mit gestärktem Stehkragen vervollständigt, um den ein Halstuch geschlungen wurde, das vorne zu einem Knoten oder einer Schleife gebunden war. Der Frack der Ausstellung zeigt braunes Tuch mit samtbezogenem Stehkragen, die Knöpfe sind aus Seidenlitze gearbeitet. Hierzu paßt die Weste aus grün-weiß gestreiftem Seidenatlas. In den Jahren 1800–1810 hatten die Westen geschlossene Stehkragen. Diesen Anzug könnte ein junger Mann getragen haben, der sich nach S. P. Zicharev 1805 in die Moskauer Universität einschrieb und in der Gesellschaft nützliche Bekanntschaften und Verbindungen suchte: „Ich habe es bereits geschafft bei Sanftleben (ein modischer Herrenschneider) einen rotbraunen Frack aus bestem Tuch und blaue Beinkleider mit gemusterten Bändern a la husar ... für 40 Rubel zu bestellen; teuer, aber schön." (С. П. Жихарев: Записки современника. Ч. 1. Дневник студента. М. и Л. 1995, С. 13, d. h. S. P. Zicharev: Aufzeichnungen eines Zeitgenossen. Teil 1, Tagebuch eines Studenten. Moskau – Leningrad 1955, S. 13) Zu diesem Anzug paßt als Kopfbedeckung ein

Katalog-Nr. 394 „Bolivar"

Zylinder in der damals modernen Form des „Bolivar" mit breiter Krempe, der seinen Namen von dem Führer der Befreiungsbewegung in Lateinamerika Simon Bolivar (1783–1830) hat. Diese Form war in den 1820er Jahren in Westeuropa beliebt. A. S. Puschkin erwähnt einen solchen Bolivar im 1. Kapitel seines Romans „Eugen Onegin", den er

1821–1823, als der Bolivar besonders populär war, geschrieben hat:

«Надев широкий боливар
Онегин едит на бульвар»

Kap. 1, XV-10
(„Vorest fährt Evgenij ... mit einem breiten Bolivar auf dem Kopf auf den Boulvar".)   T. A.

S. Samonin

Die russische Militäruniform
des 18. bis zum Anfang des 20. Jahrhunderts

Zu den verschiedenen Sammlungsgebieten des Staatlichen Historischen Museums in Moskau gehört auch eine Abteilung der Uniformen der russischen Armee vom 18. bis zum Anfang des 20. Jahrhunderts. Mit insgesamt 9000 Objekten umfaßt sie außer den Uniformen auch Fahnen und die Equipierung. Der Stolz der Sammlung ist die militärische Garderobe der Zaren, zu der auch Kinderuniformen der Großfürsten gehören.

Angehörige des Admirals V. A. Kornilov, des Verteidigers von Sevastopol, der 1854 gefallen ist, haben seit 1885 diese Sammlung zusammengetragen. Bald kamen mehrere Konvolute hinzu: 1929–1930 Bestände aus Regimentsmuseen, 1957 eine Sammlung von Kosakenuniformen und 1959 Objekte aus der ehemaligen Hauptverwaltung der Intendantur des Kriegsministeriums.

So gibt es in dieser bedeutenden Abteilung heute alle Typen von Uniformen aus dem 18. bis zum 20. Jahrhundert. In der Entwicklungsgeschichte der Uniformen spiegeln sich unterschiedliche Kriegsereignisse, sowie unterschiedliche Beziehungen und Rücksichtnahmen.

Ursprünglich teilte man die Ansicht, daß die einheitliche Militärkleidung, wie sie bei den europäischen Armeen üblich ist, im 17. Jahrhundert aufkam. Doch heute wissen wir, daß Kaftane von gleichem Schnitt und gleicher Farbe in Rußland schon in der 1. Hälfte des 16. Jahrhunderts von den Strelizen-Regimentern (Regimenter der Leibwache des Zaren) getragen worden sind.

Unter Peter I. nahm mit der Entstehung einer regulären Armee die Bedeutung der Uniform zu. Seine zahlreichen Militärreformen brachten für die Armee auch den Wechsel von der traditionellen russischen Kriegskleidung zur „deutschen" Uniform.

Im Verlauf des 18. bis zum 20. Jahrhundert gab es wiederholte Veränderungen an der russischen Uniform, die der allgemeinen Entwicklung der Mode gefolgt sind, denn bei all ihrer Eigenständigkeit ist die Militäruniform doch ein Teil der Herrenbekleidung und nahm daher auch alle stilistischen Abwandlungen des Äußeren, wie z. B. den zeitgenössischen Schnitt, auf. Vom Geschmack und der Vorliebe des Kaisers, der sehr oft persönliche Wünsche äußerte, hing dazu die Entwicklung unzähliger Details ab. Als dritter Grund der Veränderungen gilt das Vorbild ausländischer Uniformen, von denen viele Merkmale übernommen worden sind. Zar Paul I. z. B. führte Uniformen nach preußischem Muster anstelle der Potemkinschen Uniformen ein. Im 1. Viertel des 19. Jahrhunderts aber übte Frankreich einen großen Einfluß aus. Der französische Botschafter in Rußland, A. de Colencour(?) schreibt: „Alles nach französischem Muster: Die Stickerei bei den Generalen, die Epauletten bei den Offizieren …". Man denke auch an die Mützen der Palast-Grenadiere und der Garde-Husaren oder an die Uniformen der Ulanen, die von ihren polnischen Vorbildern nicht zu unterscheiden waren. Alle diese Uniformen waren sehr populär, da zu jener Zeit das Militärwesen im Staat eine führende Rolle gespielt hat.

Die Begeisterung für die militärischen Uniformen und ihre Veränderungen im neorussischen Stil in den Jahren 1881–1894 erklärt sich auch durch die glänzenden Siege, die im türkisch-russischen Krieg 1877–1878 errungen worden sind, und auf die man patriotisch stolz gewesen ist. Damals trug die gesamte Armee wie der einfache Mann Pluderhosen und Lammfellmützen. Diese „Bauernuniform" (мужицкая) wurde jedoch nicht von allen Militärs akzeptiert. Viele Offiziere und Generäle, besonders der Ulanen- und Husaren-Regimenter, reichten wegen des Verlustes ihrer prachtvollen Uniformen ihren Abschied ein.

Spricht man von der Entwicklung der Uniformen, so sei daran erinnert, daß sie ihre Hauptanforderungen an die Funktion und die Tradition stellten, d. h. es erhielten sich an ihnen Details, deren Gebrauch ehemals sinnvoll war, oder die an bestimmte historische Ereignisse erinnern, die wichtig sind. Außerdem unterstützt die Uniform den Korpsgeist und gibt gerade denen ein besonderes Gefühl der Zusammengehörigkeit, die die Uniform der gleichen Einheit tragen. So behielt das Leibgarde-Grenadier-Regiment Achselschnüre, die 1775 eingeführt worden waren, bis 1917 bei, und die Regimenter der Ersten Garde-Infanteriedivision hatten seit 1817 bis zuletzt weiße Besätze zum Gedenken an die ersten Seeschlachten im Anfang des 18. Jahrhunderts. Andere Einheiten hatten durch Jahrhunderte die gleiche Uniformfarbe.

Militärangehörige spielten in Rußland nicht nur in der Geschichte, sondern auch in der Gesellschaft und im kulturellen Leben eine nicht unwichtige Rolle. Menschen in Uniform waren z. B. G. R. Dershavin, M. Ju. Lermontov, A. A. Fet, A. K. und L. N. Tolstoj und viele andere.

Die Schönheit der Uniformen war ein wichtiges Element der Prachtentfaltung bei militärischen Zeremonien und bei Paraden, aber auch im Stadtbild, in den Salons und bei großen gesellschaftlichen Empfängen.

In einem kurzen Überblick ist es nicht möglich, alle Aspekte ihrer gesellschaftlichen Bedeutung aufzuzählen. Doch der Gedanke ist wichtig, den der berühmte General M. N. Dragomir ausgesprochen hat: „Ja, dies ist Arbeitskleidung; aber auch unsere Arbeit ist etwas Besonderes – der Schutz der Heimat!"

395   Abb. S. 283

**Paar Duell-Pistolen
mit Kapselschlössern**

Deutschland, Regensburg. Meister I. A.
Küchenreiter, 1850
Damaszierter Stahl, Silber,
Gold-tauschiert, Nußbaum
L: 45 cm
Inv.-Nr. 47665/2239 or/1-21

Als besondere Form des Zweikampfes
gelangte das Duell aus Westeuropa nach
Rußland und breitete sich hier wie eine
Epidemie unter der romantischen, fatali-
stischen Jugend St. Petersburgs aus.
So starb auch Alexander Puschkin, Ruß-
lands großer Dichter der 1. Hälfte des
19. Jh., 1837 an den Folgen eines Duells.
Durch Intrigen und Angriffe auf die
Ehre seiner Frau Natal'ja, die als schön-
ste Frau in St. Petersburg galt, sah er sich
zu einem Duell mit dem französischen
Emigranten G. d'Anthès gezwungen.
Interessant ist, daß anscheinend viele
Pistolen, trotz der „Duell-Mode" in Ruß-
land, aus Deutschland besorgt wurden.
                             Hrsg.

396

**Offiziersuniform der Semenov-Garde
von Kaiser Nikolaus I.**

St. Petersburg, 1840
Wolltuch, Goldstickerei, Metall
Länge: 93 cm
Inv.-Nr. 84077/233 T-319   S. S.

397

**Kurze Husarenuniformjacke eines
Oberst**

Husarenregiment, 1834
Wolltuch, Goldstickerei
Länge: 44 cm
Inv.-Nr. 84077/220   S. S.

398

**Kurzer Husarenumhang mit Pelzbesatz
eines Oberst**

Husarenregiment, 1834
Wolltuch, Goldstickerei, Biberpelz
Länge. 48 cm
Inv.-Nr. 84077/200 T-346   S. S.

399

**Uniform eines Generalfeldmarschalls
der Preobrashensker Garde**

1887
Wolltuch, Seide, Goldstickerei
Länge: 94 cm
Inv.-Nr. 68257/12268 T-188   S. S.

400

**Uniform eines Leutnants des
6. Garderegiments des Großfürsten
Michail Nikolajevitsch**

Moskau, Schneiderei der Ökonomischen
Offiziersgesellschaft des Moskauer
Kriegsbezirks, 1909
Wolltuch, Seidensatin, Goldstickerei,
Metall
Länge: 69 cm
Inv.-Nr. 68257/3105 T-91 a-d   S. S.

401

**Generaluniform des 38. Infanterie-
Regiments aus Tobolsk der Garde des
Grafen Miloradovitsch**

Charkov, Werkstatt Ch. B. Lass, 1913
Wolltuch, Goldstickerei, Metall
Länge: 72 cm
Inv.-Nr. 96291 T-536   S. S.

402

Kaiserliche Fahne

St. Petersburg, Werkstatt der
Admiralität, 1880
Fahnentuch
420 x 300 cm
Inv.-Nr. 68257/758 F-1704   S. S.

Katalog-Nr. 397, 398 ▶

Orden

Seit Peter I. spielten die Orden in Rußland eine wichtige Rolle. Die russische Ordensgeschichte begann 1698 mit der Gründung des Ordens des Hl. Andreas des Erstberufenen durch Peter d. Gr. Die besondere Bedeutung erhielt das Ordenssystem 1722, als Peter I. den Adelsdienst mit der Einführung der „Tabelle von den Rängen aller militärischen, zivilen und höfischen Dienstgrade" unter das Leistungsprinzip stellte. Nun konnte der erbliche Adel auch ‚erdient' werden. Das äußere Kennzeichen dieses Dienstes waren Orden und Ehrenabzeichen. Jedoch war ein Teil der Orden ausschließlich privilegierten Kreisen, der kaiserlichen Familie oder der hohen Aristokratie, vorbehalten. 1797 führte Zar Paul I. eine Systematisierung und rechtliche Klassifizierung in die Ordensstatuten ein. Hieraus entwickelte sich im 19. Jh. eine Ordenshierarchie, die bis zur Revolution bestand.

Die besondere Wertschätzung und Bedeutung der Orden in Rußland zeigt sich darin, daß die Attribute der Ordenszugehörigkeit – Kreuz, Stern und Ordenskette – von Juwelieren gearbeitet und wie Schmuckstücke getragen wurden. Besonders im 18. Jh. war es üblich, die Orden selbst noch mit Juwelen verschönern zu lassen, bis Paul I. dieser Prunksucht durch ein Gesetz Einhalt gebot. Hrsg.

Der Orden des Hl. Andreas des Erstberufenen

Die Stiftung des Andreasordens erfolgte 1698 durch Peter d. Gr. Bis 1917 war er der höchste Orden des Russischen Reiches. Der Andreasorden wurde nur in einer Klasse verliehen. Der hohe Rang dieses Ordens läßt sich daran ersehen, daß er im Laufe seiner Geschichte nur etwa 1000 Mal verliehen worden ist.

Seit Ivan VI. wurden alle männlichen Mitglieder der Zarenfamilie nach ihrer Taufe Ordensritter. Fürsten mit kaiserlichem Blut wurden mit ihrer Volljährigkeit zum Ritter des Ordens geschlagen. Darüber hinaus erhielten hohe militärische und zivile Beamte, die in ihrem Rang nicht unter einem Generalleutnant oder Geheimen Rat stehen durften, diese Auszeichnung für ihre Verdienste. Der erste Würdenträger war Admiral F. A. Golovin. Peter der Große selbst erhielt den sechsten Orden für seine Teilnahme an der Schlacht auf der Neva während des Nordischen Krieges.

Der Orden ist dem Apostel Andreas geweiht, der in Rußland als erster Verkünder des Christentums verehrt wird und daher den Beinamen „der Erstberufene" erhielt.

Die Devise des Andreasordens „Für Glaube und Treue" findet sich auf der Rückseite des Kreuzes und auf dem Mittelfeld des Ordenssterns. Das blaue Ordensband wurde über der rechten Schulter getragen. Das Ordenskreuz trägt das X-förmige Kreuz des Märtyrers Andreas in blauem Email auf einem schwarzen Doppeladler, zu dessen beiden Häuptern drei Kronen angeordnet sind. Das Kreuz trägt an den vier Kreuzenden die lateinischen Buchstaben: S. A. P. R. (Sanctus Andreas Patronus Russiae), die den Hl. Apostel Andreas als den Patron Rußlands ausweisen. Die mit Diamanten und Brillanten geschmückten Kreuze des Ordens stellten die höchste Auszeichnung des Ordens dar.

Der silberne, achtzackige Ordensstern wurde auf der linken Seite der Brust getragen. Im Mittelfeld des Sterns befindet sich auf goldenem Feld der schwarze Doppeladler mit blauem Andreaskreuz über der Brust. Die Ordenskette besteht aus drei sich abwechselnden Elementen, dem Staatswappen, einer Trophäe mit dem Monogramm Peters I. und einer runden Emailrosette mit dem Andreaskreuz. Die Ordenskette wurde nur zu festlichen Anlässen getragen.

S. Levin

Katalog-Nr. 403, ▶
Ordenskette des Andreasordens

Katalog-Nr. 403, Stern

403
Kleinodien des Ordens des Hl. Andreas
des Erstberufenen

ORDENSKETTE   **Abb. S. 343**
Gold, Email
L: 104,0 cm
Inv.-Nr. 94701/988680

STERN   **Abb. s. o.**
Gold, Silber, Email, Brillanten
Dm. 11,4 cm
Inv.-Nr. 93375/913493

KREUZ
Gold, Email
10,0 x 6,0 cm
Inv.-Nr. 94707/988686

Kreuz   **Abb. S. 347**
Silber, Gold, Email, Brillanten
10,6 x 17,0 cm
Inv.-Nr. 93375/913492

BAND
Moiréband
L: 191,5 x 9,7 cm
Inv.-Nr. 93357/805098

Orden des Heiligen Märtyrers und Siegträgers Georg

Die Stiftung des Georgsordens erfolgte am 26. November 1769 durch Zarin Katharina II. Dieser Orden wurde den Offizieren und Generälen für ihre Ruhmestaten auf dem Schlachtfeld verliehen. Der Orden hatte vier Klassen. Die höchste Klasse war nur den Ordensrittern vorbehalten, die bereits die drei anderen Ordensklassen für herausragende Leistungen erhalten hatten. Diese Auszeichnung in vier Klassen erhielten die General-Feldmarschalle Kutuzov, Barclay de Tolly, Dibitsch und Paskevitsch.

Neben den russischen Feldherrn wurden auch deutsche Feldherrn mit dem Georgsorden bedacht. So erhielten den Georgsorden erster Klasse 1813 der preußische Feldmarschall G. L. Blücher, 1869 der preußische König Wilhelm und im Jahre 1870 der preußische Feldmarschall Albrecht von Österreich.

Die Devise des Ordens lautet: „Für Dienst und Tapferkeit". Das Ordensband mit drei schwarzen und zwei orangefarbenen Streifen wurde über der rechten Schulter unter der Uniform getragen. Das Kreuz mit sich verbreiternden Enden ist mit weißem Email überzogen und hat goldgefaßte Kanten. In der Mitte des Kreuzes ist das Wappen der Stadt Moskau mit dem Hl. Georg, dem Drachentöter, auf einem Medaillon auf rotem Email dargestellt. Auf der Rückseite des Medaillons befinden sich die russischen Initialen des Heiligen. Die Kreuze der Klassen drei und vier sind kleiner als die der Klassen eins und zwei. Der goldene Ordensstern hat die Form eines auf dem Kopf stehenden Quadrats. Er wurde für die Klassen eins und zwei auf der linken Brustseite getragen. Im Mittelfeld des Sterns steht auf goldenem Feld das russische Monogram des Heiligen. Um das Medaillon steht in goldenen Buchstaben auf schwarzem Email die Devise des Georgsorden.

S. Levin

404
Kleinodien des Ordens des Hl. Georg
Rußland, 2. H. 19. Jh.

KREUZ
Gold, Email
5,7 x 5,2 cm
Inv.-Nr. 93375/913235

STERN
Silber, Gold, Email
Dm: 7,0 cm
Inv.-Nr. 93375/913237

BAND
Rips
L: 290 x 10 cm
Inv.-Nr. 87739Y/7177

405
Kleinodien des Ordens der Hl. Katharina
Rußland, Mitte 19. Jh

KREUZ AM BAND
Gold, Silber, Straß, Email, Band, Diamantrosen
9,0 x 5,6 cm
Inv.-Nr. 93355/786984

STERN „MIT BRILLANTEN"
Silber, Email, Straß
Dm: 9,8 cm
Inv.-Nr. 95192/988804

Der Orden der heiligen Märtyrerin Katharina

Der Orden wurde im Jahre 1714 von Peter dem Großen im Namen seiner Gemahlin Katharina Alexejevna, der späteren Katharina I., gestiftet. Bis 1917 stand er an zweiter Stelle der Rangordnung russischer Orden. Der Orden der Hl. Katharina wurde nur an Damen aus der nächsten Umgebung der Zarin und an Prinzessinnen des Zarenhauses verliehen. Der Orden, mit dem insgesamt nur 734 Damen geehrt worden sind, wurde in zwei Klassen verliehen: 12 Damen waren Ordensdamen des großen Kreuzes, 94 Damen waren Ordensdamen des kleinen Kreuzes.

Die Devise des Katharinenordens lautet: „Für Liebe und Vaterland". Das rote mit einer silbernen Kante eingefaßte Ordensband wurde über der rechten Schulter getragen. Das Kreuz zeigt in einem ovalen Medaillon mit Strahlenkranz eine Darstellung der Hl. Katharina von Alexandrien mit einem weißen Kreuz und einem Palmenzweig in ihren Händen. Zu ihren Füßen liegt das Rad als Attribut ihres Martyriums. Auf der Rückseite des Medaillons steht auf einem Emailband: „Aeguant (aequant) munia comparis" (durch ihre Verdienste den Gatten gleichgestellt). An der Stelle, an der das Kreuz am Ordensband befestigt wurde, band man eine Schleife, die mit der Devise bestickt war.

Der silberne achtzackige Ordensstern wurde auf der linken Brust getragen. Im Mittelfeld des Sterns ist auf rotem Feld ein silbernes Kreuz auf dem silbernen Halbrund eines Rades dargestellt. An den Enden des Kreuzes befinden sich die Buchstaben D. S. F. R. (Domine, salvum fac regem – Herr rette den Zaren). Um das Medaillon läuft die Devise des Ordens „Für Liebe und Vaterland". Ab 1856 wurden die Kleinodien des Ordens mit Brillanten oder Diamanten besetzt.

S. Levin

Der Orden der Hl. Anna

1735 stiftete Herzog Karl Friedrich von Schleswig-Holstein den Orden der Hl. Anna im Gedenken an seine 1728 verstorbene Frau, der Tochter Peters des Großen, Anna Petrovna. Der Sohn Karl Friedrichs und Anna Petrovnas, Karl Peter Ulrich, kam im Jahre 1742 als Anwärter auf den russischen Thron nach Rußland, und von diesem Zeitpunkt an wurden auch russische Untertanen mit diesem Orden ausgezeichnet. Ab 1797 wurde dieser im Ursprung deutsche Orden in das russische Ordenssystem integriert. Der ursprünglich nur in einer Klasse vergebene Anna-Orden wurde nun bis 1815 in drei und seit 1815 in vier Klassen verliehen. Mit dem Anna-Orden wurden militärische und zivile Beamte, Kaufleute und Geistliche ausgezeichnet. Die Ordensdevise lautet: „Amantibus justitiam, pietatem, fidem" (Denen, die die Gerechtigkeit, die Frömmigkeit und die Treue lieben). Das rote Ordensband mit gelbem Rand wurde über der linken Schulter getragen. Die Gestaltung des Ordenskreuzes aus rotem Email mit Goldkanten war in der Geschichte dieses Ordens häufigen Änderungen unterworfen. So wurde an Stelle des roten Emails bis 1816 dunkelrotes poliertes Glas verwendet. Bis 1828 wurden die Goldornamente an den Kreuzseiten mit Edelsteinen verziert. Danach wurden nur noch ausländische Untertanen mit diamantbesetzten Kreuzen ausgezeichnet. In der Mitte des Kreuzes findet sich auf einem Medaillon mit weißem Grund eine Darstellung der Hl. Anna. Auf der Rückseite des Medaillons stehen in blauen Buchstaben auf weißem Grund die Initialen der Devise: A. I. P .F.
Der silberne achtzackige Ordensstern wurde auf der rechten Brustseite getragen. Im Mittelteil des Sterns umrahmt die Devise als Schriftzug ein rotes Kreuz auf goldenem Grund. Von 1829 bis 1874 erhält die Auszeichnung durch die Darstellung einer Kaiserkrone über den Kreuzen der ersten und zweiten Klasse und über dem Medaillon des Sterns eine besondere Bedeutung.   S. S. Levin

406
Kleinodien des Ordens der Hl. Anna
Rußland, Anfang 20. Jh.

KREUZ „MIT BRILLANTEN"
Silber, Gold, Straß
6,5 x 6,3 cm
Inv.-Nr. 93355/981677

STERN
Silber, Gold, Email
Dm: 8,7 cm
Inv.-Nr. 89711/980718

BAND
Rips
L: 203 x 10 cm
Inv.-Nr. 93328/800740

Katalog-Nr. 403, ▶
Kreuz des Andreasordens

Beate Müller

2. Hälfte des 19. Jahrhunderts
1855–1917
Russisches Imperium

Als Alexander II. 1855 zum Kaiser proklamiert wird, beginnt für Rußland eine Zeit wichtiger Reformen. Nach 30 Jahren der konservativen Politik seines Vaters Nikolaus I., der in erster Linie die Machtverhältnisse im russischen Reich bewahren wollte, versucht Alexander II., Rußland in einen modernen Staat zu verwandeln. Neben Grundsatzänderungen im Rechts- und Bildungswesen, der kommunalen Verwaltung, der Armee und Administration steht die Bauernbefreiung im Mittelpunkt seines Reformwerkes. Bereits im März 1856 erklärt der Zar bei seiner ersten Begegnung mit dem Moskauer Adel, man müsse die Leibeigenschaft „von oben her" abschaffen, denn sonst würde sie „von unten" eigenmächtig und grausam zerstört. Doch erst 1861, nach fünf Jahren der Auseinandersetzungen und Debatten, setzt Alexander II. seinen politischen Willen mit dem Ukas zur Abschaffung der Leibeigenschaft durch. Nach dem Gesetz sind die Bauern nun frei und können eigenes Land besitzen.

Neben den Narodniki, den Volkstümlern, ist es vor allem die Intelligencija, eine gesellschaftskritische Gruppe junger Akademiker, die sich aufgrund ihrer politischen Überzeugung mit den Bauern solidarisieren und sich in ihrem Lebensstil volksverbunden geben. Wie ein politisches Manifest tragen sie Stiefel und seitlich geschlossene Kosoworotka-Hemden, lassen sich Bärte stehen und lange Haare wachsen. Aber selbst zu den Armee-Uniformen gehören nun die in Stiefel gesteckten Scharovari-Hosen und die zottligen Papaka-Pelzmützen.

In der Kunst entdeckt man den Bauern als Bildsujet. Bereits in den dreissiger Jahren unter Nikolaus I. war eine sentimentale Hinwendung zum Volk vor dem Hintergrund von Patriotismus und Nationalbewußtsein zu beobachten, die mit J. J. Rousseaus Ruf zur „Rückkehr zur Natur" verwurzelt zu sein scheint. Nun wird in der 2. Hälfte des 19. Jahrhunderts die Volkskunst und das Leben der Bauern zum Inbegriff der russischen Kultur. Auf der einen Seite findet sich seit den frühen 1870er Jahren ein starkes soziales Engagement für die Situation der Bauern in der realistischen Malerei, auf der anderen Seite überwiegt auch jetzt noch die romantische Vorstellung vom Leben auf dem Lande. Ob auf Lacktabakdosen, Porzellantellern, Schreibgerät oder als Porzellanfigur, überall finden sich Porträts von Bauern oder bäuerliche Genreszenen, die eine Idylle und nicht die harte und entbehrungsreiche Wirklichkeit widerspiegeln.

In den sechziger Jahren entsteht eine neue Bewegung, die das traditionelle Handwerk auf dem Land beleben will, das als Folge der Bauernbefreiung und durch die einsetzende Industrialisierung bedroht wird. Künstler und Intelligenzler, aber auch Großgrundbesitzer und Industrielle glauben, mit der Förderung des Kunsthandwerks das Ansehen der Bauern

Katalog-Nr. 452
Schreibzeug mit tanzenden Bauern, Rußland, 1839–1840.

Katalog-Nr. 358–360
Schatulle und Tabakdosen mit Bauernszenen.

vergrößern und den Lebensstandard in den ländlichen Gegenden heben
zu können. Überall werden Werkstätten auf dem Lande gegründet, die
von führenden Künstlern geleitet werden. In Abramcewo, einem
Landhaus bei Moskau, entsteht 1870 eine der wichtigsten Künst-
lerkolonien dieser Art. In der dortigen Möbeltischlerei arbeitet Viktor
Wasnecov, einer der ersten Künstler, der auf die Volkskunst zurückgegrif-
fen hat. Die Möbel und das Holzgerät Wasnezovs zeigen die einfachen
und streng geometrischen Muster, die sich sowohl bei den altrussischen
geschnitzten Möbeln als auch bei den Ikonen finden. Der Begründer von
Abramcewo, der Moskauer Industrielle und Kunstmäzen Sawwa Mamon-
tow, entwickelt das Konzept der Werkstätten unter dem Einfluß der
Lehren von William Morris und der avantgardistischen Münchner Kreise.
Doch der Traum von Abramcewo scheitert, ähnlich wie bei der Arts &
Crafts-Bewegung in England, daran, daß sich trotz wirtschaftlicher
Erfolge eine industrielle Fertigung zur größeren Verbreitung der Arbeiten
nicht durchführen läßt.

Aus den verschiedenen Strömungen der Volkskunst und dem Rückgriff
auf die altrussische Kunst des 16. und 17. Jahrhunderts entwickelt sich in
der 2. Hälfte des 19. Jahrhunderts der Russische Stil. Mit dem Historismus
werden nicht nur die Stilepochen der westeuropäischen Kunstgeschichte,
sondern vor allem die Wurzeln der eigenen Kunsttradition wiederentdeckt. Die russische Kunst emanzipiert sich gegenüber den westeuropäischen Strömungen und findet ihre eigene kulturelle Identität. Dieser
zunächst elitäre Stil des Adels und Großbürgertums wird nun zu einem
klassenlosen Phänomen aller Schichten des russischen Volkes, wenn auch

viele der kostbaren Objekte nur für die Oberschicht erschwinglich bleiben. Mit dem Russischen Stil, der 1882 auf der Panrussischen Ausstellung in Moskau seinen Höhepunkt erlebt, hat sich erstmals seit Peter I. eine Kunstströmung ohne Lenkung von oben durchsetzen können.

Die Suche nach Vorbildern in der altrussischen Kunst führt in die vorpetrinische Epoche, da sich hier die russische Kultur noch ohne den westlichen Einfluß entwickeln konnte. Aber auch der Lebensstil der Bauern bewahrte noch vieles der alten russischen Tradition, da die Landbevölkerung von der Europäisierung unter Peter I. verschont geblieben war.

Alles wird im Russischen Stil entworfen: Vom Möbel über den Tafelschmuck, Tapeten, Öfen und Stoffen bis hin zu Andenken. Mit der Rückwendung in die eigene kulturelle Vergangenheit werden auch Techniken wie Niello und Email, und Materialien wie Holz, aber auch die typisch altrussischen Glimmerfenster (Kat.-Nr. 419) wiederentdeckt. In den Städten verdrängen immer mehr Holzbauten mit geschnitzten und gemalten Ornamenten die westeuropäischen Häuser aus Stein. Man entdeckt natürliche Materialien und natürliche Formen, wie die Vogelform des Kovsch, die stilisiert-naturalistisch im gebauchten Gefäßkörper des Kovsch eines Weinservice von 1908–1917 (Kat.-Nr. 449) wiederkehrt.

In der Gold- und Silberschmiedekunst erlebt das leuchtende Email als Zellenemail mit filigranen Bördelungen, neben den alten Techniken wie Filigran und Niello, eine Renaissance. Besonders die führenden Moskauer Juweliere und Silberschmiede Ovčinnikov, Chlebnikov und Ljubavin spezialisieren sich auf Emailarbeiten im alten Stil und verwenden dabei Vorlagen aus den Kremlwerkstätten des 16. und 17. Jahrhunderts.

Doch nicht nur russische Künstler vertreten den nationalen Russischen Stil. Auch der berühmte Goldschmied Peter Carl Fabergé, dessen Vorfahren aus einer im Baltikum ansässigen Hugenottenfamilie stammten, fertigt Arbeiten mit stilistischen Anklängen im Stil Louis XV. oder des Empire, aber auch Stücke mit russisch-nationalen Elementen. Fabergé wurde 1846 als Sohn von Gustave Fabergé geboren, der 1842 nach Rußland emigrierte und in St. Petersburg eine Goldschmiedewerkstatt eröffnete. Unter der Leitung von Carl Fabergé, der die Firma 1870 übernimmt, erreicht die Firma Weltruhm. Fabergé gründet Filialen in Moskau, Odessa, Kiev und London und beschäftigt zeitweilig fast 500 Künstler und Handwerker. Neben den funktionellen und vielseitigen Gebrauchsgegenständen, bei denen Fabergé besonders die Technik des Guilloché-Emails zur Meisterschaft bringt, entstehen vor allem die „Objects d'art", zu denen auch die berühmten Ostereier zählen. Diese phantastischen Miniaturwelten aus Gold, Silber und Edelsteinen gestaltet Fabergé als Hofjuwelier seit 1884 für Alexander III. und später für Nikolaus II. Neben dem russischen Hof hat Fabergé das englische Königshaus und die westeuropäische Aristokratie mit extravaganten Kostbarkeiten beliefert.

Nach dem Tod Alexanders II., der nach wiederholten Attentatsversuchen 1881 bei einem Bombenanschlag ums Leben kommt, und einer weiteren Phase der uneingeschränkten Autokratie und Reaktion unter Alexander

Katalog-Nr. 449
Kovsch eines Weinservice. Moskau, 20.
Juwelierartel, 1908–1917.

Katalog-Nr. 447
Dose, Moskau, P. Ovčinnikov, 1888

III. (1881–1897) tritt 1897 Nikolaus II. an die Spitze des russischen Reiches. Auch Nikolaus II. versucht, die Monarchie in Rußland in der Tradition des selbstherrschenden Zaren aufrecht zu erhalten. Sein Rückzug in die scheinbar glückliche Familienidylle läßt sich als Kapitulation vor der Unlösbarkeit der immer größer werdenden Probleme in der Sozial-, Finanz-, Innen- und Außenpolitik sehen. Wie die Oberschicht, so lebt die Zarenfamilie in einer Scheinwelt des westeuropäischen Luxus weit entfernt von den Problemen des russischen Volkes.

Malerei und Graphik

407

Parade auf dem Schloßplatz in St. Petersburg

Kopie von Egor Tiedemann nach einem Original von Adolph Ladürner, 1855
Öl auf Leinwand
96,5 x 97,5 cm
Inv.-Nr. 81758 I1-5703

A. Ladürner (1798–1855), russischer Landschaftsmaler deutscher Abstammung. Egor Peter Tiedemann (1812–1887), russischer Genremaler deutscher Abstammung. Beide Künstler arbeiteten in St. Petersburg mitunter gemeinsam. Sie malten Schlachten, Paraden und Manöver. N. P.

408

Wachablösung im Kreml während der Krönung Alexanders II., 1856

Gustav Schwarz, 1856
Öl auf Leinwand
70 x 109 cm
Inv.-Nr. 87868 K-45
Aus der Gemäldegalerie des Peterhofes bei Moskau

Gustav Schwarz (um 1800 – nach 1856), ein deutscher Maler, der 1840–1850 in Rußland lebte und arbeitete. Er führte vor allem Aufträge für Kaiser Nikolaus I. aus: Bilder von Schlachten, Paraden und Manövern. 1856 schuf er eine Bilderserie der Krönungsfeierlichkeiten.
Die Krönungszeremonie von Alexander II. fand nach alter Tradition in der Uspenskij-Kathedrale im Kreml statt. Sie wurde vom Glockengeläut aller Moskauer Kirchen und Klöster sowie von 101 Kanonenschüssen begleitet. Das Bild zeigt den Augenblick, als Alexander II. nach der Krönung in den Kremlpalast zurückkehrt und auf dem Ivanov-Platz die Wachablösung der Einheiten des Gardecorps beginnt. In der bunten Volksmenge sind Vertreter aller Stände zu erkennen.
Der Standpunkt des Betrachters ist der Glockenturm von Ivan dem Großen mit Blick auf das Spasskij-Tor. Links im Vordergrund die Zarenglocke sowie ein rot ausgeschlagenes Podest, auf dem sich die Prozessionen bewegten. N. S.

409

Porträt der Gräfin Panin

Louis Stanislas Faivre-Duffer,
Moskau 1858
Öl auf Leinwand, 130 x 95 cm
Inv.-Nr. 61560/I1-55

Der französische Maler Faivre-Duffer (1818–1897) war auch ein Lithograph. Er arbeitete vor allem in den 1850er Jahren in Moskau. Bekannt sind seine Porträts der Familie Olsufev. N. P.

410

Empfangsraum im Hause eines Generalkommandanten

Anonym, 1850–1860
Öl auf Leinwand
79 x 139 cm
Inv.-Nr. 54679 K-130

Im 2. Drittel des 19. Jahrhunderts waren „Ansichten von Zimmern" sehr beliebt. Man wollte sie genau dokumentieren und das wirkliche Leben in den Adelshäusern mit ihrer Einrichtung wiedergeben. So wurden diese Bilder eine wichtige Quelle für den Lebens- und Wohnstil dieser Epoche. Oft zeigen diese Darstellungen auch die Bildnisse der Hausbewohner.
Auf diesem Bild ist eine Zimmerflucht von drei Räumen zu sehen. Im Vordergrund der prunkvolle Empfangsraum. Vor dem Fenster sieht man eine Fahne mit dem doppelköpfigen Adler – das Merkmal einer Festung. Der Hausherr trägt die Uniform eines Generalleutnants. Die schmückenden Utensilien des Raumes sind typisch für die wohlhabende Atmosphäre in der Mitte des 19. Jahrhunderts. N. S.

Katalog-Nr. 409 ▶

411
Stadtplan von Moskau mit 12 Ansichten

Chromolithographie, 1882
65,3 x 88,4 cm
Inv.-Nr. 45856 L-463

Der illustrierte Stadtplan wurde zur Eröffnung der Allrussischen Kunst- und Industrieausstellung in Moskau 1882 herausgegeben. Am Rand sind die 12 wichtigsten Gebäude der Stadt dargestellt.
Links von oben nach unten: der große Kremlpalast, das Rote Tor (1930 auf dem Gartenring abgetragen), der Glockenturm Ivans des Großen im Kreml, die Rumjancev-Bibliothek – ehemals das Paschkov-Haus, die Zarenkanone im Kreml, das Voskresenskij-Tor der Kitajgorod (1996 zwischen dem Staatl. Historischen Museum und dem Leninmuseum wieder aufgebaut).
Rechts von oben nach unten: die Allrussische Kunst- und Industrieausstellung, der Sucharev-Turm (abgetragen), das Spasskij-Tor im Kreml, die Erlöserkirche, das Polytechnische Museum, die Basilius-Kathedrale.
Oben das Wappen von Moskau.   N. S.

412
Illumination in Moskau während der Krönung von Alexander III., 1883

N. E. Makovskij, 1883
Öl auf Leinwand
82 x 114 cm
Inv.-Nr. 70156 K-227
1930 aus dem Museum des Alten Moskau übernommen

Nikolaj Evgrafovič Makovskij (1842–1886) war Landschaftsmaler, Bruder des Genremalers Vladimir und des Porträtisten Konstantin Makovskij. 1883 malten die drei Brüder das Krönungsalbum. Nikolaj malte einige Ansichten von Moskau. Am Abend der Krönungsfeier erstrahlte die Stadt in Festbeleuchtung, besonders prächtig der Kreml. In seinen Türmen waren elektrische Scheinwerfer installiert. Ein Lichtstrahl war ständig auf die Erlöser-Kirche gerichtet. Diese Kirche war als ein Denkmal für den Sieg des vaterländi-

schen Krieges 1812 mitten im Zentrum der Stadt an der Steinernen Brücke 1838–1881 nach Entwürfen des Architekten K. A. Thon errichtet worden. Wenige Tage nach der Krönung wurde sie in Gegenwart des Kaisers eingeweiht und am folgenden Tag wurde das Historische Museum, das ebenfalls den Namen Alexanders III. trug, der Öffentlichkeit übergeben. Die Ansicht des Gemäldes ist der Blick vom Balkon des Kremlpalastes in Richtung der Erlöserkirche. N. S.

413 Abb. S. 65
Porträt Kaiser Nikolaus II.

N. F. Jasch, 1896
Öl auf Leinwand
240 x 175 cm
Inv.-Nr. 68257/I1-4991
1930 aus dem Historischen Kriegsmuseum in Moskau übernommen

Nikolaj Fedorovič Jasch war Porträtist in der 2. Hälfte des 19. Jahrhunderts. Im Auftrag von Museen und Privatpersonen führte er Kopien nach Porträts des 18. und 19. Jahrhunderts aus.
Zar Nikolaus II. (1868–1917, Kaiser seit 1894) war der älteste Sohn von Alexander III. Mit 26 Jahren war er bei seiner Inthronisation einer der jungen Zaren der Geschichte Rußlands. Im gleichen Jahr heiratete er die Prinzessin Alice Viktoria von Hessen-Darmstadt (Aleksandra Fedorovna). Sie hatten vier Töchter und den Thronfolger Aleksej (1904–1917). Während seiner Regierungszeit fanden in Rußland drei Revolutionen statt (im Jahr 1905, im Februar 1917 und im Oktober 1917) sowie der Krieg mit Japan (1904–1905). Rußland war auch am Ersten Weltkrieg beteiligt. In den Jahren 1906–1917 hatte Rußland zum ersten Mal ein Parlament – die Duma (Staatsduma).
Nikolaus II. wurde mit seiner Familie 1918 verhaftet und in Ekatarinburg erschossen. Später wurde er durch die russisch-orthodoxe Kirche im Ausland heiliggesprochen. Das Porträt stammt aus dem Krönungsjahr. Die Krönung, die nach altem Ritus gefeiert wurde, war durch ein Unglück auf dem Chodynskoe Feld überschattet. Beim Verteilen von Speisen und Geschenken war eine Panik ausgebrochen, durch die viele Menschen zu Tode getrampelt worden sind. Der Kaiser ist auf dem Porträt als Oberst der russischen Armee in der Leibgardeuniform des Preobrashensker Regiments, dessen Chef er war, dargestellt. Ihn schmücken Band und Stern des Andreasordens. Er steht im großen Kremlpalast mit Blick auf den Borovickij-Turm und die Erlöserkirche. Dieser große Kirchenbau im russisch-byzantinischen Stil nach Entwürfen des Architekten K. A. Thon errichtet und 1883 geweiht, symbolisiert die Ideale der zukünftigen Regierung des letzten russischen Zaren. N. P.

414
Porträt einer Unbekannten im weißen Kleid

I. S. Galkin, 1903
Öl auf Leinwand, 117 x 89 cm
Inv.-Nr. 63017/I1-4123

Galkin, Il'ja Savvič (1860–1915) Porträtist und Genremaler. Er studierte an der Akademie der Künste in St. Petersburg. Als Hofmaler porträtierte er die Zarenfamilie. N. P.

Dieses Bild charakterisiert den selbstbewußten Lebensstil der russischen Oberschicht am Anfang unseres Jahrhunderts anschaulicher, als es viele Worte beschreiben könnten.

Katalog-Nr. 414 ▶

415
Porträt der Großfürstin Olga Alexandrovna

V. K. Schtemberg, 1908
Öl auf Leinwand, 138 x 93,5 cm
Inv.-Nr. 92496/I1-4478

Victor Karlovič Schtemberg (Stemberg), 1863 – nach 1917, (nicht bei Thieme-Becker erw.) gilt als russischer Landschaftsmaler und Porträtist. (Sein Vater mit dem Vornamen Karl muß jedoch der deutschen Tradition noch sehr verbunden gewesen sein.) Schtemberg studierte an der Akademie der Künste in St. Petersburg und an der Kunstakademie in Paris.
Die Großfürstin Olga (1882–1960) war die Schwester von Zar Nikolaus II. und die Jüngste unter den Geschwistern. Sie war künstlerisch begabt, zeichnete und malte. Nach der Familientradition übernahm sie die Pflichten eines Chefs der Marineinfanterie. 1900 heiratete sie den Herzog von Oldenburg. Sie hatte eine medizinische Ausbildung und beteiligte sich am Aufbau von Krankenhäusern. Im Krieg war sie 1914 als Krankenschwester an der Front und wurde für ihre Tapferkeit mit der Georgs-Medaille ausgezeichnet. Nach dem Scheitern ihrer ersten Ehe heiratete sie 1916 den Garde-offizier N. A. Kulikovskij. Nach der Revolution 1917 emigrierte sie nach Dänemark, danach nach Kanada. Sie war Vorsitzende von Emigranten-Wohltätig-keitsvereinen.
Dargestellt ist sie in einem Kleid, dessen Kragen und Manschetten an eine Marineuniform erinnern.   N. P.

416

Innenansicht vom Schloß des Prinzen von Oldenburg

auf der Steinernen Insel (Kamennyj ostrov) in St. Petersburg
Olga Trubeckaja, 1900–1920
Öl auf Leinwand, 49 x 66 cm
Inv.-Nr. 52192 K-73
1919 erworben von der Fürstin Olga Trubeckaja

Die Fürstin Olga Nikolaevna Trubeckaja (1867–1947) war Autodidakt und nahm 1918 an einer Ausstellung der Moskauer Maler teil. Sie ist die jüngste Schwester der bekannten Philosophen Sergej und Evgenij Trubeckoj. 1919 emigrierte sie nach Frankreich.

Die Prinzen von Oldenburg gehörten durch Familienbande zur Kaiserfamilie. Sie entstammten der Oldenburgischen Herzogslinie von Holstein-Gottorp. Mitte des 18. Jahrhunderts waren sie in russische Dienste getreten. Prinz Georg Petrovič (1784–1812) war Generalgouverneur von Tver', Jaroslavl' und Novgorod. Er war mit der Großherzogin Katharina, der Schwester von Alexander I. verheiratet. Sein Sohn Peter (1812–1881) hat viel für die Ausbildung der Frauen in Rußland getan. Er besaß als erster einen Palast auf der Steinernen Insel. Am Anfang des 20. Jahrhunderts gehörte dieser Palast dem Prinzen Alexander (1844–1932), der im Ersten Weltkrieg Leiter des Militär-Sanitätsdienstes war. Sein Sohn Peter war mit der Großfürstin Olga, Schwester von Nikolaus II., verheiratet.

Die Steinerne Insel ist einer der schönsten Vororte von St. Petersburg im Delta der Neva. Bereits Ende des 18. Jahrhunderts gab es hier einen Zarenpalast und Datschen (Landhäuser) der Aristokratie. Der Palast des Prinzen von Oldenburg wurde 1831–1833 aus Holz erbaut und später vom Architekten A. I. Stakenschneider modernisiert.

N. S.

Möbel

Katalog-Nr. 418

417
Toilettentisch mit Spiegel

Rußland, 1880–1890
Gußeisen, vernickelt, poliert
134 x 52 x 32,5 cm
Inv.-Nr. 100492/Sh 10029

418
Schrank

Rußland, Ivan Alexandrovič Vomin,
1903
Nußbaum, geschnitzt
157 x 156 x 49 cm
Inv.-Nr. 107942/2537

Dieser Schrank geht auf einen Entwurf von Ivan Alexandrovič Vomin (1872–1936) zurück, der als Architekt und Designer zu den wichtigsten Vertretern der russischen Kunst des beginnenden 20. Jahrhunderts zählt. Der Schrank wurde in der Moskauer Möbelfabrik von Mühr und Meriliz angefertigt. Vomin entwarf den Schrank für die „Ausstellung der Architektur und der künstlerischen Industrie des Neuen Stils", die er als einer der Hauptorganisatoren durchführte. Diese programmatische Ausstellung des russischen Jugendstils fand 1903 in Moskau statt.   O. S.

Katalog-Nr. 419

419
Buffet

Rußland, Meister A. M. Vasnecov, 1910
Eiche, geschnitzt, Glimmerscheiben,
Metall, Email
155 x 155 x 62 cm
Inv.-Nr. 106677/2411

Appolinarij Michailovitsch Vasnecov (1856–1933) war ein berühmter Künstler, Archäologe und Designer, der in der Künstlerkolonie von Abramcewo mitgewirkt hat. Bei seiner Arbeit griff er auf Formen und Stilelemente des 17. Jahrhunderts zurück, die für ihn den Höhepunkt der russischen Kunst verkörperten. In der Gestaltung des Buffets lassen sich Architekturelemente des frühen russischen Barock erkennen. So ahmen die Türen des Buffets die Form der Glimmerfenster gegen Ende des 17. Jh. nach. Der Entwurf für das Buffet wurde für das Typen-Museum geschaffen, das im Jahre 1910 in der Nähe des Moskauer Museums für Heimindustrie eröffnet wurde. 				O. S.

Goldschmiedekunst

421   Abb. S. 78
Goldmanschette

Rußland, 1860–1870
Gold, Rubine, Perlen, Email
5,6 x 7,4 x 6,8 cm
Inv.-Nr. 70442/7140 ok

Diese Manschetten wurden paarweise getragen. Sie rafften die langen Ärmel der Trachtenblusen am Handgelenk.

Hrsg.

422
Lorgnon

Westeuropa, 2. H. 19., Jh.
Gold, Silber, Türkise, Brillanten,
Diamanten, Perlen, Glas
8,5 x 2,7 cm
Inv.-Nr. 17666 šč/1879 ok
1905 aus der Slg. Schtschukin

423
**Brustschmuck mit den Porträts der
Zaren Alexander II. und Alexander III.**

Rußland, 2. H. 19. Jh.
Gold, Silber, Straß, Papier
8,4 x 5,0 cm
Inv.-Nr. 10525 šč/22560 ok
1905 aus der Slg. Schtschukin

Katalog-Nr. 423 ▶

Katalog-Nr. 424

424
Fingerring mit dem Monogramm des Zaren Alexander III.

St. Petersburg, 1881–1894
Gold, Silber, Email, Brillanten,
Diamanten
2 x 2,3 x 3 cm
Inv.-Nr. 14562/9595 ok

Dieser Fingerring trägt die Initialen des
Zaren Alexander III. (1845–1894) und
befand sich in seinem Besitz.   N. T.

425
Fingerring
Westeuropa, Anfang 20. Jh.
Gold, Silber, Smaragde, Diamanten
2,3 x 1,9 x 1,1 cm
Inv.-Nr. 107080/137-23185 ok
Herkunft: Aus dem Besitz von
A. P. Ostrovskij, 1987

Goldschmiedearbeiten der Werkstatt von Carl Fabergé

zu 426–435

Carl Fabergé war in der Zeit um 1900 der Hofjuwelier des Zaren. Sein Vater Gustave Fabergé war kurz vor seiner Geburt 1842 nach Rußland emigriert und hatte in St. Petersburg eine Goldschmiedewerkstatt eröffnet. Carl Fabergé, der 1870 diese Werkstatt übernahm, hat sie zu Weltruhm geführt. Er gründete Filialen in Moskau, Odessa, Kiev und London. Zeitweilig waren fast 500 Künstler und Handwerker bei Fabergé beschäftigt. Besonders zahlreich sind die Arbeiten mit den transparenten Guilloché-Emails, deren zarte Farben die Struktur des Silbergrundes durchscheinen lassen. Kleine Gebrauchsartikel, wie die Tischuhr, wurden so zu Kunstgegenständen. Unübertroffene Meisterschaft zeigte Fabergé mit seinen „Objects d'art", zu denen auch die berühmten Ostereier zählen.   Hrsg.

Katalog-Nr. 426   Katalog-Nr. 427

426
Miniatur-Leuchter

St. Petersburg, K. Fabergé,
Anfang 20. Jh.
Silber, vergoldet, Email
6,4 x 3,9 x 3,9 cm
Inv.-Nr. 89762/14577 ok

427
Dose

St. Petersburg, Michail Perchin für
Fabergé, 1899–1908
Silber, Email
1,7 x 5,3 x 5,3 cm
Inv.-Nr. 102157/65-18269 ok

Katalog-Nr. 432

428
Tischklingel

St. Petersburg, Michail Perchin für
Fabergé, 2. H. 19. Jh.
Silber, Brillanten, Achat
6,7 x 5 x 5 cm
Inv.-Nr. 53352/4555 ok

429
Bilderrahmen

St. Petersburg, André Johann
Nevaleinen für Fabergé, 1899–1908
Silber, Email, Holz
1,2 x 8,4 x 9,2 cm
Inv.-Nr. 102157/68-17239 ok

430
Zigarettenetui

St. Petersburg, August Friedrich
Hollming für Fabergé, 1908–1917
Silber, Gold, Diamanten, Email
8,0 x 7,0 cm
Inv.-Nr. 106510/23065 ok

431
Zigarettenetui

Rußland, Fabergé?, Anfang 20. Jh.
Achat, Gold, Diamantrosen, Saphire
5,7 x 9,0 x 1,5 cm
Inv.-Nr. 98920/15874 ok

432
Tscharka
(Sturzbecher für Schnaps) in Helmform

St. Petersburg, Werkstatt Erik August
Kollin für Fabergé, 1899–1908
Silber, vergoldet, Email
9,5 x 6,9 x 4,7 cm
Inv.-Nr. 53030/472/1489 ok

Im Mittelpunkt des Sterns befindet sich
die Inschrift: „Für Glaube und Treue"
und im Inneren des Helms die Inschrift:
„Von den Kameraden der 1. Garde-Kava-
lerie-Division dem Fürsten Nikolai
Nikolaevič Odoevskij Maslov". N. T.

433
Zigarren-Guillotine

Rußland, Fabergé, 19. Jh.
Gold, Brillanten, Saphir, rosa Email
1,9 x 3,7 cm
Inv.-Nr. 73839/6936 ok

434   **Abb. S. 79**
Aquamarin-Brosche

St. Petersburg, Fabergé, 1908–1917
Gold, Aquamarin, Diamanten
3,7 x 3,2 cm
Inv.-Nr. 102157/7-17233 ok

435
Tischuhr

St. Petersburg, Heinrich Wigström für
Fabergé, 20. Jh.
Silber, Email, Perlen, Elfenbein
Dm. 8,2 cm
Inv.-Nr. 98863/15969 ok

Katalog-Nr. 435

◄ Katalog-Nr. 433

Katalog-Nr. 436

Katalog-Nr. 437

Katalog-Nr. 439

436
Ohrringe

Rußland, Anfang 20. Jh.
Silber, vergoldet, Diamanten, Brillanten,
Smaragde
L: 5,2 cm
Inv.-Nr. 107080/23186 ok

437
Anhänger

Moskau, nach 1908
Gold, Chrisolit
L: 7,2 cm
Inv.-Nr. 108618/23536 ok

438
Brosche in Form einer Libelle

Moskau, Manufaktur für Silberarbeiten,
Meister Vasilij Agafonov, 1908–1917
Gold, Rubine, Brillanten, Diamanten,
Perlen, Smaragde
6,2 x 7,0 cm
Inv.-Nr. 10599-23072 ok

439
Taschenuhr mit Auto

Schweiz, Werkstatt Invicta, Anfang 20. Jh.
Gold, Emailmalerei, Brillanten
Dm: 5 cm
Inv.-Nr. 98932/15886 ok

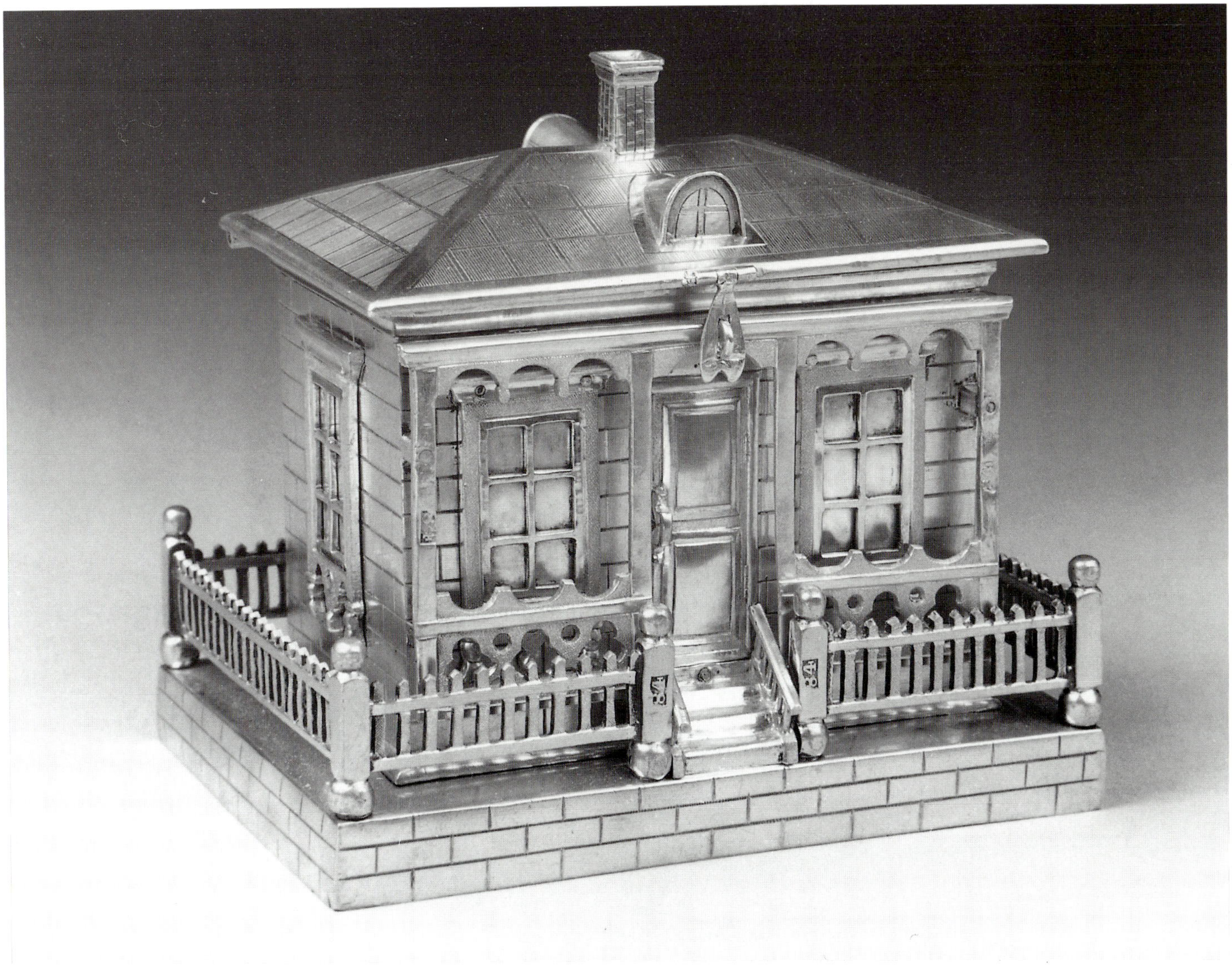

440
Häuschen als Schreibzeug

Moskau, A.W. Wegmann, 1869
Silber, teilvergoldet
12 x 13 x 9 cm
Inv.-Nr. 102433/28-18207 ok

Holzhaus bei Moskau, 1996

Katalog-Nr. 443

441
Kästchen

Moskau, 1873
Silber, vergoldet, Email
12,5 x 17,5 x 10,5 cm
Inv.-Nr. 95219/14707 ok

442
Honigtopf (Bratina mit Deckel)

Moskau, 1874
Silber, teilvergoldet
10 x 12 x 12 cm
Inv.-Nr. 106524/23066 ok

443
Brunnen mit Eimern als Schreibzeug

St. Petersburg, Karl Werlin, 1876
Silber, teilvergoldet
24,5 x 19,0 x 11,5 cm
Inv.-Nr. 98135/15602 ok

Auf dem Untersatz die Aufschrift: „Zum Andenken vom Bruder der Schwester", „15. März 1881".   N. T.

Katalog-Nr. 442 ▶

▲ 444
Hoftor mit Säcken als Schreibzeug

St. Petersburg, 1875
Silber, teilvergoldet
20,5 x 26,5 x 11 cm
Inv.-Nr. 53030/ok 4533

Katalog-Nr. 446

445

Tablett mit geflochtenem Muster

Moskau, Manufaktur I. Chebnikov, 1880
Silber
9,5 x 28,4 x 19,5 cm
Inv.-Nr. 99146/16065 ok

446

Schreibzeug mit Tintenfaß auf Untersetzer, Federhalter und zwei Leuchtern

Moskau, Werkstatt Pavel Ovčinnikov,
(Ovtschinnikov), 1883
Silber, vergoldet, Email
13,9 x 8 x 8 cm
Inv.-Nr. 27062/1-4-9189 ok

447   **Abb. S. 351**

Dose

Moskau, Pavel Ovčinnikov, 1888
Silber, vergoldet, Email
6,6 x 1,3 cm
Inv.-Nr. 42567/11092 ok

Auf dem Deckel in einem runden
Medaillon das Brustbild einer jungen
Frau in russischer Tracht.   N. T.

448

Salzbehälter als Thron

Moskau, Werkstatt Pavel Ovčinnikov,
1894
Silber, vergoldet, Email
15,2 x 10,3 x 9 cm
Inv.-Nr. 96889/15430 ok

Katalog-Nr. 448

373

Katalog-Nr. 449

449
Weinservice: Großer Kovsch,
Ablagesteg, Schöpflöffel und zehn
kleine Trinkkovschy

Moskau, 20. Juwelierartel, 1908–1917
Silber, vergoldet, Email
Inv.-Nr. 53054/129-3808 ok

Metallarbeiten

Katalog-Nr. 450

450
Reiterstatuette der Zarin Alexandra Fedorovna (Prinzessin von Preußen) – Symbol für das Bündnis Rußland-Preußen

Berlin, Modell: Gustav Bleser,
Gießer: Albert Konar̆zevskij, 1835
Bronzeguß, patiniert
35 x 40 cm
Inv.-Nr. 92634/br 1648

Die Skulptur entstand 1835 aus Anlaß des russisch-preußischen Militärmanövers in Kalische (Polen), an der auch die als Reiterin dargestellte Gemahlin Nikolaus I., Alexandra Fedorovna (1798–1860) teilgenommen hat.
Dieses große Manöver mit ca. 60 000 Teilnehmern wurde aufgrund des 1813 gegen Napoleon geschlossenen Bündnisses zwischen Rußland und Preußen abgehalten. Zur Demonstration der Waffenbrüderschaft beider Länder erfolgten am 31. 8. und 2. 9. militärische Paraden, die die gegenseitigen Bündnisverpflichtungen Preußens und Rußlands symbolisch darstellen sollten. Dem Protokoll gemäß defilierte zunächst das preußische Herr unter Führung des preußischen Königs vor dem Zaren. Anschließend erwies Nikolaus I. mit dem Defilée seines Heeres dem preußischen König die gleiche Ehre.
Die rechte Flanke des Gardekavallerie-Regiments wurde von Alexandra Fedorovna angeführt. Die Statuette zeigt die Zarin als Amazone in der Uniform der schweren Gardekavallerie, der sie als Regimentschefin vorstand.

Die Bronzeplastik wurde in einer Auflage von 11 Exemplaren für die regierenden Häuser Rußlands und Preußens gefertigt und stellt darin ein ungewöhnliches Symbol des Bündnisses zwischen Preußen und Rußland dar. L. D.

Katalog-Nr. 451

451
Brieflade des Zaren Nikolaus I. mit Inthronisation von Ivan IV. und Unterzeichnung von Bündnisverträgen mit anderen Fürstentümern

St. Petersburg,
Entwurf: F. G. Solncev, 1852–1853,
Ausführung: Fa. Felix Schopen, 1852–1853
Bronzeguß vergoldet, graviert, versilbert
57 × 40 cm
Inv.-Nr. 81989/54-kp7933

Diese Brieflade stellt eine von sieben Schatullen dar, die zur Aufbewahrung von bedeutenden Staatsdokumenten, Vertragsurkunden, Briefen des Zaren und anderen wichtigen Unterlagen dienten. Im Kreml wurden sie in einem besonderen Raum des Archivs untergebracht.

Die Schatulle wurde in der Fabrik von Felix Schopen in St. Petersburg gearbeitet, in der mehrere wichtige staatliche und kirchliche Aufträge ausgeführt worden sind, wie für den Moskauer Kremlpalast, die Isaakiev-Kathedrale und die Ermitage in Petersburg.

Das Bildprogramm der Lade zeigt auf der Vorderseite Ivan IV., den ersten Zaren und Ahnherrn des russischen Reiches auf einem Thron bei der Krönungszeremonie, bei der Ivan IV. die Kappe des Monomach überreicht wurde. Seitlich des Mittelreliefs sind Kriegstrophäen angeordnet, die an die militärischen Erfolge Ivan IV. erinnern. So werden auf der linken Seite Teile einer westlichen Ritterausrüstung dargestellt, die für den Livländischen Krieg von 1570–1578 stehen. Auf der rechten Seite sieht man östliche Waffen, die als Symbol der Angliederung des Kazaner Chanats im Jahre 1552 gedeutet werden können. Gleich neben dem Mittelrelief sind russische Waffen mit Panzerhemden und Helmen dargestellt.

L. D.

Kleinbronzen

Zu 452 bis 458

In der 2. Hälfte des 19. Jahrhunderts erfreuten sich kleine Bronzerepliken von Moskauer Sehenswürdigkeiten in Rußland großer Beliebtheit. Solche Souvenirs fanden als Tischdekoration oder auch Briefbeschwerer Verwendung.

Aufgrund ihrer großen Beliebtheit brachten viele Gießereien solche Kleinbronzen heraus, darunter auch die Moskauer Bronzegießerei von K. L. Elagin und die Bronzegießerei G. Schmidt, die sich auf die Herstellung solcher Kleinplastiken nach Modellen berühmter Moskauer Monumente spezialisiert hatte.

Der aus Deutschland stammende G. Schmidt gründete 1851 eine Werkstatt in der Pjatnickaja Straße in Zamoskvoreč'e. Die dort gefertigten Produkte wurden in seinem Geschäft auf der Petrovka, mitten im Zentrum von Moskau, verkauft. Die Erzeugnisse der Firma Schmidt fanden durch die Wahl der Themen bei allen Bevölkerungsschichten und nicht zuletzt am Zarenhof großen Absatz. Die Arbeiten wurden auf vielen internationalen Industrieausstellungen gezeigt und wurden gerade im letzten Viertel des 19. Jahrhunderts besonders zahlreich ausgestellt. L. D.

452 Abb. S. 348

Schreibzeug mit tanzenden Bauern

Rußland, 1830–1840
Bronzeguß, vergoldet, graviert
19 x 18 cm
Inv.-Nr. 7023 šč/br 482 a,b
1905 aus der Slg. Schtschukin

453

Tischdekoration „Obelisk zum Andenken an die Schlacht auf dem Feld von Borodino"

Moskau, Manufaktur G. Schmidt,
1850–1860,
Bronzeguß, patiniert, vergoldet
30,5 x 14 cm
Inv.-Nr. 74176/br 1823

Das Modell zeigt eine Nachbildung eines Denkmals, das 1837 nach einem Entwurf des Architekten A. Adomini geschaffen wurde. Es erinnert an die berühmte Schlacht auf dem Feld von Borodino vom 7. September 1812 zwischen den russischen und den französischen Truppen, die die Niederlage der napoleonischen ,Grande Armée' einleitete. L. D.

454

Tischdekoration „Minin und Posharskij"

Moskau, Manufaktur G. Schmidt,
1850–1860
Bronzeguß, patiniert
28 x 9 14,5 cm
Inv.-Nr. I IV. 392

Diese Kleinplastik ist eine Replik nach dem ersten Entwurf des Denkmals für die heldenhaften Befreier Moskaus von 1612. Die Entwurfskizze des Bildhauers Ivan P. Martos von 1809 fand große Verbreitung, als sich eine Volksversammlung für die Errichtung des Denkmals, das 1818 gegossen wurde, einsetzte.

Die Skulpturengruppe zeigt das historische Treffen von Kuzma Minin-Suchorukij, den Stadtältesten von Nižnij Novgorod, mit dem Feldherrn Fürst Dmitrij Posharskij, den Anführern der freiwilligen Landwehr, die 1612 die polnischen Truppen aus Moskau zum Rückzug zwangen. Das Denkmal für Minin und Posharskij ist das erste weltliche Denkmal in Moskau. Ursprünglich hatte es seinen Platz in der Mitte des Roten Platzes, doch 1930 wurde es vor die Basilius-Kathedrale gesetzt. L. D.

Katalog-Nr. 455

455

Schreibzeug in Form des Denkmals von Ivan Susanin in Kostroma

Moskau, Manufaktur G. Schmidt,
1850–1860
Bronzeguß, patiniert, vergoldet, oxydiert
31 x 10,5 cm
Inv.-Nr. 42567b/br 976

Das Modell zeigt die Miniatur des Denkmals, das 1851 in Kostroma nach einem Entwurf des Architekten V. I. Demut-Malinovskij (1779–1846) geschaffen wurde. Ivan Susanin ist der Volksheld des Befreiungskampfes der Bauern um Kostroma im Jahr 1613. Im Winter 1613 hatte er eine Abteilung des feindlichen polnischen Heeres in unwegsame Sümpfe geführt, wo sie umkamen. Susanin wurde daraufhin von den Polen zu Tode gefoltert.
Die Skulptur zeigt Ivan Susanin vor einer Säule kniend, mit der Büste von Zar Michail, der 1613 von der Ständeversammlung zum ersten Zaren gewählt worden war. L. D.

456

Briefbeschwerer „Einhornkanone"

Moskau, Manufaktur G. Schmidt,
1850–1860,
Bronzeguß, vergoldet, Marmorsockel
12 x 17 x 11 cm
Inv.-Nr. 79839/br 1497

Diese Kleinplastik zeigt das Modell der sogenannten „Einhornkanone", die 1662 von Matvei Osipov gegossen wurde. Sie steht auf einer Lafette, die in den 1830er Jahren in der Fabrik Berd gefertigt wurde. Zunächst war die Einhornkanone in der Waffenkammer des Kreml aufgestellt, heute befindet sie sich im Moskauer Arsenal. L. D.

457

Tischdekoration „Zarenglocke"

Moskau, Manufaktur G. Schmidt,
1850–1860,
Bronzeguß, patiniert, Marmorsockel
16,5 x 13 x 13 cm
Inv.-Nr. 425676/br 921

Diese Tischdekoration ist eine Miniatur der berühmten Zarenglocke, die von den russischen Gießern I. F. und M. I. Motorin in den Jahren 1733–1735 im Kreml gegossen worden ist. Auf der Glocke befinden sich die Porträts des Zaren Aleksej Michailovitsch und der Zarin Anna Ioannovna sowie die Beschreibung der Baugeschichte dieser gewaltigen Glocke.
Als 1737 eine große Feuersbrunst im Kreml ausbrach, befand sich die Glocke noch immer in der Gießgrube, so daß durch die Hitze ein Teil der Wandung ausbrach. Im Jahre 1836 wurde diese größte Glocke der Welt unter der Aufsicht des Architekten A. A. Monferran aus der Grube gehoben und auf einen Granitsockel gestellt. In der Mitte des Kreml wird sie noch heute von allen Besuchern bewundert. L. D.

458

Tischdekoration „Zarenkanone"

Moskau, Manufaktur G. Schmidt,
1850–1860
Bronzeguß, patiniert
12 x 17 x 12 cm
Inv.-Nr. 10891 šč/br 547
1905 aus der Slg. Schtschukin

Diese Kleinplastik ist ein Miniaturmodell der berühmten Zarenkanone, die 1586 von Andreij Tschochov gegossen wurde. Mit einem Gewicht von 40 Tonnen, einer Länge von 5,34 m und einem Kaliber von 890 mm galt sie damals als Kanone mit dem größten Kaliber der Welt. Sie war zur Verteidigung des Moskauer Kreml vorgesehen, kam aber niemals zum Einsatz. 1835 wurde die Kanone auf einer gußeisernen Lafette, dem Untergestell für Geschütze, befestigt, die in St. Petersburg in der Fabrik von Berd gegossen wurde. Wie die Zarenglocke ist sie heute noch eine Attraktion im Kreml. L. D.

Kleidung und Accessoires

Katalog-Nr. 460

459
Offizielle Hofrobe
Oberteil, Rock und Schleppe

Rußland, Ende 19. – Anfang 20. Jh.
Dunkelgrüner Samt und weißer Atlas
 mit Goldstickerei
Oberteillänge: 42 cm;
Rocklänge: 107 cm;
Schleppenlänge: 270 cm
Inv.-Nr. 62826, V-162 a, b, c

460   **Abb. S. 379**
Offizielle Hofrobe:
Oberteil, Rock und Schleppe

Rußland, Ende 19. Jh.
Roter Samt und weißer Atlas mit
Goldstickerei
Oberteillänge: 32 cm;
Rocklänge: 113 cm;
Schleppenlänge: 225 cm
Inv.-Nr. 57466, V-140 a, b, c

1834 wurde in Rußland für alle offiziellen Hofkleider der Schnitt, die Farbe, das
Gewebe und die Art der Stickerei festge-
setzt. Diese Roben wurden aus Samt und
mit langer Schleppe gearbeitet. Sie wurden tief ausgeschnitten und mit weiten
Ärmeln versehen, die der Mode um 1830
entsprachen. Die Farbe des Samtes, der
Charakter der Gold- oder Silberstickerei
sowie die Länge der Schleppe entsprachen dem Rang der Trägerin. Nach
einem solchen Ukaz trugen die „Staatsdamen" und die „Kammerfräulein" ein
grünes Samtkleid mit Goldstickerei, die
der Stickerei auf den Paradeuniformen
der Palastgarde entsprachen. Das untere
Gewand aus weißer Seide sollte ebenso
wie das Oberkleid bestickt sein.
Die Hofdamen der Kaiserin oder der
Großfürstin (gen. „Frejlin" – Fräulein)
trugen blaue oder purpurfarbene Roben
mit Gold- oder Silberstickerei. Der Charakter dieser Hofkleidung blieb bis 1917
bestehen. Am Taillenband eines dieser
Gewänder befindet sich das Etikett: Г-
жа Ольга – „Olga". Sie war die Inhabe-
rin eines Modesalons in St. Petersburg
(1835–1918) – Bul'benkova, Olga Nikolaevna. Diese Schneiderwerkstatt war
für die Ausführung der Hofgarderobe
bekannt. Sie arbeitete gerade die Hof-
roben mit den Schleppen. Die Goldstickereien wiederum wurden von der
I.V. Vasil'ev-Werkstatt in Petersburg und
für die Zarenfamilie in der Werkstatt im
Jungfrauenkloster in Moskau ausgeführt.
                           T. A.

Katalog-Nr. 460, Detail ▶

461
Abendgarderobe der Zarin Marija Fedorovna, Gemahlin des Zaren Alexander III.

Paris, 1880 - 1890

KLEID
Weißer Seidenatlas bestickt mit Glasperlen, Perlenimitationen und Straußenfedern
Länge des Oberteils: 57 cm;
Rocklänge: 105 cm
Inv.-Nr. 57464 B-138 a,

FÄCHER
Frankreich, 1870–1890
handgewebte Spitze mit Perlmutt
Länge: 33 cm
Inv.-Nr. 55119 O-99   T. A.

Das Kleid mit dem „cul de Paris" entspricht der Mode der 1880er Jahre. Es ist dicht mit Kunstperlen bestickt und hat an der Turnüre Straußenfedern. Das Modell beeindruckt durch seine strenge Eleganz und die edle Linienführung, wie sie die besten Werkstätten von Paris auszeichnen. Eingenäht ist das Label „A. Corbay-Wenzel, Paris", dessen Arbeiten den Kleidern von Ch. Worth nicht nachstanden.

Der russische Dichter Andrej Belyj schildert seine Kindheitserinnerung jener Zeit wie folgt: „Mamachen, die Brust aus Atlas vorgewölbt ... wedelte mit der rockbespannten Turnüre mit festem Seidenfutter ... setzt sich vor die Tante und sofort kippt die üppige Turnüre zur Seite". (А. Белый: Крещенный китаец. М., 1992, C. 66. – A. Belyj: Der getaufte Chinese. Moskau 1992, S. 66, in russischer Sprache.)
Die Damenschuhe haben in den 1880er Jahren französische Absätze und eine zugespitzte Kappe. Es kommen spezielle Tanzschuhe mit hoher Ferse und offenem Spann auf, der mit Atlasbändern über Kreuz geschnürt war. Dies gibt dem Schuh einen guten Halt. Festliches Schuhwerk wird nach wie vor aus Stoffen mit dichter Struktur gefertigt: aus Atlas, Rips, Brokat oder aus feinen Ledersorten (Chevreau, Saffian, Wildleder).
Die Fächer der 1880er Jahre sind relativ groß, da die in Seide „gehüllten" Damen unter der Wärme gelitten haben. Als Material dient handgeklöppelte und Maschinenspitze aus Belgien und Frankreich. Die Speichen sind wie auch zuvor aus Horn, Perlmutt, Schildpatt und geschnitztem Elfenbein gearbeitet.
G. A.

Katalog-Nr. 461 ▶

◀ **462, 463**
Schuhe

Rußland, 1880-1890
Seidenatlas, bestickt
Länge: 26 cm; Höhe: 15 cm
Inv.-Nr. 81370/1 a, b Sh-204 a, b

Katalog-Nr. 463, Detail

463

Schwarzes Nachmittagskleid mit Boa und Schuhen

Rußland, um 1900

KLEID
Schwarze Maschinenspitze, Seidenatlas, Chiffon, bestickt mit Glasperlen und Glasstäbchen
Länge des Oberteils: 45 cm;
Rocklänge: 103 cm
Inv.-Nr. 96127 B-2452 a, b

BOA
Rußland, um 1900
Schwarze Straußenfedern und Samt
Länge: 158 cm
Inv.-Nr. 102553/3 B-3157

SCHUHE   **Abb. S. 382**
Wien, Kaiserlicher und Königlicher Hofschuhfabrikant Andreas Neider, 1910–1920
Goldenes Chevrot-Leder, Metall
Länge: 25 cm; Höhe: 12 cm
Inv.-Nr. 100176/1-2 Sh-525 a, b   T. A.

In der Zeit um 1900 steht die Damenmode, wie an diesem Beispiel, unter dem Einfluß des Jugendstils. Als obere Schicht des Kleides dient eine Maschinenspitze mit dichtem geometrischem Dekor auf feinteiligem Tüll. Die Spitze wirkt wie ein gedrucktes Ornament. Sie ist mit zwei verschiedenen Seidenstoffen unterlegt: mit einem weißen Chiffon über einem schwarzen Atlas, der durch den Chiffon hindurchschimmert Hierbei entsteht ein ungewöhnliches Farbengemisch von rauchig verschwommener Wirkung. Der Effekt des Rätselhaften und Zufälligen wird durch eine asymmetrische Kaskade aus schwarzen Glasperlen, Glasstäbchen und Schnüren mit schwerer Quaste erhöht. Die Frau wird in diesem Kleid zu einem gefährlich teuflischen Weib, einer verführerischen Heldin, die für die Literatur eines A. Blok oder V. Brjusov charakteristisch ist.
„Und ihre schmiegsamen Gewänder, der Hut, geschmückt mit Trauerfedern sowie die schmale, dichtberingte Hand sprechen von altem Aberglauben". (A. Блок: Сочинения. В 2 тт. т. 1, М., 1955, с. 77 - A. Blok: Aufsätze. In 2 Bänden, Bd. 1, Moskau 1955, S. 77.)   T. A.

464
Ballcape „Sortie de bal"

Moskau, Fa. Pitochov, 1900–1910
Graues Wolltuch, Seidenchiffon, Tüll,
 Seidenstickerei
Länge: 97 cm
Inv.-Nr. 99434/4 B-2632　　　　　T. A.

465
Rock eines Kleides mit Schleppe

Rußland, Ende 19. – Anfang 20. Jh.
Weiße Wolle, Spitze, Organza,
Maschinenstickerei
Hintere Länge: 163 cm
Inv.-Nr. 82002/6, V-2800　　　　　T. A.

466
Damenstiefel

Warschau, 1900–1910
Weißes Chevrot-Leder, Seiddenschnur,
maschinengenäht
Länge: 25 cm; Höhe: 21 cm
Inv.-Nr. 102553/4 a, b　Sh-647 a, b　　T. A.

Katalog-Nr. 464

◄ Katalog-Nr. 466

Fotografie

Die Geschichte der Fotografie in Rußland hat sich seit der Erfindung der Daguerrotypie 1839 parallel zur westeuropäischen Entwicklung vollzogen. In den vierziger und fünfziger Jahren kamen professionelle Daguerrotypisten und Fotografen aus Westeuropa nach Rußland und gründeten die ersten Fotostudios in St. Petersburg, Moskau und anderen großen Städten. Angeregt durch ihren Enthusiasmus für diese neue Erfindung und die Vermittlung der fotografischen Verfahren konnte sich die Fotografie auch in Rußland zu einem eigenständigen künstlerischen Medium entwickeln. Die experimentelle Kunstfotografie findet in den zwanziger Jahren unseres Jahrhunderts mit der russischen Avantgarde und Fotografen wie Alexander Rodtschenko ihren Höhepunkt, der die Entwicklung der Fotografie in Rußland, aber auch in Westeuropa, wesentlich beeinflußt hat.

Die Fotografie hat sich nicht nur als Kunstgattung, sondern vor allem als dokumentarisches Medium durchsetzen können. So übernahm die Porträtfotografie die Funktion des gemalten Bildnisses. Auch hier sind es viele ausländische Fotografen, die in der 2. Hälfte des 19. Jahrhundert nach Rußland emigrierten, in der Hoffnung, vom Aufschwung des aufstrebenden Kunstzweigs zu profitieren. Die großen Fotoateliers wie K. E. von Hahn & Co. oder auch Boissonas & Eggler in St. Petersburg zählten vor allem den Zarenhof und die Aristokratie zu ihren Kunden. Hrsg.

Das Fotostudio „Boissonnas und Eggler" wurde in den neunziger Jahren des 19. Jahrhunderts von dem Schweizer Fotografen Frederik Boissonnas (1858–1946) in St. Petersburg gegründet und existierte dort bis 1917. F. Boissonnas entstammte einer Familie von Fotografen. Trotz ursprünglicher Pläne, Musiker oder Architekt werden zu wollen, absolvierte er 1878 eine Ausbildung zum Fotografen und übernahm ein Jahr später die Leitung des Familienunternehmens. Boissonas war Mitglied des Schweizerischen Fotografen-Vereins und ab 1887 Vorsitzender der Genfer Fotografischen Gesellschaft. 1901 gründete er eine Niederlassung in Paris und unterhielt Fotostudios in Genf, Lyon, Marseille und Reims.

Der Salon der Fotografen F. Boissonnas und seines Kompagnons F. O. Eggler wurde zur ersten Adresse des Hochadels in St. Petersburg. Hier ließen sich nicht nur die Mitglieder der Zarenfamilie, sondern auch Vertreter der höchsten Aristokratie, wie die Fürsten Sumarokov-El'ston, Jusupov, Uvarov und Frederiks fotografisch verewigen. 1904 wurde nach Aufnahmen der Firma „Boissonnas & Eggler" das „Album des Kostümballs im Winterpalast im Februar 1903" herausgegeben.

Die Porträts von Boissonas und Eggler strahlen eine Atmosphäre voll Eleganz und Ruhe aus, die durch eine geschickt gewählte Beleuchtung und ein sanftes und doch kontrastreiches Kolorit in ihrer Wirkung gesteigert wird.

Weniger bekannt als die fotografischen Porträts der ersten Gesellschaft von St. Petersburg sind die Landschaftsfotografien von Boissonas und Eggler, bei denen die Fotografen durch avantgardistische Techniken, wie dem Gummidruck und dem Dreifarbendruck, mit den künstlerischen Möglichkeiten der Fotografie experimentieren. I. Semakova

▲ 467
**Porträt des Zaren Nikolaus II. in der
Uniform der Leibgarde des Kaiserlichen
Strelkov-Familienregiments**

Boissonnas & Eggler Fotostudio,
St. Petersburg, 1913
Bromsilbergelatinepapier
25,9 x 21,1 cm; 13,5 x 10,5 cm
Inv.-Nr. 70156/JU 1 7801

Das Foto zeigt den Zaren Nikolaus II. in
der Uniform der Leibgarde des Schützenregiments der Kaiserlichen Familie,
dem alle männlichen Mitglieder des
Hauses Romanov angehörten.   I. S.

Katalog-Nr. 469

468   Abb. S. 67
Porträt des Zaren Nikolaus II. mit dem Kronprinzen Alexej in der Uniform der Leibgarde des Kaiserlichen Strelkov-Familienregiments

Boissonnas & Eggler Fotostudio,
St. Petersburg, 1910–1912
Bromsilbergelatinepapier, matt
34,1 x 25,8 cm; 20,2 x 15, 3 cm
Inv.-Nr. 95171/JU 1 31167

Das Foto zeigt den Zaren Nikolaus II. in der Uniform der Leibgarde des Reiterregiments mit seinem Sohn Alexej in der Uniform der Leibgarde des Schützenregiments der Kaiserlichen Familie.

I. S.

469
Porträt der Familie des Zaren Nikolaus II.

Boissonnas & Eggler Fotostudio,
St. Petersburg, 1913
Bromsilbergelatinepapier
18,6 x 26 cm
Inv.-Nr. 68257/JU 1 7871

Katalog-Nr. 470

470
**Porträt der Zarin Alexandra Fedorovna
mit ihren Töchtern Anastasia, Maria,
Olga und Tat'jana**

Boissonnas & Eggler Fotostudio,
St. Petersburg, 1913
Bromsilbergelatinepapier
15,2 x 19,4 cm; 14,9 x 18,9 cm
Inv.-Nr. 95171/JU 1 31471

Katalog-Nr. 472

471   **Abb. S. 391**
Porträt der Hofdame E. A. Golycin

K. A. Fischer, Moskau, 1914
Bromsilbergelatinepapier, matt
14,5 x 10,3 cm
Inv.-Nr. 95171/JU 1 12617/a

472
Porträt der Zarin Alexandra Fedorovna

Boissonnas & Eggler Fotostudio,
St. Petersburg, 1906–1907
Bromsilbergelatinepapier
14,7 x 9,9 cm
Inv.-Nr. 70156/JU 1 7548

Alexandra Fedorovna (1872–1918) wurde
1886 Zarin und Gemahlin von Nikolaus
II. Die geborene Prinzessin Alice Victoria Helene Beatrice von Hessen-Darmstadt, Tochter des Großherzogs Ludwig
IV. und der Herzogin Alice, verlebte ihre
Kindheit am Hofe ihrer Großmutter, der
englischen Königin Victoria. Alice besuchte die Universität Heidelberg und
schloß ihr Studium mit einem Philoso-
phiediplom ab. 1882 besuchte sie erstmals Rußland anläßlich der Hochzeit
ihrer älteren Schwester, der Großfürstin
Elizaveta Fedorovna. Im Frühjahr 1894
verlobte sie sich mit dem russischen
Thronfolger, Großherzog Nikolaus Ale-
xandrovitsch. Nach ihrer Konvertierung
zum orthodoxen Glauben erhielt sie den
Namen Alexandra Fedorovna. Noch
während der Trauerzeit nach dem Tode
Zar Alexanders III. fand am 14. November 1894 die Vermählung von Nikolaus
II. mit Alexandra statt. Nach der Geburt
der ersten Tochter Olga folgten weitere
vier Kinder: Tat'jana, Marija, Anastasia
und Alexej. Ihre Aufgabe sah die Zarin
in erster Linie in wohltätigen Aufgaben
und der Erziehung ihrer Kinder. Als
Zarengattin war sie Regimentschefin der
Leibgarde des Ulanen-Regiments. Mit
dem Ausbruch des Ersten Weltkriegs half
sie bei der Pflege der Verwundeten im
Hospital von Carskoe Selo und wurde
dabei von ihren beiden ältesten Töchtern
unterstützt. Alexandra Fedorovna starb
zusammen mit ihrer Familie in der Nacht
vom 16. zum 17. Juli 1918 in Ekaterinburg.
I. S.

Katalog-Nr. 471

Katalog-Nr. 473

473

Porträt der Großfürstinnen Olga und Tat'jana in ihrer Hoftracht

Boissonnas & Eggler Fotostudio,
St. Petersburg, 1911
Bromsilbergelatinepapier
34,0 x 25,8cm; 20,9 x 13,6 cm,
Inv.-Nr. 95171/JU 1 31265

Olga Nikolaevna (1895–1918) ist die älteste Tochter der letzten Zarenfamilie. Sie hatte eine ausgeprägte musische Begabung. Als Zarentochter befehligte Olga das 3. Elizabetgrader Husaren-Regiment. Mit dem Beginn des 1. Weltkriegs absolvierte sie eine Ausbildung zur Krankenschwester und widmete sich zusammen mit ihrer Mutter und ihrer Schwester Tat'jana der Pflege der Verwundeten im Hospital von Carskoe Selo. Mit ihrer Familie wurde sie in der Nacht vom 16. zum 17. Juli 1918 in Ekaterinburg erschossen. I. S.

Katalog-Nr. 474

Katalog-Nr. 475

474
Porträt der Großfürstin Marija, Tochter von Zar Nikolaus II.

Boissonnas & Eggler Fotostudio,
St. Petersburg, 1913
Bromsilbergelatinepapier
27,7 x 20,5 cm; 14,6 x 10,0 cm
Inv.-Nr. 98221/106/JU 1 31207

Marija Nikolaevna (1899–1918) ist die dritte Tochter des letzten Zaren. Sie wurde zusammen mit ihrer Familie in der Nacht vom 16. auf den 17. Juli 1918 in Ekaterinburg erschossen. I. S.

475
Porträt der Großfürstin Tat'jana

Boissonnas & Eggler Fotostudio,
St. Petersburg, 1913
Bromsilbergelatinepapier
27,9 x 10,0 cm; 14,9 x 20,4 cm
Inv.-Nr. 98221/48/JU 1 31210

Tat'jana Nikolaevna (1897–1918) ist die zweite Tochter von Zar Nikolaus II. und Zarin Alexandra Fedorovna. Durch ihre auffallende Schönheit und graziöse Haltung galt sie als die schönste der vier Zarentöchter. Wie ihre älteste Schwester so war auch sie Befehlshaberin eines Regimentes und stand dem 8. Voznesensker Ulanen-Regiment vor. Zusammen mit ihrer Schwester Olga und ihrer Mutter ließ sie sich mit Beginn des 1. Weltkriegs als Krankenschwester ausbilden und pflegte verwundete Soldaten im Hospital von Carskoe Selo. Tat'jana starb zusammen mit ihrer Familie 1918 in Ekaterinburg. I. S.

476
Porträt der Großfürstin Anastasia

Boissonnas & Eggler Fotostudio,
St. Petersburg, 1904
Bromsilbergelatinepapier, matt
24,3 x 19,4 cm; 13,5 x 10,4 cm
Inv.-Nr. 70156/JU 1 7865

Anastasia Nikolaevna ist die vierte und
jüngste Tochter von Zar Nikolaus II. und
Zarin Alexandra Fedorovna.   Hrsg.

Katalog-Nr. 477

Katalog-Nr. 478

477
Porträt des Kronprinzen Alexej

Boissonnas & Eggler Fotostudio,
St. Petersburg, 1907
Bromsilbergelatinepapier
25,9 x 20,7 cm; 14,6 x 7,8 cm
Inv.-Nr. 95171/JU 1 7519

478
Porträt des Kronpinzen Alexej

Boissonnas & Eggler Fotostudio,
St. Petersburg, 1907
Bromsilbergelatinepapier
25,7 x 22,3 cm; 14,4 x 7,9 cm
Inv.-Nr. 70156/JU 1 7880

479
Porträt des Kronprinzen Alexej

Atelier „K. E. von Hahn & Co.",
St. Petersburg, 1910er Jahre
Bromsilbergelatinepapier
25,4 x 34,9 cm; 15,3 x 21,1 cm
Inv.-Nr. 95171/JU 1 31214

Der Großherzog Aleksej Nikolaevitsch
(1904–1918) wurde als Sohn des Zaren
Nikolaus II. und der Zarin Alexandra
Fedorovna geboren. Durch seine Bluterkrankheit, der Hämophilie, einer Erb-
krankheit des Hauses Hessen, war die
Zarenfamilie in ständiger Sorge um die
Gesundheit des Thronfolgers und einzigen männlichen Nachkommen. Aus diesem Grund wurde der Bauer Grigorij
Rasputin an den Zarenhof geholt, der
vorgab, die Blutungen des Zarewitsch
zum Stillstand bringen zu können. Mit 12
Jahren erhielt Alexej wie seine Schwestern eine „häusliche" Ausbildung. Bei
seiner Geburt wurde er in die Liste einer
Reihe von Regimentern eingetragen und
erhielt den Rang eines Oberleutnants.
Er war Regimentschef mehrerer Armee-
und Garderegimenter. Während des
Ersten Weltkrieges begleitete er seinen
Vater auf Reisen zu den Kriegsschau-
plätzen. Alexej erhielt den Georgsorden
vierter Klasse in Silber. Mit 14 Jahren
starb Aleksej zusammen mit seiner
Familie 1918 in Ekaterinburg.   I. S.

480
Porträt des Kronprinzen Alexej

Atelier Reisert & Fletsch, St. Petersburg,
1910–1912
Bromsilbergelatinepapier
26,3 x 18,3 cm; 14,4 x 10,1 cm
Inv.-Nr. 70156/JU 1 7875

Der Zarewitsch trägt hier die Uniform
der Eskorte Seiner Kaiserlichen Hoheit,
der er seit seiner Geburt angehörte.

                                    I. S.

Glossar

Die im Deutschen fremden russischen Begriffe sind als Hilfe für die Aussprache zuerst in phonetischer Umschrift angegeben, in den Klammern dahinter – die korrekte wissenschaftliche Transkription.

Anlegetechnik – Angelegtes Gold bzw. Silber:
Stickereitechnik, bei der die Fäden (meist Gold- oder Silberlahn) parallel nebeneinander auf den Stoff gelegt und mit einem zweiten Fäden, meist Seide, mit sog. Überfangstichen, darauf befestigt sind. Die „angelegten" Fäden können den Grund völlig bedecken.

Artell:
Zusammenschluß kleiner kunsthandwerklicher Werkstätten zu einer Arbeitsgemeinschaft. 1898 entstanden insgesamt 31 Artells in Konkurrenz zu größeren Unternehmen. Die kunsthandwerklichen Gegenstände der unabhängigen Artell-Meister wurden teils durch Händler, teils durch andere Firmen verkauft.

Ataman:
Türkische und russische Bezeichnung für den Hauptmann der Kosaken.

Barmy:
Runder Schulterkragen auf dem festlichen Gewand der Zaren im 16. und 17. Jahrhundert. Er durfte auch als Auszeichnung von anderen Würdenträgern getragen werden.

Bojar:
Bis zum 18. Jahrhundert russischer Adliger eines alten Geschlechts, ein mit Landbesitz ausgestatteter Ratgeber des Großfürsten, d.h. des Zaren. Die Bojarenduma (Versammlung der Bojaren) konnte den Zaren wählen. Peter d. Gr. hat die Bojaren z. T. ausgerottet und durch den Dienstadel ersetzt. Im höfischen Leben spielten die Bojaren fortan keine Rolle mehr. Das Wort kommt aus dem Türkischen – Edelmann.

Brakteaten:
gemusterte Metallblättchen, meist aus gestanztem Silber oder Gold mit Reliefprägung, die auf Gewänder aufgenäht worden sind. Es gibt sie auch als kostbare Goldschmiedearbeiten mit Edelsteinen und Perlen. Sind diese durchbrochen gearbeitet, nannte man sie im mittelalterlichen Rußland auch „Spitzen".

Bratina:
Relativ kleine, breite, bauchige Gefäßform, für den Tisch, meist mit Deckel, in der flüssige Speisen aufgehoben oder zubereitet und gegessen werden konnten.

Brautkrone
Auch Hochzeitskranz genannt. Diese Kronen wurden während der Trauungszeremonie über die Köpfe der Braut und des Bräutigams gehalten. Auf dem Kranz der Braut befand sich traditionell eine Darstellung der Mutter Gottes, auf dem Kranz des Bräutigams das Bildnis Christi.

Cabochon:
Oben abgerundeter, geschliffener Edel- oder Halbedelstein.

Châtelaine:
Uhrkette mit Schmuckanhänger.

Duschegreja (Dušegreja) – Seelenwärmer:
In der Volkstracht der Frauen ein wärmendes Jäckchen mit langen Ärmeln, das einen in der Taille angesetzten Schoß hat. Im Rücken ist dieser Schoß meist in gleichmäßige, röhrenförmige Falten gelegt.

Epanetschka (Epanečka):
Loses Mieder ohne Ärmel in der russischen Frauentracht. Es weitet sich nach unten glockenförmig. Oft ist es reich mit Gold- und Slberfäden bestickt, dann steht es steif vom Körper ab.

Epitaphion - „Plaschtschanica" („Plaščanica"):
Karfreitagtuch mit der Darstellung der Grablegung Christi. Im russisch-orthodoxen Gottesdienst spielen diese Tücher zwischen Karfreitag und Himmelfahrt eine beachtenswerte Rolle. Die Gemeinde kann sie an zwei Tagen (Karfreitag und Karsamstag) auf einem Podest vor der Ikonostase und bei einer Prozession sehen und verehren.

Fata:
Schleier oder feines, besticktes Tuch, das verheiratete Frauen zu festlichen Gelegenheiten über dem Kokoschnik getragen haben.

Feres:

Männergewand, das über dem Kaftan getragen wurde und kürzer war als dieser; nach Olearius - wadenlang.

Filigran-Technik:

Eine Technik aus gedrehtem Gold- oder Silberdraht. Auf Silbergrund aufgelötet auch als Zellenbildung für Emailarbeiten benutzt. Darüber hinaus auch Ziertechnik der russischen Lackkunst. Hierbei werden ausgestanzte Metallstücke, meist aus Silber, in den noch feuchten Lack des grundierten Gegenstandes gedrückt, so daß sie darauf haften. Diese Einlegetechnik war vor allem im 2. Drittel des 19. Jahrhunderts der Lackerzeugnisse der Manufaktur Lukutin in Fedoskino beliebt.

Girandole:

Kristall-Leuchter. Typisch für die russische Form des Leuchters ist ein Korpus aus farbigem Glas.

Gürtel:

Wichtiges Detail der Frauenkleidung bei der russischen Nationaltracht. Er schnürt die Taille nicht ein und sitzt kurz unterhalb des Busens. Seine Farbzusammenstellung macht viele Angaben zur Trägerin, wie z. B. zum Alter, dem Lebensstand, der Tätigkeit u. a.

Guilloché-Email:

Transparente Emailschicht über einer, in den Metalluntergrund eingeritzten Struktur sich verschlingender Linien.

Ikonostase – Ikonenwand:

Holzwand in russischen Kirchen, die den Altarraum , das Allerheiligste (Bema) vom Gemeinderaum (Naos) abteilt. Drei Pforten erlauben den Zutritt zum Allerheiligsten. Auf dieser Wand sind die Ikonen in mehreren Reihen (Rängen) zusammengestellt. Den Mittelpunkt bildet die Deesis (Christus als Weltenrichter mit Maria und Johannes).

Kaftan:

Langes, weites Übergewand der russischen Männer, das bis zum Boden reicht. Ein Kaftan kann sehr kostbar gearbeitet sein.

Kienspanständer:

Leuchter aus Holz oder Metall. Als Lichtquelle diente ein Span, meist aus Birkenholz, der in den Dochthalter aus Metall gesteckt wurde.

Kleinodien:

Überbegriff für die Attribute eines Ordens, zu denen Kreuz, Stern und Ordenskette gehören.

Kokoschnik (Kokošnik):

festliche Kopfbedeckung der russischen Tracht für verheiratete Frauen. Es gibt viele unterschiedliche Formen, die von Region zu Region wechseln. Sie können aus Brokatstoffen gearbeitet und reich mit Flußperlen bestickt sein.

Kosnik:

Zopfschmuck junger Mädchen, der in das untere Ende der Zöpfe eingeflochten wird.

Kowsch (Kovš):

Russisches Trinkgefäß mit dem man zugleich das Getränk schöpfen konnte. Aus diesem Grund ist meist eine Seite der Wandung zu einem Griff emporgezogen. Es können aber auch beide Schmalseiten zum Anfassen hochgezogen sein.

Krone:

In Rußland außer der Herrscherkrone auch der Kopfputz in der Volkstracht von jungen Mädchen, die unverheiratet sind. Kronen sind breite, geschmückte und abgesteifte Bänder, die wie ein Diadem auf dem Kopf getragen werden und im Unterschied zu den Kokoschniki den Blick auf die Haare des Hinterkopfes frei geben. Mädchen tragen unter der Krone einen langen Zopf.

Levkas:

Grundierung auf Holz unter einer Bemalung. Dieser Levkas wird aus Kreide oder gemahlenem Alabaster mit Leim aufgekocht und auf den zu bemalenden Gegenstand aufgetragen.

Metropolit:

In der Ostkirche Ehrentitel für den Bischof einer Metropole, d. h. der „Mutterstadt" einer mehrere Diözesen umfassenden Kirchenprovinz.

Nemcy: – die Deutschen

Auf Russisch – „die Stummen", deren Sprache man nicht verstand. Mindestens bis zum ausgehenden 17. Jh. wurden alle westlich von Rußland und Polen lebenden Ausländer so genannt. Dazu zählten die Deutschen aber auch die Dänen, Holländer, Österreicher u. a. Es ist nicht genau zu sagen, ab wann mit den „Nemcy" allein die Deutschen (wie heute) bezeichnet worden sind.

Nemeckaja Sloboda – Ausländervorstadt
Die Gründung der Nemeckaja Sloboda wurde 1652 vom Patriarchen erzwungen, als es in Moskau wegen der Teuerung politische Unruhen gegeben hatte, die sich auch gegen die Fremden mit ihren zahlreichen Vorrechten richteten. Von da an mußten die Ausländer in einer Siedlung vor den Toren von Moskau leben. Sie entwickelte sich zu einem blühenden Kulturzentrum, in dem später Peter I. als junger Thronfolger und Zar das westeuropäische Leben kennen und schätzen lernte. So wurde sie zur Keimzelle der Europäisierung Rußlands.

Niello:
Schwarz eingefärbte Gravur. Hierbei wird Niellomasse, eine Metallegierung aus Silber, Kupfer, Blei, Schwefel und Borax, in die Gravur eingeschmolzen, so daß die Zeichnung sich als schwarzes Linienmuster von dem polierten Grund abhebt.

Ochaben:
Mantel der Bojaren mit zurückgeschlagenem Pelzkragen und Schlitz für die Arme.

Odnorjadka:
einreihige Männerjacke.

Oklad:
Metallbeschlag einer Ikone, Rand und Fond bedeckend, wobei die Silhouetten der Dargestellten oder auch nur das Inkarnat (Gesicht und Hände) ausgespart sind.

Palissa (Palica):
Hüftschmuck als Bischofsinsignie, später auch der Priester. Seit dem 16. Jahrhundert Amtszeichen für die Gerichtsbarkeit des höheren Klerus. Es ist ein quadratisches besticktes Tuch, das diagonal mit einer Ecke am Gürtel oder am Gewand über dem rechten Knie getragen worden ist. Auch Hypogonation genannt.

Panagia – Brustkreuz:
ein Kreuzanhänger, den weltliche wie kirchliche Würdenträger zur Festtagskleidung getragen haben. Panagien sind kostbare Goldschmiedearbeiten, die als Kästchen gearbeitet sein können, in dem eine persönliche Reliquie untergebracht ist. Für den Klerus auch Pektoralkreuz genannt.

Platno:
Festgewand der Zaren im 16. und 17. Jh.

Phelon (Felon) – Phelonion:
Ärmelloser Mantel mit Öffnung für den Kopf. Als liturgisches Gewand der orthodoxen Kirche entspricht es der Kasel im lateinischen Ritus

Podgolovok – „Unter dem Kopf":
Truhenform mit abgeschrägtem Deckel wie ein Lesepult. Podgolovki (Pl.) sind immer relativ kleine Truhen, die man auf einer Reise während des Schlafens unter den Kopf gelegt hat, um auf diese Weise wichtige Besitztümer unter Kontrolle zu haben.

Pokrovec (Pokrovcy, Pl.):
Ikonentücher, wörtlich „Schutztücher". Sie sind mit der Dartstellung der Ikone bestickt, die sie schützen sollten. Einige haben angearbeitete Aufhänger, mit denen sie an die betreffende Ikone angeknüpft worden sind. Ursprünglich dienten diese Tücher zum Anfassen, z. B. zum Tragen der Ikonen, die man nicht mit den bloßen Händen berühren durfte. Für diesen Zweck aber waren sie in der Regel viel zu prächtig bestickt.

Poskvonomu- und Poplotnomu-Technik:
In der russischen Lackkunst unterscheidet man seit dem Ende des 18. Jahrhunderts zwischen zwei Maltechniken: der durchscheinenden Malerei (Poskvonomu-Technik) und der dichten Malerei (Poplotnomu-Technik). Bei der Poskvonomu-Technik wird lasierende Farbe auf den grundierten Gegenstand über einer Schicht von Perlmutt, Blattgold oder Silberstaub aufgetragen, so daß der metallische Glanz durch die Farbe schimmert. Bei der Poplotnomutechnik werden auf den Lackiergrund Perlmuttblättchen oder Metallfolien gelegt und anschließend mit Ölfarben bemalt, so daß der metallische Untergrund die opake Farbe zum Leuchten bringt.

Rjasny oder Rjasy:
Anhänger eines ursprünglich byzantinischen weiblichen Kopfschmucks, die über den Ohren bis auf die Schultern herabfielen.

Rüstkammer:
Unter Ivan dem Schrecklichen gegründeter Aufbewahrungsort und Arsenal für Waffen und Kriegsgerät. Hier waren auch die kunsthandwerklichen Werkstätten des Kreml untergebracht, in denen die Aufträge des Zarenhofes und der Bojaren ausgeführt wurden. An dieser Stelle befindet sich heute eines der bedeutendsten Museen Rußlands.

Russischer Stil:
Stilrichtung, die sich in der 2. Hälfte des 19. Jahrhunderts aus dem historistischen Rückgriff auf die altrussische Kunst des 16. und 17. Jahrhunderts und den verschiedenen Strömungen der Volkskunst entwickelt hat und zum Nationalstil wurde.

Sakkos:
Obergewand für Männer mit Ärmeln. Es gibt den Sakkos im profanen und im sakralen Leben.

Sarafan:
Frauenkleid der russischen Nationaltracht mit hoher Taille. Es ist immer ohne Ärmel gearbeitet. Das kurze Mieder, kann auch als Trägerteil gearbeittet sein.

Schapka Monomacha –
Mütze (Kappe) des Monarchen:
Zarenkrone: Benannt nach Vladimir II. Monomach (1113–1125), der zum Inbegriff der Größe des Kiewer Reichs und des von ihm angestrebten Lebens eines christlichen Fürsten mit schlichter Frömmigkeit und weiser Einsicht geworden war. Man glaubte im Mittelalter, daß bereits Vladimir Monomach die kaiserlichen Insignien vom byzantinischen Kaiser erhalten habe und bewahrte mit dieser Bezeichnung die gewünschte Tradition.

Schirinka (Širinka):
Kleines Schmucktuch in der Größe eines Taschentuchs, das von Frauen zu festlichen Gelegenheiten und beim Tanz benutzt wurde. In der Regel waren sie ein kostbares Geschenk. Schirinki (Pl.) gibt es auch im sakralen Bereich.

Seele:
Männlicher Leibeigener, nach dem der Umfang des Besitzes eines Adligen gezählt wurde. Landgüter wurden nicht nach der Flächenausdehnung sondern nach der Zahl der dort ansässigen „Seelen" gemessen. Die Zahl der Seelen bestimmte auch die Höhe der Steuern, die an den Staat zu zahlen waren. Frauen und Kinder gehörten zu den Seelen.

Slovopisec (der Wortschreiber):
Im textilen Kunsthandwerk der Entwerfer der zu fertigenden Inschriften, die er aufgezeichnet hat.

Smuta:
Zeit der Wirren. Eine politisch unruhige Periode im russischen Reich zwischen der Regierungszeit von Boris Godunov (gest. 1605) und der Wahl des ersten Romanov 1613. In dieser Zeit versuchten die Polen mit dem Pseudodimetrius an der Spitze, die Herrschaft in Moskau zu erlangen.

Spitze:
ursprünglich jede Durchbrucharbeit zum Schmücken der Kleidung. Diese war in der Regel im 16. und am Anfang des 17. Jahrhunderts eine filigrane Goldschmiedearbeit, in die auch Edelsteine eingesetzt waren. Erst seit der 2. Hälfte des 17. Jahrhunderts versteht man darunter eine textile Spitze – in Rußland ist es immer eine Klöppelspitze.

Stahlbrillanten:
Facettierte und polierte Stahlstifte. Die Kappe eines pilzförmigen Metallstücks wird in Facetten geschliffen und auf Hochglanz poliert, so daß eine den Brillanten vergleichbare Lichtbrechung erzielt wird. Das Tula-Silber erhält durch diese Stahlbrillanten sein charakteristisches Aussehen.

Svetlicy:
von dem russischen Wort „svetlo" – hell abgeleitet, bedeutet der Begriff – „helle Räume". In den Häusern der Oberschicht befanden sie sich im Terem. In ihnen sind die Werkstätten untergebracht, in denen sich die Frauen mit textilem Handwerk und Kunsthandwerk beschäftigten.

Terem:
In Bojaren- und großen Kaufmannshäusern das zurückspringende Obergeschoß, in dem die Frauengemächer und die „Svetlicy" (Handwerkswerkstätten) lagen. Hier lebten die Frauen bis ins ausgehende 17. Jh. abgeschieden von der Männerwelt.

Teremok:
Relativ kleine Truhenform zum Verwahren von kleineren, wichtigen Objekten. Sie ähnelt einem Bojarenhaus mit dem Terem, d.h. auf einem kubischen Kasten befindet sich ein kleiner zurückspringender Aufbau, der aus Sicherheitsgründen nur mit einem eigenen Schlüssel zu öffnen ist.

Travnik (Gräsermaler):
Im textilten Kunsthandwerk der Künstler, der die Pflanzenornamente des Hintergrundes vorgezeichnet hat.

Tscharka (Čarka):
Niedriges, rundes Trinkgefäß für Branntwein des 16. und 17. Jahrhunderts mit einem seitlichen, horizontal angesetzten, flachen Griff.

Tula-Silber:
Bezeichnung für kunsthandwerkliche Gegenstände aus glänzend poliertem Stahl, die seit 1736 in den Werkstätten der Waffenschmiede in Tula südlich von Moskau hergestellt wurden. Tula ist seit dem Ende des 16. Jahrhunderts das Zentrum der Metallindustrie und Waffenherstellung.

Zipun:
Einfache grobe Männerjacke, wie sie vom Volk getragen wurde.

Zirowka (Cirovka):
Ritztechnik bei Metall, Edelmetall, aber auch Lackarbeiten. In der russischen Lackkunst war dieser Ritzdekor sehr beliebt. Dabei wird der meist schwarz grundierte Gegenstand mit einer Schicht aus Blattgold oder Silberfolie überzogen, die wiederum mit schwarzer Farbe abgedeckt wird. Beim Anritzen der schwarzen Schicht wird der metallische Untergrund, einem Grafitto-Effekt vergleichbar, sichtbar.

Bei Porzellan ist Cirovka der matte Ätzdekor im glänzenden Goldgrund einer Gefäßwandung oder auf einer Tellerfahne.

Znamenschtschik (Znamenščik):
Im textilen Kunsthandwerk des 17. Jahrhunderts derjenige, der die Bildkomposition entwarf und die Vorzeichnung, nach der gestickt worden ist, auf den Stickereigrund malte.

Bibliographie
Hans-J. Burbaum

Umfassende Bibliographien zum kulturgeschichtlichen Zusammenhang in *Kopelew*: West-östliche Spiegelungen. Russen und Rußland aus deutscher Sicht und Deutsche und Deutschland aus russischer Sicht von den Anfängen bis zum 20. Jh., Wuppertaler Projekt zur Erforschung der Geschichte deutsch-russischer Fremdenbilder unter Leitung von Lew Kopelew, Reihen A und B (div. Herausgeber div. Bände), München 1985 ff.

Namentranskriptionen aus Publikationen übernommen.

I. Ausstellungen, Ausstellungskataloge

(AK): Ausstellungskatalog – Angabe soweit möglich.

1882 Moskau
Pan-Russische Ausstellung der Kunstindustrie (AK), Moskau 1882 (russ?).

1902 St. Petersburg
Ausstellung von Kunstwerken Fabergés, Miniaturen und Tabatièren, Maison von Derwis, St. Petersburg 1902.

1904 St. Petersburg
Historische Ausstellung von Kunstgegenständen, St. Petersburg 1904.

1926 Leningrad
Staatliche Ermitage, Gemmen des 18. und 19. Jh.s, Ausstellungsführer von M. Maximova (AK), Leningrad 1926 (russ.).

1935 London
Exhibition of Russian Art (AK), Belgrave Square, London 1935.

1937 New York
Fabergé, His Works (AK), Hammer Galleries, New York 1937.

1939 New York
Presentation of Imperial Russian Easter Gifts by Carl Fabergé (AK), Hammer Galleries, New York 1939.

1949 London
A Loan Exhibition of the Works of Carl Fabergé, Wartski, London 1949.

1949 New York
Peter Carl Fabergé, An Exhibition of his Works (AK), A la Vieille Russie, New York 1949.

1951 New York
A Loan Exhibition of the Art of Peter Carl Fabergé (AK), Hammer Galleries, New York 1951.

1953 London
Carl Fabergé, Wartski Coronation Exhibition (AK), Wartski, London 1953.

1961 New York
The Art of Peter Carl Fabergé (AK), A la Vieille Russie, New York 1961.

1961 Washington
Easter Eggs and other Precious Objects by Carl Fabergé, The Lansdell Christie Collection (AK), Corcoran Gallery of Art, Washington D.C. 1961.

1962 Leningrad
N. M Saraja, E. Ju. Mojseenko: Das Kostüm in Rußland vom 18. bis Anfang des 20. Jh.s aus dem Bestand der Ermitage (AK), Leningrad 1962 (russ.).

1963 Hartford
Russian Imperial Treasures and Jewels, Wadsworth Atheneum, Hartford/Connecticut 1963.

1964 San Francisco
Fabergé (AK), M.H. de Young Memorial Museum, San Francisco/California 1964.

1967 Moskau
K. V. Donova: Die Schätze des Diamantenfonds (AK), Moskau 1967 (russ.).

1967 St. Petersburg/Florida
Fabergé and Imperial St. Petersburg, The Museum of Fine Arts, St. Petersburg/Florida 1967.

1968 New York
The Art of the Goldsmith and the Jeweller, A Loan Exhibition (AK), A la Vieille Russie, New York 1968.

1970 Leningrad
Westeuropäische Fächer des 18. und 19. Jh.s (AK), Staatliche Ermitage, Leningrad 1970 (russ.).

1971 Leningrad
Staatliche Ermitage, Gemmen des 13. bis 19. Jh.s, Kurzführer von Yu. Kagan (AK), Leningrad 1971 (russ.).

1971 Tokyo – Kyoto
One Hundred Masterpieces from USSR Museums, Tokyo, Kyoto 1971.

1973 Leningrad
Staatliche Ermitage, Künstlerisches Glas in Rußland vom 18. bis 20. Jh., von L. Nikiforova (AK), Leningrad 1973 (russ.).

1973 London
Fabergé at Wartski: The Famous Group of Ten Russian Figures (AK), Wartski, London 1973.

1973 New York
Hermione Waterfield: Fabergé from The FORBES Magazine Collection (AK), New York Cultural Center, New York 1973.

1974a Leningrad
Angewandte Kunst des späten 19. bis Anfang des 20. Jh.s, Staatliche Ermitage, Einleitung von N. Ju. Birjukova (AK), Leningrad 1974 (russ.).

1974b Leningrad
Das Kostüm im Rußland des 18. bis Anfang des 20. Jh.s aus der Sammlung der Ermitage, zs.gestellt und eingeleitet von T. T. Korsunova (AK), Leningrad 1974 (russ.)

1976 Leningrad
Russische Samoware des 18. und beginnenden 19. Jh.s aus dem Fundus der Abteilung für russische Kulturgeschichte an der Staatlichen Ermitage, (AK) zs.gestellt und eingeleitet von M.D. Malcenko (russ.).

1976 New York
History of Russian Costume from the Eleventh to the Twentieth Century, From the collections of Arsenal Museum Leningrad, Ermitage Leningrad, Historical Museum Moscow, Kremlin Museum Moscow, Pavlovsk Museum, Cat. compiled by T. Alyoshina et al. (AK), Metropolitan Museum of Art, New York 1976.

1976 Osnabrück
Russische Metallikonen (AK), Osnabrück; Bramsche 1976.

1977 London
Fabergé 1846–1920, On the Occasion of the Queen's Silver Jubilee, by A. Kenneth Snowman (AK), Victoria and Albert Museum, London 1977.

1977 Washington D.C.
Objects of Fantasy: Peter Carl Fabergé and other Master Jewellers, National Geographic Society, Washington D.C. 1977.

1978 Minneapolis
The Art of Russia 1800–1850, An Exhibition from the Museums of the USSR, Minneapolis 1978.

1979 Boston
Imperial Easter Eggs from the House of Fabergé, Museum of Fine Arts, Boston/Massachusetts 1979.

1979 Los Angeles
Treasures by Peter Carl Fabergé, Los Angeles County Museum of Art, Los Angeles/California 1979.

1979-80 New York - Paris
Treasures from the Kremlin (AK), Metropolitan Museum of Art, New York 1979, Grand Palais, Paris 1980 (engl. u. franz.).

1980 Helsinki
Carl Fabergé and His Contemporaries (AK), Museum of Applied Arts, Helsinki 1980 (engl./finn.).

1980 Leningrad
B. Geres: Möbel von David Roentgen in der Ermitage, Staatliche Ermitage Leningrad (AK), Leningrad 1980 (russ.).

1981a Leningrad
Metallschmiedekunstwerke in Russland vom 17. bis Anfang des 20. Jh.s, zs.gestellt von Bernjakovic, eingeleitet von N. V. Kaljazina (AK), Staatliche Ermitage, Leningrad 1981 (russ.).

1981b Leningrad
Tücher und Schals – Russische Arbeiten der ersten Hälfte des 19. Jh.s aus der staatlichen Ermitage, zs.gestellt von E. Ju. Moiseenko (AK), Leningrad 1981 (russ.).

1981c Leningrad
Miniaturmalerei in Rußland im 18. und zu Beginn des 19. Jh.s aus dem Fundus der Staatlichen Ermitage, (AK) zs.gestellt und eingeleitet von G. N. Komelova u. G. A. Princeva (russ.).

1981/82 Köln
Russische Schatzkunst aus dem Moskauer Kreml und der Leningrader Eremitage, bearb. v. G. N. Komelova, M. N. Martinova, I. N. Uchanova (AK), Wallraf-Richartz-Museum Köln; Mainz 1981.

1982 Helsinki
Heikki Hyvönen: Russian Porcelain Collection Vera Saarela, The National Museum of Finland, Helsinki 1982.

1982 Mexico
Tesoros del Kremlin (AK), Mexico 1982.

1982 Rom
Tesori del Cremlino (AK), Roma 1982; Firenze 1982.

1983 Caracas
Dos siglos de arte ruso XVIII–XIX, Tesoros del Ermitage, Introducciòn de A. G. Pobedinskaja, elaborado por A. G. Pobedinskaja, V. Ju. Matvéyev (AK).

1983 Fort Worth
Fabergé, The FORBES Magazine Collection, Kimbell Art Museum, Fort Worth/Texas 1983.

1983a New York
Fabergé, A Loan Exhibition (AK), A la Vieille Russie, New York 1983.

1983b New York
Fabergé, Jeweller to Royalty, From the Collection of Her Majesty Queen Elizabeth II and other British Lenders, Cat. by A. Kenneth Snowman (AK), Cooper-Hewitt Museum, New York 1983.

1984 Habana
Tesoros del Ermitage, Dos siglos de arte ruso XVIII–XIX, Pintura y artes aplicadas.

1984 Karlsruhe
Ein Jahrhundert Möbel für den Fürstenhof: Karlsruhe, Mannheim, Sankt Petersburg 1750 bis 1850. Ausst. des Badischen Landesmuseums und der Staatlichen Schlösser und Gärten, Karlsruhe, Schloß, 1994 (AK); Sigmaringen 1994.

1984 Leningrad
Dekorative Bronzen: Pjer Filipp Tomir 1751–1843, Staatliche Ermitage, Leningrad 1984 (russ.).

1984 New Delhi
Russian Decorative Arts and Jewellery of 17th – 19th centuries from the State Hermitage, Catalogue T. Korshunova, E. Tarasova (AK), National Museum, New Delhi 1984.

1984 Sofia
Die russische dekorative und angewandte Kunst vom 17. bis zum Beginn des 20. Jh.s, aus der Sammlung der Staatlichen Ermitage zs.gestellt von T. T. Korsunova und E.A. Tarasova (AK), Sofia 1984 (russ.).

1985 Belgrad
Schätze aus dem Kreml (AK), Belgrad 1985 (russ.)

1985 Bogotá
Museo del Ermitage: Arte ruso siglos XVII a XX, Museo National, Bogotá 1985.

1985 Leningrad
Inneneinrichtungen in der russischen Malerei des 19. und beginnenden 20. Jh.s, (AK) zs.gestellt von A. G. Pobedinskaja (russ.).

1985 Lima
Tesoros del' Ermitage: Muestra de arte artesanía Rusa del siglo XVII – prineipios siglo XX.

1985/86 London
Fabergé from the Royal Collection (AK), The Queen's Gallery, Buckingham Palace, London 1985.

1986 Leningrad
Die künstlerische Ausstattung von russischen Inneneinrichtungen im 19. Jh., Überblick und Reiseführer, (AK) zs.gestellt von einem Autorenkollektiv (russ.).

1986-87 Paris – Leningrad
La France et la Russie au Siècle des Lumières. Relations culturelles et artistiques de la France et de la Russie au XVIIIe siècle (AK), Galéries Nationales du Grand Palais, Paris 1986, Staatliche Ermitage, Leningrad 1987 (franz. u. russ.).

1986/87 München
Fabergé – Hofjuwelier der Zaren, hrsg. von Geza von Habsburg (AK), Kunsthalle der Hypo-Kulturstiftung, München 1986/87; München 1986.

1987 Dresden
Uniformen und Hofkleidung in Rußland um 1900 (AK), Schloß Pillnitz/Dresden 1987 (dt./russ.).

1987 Edinburgh – Aberdeen
Fabergé and the Edwardians (AK), Fine Arts Society (Edinburgh) and Aberdeen Art Gallery and Museum, Aberdeen 1987.

1987-88 Erbach – Hildesheim
Russisches Elfenbein 17. bis 20. Jh., Entwicklungsgeschichte der Elfenbeinkunst in der UdSSR (AK), Deutsches Elfenbeinmuseum, Erbach 1987/88, Roemer- und Pelizaeus-Museum, Hildesheim 1988.

1987 London
Russian Style 1700–1920, Court and Country Dress from the Hermitage, by T. Korshunova, E. Ju. Moiseyenko (AK), London 1987.

1987 Lugano
Fabergé Fantasies, The FORBES Magazine Collection (AK), Collection Thyssen-Bornemisza, Villa Favorita, Lugano-Castagnola 1987.

1987 Paris
Fabergé, Orvèvre à la cour des Tsars, The FORBES Magazine Collection, Musée Jacquemart-André, Paris 1987.

1987/88 Habana
Tesoros de los Museos del Kremlin de Moscú (AK), Habana 1987/88.

1988 Alessandria
Tradizioni nella gioielleria russa e sovietica dal XII al XX secolo (AK), Alessandria 1988.

1988 Buenos Aires
Tesoros del Kremlin (AK), Buenos Aires 1988.

1988 Limoges
Les émaux des Russes du 17e au debut du 20e siècle, Tresors émailles du Musée de l'Ermitage AK), Limoges 1988.

1988 Moskau
1000. Jahrestag der russischen Kunstdenkmäler (AK), Moskau 1988 (russ.).

1988 New Delhi
Treasures from the Museums of the Moscow Kremlin (AK), New Delhi 1988.

1988 Recklinghausen
1000 Jahre Orthodoxe Kirche in der Rus' 988-1988, Russische Heilige in Ikonen (AK), Ikonen-Museum Recklinghausen; Recklinghausen 1988.

1988 Sao Paulo – Rio de Janeiro
Tesouros de Kremlin (AK), Sao Paulo, Rio de Janeiro 1988.

1988 Schleswig – Wiesbaden
1000 Jahre russische Kunst. Zur Erinnerung an die Taufe der Rus im Jahr 988 (AK), Schleswig-Holsteinisches Landesmuseum Schloß Gottorf, Schleswig 1988, Hessisches Landesmuseum, Wiesbaden 1988/89; Hamburg 1988.

1989 Bremen
Das Gold aus dem Kreml, Geschichte der russischen Goldschmiedekunst (AK), Übersee-Museum, Bremen 1989; München 1989.

1989a Leningrad
Der große Fabergé, Katalog der ersten Ausstellung in der UdSSR (AK), Museum Palais Elagin, Leningrad 1989, Helsinki 1990 (russ.?).

1989b Leningrad
Russisches und sowjetisches künstlerisches Glas vom 11. bis zum 20. Jh. – Zum XV. Internationalen Glas-Kongreß, eingeleitet von B. B. Piotrovskij (AK), Staatliche Ermitage, Leningrad 1989 (russ.).

1989 Paris
Les costumes historiques russes du Musée de l'Ermitage de Leningrad, T. T. Korchounova, E. Mojsejenko, Musée Jacquemart-André (AK), Paris 1989.

1989 Zürich
Kostbarkeiten russischer Goldschmiedekunst der Jahrhundertwende: Carl Fabergé, bearb. von Sigrid Barten (AK), Museum Bellerive, Zürich 1989.

1989/90 San Diego – Moskau
Fabergé, The Imperial Eggs (AK), San Diego Museum of Art, San Diego/California, and Arsenal Museum of the Kremlin, Moscow 1989/90 (engl./russ.).

1990 Aarhus
Kunstkatte fra Zarernes Hof 1860–1917 (AK), Ermitagen, Leningrad, und Aarhus Kunstmuseum 1990.

1990 Corning/New York
Russian Glass of the 17th – 20th Century, Catalogue N. Asharina, T. Malinina, L. Kazakova (AK), The Corning Museum of Glass, Corning/New York 1990.

1990 Essen
St. Petersburg um 1900. Ein goldenes Zeitalter des russischen Zarenreichs – Meisterwerke und authentische Zeugnisse der Zeit aus der Staatlichen Eremitage Leningrad (AK), Kulturstiftung Ruhr/Villa Hügel, Essen 1990; Recklinghausen 1990.

1990 Köln
Ikonen und östliches Kultgerät aus rheinischem Privatbesitz (AK), Schnütgen-Museum Köln, Köln 1980.

1990 (USA)
Moscow – Treasures and Traditions, (Traveling Exhibition USA, organized by) Smithsonian Institution Traveling Exhibition Service, Washington D.C., and the USSR Ministry of Culture (AK), Seattle/London 1990.

1991 Bremen
Schätze aus dem Kreml. Peter der Große in Westeuropa (AK), Übersee-Museum Bremen; Bremen/München 1991.

1991 Neuss
Russische Samoware aus der Sammlung des Staatlichen Museums in Pskow, UdSSR (AK), Clemens-Sels-Museum, Neuss 1991.

1991 New York
An Imperial Fascination: Porcelain, Dining with the Czars, Peterhof, An Exhibition of Services from Russian Imperial Palaces, A la Vieille Russie, New York 1991.

1991 Tokio
C. Fabergé und die goldene Zeit der russischen Juwelierkunst, Staatliches Historisches Museum Moskau (AK), Mikomoto-Galerie, Tokio 1991 (japan.).

1991 Wien
Das Gold aus dem Kreml. Hundert Kunstwerke aus der Schatzkammer der Moskauer Zaren (AK), Kunsthistorisches Museum, Wien 1991.

1991/92 Baden-Baden
Russische Ikonen und Kultgerät aus St. Petersburg, hrsg. von Stanislaw Kutschinski und Jochen Poetter (AK), Staatliche Kunsthalle Baden-Baden 1991/92; Köln 1991.

1991-92 Memphis u. a.
Catherine the Great: Treasures of Imperial Russia from the State Hermitage Museum St. Petersburg (AK), City of Memphis/Tennessee, 1991, Los Angeles, Dallas/Texas 1991–92; Memphis 1990.

1991/92 Venedig
Volti dell' Impero russo, Da Ivan il Terribile a Nicola I. (AK), Palazzo Fortuny, Venezia; Milano 1991.

1992 Moskau – Wien
Fabergés Welt. Zum 150. Jubiläum der Firma, hrsg. von T. N. Muntian (AK), Museen des Moskauer Kremls 1992.

1992 St. Petersburg
L'Art de Cartier (AK), Musée de L'Ermitage, Saint-Péterbourg 1992 (russ./ franz.).

1992 Tokio u.a.
Kultur am Hofe des russischen Zaren, Die Staatliche Ermitage (AK), Mie, Osaka, Hiroshima, Toyama, Niigata, Tokio 1992 (japan.).

1992 Zarskoje Selo
Die legendäre Epoche Fabergés, St. Petersburg – Paris – Moskau, Ausstellung im Katharinenpalast in Zarskoje Selo (AK), St.. Petersburg 1992 (russ.?).

1993-94 Essen u. a.
Morsow und Schtschukin – die russischen Sammler: Monet bis Picasso, 120 Meisterwerke der Eremitage St. Petersburg und des Puschkin-Museums, Moskau (AK), Museum Folkwang, Essen 1993, Puschkin-Museum, Moskau 1993/94, Eremitage, St. Petersburg 1993/94; Köln 1993.

1993 Frankfurt a. M.
Das neue Jungfrauenkloster in Moskau. Eine mittelalterliche Schatzkammer der kirchlichen Kunst (AK), Museum für Kunsthandwerk, Frankfurt a. M. 1993.

1993a Moskau
Der goldene Faden Rußlands (AK), Staatliches Historisches Museum und Staatliches Puschkin-Museum der bildenden Künste, Moskau 1993 (russ.).

1993b Moskau
Reklame für Handelsartikel und ihre Verpackung in Rußland im 19. und 20. Jh., eingeleitet von Irina Paltusova (AK), Staatliches Historisches Museum, Moskau 1993 (russ./engl.).

1993 Paris
Splendeurs du Russie, Mille ans d'orfèvrerie (AK), Musée du Petit Palais, Paris 1993.

1993 St. Petersburg
Katharina die Große – Russische Kultur in der 2. Hälfte des 18. Jh.s (AK), Staatliche Ermitage, St. Petersburg 1993 (russ.).

1993-94 St. Petersburg u. a.
Fabergé – orfèvre des tsars, hrsg. von Géza von Habsburg und Marina Lopato (AK), Ermitage, St. Petersburg 1993, Musée des Arts Décoratifs/Louvre, Paris 1993/94, Victoria and Albert Museum, London 1994.

1994 Koldinghus
Zur Tafel im Winterpalast, Russische und westeuropäische Porzellan- und Fayencearbeiten aus der zweiten Hälfte des 18. Jh.s, Leihgaben aus den Sammlungen der Ermitage in St. Petersburg (AK), Museet på Koldinghus 1994 (dän./dt.).

1994 Kommern
Die Russen kommen! Spielend, Spielzeug der Kinder- und Erwachsenenwelt (AK), Rheinisches Landesmuseum, Kommern 1994; Köln 1994.

1994 Maastricht
Treasures from the Hermitage St. Petersburg, The European Fine Art Fair (AK), Maastricht 1994.

1994 Niigata
Keramische Meisterwerke der Romanov Dynastie. Die Sammlung des Staatlichen Historischen Museums Moskau, hrsg. vom Eurasia Cultural Center in Niigata Russian Village, Text von K. Nitta et al. (AK), Niigata Russian Village 1994 (japan.).

1994 Speyer
Der Zarenschatz der Romanov, Meisterwerke aus der Eremitage St. Petersburg, hrsg. von Meinrad Maria von Grewenig und Otto Letze (AK), Historisches Museum der Pfalz, Speyer 1994; Stuttgart 1994.

1994 St. Petersburg
Nikolaj und Aleksandra: Der Hof der letzten russischen Kaiser Ende 19. bis Anfang 20. Jh. (AK), Staatliche Ermitage, St. Petersburg 1994 (russ.).

1994/95 Mailand
Ori e Ore, Arte sacra e profana al tempo degli Zar (AK), Galleria Ottavo Piano, Milano 1994.

1995 Bonn
Die großen Sammlungen III: Staatliches Museum St. Petersburg. Kunst und Kulturgeschichte Rußlands in Werk und Bild (AK), Kunst- und Ausstellungshalle der Bundesrepublik Deutschland, Bonn 1995.

1995 Hamburg
Alexander von Solodkoff: Fabergé – Juwelier des Zarenhofes (AK), Museum für Kunst und Gewerbe Hamburg 1995; Heidelberg 1995.

1995 Hanau
Russische Silberschmiedekunstwerke des 15. bis 20. Jh.s aus Jaroslawl und Moskau (AK), Deutsches Goldschmiedehaus, Hanau 1995.

1995 London
Fabergé (AK), Queen's Gallery, Buckingham Palace, London 1995.

1995 Moskau
250 Jahre russisches Porzellan (AK), Staatliche Tretjakov-Galerie, Moskau 1995 (russ.).

1995/96 Pforzheim
Zarengold, 100 Meisterwerke der Goldschmiedekunst aus der Staatlichen Ermitage St. Petersburg, Die Gilde der ausländischen Meister, Hrsg.: Fritz Falk (AK Schmuckmuseum Pforzheim, 1995/96); Stuttgart 1995. (= *Falk 1995*)

1995/96 Rotterdam
Schatten van de tsaar. Hofcultuur van Peter de Grote uit het Kremlin (AK), Museum Boymans-van Beuningen, Rotterdam 1995.

II. Monographien, Bestandsbeschreibungen

Agarkowa/Petrowa 1994
Galina Agarkowa, Natalija Petrowa: 250 Jahre Lomonossow Porzellanmanufaktur St. Petersburg 1744–1994, St. Petersburg und Disentis 1994.

Allenov et al. 1992
M. Allenov, N. Dimitrijeva, O. Medevedkova: Russische Kunst, Freiburg/Basel/Wien 1992.

Andolenko 1966
S. Andolenko: Russische Armeemedaillen, Paris 1966 (russ.)

Andolenko/Werlich 1972
S. Andolenko, R. Werlich: Badges of Imperial Russia, Washington 1972.

Asarina o. J.
Russian Glass of the 17th-20th Centuries, State Historical Museum Moscow, introduced by N.A. Asarina, Moscow o. J. (engl./russ.).

Ascharina 1987
Russische Angewandte Kunst, 12. bis Anfang des 20. Jh.s, Historisches Museum Moskau, verfaßt und zs.gestellt von Nina Aleksandrovna Ascharina, Leningrad 1989.

Bäcksbacka 1951
L. Bäcksbacka: St. Petersburgs Juvelare, Guld- och Silversmeder 1714–1814, Helsingfors 1951.

Bainbridge 1934
H. C. Bainbridge: Russian Imperial Easter Gifts: The Work of Carl Fabergé, in: The Conoisseur, Mai/Juni 1934, 299–348.

Bainbridge 1949
H. C. Bainbridge: Peter Carl Fabergé, London 1949 (Neudruck 1966, 1974)

Bernjakovic 1977
Russisches Silber aus dem 17. bis Anfang des 20. Jh.s in der Staatlichen Ermitage, zs.gestellt und eingeleitet von Z. A. Bernjakovic, Leningrad 1977 (russ./engl./ dt./ franz.).

Bibliographie

Biriukova 1986
Decorative Arts in the Hermitage: The East, Classical Antiquity, Western Europe, Russia, Selection and introduction by Nina Biriukova, Leningrad 1986.

Bobrovnitzkaja et al. 1988
J. A. Bobrovnitzkaja, L. P. Kirillova, M. N. Lartschenko et al.: Die Staatliche Rüstkammer, Moskau 1988. (russ.?)

Booth 1990
John Booth: The Art of Fabergé, Secaucus/New Jersey 1990.

Cerswinke 1990
Laura Cerswinke: Russian Imperial Style, New York 1990.

Cheveniere 1988
Antoine Cheveniere: Russian Furniture, The Golden Age 1780–1840, London 1988.

Dul'kina/Asarina 1979
T. I. Dul'kina, N. A. Asarina: Russische Keramik und Glas 18.–19. Jh., Sammlung des Staatlichen Historischen Museums Moskau, Moskau 1978 (russ.).

Efimova/Belogorskaja 1982/85
L. V. Efimova, R. M. Belogorskaja: Russische Stickereien und Spitzen, Sammlung des Staatlichen Historischen Museums Moskau, Moskau 1982/85 (russ. mit/ohne engl. Zs.fassung).

Emme 1940
B. N. Emme: Führer durch die Abteilungen der angewandten Kunst des Staatlichen Russischen Museums, Leningrad/Moskau 1940 (russ.).

Emme 1960
B. N. Emme: Russische Porzellankunst, Moskau/Leningrad 1960 (russ.).

Fabian 1996
Dietrich Fabian: Abraham und David Roentgen. Das noch aufgefundene Gesamtwerk ihrer Möbel- und Uhrenkunst in Verbindung mit der Uhrmacherfamilie Kinzing in Neuwied, Bad Neustadt/Saale 1996.

Fagaly/Grady 1972
William A. Fagaly, Susan Grady: Treasures by Peter Carl Fabergé and other Master Jewelers, The Matilda Geddings Gray Foundation Collection, New Orleans/Louisiana 1972.

Falk 1995
Fritz Falk (Hrsg.): Zarengold, 100 Meisterwerke der Goldschmiedekunst aus der Staatlichen Ermitage St. Petersburg. Die Gilde der ausländischen Meister, Stuttgart 1995 (dt/engl.). (= AK *1995/96 Pforzheim*)

Felkersam 1907a
A. E. Felkersam: Inventarliste des Silbers am Hof Seiner Kaiserlichen Majestät, 2 Bde., Sankt Petersburg 1907 (russ.).

Felkersam 1907b
A. E. Felkersam: Alphabetisches Verzeichnis der Petersburger Gold- und Silberschmiedearbeiten, der Meister, Juweliere, Stecher und anderen 1714–1814, St. Petersburg 1907 (russ.)

Felkersam 1907c
A. E. Felkersam: Ausländische Meister des Gold- und Silberschmiedehandwerks, St. Petersburg 1911 (russ.).

Filimonov 1849
G. Filimonov: Beschreibung der Altertumsdenkmäler des kirchlichen und bürgerlichen Alltagslebens aus dem russischen Museum von P. Karabanov, Moskau 1849 (russ?).

Filosofov 1924
M. Filosofov: Zur Geschichte des Service mit dem grünen Frosch, in: Sredi kollekcionerov, 1924, Mai-Juni.

FitzLyon/Browning 1977
Kyril Fitz Lyon, Tatiana Browning: Before the Revolution, A view of Russia under the last Tsar, London 1977.

Forbes 1980
Christopher Forbes: Fabergé Eggs, Imperial Russian Fantasies, New York 1980.

Forbes/Underwood
Isabella Forbes, William Underwood ed.: Catherine the Great, Treasures of Imperial Russia from the State Hermitage Museum, London 1990.

Goldberg et al. 1941
T. G. Goldberg, M. M. Postnikova-Loseva: Markierung der Silbererzeugnisse im 17. bis Anfang 18. Jh., Arbei-

ten des Staatlichen Historischen Museums, Moskau 1941 (russ.?).

Gol'tberg 1952
T. G. Gol'tberg: Nielloarbeiten von Groß-Ustjug, Pamjatniki Kultury, Moskau 1952 (russ.).

Gol'tberg 1963
T. G. Gol'tberg: Künstlerische Arbeiten in Metall – dekorative russische Kunst, 2 Bde., Moskau 1963 (russ.).

Goldberg et al. 1967
T. Goldberg, F. Misukov, N. Platonova, M. Postnikova-Loseva: Russische Gold- und Silberschmiedekunst des 15.–20. Jh.s, Moskau 1967 (russ.).

Gontscharenko/Naroshanja 1979
W. Gontscharenko, W. Naroshanja: Die Rüstkammer des Moskauer Kreml, Museumsführer, 2., erg. Aufl., Moskau 1979.

Greber 1980
Josef Maria Greber: Abraham und David Roentgen, Möbel für Europa, 2 Bde., Starnberg 1980.

Guljajew/Pirogowa 1989
Russische Lackminiaturen, Fedoskino, Palech, Mstera, Cholui, Einleitung von Wladimir Guljajew, Zs.stellung von Ludmilla Pirogowa et al., Leningrad 1989.

Habsburg/Solodkoff 1979
Geza von Habsburg-Lothringen, Alexander von Solodkoff: Fabergé, Hofjuwelier der Zaren, Tübingen 1979.

Hayden 1985
P. Hayden: British Seats on Imperial Russian Tables, Catherine the Great's Green Frog Dinner Service, in: Garden History, 13 (1985).

Hazelton 1932
A. W. Hazelton: The Russian Orders, in: Numismatic Notes and Monograms, N° 51, New York 1932.

Hill 1989
Gerard Hill: Fabergé and the Russian Master Goldsmiths, New York 1989.

Historisches Museum 1983
Die russische künstlerische Lackmalerei des 18.–19. Jh.s, Kat. des Staatlich Historischen Museums Moskau, 1983 (russ.).

Huth 1974
Hans Huth: Abraham und David Roentgen und ihre Neuwieder Möbelwerkstatt, München 1974.

Ivanov 1987
V. Ivanov: Das große Buch der Russischen Ikonen, Freiburg/Basel/Wien 1987.

Jakunina 1955
L. I. Jakunina: Russische Näharbeiten mit Perlen, Moskau 1955 (russ.).

Kaljasina et al. 1987
N. W. Kaljasina, G. N. Komelova, N. D. Kostotschkina et al.: Russisches Emaille vom 12. bis zum Anfang des 20. Jh.s aus der Sammlung der Staatlichen Ermitage, Leningrad 1987 (russ.).

Kaminskaja 1977
N. M. Kaminskaja: Geschichte des Kostüms, Moskau 1977 (russ.)

Kazakevitch 1993
N. Kazakevitch: Le service de porcelaine de Cathérine II de Russie, Exposition „Versailles et les tables royales en Europe XVII-ième – XIXième siècle", Paris 1993.

Kelly1980
A. Kelly: Wedgwood's Catherine Service, in: The Burlington Magazine, 1980, August.

Kirichenko 1991
Evgenia Kirichenko: Russian Design and the Fine Arts 1870-1917, New York 1991.

Kiritschenko 1991
Jewgenia Kiritschenko: Zwischen Byzanz und Moskau. Der Nationalstil in der russischen Kunst, München 1991.

Koltschin 1971
W. A. Koltschin: Nowgoroder Altertümer – Holzschnitzerei, Moskau 1971 (russ.).

Komelova 1979
Staatliche Ermitage, Russische Kunstdenkmäler vom 10. bis Anfang des 20. Jh.s, Einleitung von G. N. Komelova, Erläuterungen von Z. A. Bernjakovic et al., Moskau 1979 (russ.).

Komelova/Princeva 1986
G. N. Komelova, G. A. Princeva: Russische Porträtminiaturen vom 18. bis frühen 20. Jh. aus der Sammlung der Ermitage, Leningrad 1986 (russ.).

Korsunova 1979
Das Kostüm in Rußland – 18. bis Anfang 20. Jh., aus der Sammlung der Ermitage eingeleitet und zs.gestellt von Tamara T. Korsunova, Leningrad 1979.

Kovarskaja et al. 1984
S. Ja. Kovarskaja, I. D. Kostina, E. V. Sakurova: Russische Silberschmiedearbeiten vom 14. bis zum Anfang des 20. Jh.s aus den Depots der Staatlichen Museen des Moskauer Kreml, Moskau 1984 (russ.).

Kovarskaja et al. 1987
S. Ja. Kovarskaja, I. D. Kostina, E. V. Sakurova: Russisches Gold des 14. bis zum Anfang des 20. Jh.s im Arsenal-Museum des Kreml, Moskau 1987 (russ.).

Krestovskaja 1995
N. O. Krestovskaja: Fedoskino, Moskau 1995 (russ.?).

Krog 1993
Ole Villumsen Krog: Service diplomatique, in: Connaissance des arts, 500 (1993, novembre).

Kuznetsov 1985
A. A. Kuznetsov: Orden und Medaillen in Rußland, Moskau 1985 (russ.).

Lansere 1969
A. K. Lansere: Russisches Porzellan in der Ermitage - Die Produktion von Rußlands erster Porzellanmanufaktur, Leningrad 1969 (russ.).

Lapkovskaja 1971
E. A. Lapkovskaja: Angewandte Kunst des Mittelalters in der Staatlichen Ermitage – Metallarbeiten, Moskau 1971 (russ.).

Leonov 1963/65
Russische dekorative Kunst, hrsg. von A. I. Leonov, Bd. 2, 3, Moskau 1963, 1965 (russ.).

Levin 1992
S. S. Levin: Anna um den Hals, in: Rodina, 1992 (russ.).

Levin 1993a
S. S. Levin: Orden des Hl. Andreas des Erstberufenen, in: Rodina, 1993 (russ.).

Levin 1993b
S. S. Levin: Ordensritterinnen, in: Rodina, 1993 (russ.).

Lieven 1901/02
G. E. Lieven: Führer durch das Kabinett Peters des Großen und die Juwelengalerie, St. Petersburg 1901 (russ.).

Lukomskij 1924
G. Lukomskij: Russisches Porzellan 1744–1923, Berlin 1924.

Makarova 1975
T. Makarova: Cloissonné-Emaillen im alten Rußland, Moskau 1975 (russ.).

Malchenko 1974a
N. Malchenko: Art Objects in Steel by Tula Craftsmen, Leningrad 1974.

Malcenko 1974b
Goldschmiede aus Tula, Zs.stellung von M. D. Malcenko, Leningrad 1974 (russ.).

Manuchina 1983
T. Manuchina: Die Nähkunst der alten Rus' in der Sammlung des Museums von Zagorsk, Moskau 1983 (russ).

Markova 1975
Galina Anatol'eva Markova: Deutsche Silberkunst des 16.–18. Jh.s in der Sammlung der Rüstkammer des Moskauer Kreml, Moskau 1975 (russ./dt.).

Martinova 1973
M. V. Martinova: Edelsteine in der russischen Juwelierkunst im 12.–17. Jh., Moskau 1973 (russ.).

Maschkowzew 1975
Geschichte der Russischen Kunst von den Anfängen bis zur Gegenwart, Hauptredaktion N. G. Maschkowzew, Gütersloh/ Berlin/Wien 1975.

Mavrodin 1977
Fine Arms from Tula, 18th and 19th centuries, Compiled and introduced by V. Mavrodin (Ermitage Leningrad), Leningrad 1977.

Medvedeva et al. 1994
G. Medvedeva, N. Platonova, M. Postnikova-Loseva, G. Smorodinova, N. Troepolskaya: Russian Jewellery, 16th – 20th Centuries, From the collection of the Historical Museum Moscow, Moskow 1994 (russ./engl.).

Mercalova 1972
M. N. Mercalova: Die Geschichte des Kostüms. Aufsätze zur Geschichte des Kostüms, Moskau 1972 (russ.).

Moiseenko 1978
E. Ju. Moiseenko: Russische Stickerei des 17. bis Anfang des 20. Jh.s aus der Sammlung der Ermitage, Leningrad 1978 (russ.).

Nenarokomova/Sisov 1978
I. S. Nenarokomova, Je. Sisov: Kunstschätze der staatlichen Museen im Moskauer Kreml, Moskau 1978 (russ.?).

Nikiforova 1973
L. R. Nikiforova: Russisches Porzellan in der Ermitage, Leningrad 1973 (russ.).

Nikiforova 1979
L.R. Nikiforova: Die Heimat des russischen Porzellans, Leningrad 1979 (russ.)

Nikolaeva 1960
T. V. Nikolaeva: Kleine Plastiken des 13.–18. Jh.s in der Sammlung des Museums von Zagorsk, Zagorsk 1960 (russ.?)

Nikolaeva 1971
T. V. Nikolaeva: Russische Handarbeiten mit Inschriften des 15. bis zur ersten Hälfte 16. Jh.s, Moskau 1971 (russ?).

Obolensky1980
Chloe Obolensky (Hrsg.): Das Alte Rußland, ein Porträt in frühen Photographien 1850–1914, mit einer Einleitung von Max Hayward, München 1980.

Onufriewa 1990
I. Onufriewa: Der Moskauer Kreml – Die Rüstkammer, Staatliche Museen des Moskauer Kremls, Moskau 1990.

Pfeffer 1990
Susanna Pfeffer: Fabergé Eggs. Masterpieces from Czarist Russia, New York 1990.

Pisarskaja et al. 1974
L. Pisarskaja, N. Platonova, B. Uljanova: Russische Emaillen des 11.-19. Jh.s, Moskau 1974 (russ.).

Plesanova/Likhachova 1985
I. I. Plesanova, Liudmilla D. Likhachova: Altrussische dekorative und angewandte Kunst in der Sammlung des Russischen Museums (Leningrad), Leningrad 1985 (russ.).

Pomerantzev 1923
J. N. Pomerantzev: Russische Ziseliermeister im 16. Jh., Unter Sammlern, Moskau 1923 (russ.?).

Popov 1984
Vsevolod Alekseevic Popov: Russisches Porzellan aus privaten Manufakturen, Leipzig 1984.

Portnov 1982
M. Portnov: Zar-Kanone und Zar-Glocke, Moskau 1982 (russ. ?).

Postnikova-Loseva 1953
M. M. Postnikova-Loseva: Russische silberne und goldene Kellen, Moskau 1953 (russ.).

Postnikova-Loseva 1959
M. M. Postnikova-Loseva: Angewandte Kunst vom 16. bis 17. Jh. (Geschichte der russischen Kunst, Bd. IV), Moskau 1959 (russ.).

Postnikova-Loseva 1961
M. M. Postnikova-Loseva: Silberschmiedekunst im Jaroslawl des 16. bis 19. Jh.s, Gebietskundliche Notizen, Jaroslavl 1961, Heft 4 (russ.?).

Postnikova-Loseva 1964
M. M. Postnikova-Loseva: Silberschmiede der Wolga-Städte im 17. Jh., altrussische Kunst im 17. Jh., Moskau 1964 (russ?.).

Postnikova-Loseva 1967
M. M. Postnikova-Loseva: Russische Gold- und Silberschmiede des 15.–20. Jh.s, Moskau 1967 (russ.)

Postnikova-Loseva 1974
M. M. Postnikova-Loseva: Russische Juwelierkunst, ihre Zentren und Meister im 16. -19. Jh., Moskau 1974 (russ.).

Postnikova-Loseva 1981
M. M. Postnikova-Losseva: Russische goldene und silberne Filigranarbeit, Moskau 1981 (russ.).

Postnikova-Loseva et al. 1962
M. M. Postnikova-Loseva, N. G. Platónova, B. L. Uljanova: Russische Emaillen, Moskau 1962 (russ.).

Postnikova-Loseva et al. 1972
M. M. Postnikova-Loseva, N. G. Platonova, B. L. Uljanova: Russische Kunst des Schwärzens, Moskau 1972 (russ.).

Postnikova-Loseva et al. 1983
M. M. Postnikova-Loseva, N. Platonova, N. G. Uljanova: Gold- und Silberschmiedekunst vom 15. bis 20. Jh., Moskau 1983 (russ.).

Postnikova-Loseva et al. 1985
Meisterwerke der Goldschmiedekunst, Historisches Museum Moskau, Zs.stellung und Einleitung von Marina Postnikova-Loseva, Nina Platonova, Bela Uljanova, Galina Smoródinova, Leningrad 1985 (russ.).

Puschkarjow 1976
Russisches Museum Leningrad: Russische angewandte Kunst, 18. bis Anfang 20. Jh., zs.gestellt und eingeleitet von J. Iwanowa, hrsg. von W. Puschkarjow, Leningrad 1976.

Rodimzewa et al. 1989
Irina Rodimzewa, Nikolai Rachmanow, Alfons Raimann: Der Kreml und seine Kunstschätze, München 1989.

Rußland 1989
Das Rußland der Zaren, Photographien von 1839 bis zur Oktoberrevolution, Berlin 1989.

Rybakow et al. 1963
B. A. Rybakow et al.: Der Moskauer Kreml – Die Rüstkammer. Photographien von Karel Neubert, Prag/Moskau 1963.

Ryndin 1960/72
Das russische Kostüm 1750 bis 1917 in fünf Lieferungen. Material für Theateraufführungen der russischen Dramatik von Fonvisin bis Gorki, Zeichnungen von V. Koslinski, Text von E. Berman und E. Kurbatova, hrsg. von V. Ryndin, Moskau 1960/72 (russ.).

Sabelin 1862/1915
I. Sabelin: Das häusliche Leben der russischen Zaren im 16. und 17. Jh., Moskau, Bd. 1, T. 1 1862, T. 2 1915 (russ.).

Sabelin 1901
I. E. Sabelin: Das häusliche Leben der russischen Zarinnen im 16.–17. Jh., Moskau 1901 (russ.).

Savvaitov 1865a
P. Savvaitov: Beschreibung alter Haushaltsgegenstände, Kleider, Waffen, Kriegsrüstungen und Pferdegeschirre der russischen Zaren, exzerpiert aus den Handschriften des Archivs der Moskauer Rüstkammer, St. Petersburg 1865 (russ.).

(Savvaitov) 1865b
Zeichnungen alter Haushaltsgegenstände, Kleider, Rüstungen u. a. der russischen Zaren zur Beschreibung P. Savvaitovs, St. Petersburg 1865 (russ.).

Shelkovnikov 1960
B. A. Shelkovnikov: Russian Glass of the Eighteenth Century, in: Journal of Glass Studies, vol. 2, Corning/New York 1960, 95-111.

Selkovnikov 1962
B. A. Selkovnikov: Künstlerisches Glas, Staatliche Ermitage, Leningrad 1962 (russ.).

Shelkovnikov 1964
B. A. Shelkovnikov: Russian Glass in the First Half of the Nineteenth Century, in: Journal of Glass Studies, vol. 6, Corning/New York 1964.

Selkovnikov 1967
B. A. Selkovnikov: Der Bildhauer Xavery, Rachette's Vorgänger in der St. Petersburger Porzellanmanufaktur, in: Berichte der Staatlichen Ermitage, XXVIII, 1967 (russ.).

Selkovnikov 1969
Bejbut Aleksandrovic Selkovnikov: Russische Glaskunst, Leningrad 1969 (russ.).

Shelkovnikov et al. 1967
B.A. Shelkovnikov et al.: Künstlerisches Glas. Album der Ausstellungsstücke in der Staatlichen Ermitage, Leningrad 1967 (russ.).

Selkovnikov/Ovcinnikova 1961
B. A. Selkovnikov, V. P. Ovcinnikova: Möbelschreiner aus Roentgens Werkstatt in Neuwied, in: Papers of the State Hermitage, VI, 1961 (russ.).

Slavisches Institut 1971
Verzeichnis der russischen Gold- und Silbermarken, hrsg. vom Slavischen Institut München, München 1971.

Snowman 1953
A. K. Snowman: The Art of Fabergé, London 1953 (2. überarb. u. erweit. Aufl. 1962, Nachdr. 1964 und 1968).

Snowman 1979
A. K. Snowman: Carl Fabergé, Goldsmith to the Imperial Court of Russia, London 1979.

Sokolova 1967
T. Sokolova: Essays zur Geschichte der Möbelkunst im 15. bis 19. Jh., Leningrad 1967 (russ.).

Sokolova 1970
T. Sokolova: A Commode Made at the Neuwied Ateliers Between 1765 and 1770, in: Reports of the State Hermitage, XXXI, 1970 (russ.).

Sokolova 1986
Tatjana Sokolova: Die Marketerie in Rußland, in: Helmut Flade: Intarsia, Europäische Einlegekunst aus 6 Jahrhunderten, München 1986, 294-326.

Sokolova/Orlova 1973
Russische Möbel in der Staatlichen Ermitage, Zs.stellung und Text von T. Sokolova und K. Orlova, Leningrad 1973 (russ.).

Solodkoff 1981
Alexander von Solodkoff: Russische Goldschmiedekunst 17.–19. Jh., Silber, Email, Niello, Golddosen, Schmuck, München 1981.

Solodkoff 1983
Alexander von Solodkoff: Ostereier von Fabergé, in: Kunst und Antiquitäten, April/Mai 1983, 61-67.

Solodkoff 1984
Alexander von Solodkoff: Masterpieces from the House of Fabergé, New York 1984 (re-edition 1989).

Solodkoff 1986
Alexander von Solodkoff: Fabergé Clocks, London 1986.

Solodkoff 1988
Alexander von Solodkoff: Fabergé, London 1988.

Spassky 1963
I. O. Spassky: Ausländische und russische Orden bis 1917, Leningrad 1963 (russ).

Suprun 1987
L. Ja. Suprun: Die Lackminiatur von Fedoskino, Moskau 1987 (russ.)

Svirin 1963
Aleksej Nikolaevic Svirin: Altrussische Stickerei, Moskau 1963 (russ.).

Svirin 1972
Aleksej Nikolaevic Svirin: Altrussische Goldschmiedekunst des 11.–17. Jh.s, Moskau 1972 (russ).

Talbot-Rice 1965
Tamara Talbot-Rice: Die Kunst Rußlands, Zürich 1965.

Terechova 1981
Gold and Silver Articles of the Early 18th – late 20th Centuries Russian Craftsmen, The Armoury in the Moscow Kremlin, Compilation and Text by A. Terechova, Moskau 1981 (russ./engl.).

Tichomirova 1983
E. V. Tichomirova: Waffensammlung Peter I., Kreml Museum, Moskau 1983 (russ.).

Tilke 1925
Max Tilke: Osteuropäische Volkstrachten in Schnitt und Farbe, Berlin 1925.

Troickij 1928/1930
V. I. Troickij: Wörterbuch der Moskauer Gold- und Silberschmiede und Diamantjuweliere im 17. Jh., Leningrad 1928, Heft 1; 1930, Heft 2 (russ.).

Troepolskaja o.J.
The State History Museum Collection of Clocks and Watches, Text by N. Troepolskaja, Lenin State History Museum, Moscow o.J. (russ./engl.).

Turtschin 1980
V. S. Turtschin (Hrsg.): Museen in Moskau (Berühmte Museen), Wiesbaden 1980.

Uchanova 1981
I. N. Uchanova: Elfenbeinschnitzerei in Rußland, 18. und 19. Jh., Leningrad 1981 (russ.).

Uchanova 1995
I. Uchanova: Die künstlerische Lackmalerei in Rußland, St. Petersburg 1995 (russ.).

Vilchevskaja 1941
E. Ja. Vilchevskaja: Der Ebenist David Roentgen, in: Papers of the State Hermitage, II, 1941 (russ.).

Voronichina 1988
L. N. Voronichina: Über die Landschaften des „Service mit dem grünen Frosch"), in: Muzej, 9 (1988). (russ.).

Werlich 1985
R. Werlich: Orders and Decorations of all Nations, Washington 1985.

Williamson 1909
G. Williamson: The Imperial Russian Dinner Service, London 1909.

Wladimirskaja/Kostikowa 1994
Nonna S. Wladimirskaja, Rimma S. Kostikowa: Der Moskauer Kreml, Reiseführer, Hrsg.: ANIR und Museen des Moskauer Kreml, Moskau 1994.

Wolf 1906
N. B. von Wolf: Die Kaiserliche Porzellanmanufaktur 1744–1904, St. Petersburg 1906 (russ.).

Zamyslovskij/Petrov 1892
E. E. Zamyslovsky, I. I. Petrov: Historische Beschreibung russischer Orden und Sammlung der wichtigsten Ordenssatzungen, 2. Aufl., St. Petersburg 1892 (russ.?)

WIR ENGAGIEREN UNS FÜR KÖLN.

Porträt Zar Peter I., Kopie Mitte des 18. Jh. nach I.H. Nikitin, © Rheinisches Bildarchiv Köln

● **Die „Kunst für Köln"-Initiative:**
Wir sind unserer Stadt auch im Bereich der Kunst und Kultur eng verbunden. Darum haben wir die Ausstellung „Prunkvolles Zarenreich – Eine Dynastie blickt nach Westen, 1613 – 1917" unterstützt.

Dem Museum für Angewandte Kunst Köln wünschen wir mit dieser bedeutenden Präsentation viel Erfolg.

STADTSPARKASSE KÖLN

**STIFTUNG
KUNST UND KULTUR
DES LANDES NRW**

Seidentwill-Halstuch "Musique des Sphères". "Faubourg"-Jacke aus schwarzem Wollkrepp.

SEIDEN-OUVERTÜRE IN D-DUR.

HERMÈS
PARIS

THE YEAR OF MUSIC

VEGLA

Kompetenz in Glas

VEGLA Vereinigte Glaswerke GmbH, Viktoriaallee 3-5, 52066 Aachen